プリント形式のリアル過去問で本番の臨場感！

東京都

開成中学校

2025年春受験用

解答集

本書は，実物をなるべくそのままに，プリント形式で年度ごとに収録しています。
問題用紙を教科別に分けて使うことができるので，本番さながらの演習ができます。

■ 収録内容

・解答集(この冊子です)

書籍ＩＤ番号，この問題集の使い方，最新年度実物データ，リアル過去問の活用，
解答例と解説，ご使用にあたってのお願い・ご注意，お問い合わせ

・2024(令和６)年度 ～ 2019(平成31)年度　学力検査問題

JN132584

○は収録あり

年度	'24	'23	'22	'21	'20	'19
■ 問題収録	○	○	○	○	○	○
■ 解答用紙	○	○	○	○	○	○
■ 配点						

全教科に解説
があります

注)国語問題文非掲載:2024年度の一と二，2021年度の二

問題文の非掲載につきまして

著作権上の都合により，本書に収録している過去入試問題の本文の一部を掲載しておりません。ご不便をおかけし，誠に申し訳ございません。

本文の一部を掲載できなかったことによる国語の演習不足を補うため，論説文および小説文の演習問題のダウンロード付録があります。弊社ウェブサイトから書籍ＩＤ番号を入力してご利用ください。

なお，問題の量，形式，難易度などの傾向が，実際の入試問題と一致しない場合があります。

教英出版

■ 書籍ＩＤ番号

入試に役立つダウンロード付録や学校情報などを随時更新して掲載しています。
教英出版ウェブサイトの「ご購入者様のページ」画面で，書籍ＩＤ番号を入力してご利用ください。

書籍ＩＤ番号　113413

（有効期限：2025年9月30日まで）

【入試に役立つダウンロード付録】
「要点のまとめ(国語／算数)」
「課題作文演習」ほか

■ この問題集の使い方

年度ごとにプリント形式で収録しています。針を外して教科ごとに分けて使用します。①片側，②中央のどちらかでとじてありますので，下図を参考に，問題用紙と解答用紙に分けて準備をしましょう（解答用紙がない場合もあります）。

針を外すときは，けがをしないように十分注意してください。また，針を外すと紛失しやすくなりますので気をつけましょう。

① 片側でとじてあるもの　　② 中央でとじてあるもの

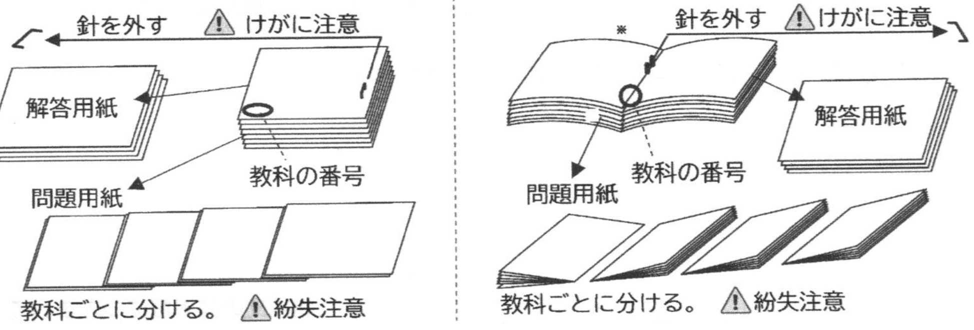

※教科数が上図と異なる場合があります。
解答用紙がない場合や，問題と一体になっている場合があります。
教科の番号は，教科ごとに分けるときの参考にしてください。

■ 最新年度 実物データ

実物をなるべくそのままに編集していますが，収録の都合上，実際の試験問題とは異なる場合があります。実物のサイズ，様式は右表で確認してください。

問題用紙	Ｂ５冊子(二つ折り)
解答用紙	Ｂ４プリント

リアル過去問の活用

～リアル過去問なら入試本番で力を発揮することができる～

本番を体験しよう！

問題用紙の形式（縦向き / 横向き），問題の配置や余白など，実物に近い紙面構成なので本番の臨場感が味わえます。まずはパラパラとめくって眺めてみてください。「これが志望校の入試問題なんだ！」と思えば入試に向けて気持ちが高まることでしょう。

入試を知ろう！

同じ教科の過去数年分の問題紙面を並べて，見比べてみましょう。

① 問題の量

毎年同じ大問数か，年によって違うのか，また全体の問題量はどのくらいか知っておきましょう。どのくらいのスピードで解けば時間内に終わるのか，大問ひとつにかけられる時間を計算してみましょう。

② 出題分野

よく出題されている分野とそうでない分野を見つけましょう。同じような問題が過去にも出題されていることに気がつくはずです。

③ 出題順序

得意な分野が毎年同じ大問番号で出題されていると分かれば，本番で取りこぼさないように先回りして解答することができるでしょう。

④ 解答方法

記述式か選択式か（マークシートか），見ておきましょう。記述式なら，単位まで書く必要があるかどうか，文字数はどのくらいかなど，細かいところまでチェックしておきましょう。計算過程を書く必要があるかどうかも重要です。

⑤ 問題の難易度

必ず正解したい基本問題，条件や指示の読み間違いといったケアレスミスに気をつけたい問題，後回しにしたほうがいい問題などをチェックしておきましょう。

問題を解こう！

志望校の入試傾向をつかんだら，問題を何度も解いていきましょう。ほかにも問題文の独特な言いまわしや，その学校独自の答え方を発見できることもあるでしょう。オリンピックや環境問題など，話題になった出来事を毎年出題する学校だと分かれば，日頃のニュースの見かたも変わってきます。

こうして志望校の入試傾向を知り対策を立てることこそが，過去問を解く最大の理由なのです。

実力を知ろう！

過去問を解くにあたって，得点はそれほど重要ではありません。大切なのは，志望校の過去問演習を通して，苦手な教科，苦手な分野を知ることです。苦手な教科，分野が分かったら，教科書や参考書に戻って重点的に学習する時間をつくりましょう。今の自分の実力を知れば，入試本番までの勉強の道すじが見えてきます。

試験に慣れよう！

入試では時間配分も重要です。本番で時間が足りなくなってあわてないように，リアル過去問で実戦演習をして，時間配分や出題パターンに慣れておきましょう。教科ごとに気持ちを切り替える練習もしておきましょう。

心を整えよう！

入試は誰でも緊張するものです。入試前日になったら，演習をやり尽くしたリアル過去問の表紙を眺めてみましょう。問題の内容を見る必要はもうありません。どんな形式だったかな？受験番号や氏名はどこに書くのかな？…ほんの少し見ておくだけでも，志望校の入試に向けて心の準備が整うことでしょう。

そして入試本番では，見慣れた問題紙面が緊張した心を落ち着かせてくれるはずです。

※まれに入試形式を変更する学校もありますが，条件はほかの受験生も同じです。心を整えてあせらずに問題に取りかかりましょう。

2024 解答例 令和６年度 開成中学校

《国　語》

一 問一．①プールの水　②下脚のない全身　③背と腰をくねらせる水平運動で進む　問二．失明した人の歩行訓練に付いて歩いた際、周囲の多様な振動やその微細な変化を視覚障害者が感じていることを実感したから。

問三．不自由さの中で、アフォーダンスを利用して身体能力の可能性を開き、追求しているところを見られる点。

二 問一．同じクラスに、自分以上に苛めの対象になりやすい翔也がいる限り、自分が苛められる心配はないこと。

問二．プールで楽しそうにはしゃぐクラスメイトに違和感を覚え、自分はそこに溶け込めないと冷めた目で見ている。　問三．翔也のことをまぶしく感じるとともに、クラスメイトの翔也を見る目が変わり、翔也が苛めの対象から外れて自由になり、みんなから認められることを想像して、呆然としている。　問四．鵜を見る前は、自分を理解してくれる人が現れてほしいと願っていたが、鵜を見た後は、他人の理解など求めずに、孤独を受け入れて堂々と生きていこうと決意した。　問五．①一挙一動　②呼吸　③退治　④神聖　⑤異質

《算　数》

1 (1)８×(１＋４×７×９)　(2)(ア)11.5　(イ)425

(3)(ア)右図　(イ)43.96　(ウ)(X)14　(Y)７

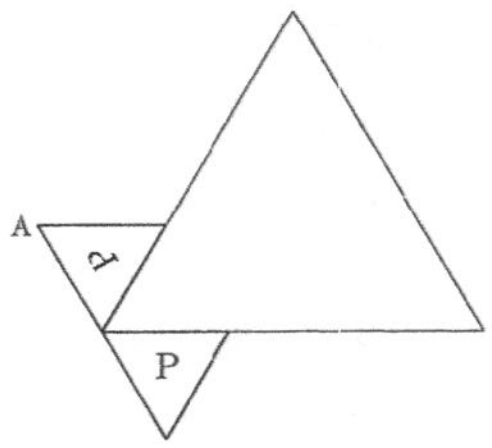

1(3)(ア)の図

2 (1)７４３１　(2)(ア)２１３，２３１

(イ)２１３４，２１４３，２３１４，２３４１，２４１３，２４３１

(ウ)①24　②６　(エ)30　(3)560

3 (1)②，③，④　(2)右図　(3)右図　(4)下図　(5)1.8

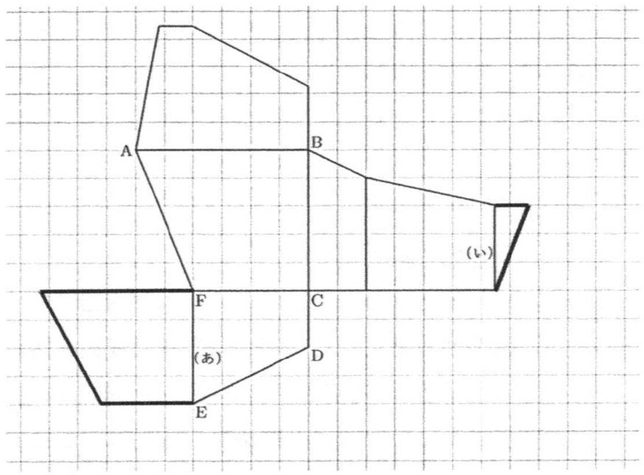

3(4)の図

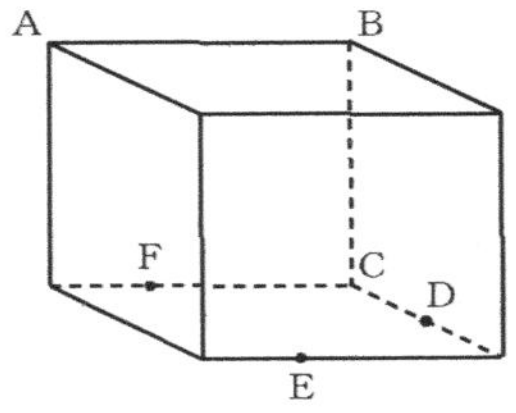

3(2)の図

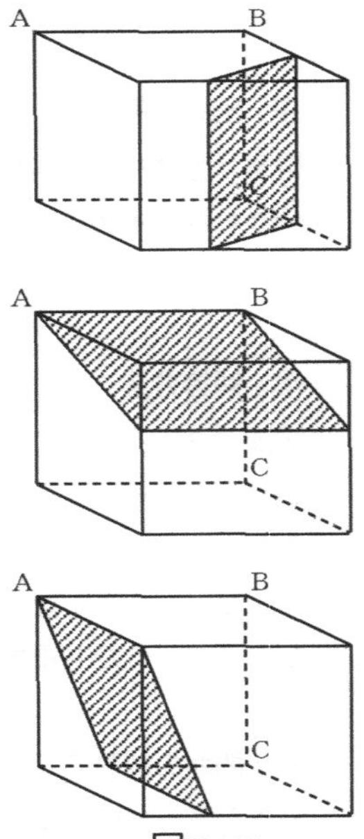

3(3)の図

※式や図や計算などは解説を参照してください。

《理　科》

1 問１．炭酸水　問２．塩酸　問３．イ　問４．11
問５．40　問６．イ，オ

2 問１．昔…ウ　現在…エ　問２．354
問３．ａ．うるう年　ｂ．平年　ｃ．うるう年　問４．エ
問５．エ　問６．ア　問７．右図

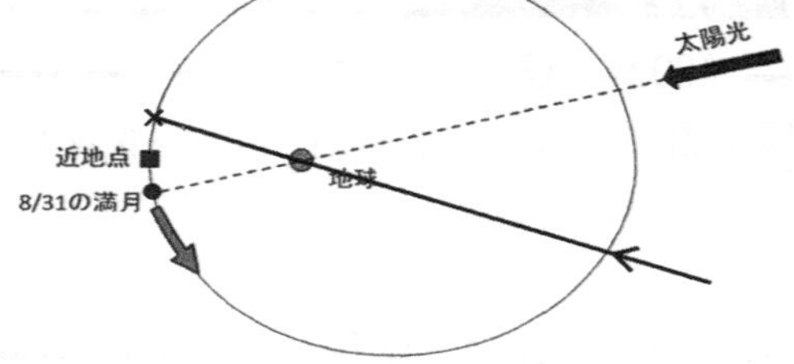

2問７の図

3 問１．カ，ケ　問２．イ，エ，カ，キ，ケ
問３．(1)ウ　(2)エ　(3)イ　(4)ア　(5)ア　問４．ア，イ，キ
問５．(1)イ　(2)ウ　(3)エ　(4)イ　(5)ウ

4 問１．ウ　問２．オ　問３．イ，ウ　問４．①６：３：２　②比例　③反比例
問５．(d)　問６．(d)　問７．右図

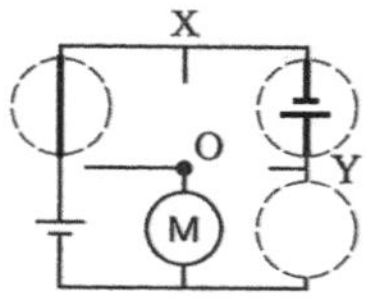

4問７の図

《社　会》

1 問１．関東大震災　問２．(1)イ，オ　(2)エ　問３．(1)1000万　(2)イ　(3)海里　問４．(1)C．荒川
D．隅田川　(2)エ　問５．カ　問６．(1)エ　(2)ウ　問７．エ

2 問１．ⅰ．薩摩　ⅱ．松本　ⅲ．扇状地　ⅳ．尾道　問２．ウ　問３．イ　問４．(1)ウ　(2)ウ，オ
問５．Ａ県…エ　Ｃ県…ア　問６．(1)Ｂ県…ウ　Ｄ県…エ　(2)Ｂ県…ウ　Ｃ県…ア　(3)ウ

3 問１．①北条泰時　②豊臣秀吉　③小野妹子　④徳川吉宗　⑤鑑真　⑥松尾芭蕉　⑦北条政子　⑧卑弥呼
⑨徳川慶喜　⑩天草四郎　問２．(1)エ　(2)ウ，カ　(3)ウ　(4)ア

4 問１．世界…イ→ア→エ→ウ　日本…ク→カ→キ→ケ　問２．Ａ．(1)カ　(2)ア　Ｂ．ウ　Ｃ．(1)ベルサイユ
(2)新渡戸稲造　Ｄ．(1)エ　(2)イ　問３．文京区…エ　台東区…ア　問４．ウ　問５．イ　問６．ウ
問７．さいたま　問８．エ

2024 解説 開成中学校

令和６年度

《2024　国語　解説》

一・二　著作権上の都合により文章を掲載《けいさい》しておりませんので、解説も掲載しておりません。ご不便をおかけし、誠に申し訳ございません。

《2024　算数　解説》

1　(1)　**【解き方】2024 を素数の積で表すと，2024＝２×２×２×11×23 となる。したがって，2024＝８×11×23 と表せる。**

以下，１～９の整数を入れるところを□で表す。素数である 11，23 は□の足し算で表すしかないので，

2024＝８×(□＋□)×(□＋□＋□)と表せる。しかし，これだと数が６個になるので，もう少し少なくできないか考える。11×23＝253 を３個か４個の□で表せばよいが，かけ算だけでは表せないので，３個だとすると，

253＝□＋□×□になる。しかし，□＋□×□の最大値は７＋８×９＝79 なので，４個の□で表す。

□×□＋□×□でも 253 には届かないので，253＝□＋□×□×□で表すことを考える。

□×□×□の最大値は，７×８×９＝504 であるが，この数のちょうど半分が 504÷２＝252 となり，253 との差が１である。したがって，$2024＝8\times(1+\frac{7\times8\times9}{2})$＝**８×(１＋４×７×９)**と表せる。

(2)(ア)　**【解き方】右図のようにてんびん図で考えれば，１cmあたり８ｇの部分と１cmあたり 11ｇの部分の長さの比が１：２のとき，全体として１cmあたり 10ｇとなる。**

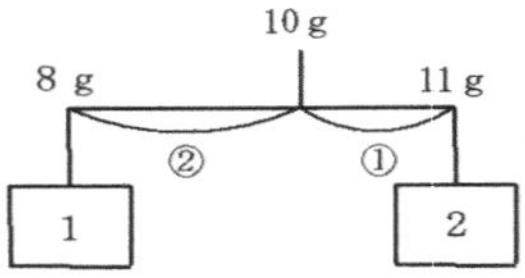

34.5 cmのうち，１cmあたり８ｇの部分と１cmあたり 11ｇの部分の長さの比が１：２ならばよいので，★＝$34.5\times\frac{1}{1+2}$＝**11.5**(cm)

(イ)　**【解き方】「切り取る部分の重さが等しくなるのは，切り取る長さが 34.5 cmのときだけ」という条件から，１cmあたり 11ｇの部分の右端はどこかを考える。**

左端から 34.5 cmのところをＡとする。Ａより右側に１cmあたり 11ｇの部分がａcm存在しているとすると，１cmあたり 11ｇの部分の右端からさらに $a\times\frac{1}{2}$(cm)のところで切り取ったときに，Ａより右側の部分が全体として１cmあたり 10ｇとなる。つまり，左端から 34.5 cmまでの部分とあわせても１cmあたり 10ｇとなるので，条件に合わない。したがって，１cmあたり 11ｇの部分の右端はＡである。

Ｐのうち右図のｂcmの部分の重さは，Ｏのｂcmの重さより，

８×２＝16(ｇ)軽いので，ｂ＝16÷(10－８)＝８

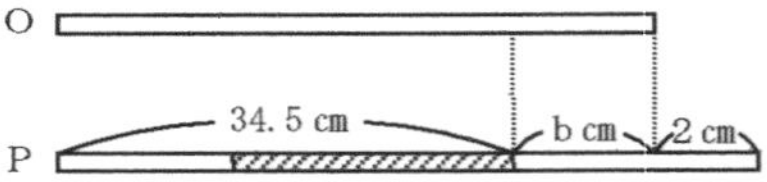

よって，Ｏの長さは，34.5＋８＝42.5(cm)だから，金属棒１本の重さは，10×42.5＝**425**(ｇ)

(3)(ア)　**【解き方】ゴールの位置にいる正三角形Ｐを逆に転がしていくと，正三角形Ｐは３回転がるごとに，「Ｐ」の文字の上の方向にある辺が正三角形Ｑの辺と重なる。**

右図の①，②の位置で，「Ｐ」の文字の上の方向にある辺が正三角形Ｑの辺と重なる。②から２回逆に転がすので，スタートの位置では，「Ｐ」の文字の左下の方向にある辺が正三角形Ｑの辺と重なる。

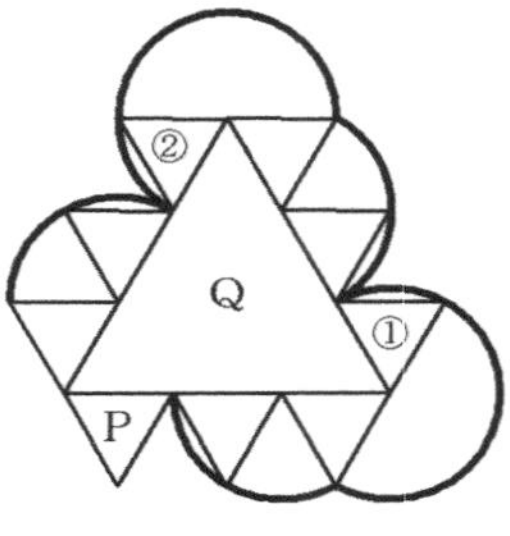

(イ)　【解き方】(ア)の図の太い曲線の長さを求めればよい。

曲線はすべて，半径が３cmのおうぎ形の曲線部分にあたり，中心角が180°－60°＝120°のものが３本，中心角が360°－60°×２＝240°のものが２本ある。よって，求める長さは，

$(3\times 2\times 3.14\times\frac{120}{360})\times 3+(3\times 2\times 3.14\times\frac{240}{360})\times 2=6\times 3.14+8\times 3.14=14\times 3.14=$ **43.96**(cm)

(ウ)　正三角形Ｐが動くときに通過する部分は，右図で色をつけた部分である。

半径３cmのおうぎ形にあたる部分はこい色の部分であり，中心角が60°のおうぎ形を１個として数えると，２＋１＋３＋１＋１＋３＋１＋２＝**14**(個分)ある。

１辺が３cmの正三角形にあたる部分はうすい色の部分であり，**７**個分ある。

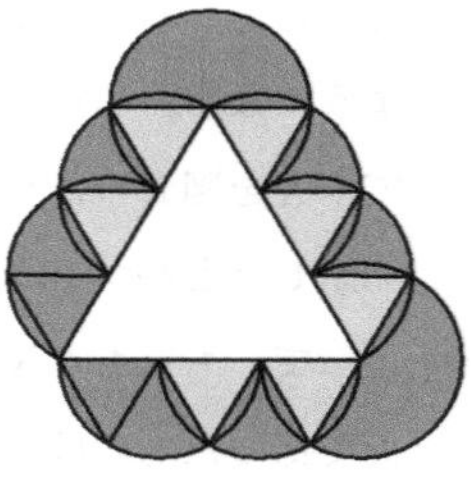

２ **⑴**　自分よりも左側に自分より低い数字があるカードは，箱に入る。

よって，結果は**《７４３１》**となる。

⑵(ア)　結果の１つ目の数字は，はじめのカードの状況の１つ目の数字だから，１つ目は**２**である。

あとの並びは**１３**でも**３１**でもよい。

(イ)　はじめのカードの状況の１つ目の数字は２である。あとは１，３，４をどのように並べても結果は《２１》になる。

(ウ)①　はじめのカードの状況の１つ目の数字は２である。あとは１，３，４，５をどのように並べても結果は《２１》になる。よって，はじめのカードの状況は，４×３×２×１＝**24**(通り)

②　はじめのカードの状況の１つ目の数字は５，２つ目の数字は２である。あとは１，３，４をどのように並べても結果は《５２１》になる。よって，はじめのカードの状況は，３×２×１＝**６**(通り)

(エ)　【解き方】はじめのカードの状況の１つ目の数字は５である。結果が《５２１》になるようにはじめのカードの状況を作るとき，６は５より右側ならばどこでもよい。１，３，４は２より右側ならばどこでもよい。

６は並べるときに１，３，４の並びの影響《えいきょう》を受けないので，先に１，３，４を並べ，最後に６を並べると考える。

１，３，４は，５２[ア]のアの位置に３×２×１＝６(通り)の並べ方で並ぶ。

仮に５２１３４と並べたとすると，６は，５人２人１人３人４人の「人」の位置ならばどこでもよいので，５通りの並べ方がある。

よって，はじめのカードの状況は全部で，６×５＝**30**(通り)

⑶　【解き方】⑵(エ)のように，箱に入る３，６，８，９について，小さい数字から順に並べ方を求めていく。

はじめのカードの状況の１つ目は７であり，７５４２１の順番は決まりである。ここに３，６，８，９を並べていくが，７人５人４人２人１人の「人」のうち，それぞれの数字を入れられる場所を考えていく。

３は，７５４２人１人の「人」にしか並べられないので，２通りの並べ方がある。

３がどこであっても，６，８，９を並べられる場所に影響はないので，３を一番後ろに並べたと考える。

６は，７５人４人２人１人３人の「人」にしか並べられないので，５通りの並べ方がある。以下同様に考える。

８は，７人５人４人２人１人３人６人の「人」の７通りの並べ方がある。

９は，７人５人４人２人１人３人６人８人の「人」の８通りの並べ方がある。

以上より，はじめのカードの状況は全部で，２×５×７×８＝**560**(通り)

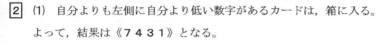

3 以下の解説では，展開図の１目盛りを１㎝とする。

(1) どことどこの辺の長さが等しいか注意しながらＹの展開図を組み立てると，右の図Ⅰのようになる。したがって，Ｘを図Ⅱのように切断したとわかる。

図Ⅰ

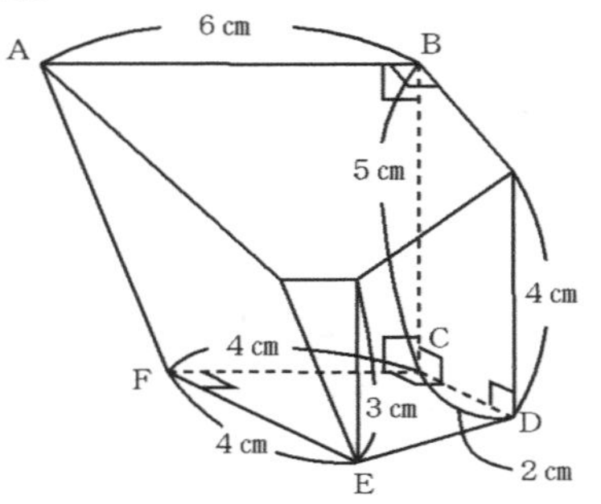

図Ⅱ

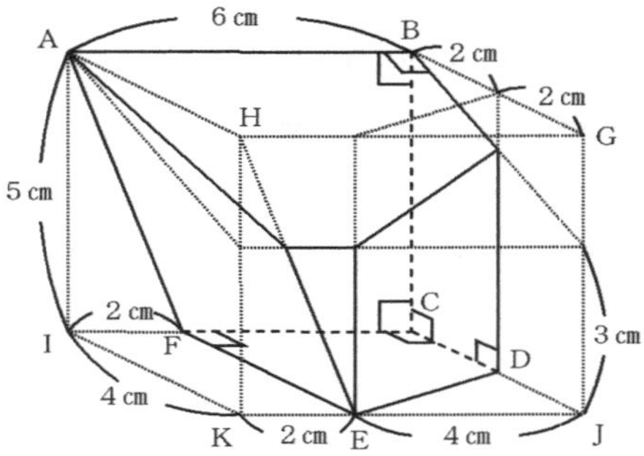

よって，もともとＸの面であったものは，②，③，④である。

(2) 図Ⅱのように記号をおく。ＤはＣＪの真ん中の点，Ｅは辺ＫＪを２：４＝１：２に分ける点，Ｆは辺ＩＣを２：４＝１：２に分ける点である。

(3) 図Ⅱより，１つの平面は，ＢＧの真ん中の点と，辺ＨＧを１：２に分ける点を通り，底面に垂直な平面である。もう１つの平面は，辺ＨＫを(５－３)：３＝２：３に分ける点と，辺ＧＪを２：３に分ける点と，辺ＡＢを通る平面である。もう１つの平面は，３点Ａ，Ｅ，Ｆを通る平面である。

(4) (あ)，(い)の辺は，図Ⅲの太線である。展開図において，長さが等しい辺を探しながら，(い)につづくこい色の面を先に，(あ)につづくうすい色の面をあとにかけばよい。

(5) 図Ⅲで三角形ＨＬＥと三角形ＭＮＥは同じ形で，対応する辺の比がＬＥ：ＮＥ＝５：３だから，

$\mathrm{MN}=\mathrm{HL}\times\frac{3}{5}=2\times\frac{3}{5}=\frac{6}{5}$(㎝)

よって，求める面積は，$\frac{6}{5}\times 3\div 2=\frac{9}{5}=1.8$(㎠)

図Ⅲ

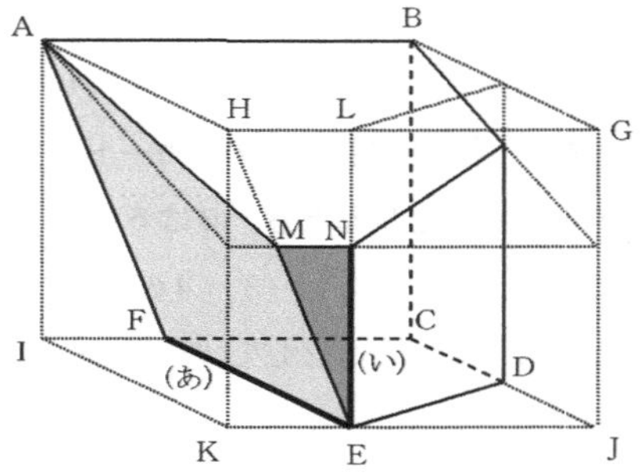

《2024 理科 解説》

1 問１，２ 実験１より，白い固体が残ったＢとＣとＤは重そう水か食塩水か石灰水のいずれかであり，何も残らなかったＡとＥはアンモニア水か塩酸か炭酸水のいずれかである。実験２より，においがあったＡはアンモニア水か塩酸である。実験３より，実験２でにおいがあったＡは酸性だから塩酸である(アンモニア水に該当《がいとう》するものはないことがわかる)。また，塩酸以外で酸性のＥは炭酸水，ＢとＣはアルカリ性だから重そう水か石灰水のどちらか，Ｄは中性だから食塩水である。

問３ 問１，２解説より，実験１～３だけではＢとＣを特定することができない。ＢとＣは重そう水か石灰水のどちらかだから，イの実験を行うことで，白くにごった方が石灰水，変化しなかった方が重そう水だと特定できる。

問４ ほう酸は50℃の水80ｇに4.0＋4.8＝8.8(ｇ)までとけた。温度が同じであれば，物質がとける量は水の量に比例するので，50℃の水100ｇには$8.8\times\frac{100}{80}=11$(ｇ)までとける。

問５ 25℃のとき，ほう酸は水80ｇに4.0ｇまでとけたから，7.0ｇとかすのに必要な水は$80\times\frac{7.0}{4.0}=140$(ｇ)である。よって，追加する水の量は140－100＝40(ｇ)である。

問６ ア×…25℃の水にほう酸をできるだけとかした水溶液《すいようえき》のpHは５程度で，市販《しはん》の酢《す》のpHは２～３程度なので，

pHの数値がより小さい市販の酢の方が酸性が強い。　イ○…実験５より，同じ量の水に対して，とけたクエン酸の量が多くなる(濃度《のうど》が高くなる)とpHの数値が小さくなる(酸性が強くなる)ことがわかる。　ウ×…実験５で，25℃の水80ｇに対し，クエン酸を4.0ｇとかしたときのpHが２程度，60ｇとかしたときのpHが１程度である。つまり，クエン酸が4.0ｇとけたとき，pHの７からの変化量は７－２＝５で，4.0ｇの15倍の60ｇとけたとき，pHの７からの変化量は７－１＝６であり，６は５の1.2倍だから，比例の関係ではない。　エ×…実験６で，pHが１程度であればスチールウールを入れてあわが発生したことはわかるが，pHが２～３程度であわの発生を確かめた実験を行っていないので，市販の酢の中にスチールウールを入れたときにあわが発生するかどうかはわからない。　オ○…実験４と５で，水80ｇに対してほう酸とクエン酸をそれぞれ4.0ｇとかしたときのpHの数値(酸性の強さ)は異なることがわかる。

2　**問１**　昔…１ヶ月を新月から新月までというように，月の動きで決めている。また，うるう月をはさんで13ヶ月にすることで季節がずれるのを防いでいるので，１年を太陽の動きで決めているといえる。１ヶ月を月の動きで決める暦《こよみ》を太陰暦《たいいんれき》というが，うるう月をはさむ太陰暦をとくに太陰太陽暦ということがある。　現在…１年の長さを太陽の動きをもとにした365日とし，365日をほぼ12等分することで１ヶ月の長さを30日と31日とした。

問２　30×６＋29×６＝354(日)

問３　ａ．2020年は100と400では割り切れず，４で割り切れるから，うるう年である。　ｂ．1900年は100で割り切れ，400では割り切れないから，平年である。　ｃ．2000年は400で割り切れるから，うるう年である。

問４　太陰暦では，毎月１日が新月，15日が満月だから，７日は半月に近い状態である。また，南中したときの形は，新月から少しずつ右側が光り始め，満月になった後は少しずつ右側から欠け始めるから，新月→オ→エ→ウ→イ→ア→次の新月の順に変化する。

問５　問２より，12ヶ月の日数は354日だから，365日よりも365－354＝11(日)少ない。うるう月の日数を30日とすると，ア～エの「○年に□回」について，(11×○)と(30×□)が等しくなるときを考えればよい。エでは，11×19＝209，30×７＝210となり，ほぼ等しくなる。

問６　(Ａ－Ｂ)＝40.7－35.7＝5.0(万km)より，その90％の長さは5.0×0.9＝4.5(万km)だから，Ｃ＝(Ａ－4.5)＝40.7－4.5＝36.2(万km)となる。よって，８月２日に見えた満月はＣよりも近いから，スーパームーンである。

問７　実際には，月の公転と同じ向き(反時計回り)に，地球が太陽のまわりを公転している。地球の公転周期は１年(12ヶ月)で約360度だから，図２の地球の約１ヶ月前の８月２日の地球の位置は，太陽を中心に時計回りに約360÷12＝30(度)回転した位置にある。ここでは，地球が公転しないように考えるので，図２の太陽，地球，満月を結ぶ点線を，地球を支点として時計回りに約30度回転させると，８月２日の太陽，地球，満月を結んだ直線になる。

3　**問１**　カは甲殻類《こうかくるい》，ケはクモ類である。

問２　葉を食べるものはコ，花の蜜《みつ》を吸うものはアとオとセ，木の汁《しる》を吸うものはウとシとス，樹液をなめるものはクとサ，他の昆虫《こんちゅう》を食べるものはイとエとカとキとケである。なお，ケについて，クモのなかまの成体を成虫と呼ぶことがあること，ア～セをいずれかのグループに分けたとすることなどから，解答例にふくめた。

4　**問１～３**　乾電池《かんでんち》１個と豆電球がつながるときと，乾電池２個が並列つなぎになって豆電球とつながるときは豆電球が同じ明るさで光り，乾電池２個が直列つなぎになって豆電球とつながるときは最も明るく光る。　ア．スイッチを１つだけ閉じると乾電池１個と豆電球がつながるが，スイッチを２つ閉じると豆電球は光らない。　イ．スイッチを１つだけ閉じると乾電池１個と豆電球がつながり，スイッチを２つ閉じると乾電池２個が並列つなぎになって豆電球とつながる。　ウ．スイッチを１つだけ閉じたときも２つ閉じたときも，乾電池２個が直列つなぎになって豆電球とつながる。　エ．スイッチを１つだけ閉じたときも２つ閉じたときも，豆電球は光らない。　オ．スイッチを１つだけ閉じたときは豆電球は光らないが，スイッチを２つ閉じたときは乾電池２個が直列つなぎになって豆電球とつながる。

問４　①図３で，電流を流した時間が３分のときに着目すると，１個：２個：３個＝６：３：２となる。　②図２より，電熱線の数が１個のときの電流の大きさは２個のときの２倍である。よって，図３で，電流を流した時間が同じとき，電熱線の数が２個から１個になる(電流の大きさが２倍になる)と，水の上昇温度も２倍になっているので，比例の関係がある。　③図３で，電流を流した時間が同じとき，電熱線の数が２個から１個へ$\frac{1}{2}$倍になると，水の上昇温度は２倍になるから，反比例の関係がある。なお，①より，６：３：２＝$\frac{1}{1}$：$\frac{1}{2}$：$\frac{1}{3}$となることからも反比例の関係があることがわかる。

問５　問４③より，電熱線２個が直列つなぎになって電源装置とつながる(c)よりも，電熱線１個が電源装置とつながる(d)の方が，水の上昇温度が高くなる。

問６　Ⅰで，豆電球が最も明るく光るときと同様に考えればよいので，乾電池２個が直列つなぎになってモーターとつながる(d)で，モーターが最も速く回る。

問７　解答例の回路図では，ＯとＸをつなぐと乾電池１個とモーターがつながり，ＯとＹをつなぐと乾電池２個が直列つなぎになってモーターとつながる。

《2024　社会　解説》

1　**問１**　関東大震災　　1923年9月1日午前11時58分，関東南部でマグニチュード7.9の大地震が発生し，死者・行方不明者は10万人をこえた。当時，日本海に台風があったため，昼前で火を使っていた家庭で多発した火事が強風であおられ，火事は広範囲に拡大した。

問２(1)　イ，オ　　電子メールによる選挙運動は，候補者や政党には認められているが，一般有権者には認められていないことには注意したい。ア．誤り。直接国税を15円以上納める満25歳以上の男性のみであった。ウ．誤り。女性の参政権が認められ，満20歳以上の男女が選挙権を有することになった。エ．誤り。投票所における代理投票では，親族による代筆は認められていない。代理投票を求める場合は，投票所の職員が代筆する。

(2)　エ　　市議会議員選挙の被選挙権は，満25歳以上の日本国民で，引き続き３か月以上その市に住所のある者である。

問３(1)　1000万　　子午線１周は約４万kmだから，北極点から赤道までの子午線上の長さは約１万kmになる。

(2)　イ　　バレルは，ヤード・ポンド法における体積を表す単位。日本の計量法では，取引等に使用できない。

(3)　海里　　子午線１周は約４万kmだから，１分は40000÷(360×60)＝1.8518…km≒1852ｍにあたる。

問４(2)　エ　　大雨の際に隅田川下流域での洪水被害を防ぐために，岩淵水門が閉鎖される。

問５　カ　　航空による輸送量がほとんどないＢが貨物である。国内の船舶による輸送は，貨物は多いが旅客は少ないので，Ｚが船舶と判断する。Ｘは鉄道，Ｙは自動車。

問６(1)　エ　　第四次中東戦争は1973年に起こった。アは1968年，イは1970年，ウは1969年。

(2)　ウ　　WFPは世界食糧計画の略称。アはUNICEF(国連児童基金)，イは国際連合，エはUNHCR(国連難民高等弁務官事務所)の紋章。

問７　エ　　物流の2024年問題は，トラックドライバーの時間外労働時間が年間960時間以内に制限されることで，正確な運搬や配送が影響を受ける恐れがある問題である。

2 問1　i＝薩摩　ii＝松本　iii＝扇状地　iv＝尾道　　指宿市と安曇野市の位置については右図参照。本州四国連絡橋は，瀬戸大橋，明石海峡大橋・大鳴門橋，瀬戸内しまなみ海道の３つであり，愛媛県の今治市を通るのは，尾道－今治ルートの瀬戸内しまなみ海道であることから，ivを尾道と判断する。

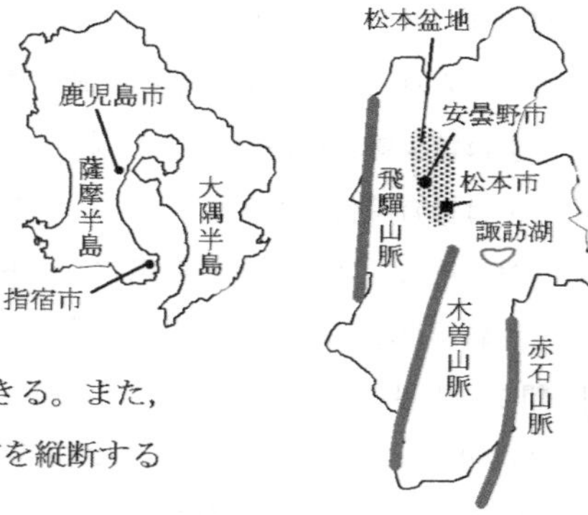

問2　ウ　　秋田県の男鹿半島あたりを北緯 40 度の緯線が通ることから，秋田県の南に位置する山形県の緯度は 39 度あたりと判断できる。また，東京都の東を通る経線が東経 140 度の経線であり，この経線が東北地方を縦断することから，羽黒山は北緯 39 度，東経 140 度に近い地点と考える。

問3　イ　　E県は岩手県である。ア．岩手県沖には日本海溝がある。ウ．潮目では冷水が暖水の下に潜り込む。エ．岩手県東部の海岸は，北部は海岸段丘が発達し，南部はリアス海岸になっている。砂浜海岸で地引き網漁を行っているのは九十九里浜などである。

問4(1)　ウ　　関東・東山は大消費地東京が近く，交通網も発達していることから，新鮮な牛乳を消費地に供給している。北海道は，生乳生産量は多いが，消費地から遠いため，乳製品に加工して出荷する量が多い。

(2)　ウ，オ　　ウ．誤り。飼養頭数の減少に比べて飼養戸数の減少が大きいことから，農家一戸あたりの飼養頭数は増えている。オ．誤り。1989 年の牛乳生産量は約 420 万 kL，2021 年の牛乳生産量は約 320 万 kL だから，半分にはなっていない。

問5　A県＝エ　C県＝ア　　A県は山形県，B県は鹿児島県，C県は長野県，D県は広島県，E県は岩手県。大島紬は鹿児島県，熊野筆は広島県，南部鉄器は岩手県の伝統的工芸品である。

問6(1)　B県＝ウ　D県＝エ　　アは長野県，イは山形県である。　(2)　B県＝ウ　C県＝ア　　４県のうち，広島県は宮島などの瀬戸内海の島々，鹿児島県は屋久島などの南西諸島とフェリーの航路で結ばれていることから，船舶輸送が盛んであると判断する。広島県は，地方中枢都市である広島市を有していることから，鉄道旅客輸送人員は多いと考えられるので，エが広島県，ウが鹿児島県である。また，内陸県である長野県では船舶輸送はできないことから，国内航路乗込人員がみられないアを長野県と判断する。　(3)　ウ　　山形県山形市は，北西季節風の影響で冬の日照時間が少なく，内陸部にあるため年較差は大きくなる。アは鹿児島市，イは広島市，エは盛岡市，オは長野市。

3 問1　①＝北条泰時　②＝豊臣秀吉　③＝小野妹子　④＝徳川吉宗　⑤＝鑑真　⑥＝松尾芭蕉　⑦＝北条政子　⑧＝卑弥呼　⑨＝徳川慶喜　⑩＝天草四郎　　①貞永式目は御成敗式目ともいう。北条泰時は，鎌倉幕府の第３代執権である。②「太閤」から豊臣秀吉と判断する。織田信長の草履を懐で温めていた話は有名である。
③「日出づる処の天子…」で始まる国書を隋の皇帝煬帝に渡したのが小野妹子であった。④享保の改革を行った徳川吉宗は，新田開発，上米の制，定免制など数多くの米に関する政策を行った。⑤聖武天皇の要請を受けた鑑真は，正しい仏教の戒律を教えるために来日した。⑥『奥の細道』は，松尾芭蕉と弟子の曾良が東北や北陸を旅したときのようすを紀行文にしたものである。⑦源頼朝の妻の北条政子は，承久の乱のときに関東の御家人に頼朝のご恩を説き，勝利に導いたといわれている。⑧邪馬台国の女王卑弥呼が魏の皇帝に朝貢し，「親魏倭王」の称号と金印，100 枚あまりの銅鏡を授かったことが，『魏志』倭人伝に記されている。⑨江戸幕府の第 15 代将軍徳川慶喜は，新しい政権のなかで主導権を維持することは可能と考え，政権を朝廷に返上する大政奉還を行った。⑩1637 年，約３万７千人の人々が，天草四郎を大将にして一揆を起こし，約４か月にわたって幕府や藩の大軍と戦った。

問２⑴　エ　　遣唐使に指名された菅原道真は，航路の危険と唐の衰退を理由に遣唐使の停止を提案し，それが聞き入れられたから，菅原道真は海を渡って中国に行っていない。　⑵　ウ，カ　　『土佐日記』は紀貫之，『枕草子』は清少納言が書いた。いずれもかな文字を使った国風文化を代表する作品である。アは主に室町時代，イとエとオは鎌倉時代に書かれた，または成立した作品である。　⑶　ウ　　「東山」から銀閣と判断する。アは金閣，イは法隆寺，エは平等院鳳凰堂。　⑷　ア　　歌川広重の『東海道五十三次』(日本橋)である。イは菱川師宣の『秘蔵浮世絵大観』，ウは渓斎英泉の『江戸八景』，エは葛飾北斎の『富嶽三十六景』。

４　問１　世界＝イ→ア→エ→ウ　日本＝ク→カ→キ→ケ　　イ(1991 年)→ア(2001 年)→エ(2014 年)→ウ(2020 年)ク(1995 年)→カ(2011 年)→キ(2019 年)→ケ(2021 年)

問２＜Ａ＞⑵　ア　　復讐をするために苦労に耐えるという意味の故事成語。　＜Ｂ＞　ウ　　日本の全権大使は，小村寿太郎外相であった。　＜Ｃ＞⑵　新渡戸稲造　　新渡戸稲造は『武士道』を著したことで知られる。1984 年から 2007 年まで発行された五千円札の肖像にも利用された。

＜Ｄ＞⑵　イ　　1945 年８月 17 日までが鈴木貫太郎内閣で，その後東久邇宮稔彦王内閣を経て，幣原喜重郎内閣，吉田茂内閣と続いた。

問３　文京区＝エ　台東区＝ア　　イは港区，ウは中央区にある。

問４　ウ　　右図参照。

問５　イ　　ア，ウ，エは弥生時代の生活様式である。

問８　エ　　国司には中央の貴族が任命され，地方の豪族は郡司に任命された。

2023 解答例 令和５年度

開成中学校

《国　語》

一 問一．目標／息苦／逆／耕　問二．世の中が平和になり、自分達が不要になったことに気づいた武士達が、特権を守るために、無理をして自身の存在を正当化しようとした点。　問三．東京の現場…コストとスケジュールだけが重視され、日々の仕事に追われて、今の社会や未来の人間が必要とする建築や都市について考える時間のない所。　檮原という場所…色々な職人と自由に話ができ、建築の秘密に直接触れて学び、自由な発想で様々なことを試し、実現できる、建築の再生への希望を手に入れた所。

二 問一．色々なグループに顔を出し、多才で自由なところに加え、学校をさぼって海に行くという、聞いただけでひきつけられるような行動をごく自然にとれるところ。　問二．嬉しそうな朱里に同調して笑ったが、学校をさぼるのは希代子にとって重大事で、この後起こるはずの様々な問題を考えて不安になっているから。　問三．朱里は、表面的には希代子に心を許しているように見えるが、本心は違うのではないかと思えるということ。

問四．朱里の誰とでもすぐに打ち解ける人懐こさに不信感を抱き、無自覚に人の心をかき乱し、思い付きで人を振り回す不誠実さにいら立ちを感じ始めている。

《算　数》

1 ⑴61，10　⑵$144\frac{2}{3}$　⑶255

2 ２分10秒後，３分12秒後

3 ⑴右図　⑵797.5

4 ⑴右図　⑵18　⑶右図　⑷445

5 ア．30　イ．30　ウ．120

エ．30　オ．36　カ．126

キ．492

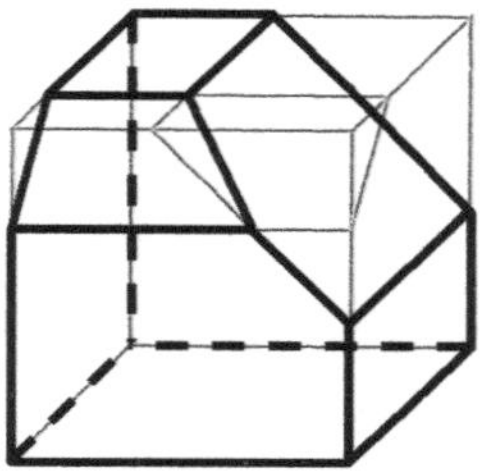

3⑴の図

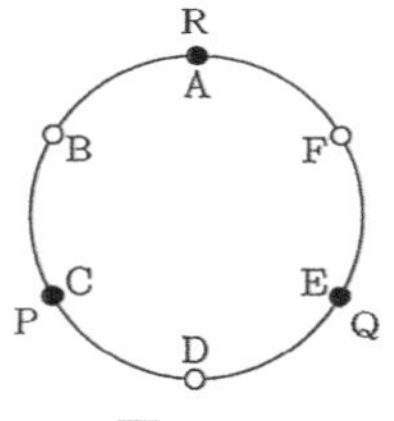

4⑴の図

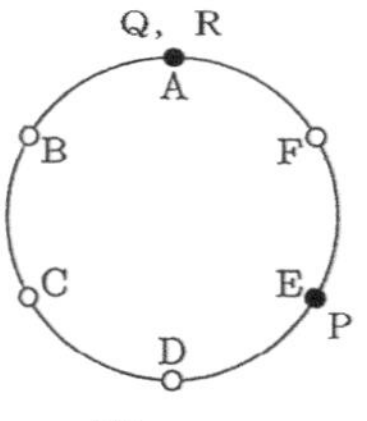

4⑶の図

※式や図や計算などは解説を参照してください。

《理　科》

1 問１．右グラフ　問２．25　問３．ア，ウ　問４．イ

問５．断層　問６．オ　問７．ア　問８．ハザードマップ

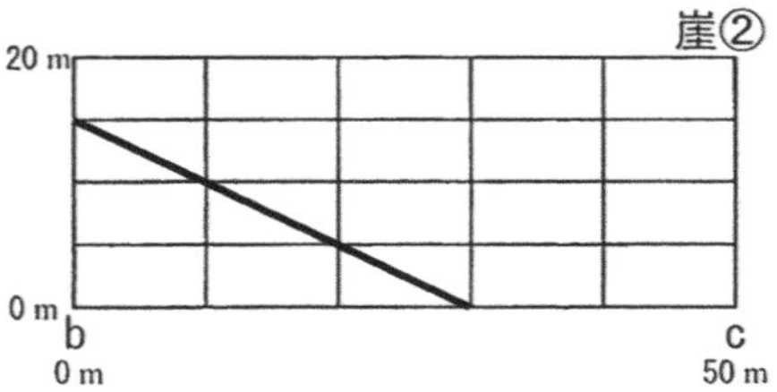

2 問１．イ　問２．ウ，エ　問３．(あ)空気　(い)水

問４．図３(中央)色…ア　理由…ａ　図３(右)…エ

問５．太郎さん…ｂ，ｃ　花子さん…ａ，ｃ

問６．(う)上　(え)下　(お)混ざる

3 問１．イ　問２．①ウ　②ウ　問３．③イ　④オ　問４．４　問５．12.68　問６．6.60

問７．⑥おもりの重さ　⑦ふりこの長さ

4 問１．⑴①(う)　②(か)　⑵にょう　問２．(あ)　問３．⑴②→③→①　⑵210　問４．⑴192　⑵41　⑶エ

《社　会》

1　問１．1890 年は…直接国税 15 円以上を納める満 25 歳以上の男子に与えられた。　1946 年は…満 20 歳以上の男女に与えられた。　問２．ウ　問３．ア　問４．⑴カ　⑵イ　問５．隋／唐　問６．ウ
問７．⑴う．満州国　え．国際連盟　⑵ドイツ／イタリア　問８．⑴お．薩摩焼　か．島津　⑵イ
問９．最も近い…エ　最も遠い…ウ　問 10．⑴き．ワカタケル　く．前方後円　⑵ア，ウ
問 11．⑴け．冠位十二階　こ．十七条の憲法　⑵イ，ウ　⑶ア　問 12．⑴イ　⑵石見　問 13．⑴ア　⑵ウ
問 14．⑴さ．新橋　し．横浜　⑵イ　⑶エ

2　問１．あ．安全保障　い．地位　う．124　え．３分の２　お．敦賀　か．札幌　問２．①カ　②ウ　③イ
問３．ＮＡＴＯ　問４．⑴ア　⑵47／上昇　問５．インド／オーストラリア　問６．⑴1947　⑵鳥取／島根　徳島／高知　⑶ア，イ，エ　問７．Ａ．建設費
Ｂ．第三セクター　Ｃ．移動時間を短縮　問８．⑴右図
⑵赤石／木曽　⑶ｅ．静岡　ｆ．大井

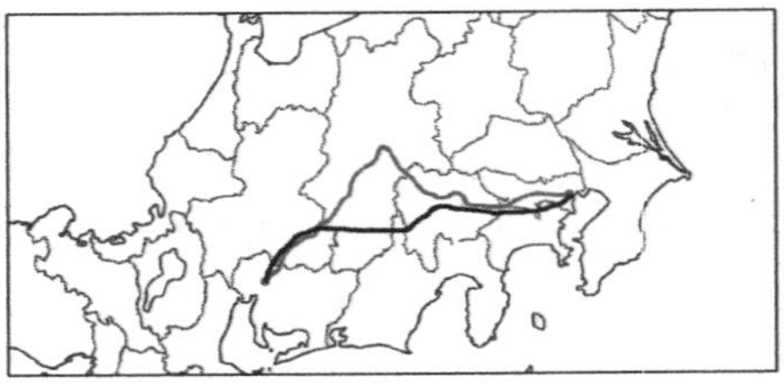

《2023　国語　解説》

一　問二　「戦場を失った武士」というのは、平和な江戸時代の武士のことである。戦国時代の武士たちは、「明日の戦《いくさ》に勝つことがまず大事な、現実的な人達だった」。そして、平和ではなかった「戦国時代の社会は実際に武士を必要としていた」。しかし、平和な江戸時代がやってくると、「もはや社会は武士を必要としなくなった」。そこで「自分達が不要であることに気がついた」武士達は、「自分達の倫理《りんり》、美意識をエスカレートさせることによって、自身の」存在意義をアピールし、「自分達の存在を正当化しようとした」。そして、武士階級の特権は温存されたのである。このことと、建築を必要しなくなった80年代になっても、作る必要のないものもたくさん作り、「政治も経済も、依然《いぜん》として建築主導」であったことが「よく似ている」のである。

問三　――部２の前の行までの２段落で、「東京の現場」について述べている。「日々の仕事に追われてしまって、こなすだけになる。自分の作っている建築にどんな意味があるか、社会が今どんな建築や都市を必要としているか、未来の人間がどんな建築、都市を必要としているかを考える時間がなくなってしまう」や、「職人とじっくり話す機会はまるでなかった～話す相手は所長だけ、話題はコストとスケジュールだけというのが、都会の現場の決まりであった」とある。一方、「檮原《ゆすはら》という場所」では、「ギスギスした雰囲気《ふんいき》はなく、色々な職人と自由に話ができたし、友人にもなった～建築という行為《こうい》の秘密《ひみつ》の数々に直接触《ふ》れることができた～設計図を描《か》いている時には思いつかなかった、おもしろい仕上げやディテールを実現することができた」とある。左官の職人や紙漉《かみすき》職人とのエピソードは、こうしたことの具体例である。そして、檮原で「彼らと寄り添《そ》い」、生活し、ともにいろいろな経験をすることによって、筆者は「建築は再び大地とつながることができるかもしれないという希望を手に入れた」。

二　問一　希代子は、朱里《あかり》が「まんべんなくいろんなグループに顔を出している」のを見て「少し悲しくなった」が、恭子さんのグループといっしょにいたのを見て驚《おどろ》いている。また、「国語と美術の成績が抜群《ばつぐん》に」よく、部活を「休みがちだが、彼女が少しだけ手を付けた油絵は迫力《はくりょく》がある」こと、彼女の描く「四コマ漫画《まんが》があまりに面白」くクラスで評判になったが、突然描くのをやめたことなどから、朱里の多才さと自由さが読み取れる。このように、色々なグループに顔を出し、多才で自由なところに希代子は魅力《みりょく》を感じてきた。そして、朱里の「学校をさぼって海に行く」という言葉は、「美しい音楽とか、宝石の名前のよう」な、素敵でひきつけられるものに思えた。しかも、自分にとっては「憧《あこが》れるが」「重大事」である学校をさぼるという行動を、朱里はなんでもないことのように行うのである。こうした自分にはない点に、希代子は魅力を感じている。

問二　ここより前に、「彼女(＝朱里)にとって学校をさぼることはなんでもない。しかし希代子にとっては重大事だ」とあり、学校をさぼることで生じるであろう問題が、次々と頭をよぎっている。しかし、「朱里の提案には退けられない何かがあ」り、希代子は動けない。そうこうしているうちに電車のドアは閉まり、目の前の「朱里は嬉《うれ》しそうに希代子の手を取り、ぴょんぴょんと飛び跳《は》ねた」。飛び跳ねるほど嬉しそうな朱里に対して、希代子は同調して笑うしかなかったが、本心は不安で仕方がないため、「曖昧《あいまい》」な笑いになったのである。

問三　「柔《やわ》らかそうな頬《ほお》」「投げ出される白い脚《あし》」という表現の意味を考える。脚を投げ出すのは、ある程度親しい相手とリラックスして過ごす時の姿勢である。これらの表現から、表面的には朱里が希代子に対して自然に接し、心を許しているように見える。しかし、「学校を一緒にさぼらなかったことが影響《えいきょう》しているのかもしれない」とあるように、希代子は朱里の本心は違うのではないかと感じ、それらの「すべてが疑わしく」なっているのである。

問四　急行電車を降り、「学校を一緒《いっしょ》にさぼらなかった」日の翌朝、「何事もなかったかのようにへらへら笑い」、話しかけてきた朱里に対し、「希代子の朱里に対する気持ちは、少しだけ曇《くも》った」。「昨日の朝、希代子にショックを与え、日常も気持ちもかき乱したことにまるで気がついていない」朱里に対し、希代子は不信感や不誠実さを感じ始めている。そして、絵の具を買いに行った東急ハンズで、朱里は絵の具を探すことなく自由に歩き回り、偶然《ぐうぜん》出会った瑠璃子さんとあっという間に打ち解け、絵の具も買わずに売り場を立ち去った。思い付きで人を振《ふ》り回し、誰《だれ》とでもすぐに打ち解ける朱里に対し、希代子はさらに不信感をつのらせ、いら立ちを感じ始めている。なぜか自分が買うことになった「青い絵の具をなんども握り、凹《へこ》ませ」るという行動に、朱里へのいら立ちが表れている。しかし、希代子自身ははっきりとその気持ちを自覚しているわけではなく、「少しやきもちを焼いているのかもしれない、と自己分析《ぶんせき》し、納得《なっとく》しようと」している。

《2023　算数　解説》

1 (1)　**【解き方】ウサギが寝てからウサギがゴールするまでの時間をもとに計算する。**

ウサギは起きてからゴールするまでに，$100\div80=\frac{5}{4}=1\frac{1}{4}$(分)，つまり1分15秒かかった。したがって，寝てからゴールするまでに60分＋1分15秒＝61分15秒かかった。カメはウサギの5秒前にゴールしたから，求める時間は，61分15秒－5秒＝**61分10秒**

(2)　**【解き方】(1)より，ウサギが寝たとき，カメはゴールまで61分10秒かかる地点にいた。**

カメは61分10秒＝$61\frac{10}{60}$分＝$\frac{367}{6}$分で，$4\times\frac{367}{6}=\frac{734}{3}=244\frac{2}{3}$(m)進む。したがって，ウサギが寝た時点で，ウサギはゴールまで100m，カメはゴールまで$244\frac{2}{3}$mの地点にいたから，求める道のりは，$244\frac{2}{3}-100=$**$144\frac{2}{3}$**(m)

(3)　**【解き方】(2)から，スタートしてからウサギが寝るまでの時間を求める。**

スタートしてからウサギがカメより$144\frac{2}{3}=\frac{434}{3}$(m)多く進むまでにかかる時間は，$\frac{434}{3}\div(60-4)=\frac{31}{12}$(分)である。$\frac{31}{12}$分でカメは$4\times\frac{31}{12}=\frac{31}{3}=10\frac{1}{3}$(m)進んだから，スタートからゴールまでの道のりは，$10\frac{1}{3}+244\frac{2}{3}=$**255**(m)

2　**【解き方】正六角形の面積のうち，直線ＰＱの左側の面積と右側の面積の比が１：２となるときのＱの位置をQ_1，２：１となるときのＱの位置をQ_2とする。Q_1については正六角形の対角線が交わる点を通る直線(右図のＰＲ)をもとに考える。Q_2については，正三角形ＧＥＦを作図して考える。**

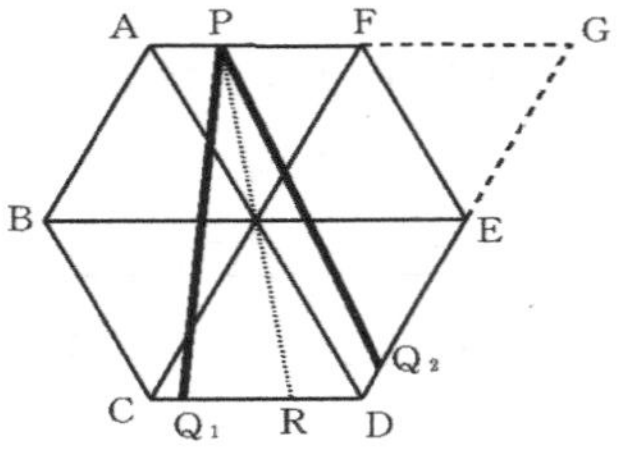

正六角形の面積は正三角形６個分だから，直線ＰＱによって，正三角形２個分と４個分に分けられればよい。直線ＰＲは正六角形の面積を２等分するから，三角形PQ_1Rの面積は正三角形３－２＝１(個分)である。三角形PQ_1Rの底辺をQ_1Rとしたとき，高さは正三角形の２倍だから底辺は$\frac{1}{2}$倍なので，$Q_1R=1\times\frac{1}{2}=\frac{1}{2}$(cm)

$DR=AP=\frac{1}{3}$cmだから，$CQ_1=1-\frac{1}{2}-\frac{1}{3}=\frac{1}{6}$(cm)なので，Ｑが$1+1+\frac{1}{6}=2\frac{1}{6}$(cm)動いたときの位置が$Q_1$である。よって，求める時間の１つ目は，$2\frac{1}{6}$分＝**２分10秒後**

四角形PQ_2EFの面積は正三角形２個分だから，三角形GPQ_2の面積は正三角形２＋１＝３(個分)である。

三角形ＧＡＤの面積は正三角形４個分なので，$\frac{GP}{GA}\times\frac{GQ_2}{GD}=(2-\frac{1}{3})\div2\times\frac{GQ_2}{2}=\frac{5}{12}\times GQ_2$が$\frac{3}{4}$になればよいから，$GQ_2=\frac{3}{4}\times\frac{12}{5}=\frac{9}{5}$(cm)

したがって，$DQ_2=2-\frac{9}{5}=\frac{1}{5}$(cm)だから，Ｑが$1+1+1+\frac{1}{5}=3\frac{1}{5}$(cm)動いたときの位置が$Q_2$である。

よって，求める時間の２つ目は，$3\frac{1}{5}$分＝**３分12秒後**

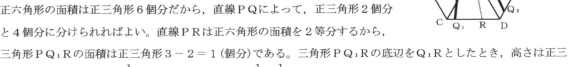

3 ⑴ **【解き方】三角柱ＩＡＪ－ＫＢＬと三角柱ＰＤＯ－ＮＡＭが重なる部分を立体Ｙとする。Ｙの頂点がどこにあるかを考える。**

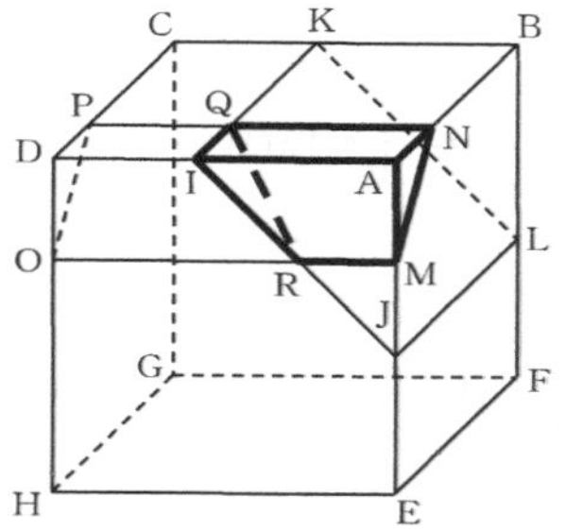

切り口の線であるＩＫとＰＮは同じ平面上にあるので，ＩＫとＰＮが交わる点は立体Ｙの頂点である。同様に，ＩＪとOMが交わる点も立体Ｙの頂点である。したがって，立体Ｙは右図の立体ＱＩＲ－ＮＡＭだから，立体Ｘは解答例のようになる。

⑵ **【解き方】立方体の体積から三角柱ＩＡＪ－ＫＢＬと三角柱ＰＤＯ－ＮＡＭの体積を引いて，余分に引いた分である立体Ｙの体積を足す。**

立方体の体積は，10×10×10＝1000(cm³)

三角柱ＩＡＪ－ＫＢＬの体積は，(６×６÷２)×10＝180(cm³)

三角柱ＰＤＯ－ＮＡＭの体積は，底面積が３×３÷２＝4.5(cm²)だから，4.5×10＝45(cm³)

立体Ｙは三角柱ＰＤＯ－ＮＡＭを切断してできる立体である。三角柱を底面と垂直な３本の辺を通るように切断してできる立体の体積は，(底面積)×(底面と垂直な辺の長さの平均)で求めることができる。この問題の場合，「底面と垂直な辺の長さの平均」はＩＡ，ＱＮ，RMの長さの平均である。

三角形ＪＡＩと三角形ＪMRは同じ形だから，ＩＡ：RM＝ＡＪ：MＪ＝６：(６－３)＝２：１

したがって，RM＝ＩＡ×$\frac{1}{2}$＝６×$\frac{1}{2}$＝３(cm)だから，立体Ｙの体積は，4.5×$\frac{6+6+3}{3}$＝22.5(cm³)

よって，立体Ｘの体積は，1000－180－45＋22.5＝**797.5**(cm³)

4 ⑴ **【解き方】ダイヤグラムで考える。**

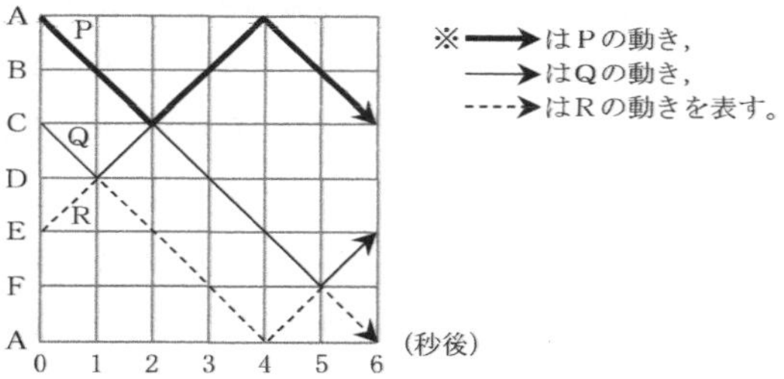

ダイヤグラムは右図のようになる。したがって，６秒後にＰはＣに，ＱはＥに，ＲはＡにある。

⑵ **【解き方】０秒後と６秒後を比べて，規則性を考える。**

６秒後の３点Ｐ，Ｑ，Ｒの位置と進む向きは，図①のようになる。これは図２(０秒後の図)のＰをＲに，ＱをＰに，ＲをＱにかえただけのものであり，３点Ｐ，Ｑ，Ｒは反時計回りに２cmずつ動いた。したがって，６＋６＝12(秒後)は図②のようになり，12＋６＝18(秒後)は図２と同じになる。０～６秒後の途中《と ちゅう》でＰ，Ｑ，Ｒの位置が最初と同じになることはないので，求める時間は18秒後である。

図①：６秒後

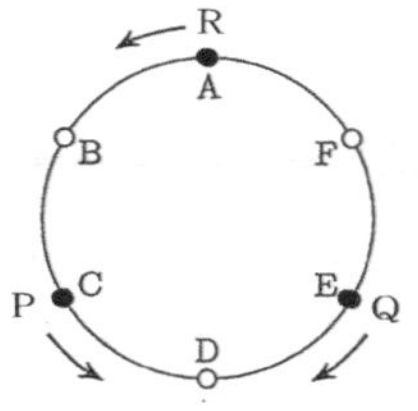

図②：12 秒後

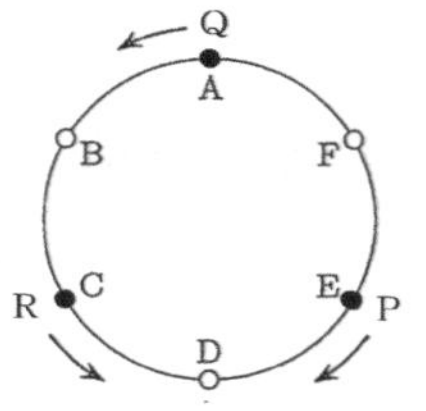

⑶ **【解き方】ここまでの解説から，18秒で１周期となることに加えて，６秒ごとの位置に規則性があるので，⑴のヒストグラムから０～18秒のすべての時間について３点Ｐ，Ｑ，Ｒの位置がわかる。**

100÷18＝５余り 10 より，100 秒後は 10 秒後と同じ位置になる。６～12 秒後は，⑴のダイヤグラムでＰをＲに，ＱをＰに，ＲをＱに置きかえればよいので，ダイヤグラムの 10－６＝４(秒後)を見ると，ＲがＡに，ＰがＥに，ＱがＡにあることがわかる。

⑷ **【解き方】⑴のダイヤグラムを使えば，０～18 秒後の点と点の重なりがすべて読み取れる。**

０～６秒後にＰとＲが出会うのは，４秒後の１回である。

６～12 秒後は，ＰをＲに，ＱをＰに置きかえればよいので，ダイヤグラムのＰとＱの出会いを探せばよく，

6＋2＝8(秒後)に1回ある。

12～18秒後は，QをRに，RをPに置きかえればよいので，ダイヤグラムのQとRの出会いを探せばよく，

12＋1＝13(秒後)と12＋5＝17(秒後)の2回ある。

したがって，1周期の中でPとRは1＋1＋2＝4(回)出会う。99÷4＝24余り3だから，18×24＝432(秒後)の後3回出会うときを求める。0～18秒後で3回目の出会いは13秒後だから，求める時間は，432＋13＝**445**(秒後)

5 (1) 一の位の組が5通りあり，その1通りごとに十の位の組が6通りあるから，A，Bの組は，6×5＝**30**(通り)

(2) Aの一の位が7，Bの一の位が4のとき，Aの上2けたとBの上2けたの和が96ならば，A＋B＝971となる。Aの上2けたとBの上2けたの和が96になる組の数は，A＋B＝96となる組の数と等しく30通りある。

一の位の組は4通りあるのだから，A＋B＝971となるA，Bの組は，30×4＝**120**(通り)

(3) Aの一の位とBの一の位の和が12になるとき，AとBの上2けたの和が96ならば，A＋B＝972となる。

AとBの上2けたの和が96になる組の数は30通りある。

Aの一の位とBの一の位の和が2になるとき，AとBの上2けたの和が97ならば，A＋B＝972となる。

Aの十の位とBの十の位の和が7になるとき，(Aの十の位，Bの十の位)の組は，(6，1)(5，2)(4，3)(3，4)(2，5)(1，6)の6通りある。

Aの百の位とBの百の位の和が9になる百の位の組は6通りあるのだから，AとBの上2けたの和が97になる組の数は，6×6＝36(通り)ある。

以上より，A＋B＝972となるA，Bの組は，30×3＋36＝**126**(通り)

(4) **【解き方】ここまでの流れを参考に，一の位の和が13になるときと3になるときで場合分けをする。**

一の位の和が13になるとき，(Aの一の位，Bの一の位)は(7，6)(6，7)の2通りある。

このとき，AとBの上3けたの和が971になればよく，その組の数はA＋B＝971となる組の数と等しく，120通りある。したがって，一の位の和が13になるとき，A＋B＝9723となるA，Bの組は，120×2＝240(通り)

一の位の和が3になるとき，(Aの一の位，Bの一の位)は(2，1)(1，2)の2通りある。

このとき，AとBの上3けたの和が972になればよく，その組の数はA＋B＝972となる組の数と等しく，126通りある。したがって，一の位の和が3になるとき，A＋B＝9723となるA，Bの組は，126×2＝252(通り)

以上より，A＋B＝9723となるA，Bの組は全部で，240＋252＝**492**(通り)

《2023　理科　解説》

1 **問1**　Pでは15m掘《ほ》ったところにZ層があったから，崖《がけ》②ではbから北へ20m進んだところで20－15＝5(m)の高さに見える。つまり，Z層は，南(b)から北(c)へ20m進むと15－5＝10(m)低くなるようにかたむいていると考えればよい。

問2　問1解説より，QではPよりもさらに10m深く掘ったところにZ層があるから，15＋10＝25(m)掘ればよい。

問3　火山から噴出《ふんしゅつ》したものは流水のはたらきを受けずに積もるので，砂岩やれき岩をつくる粒子《りゅうし》のように角がとれて丸みを帯びることがなく，角張っている。

問4　れき(直径2㎜以上)，砂(直径0.06㎜～2㎜)，泥《どろ》(直径0.06㎜以下)は，粒《つぶ》の大きさで区別される。粒が大きいものほど重いので，沈《しず》む速さが速い。また，これらの粒が川から海に流れ込《こ》んだ場合，粒が大きいものほど陸地の近くに堆積《たいせき》する。

2 **問2**　ア×…沸騰《ふっとう》は液体の内部で気体への変化がさかんに起こる現象で，物質ごとに沸騰が起こる温度(沸点)は

決まっている。例えば，水であれば100℃，エタノールであれば約78℃である。ただし，液体から気体への変化は沸点に達していなくても起こっている。水たまりがなくなったり，洗濯物がかわいたりするときには100℃になっていないが，水が液体から気体に変化している。　イ×…沸騰が起こるタイミングを見極めるのは難しく，沸騰石を入れることによる振動《しんどう》が突沸《とっぷつ》のきっかけになる可能性があるため，非常に危険である。

問３　ピンク色のインクが青色になるまでの時間が短い方が，インクから熱を奪《うば》いやすいと考えればよい。

問４　問３より，空気よりも水の方が熱を奪いやすいので，水の中にある下半分のインクが先に青色になる。その後，空気中にある上半分のインクも熱を奪われて，全体が青色になる。上半分のインクが青色になるまでの時間が実験Ａで空気中に出したときよりも短くなったのは，空気からだけでなく下半分のインクからも熱を奪われたためである。また，ここでは試験管の下部を冷やしている。よって，試験管の下部を加熱したときのように，温められた部分が軽くなって上に移動して，上から冷たい部分が流れ込んでくるという流れは生じない。

問５　太郎さん…全体が青色になるには，インクが何かに熱を奪われる必要がある。図４(右)でインクよりも温度が低いのは空気だから，ｂを選ぶ。さらに，上半分のインクが空気で冷やされることで重くなって下に移動し，下半分の温かいインクが上に移動する流れが生じ，全体が青色になると予想した。ただし，結果はこの予想のようにはならない。太郎さんは，上半分のインクが空気から熱を奪われるには十分な時間が必要であることを忘れていたため，このような予想になってしまった。　花子さん…下半分のインクがお湯で温められることで軽くなって上に移動し，上半分の冷たいインクが下に移動する流れが生じ，全体がピンク色になる。

3　**問１**　４回目以外は10往復する時間が約20秒だから，１往復する時間は約２秒である。よって，４回目の数値は他と比べて約２秒短いから，９往復する時間を測定したと考えられる。アのような操作をしても２秒のずれが出ることはない。

問２　表２より，おもりの数が１個と３個のときで10往復する時間がほとんど変わらないと考えた場合でも，おもりの数を増やすと10往復する時間がわずかに短くなっていくと考えた場合でも，どちらもほぼ20.00秒になる。

問３　表３でふり始めの角度が５度より大きいとき，10往復する時間が左右の値のほぼ中央の値になることを読み取る。②は20.12と20.18の中央の値のイ，④は20.26と20.36のほぼ中央の値のオがあてはまる。

問４　ひもの上端《じょうたん》からおもりの中心までの長さをふりこの長さと呼ぶ。おもりの長さは4.0㎝だから，ひもの下端からおもりの中心までの長さはいつでも4.0÷２＝2.0(㎝)である。よって，ひもの長さが3.0㎝のときのふりこの長さは3.0＋2.0＝5.0(㎝)，ひもの長さが18.0㎝のときのふりこの長さは18.0＋2.0＝20.0(㎝)だから，20.0÷5.0＝４(倍)が正答となる。

問５　ここでの規則性とは，ふりこの長さが４倍になると10往復する時間が8.98÷4.49＝２(倍)になるというものである。よって，ひもの長さが8.0㎝と38.0㎝のときにも同様の規則性が成り立つから，6.34×２＝12.68(秒)があてはまる。

問６　図３の右側では４個のおもりを１個の大きなおもりと考えると，その中心はひもの下端から16.0÷２＝8.0(㎝)にある。図３の左側のふりこの長さは2.8＋2.0＝4.8(㎝)，右側のふりこの長さは2.8＋8.0＝10.8(㎝)だから，ふりこの長さの比は4.8：10.8＝４：９である。表４のうち，ふりこの長さの比がこれと同じになるのは，ひもの長さが18.0㎝(ふりこの長さは20.0㎝)と43.0㎝(ふりこの長さは45.0㎝)のときである。よって，ふりこの長さが９÷４＝2.25(倍)になると，10往復する時間が13.47÷8.98＝1.5(倍)になるという規則性が成り立つから，4.40×1.5＝6.60(秒)が正答となる。

4　**問１(1)**　①は小腸で血液中に取り込まれると，小腸とかん臓をつなぐ(う)を通ってかん臓に運ばれる。②は肺で血液中に取り込まれると，肺と心臓をつなぐ血管を通って心臓に運ばれ，心臓から(か)を通って全身に運ばれる。

問２　(か)を流れる血液が枝分かれして体の各部分に送られ，体の各部分を流れてきた血液が(あ)に集まってくるので，(あ)と(か)を通る１分あたりの血液量は同じである。

問３(1)　表１の安静時の結果に着目する。血液が体に配る酸素量は，①が(Ｂ)－(ｂ)＝20.0－16.0＝4.0(mL)，②が(Ｃ)－(ｃ)＝20.0－15.0＝5.0(mL)，③が(Ａ)－(ａ)＝20.0－15.8＝4.2(mL)となるから，多い順に，②→③→①である。　**(2)**　(1)解説より，血液100mLあたりが配る酸素量が4.2mLであり，(Ａ)を通る１分あたりの血液量は5000mLだから，$4.2\times\frac{5000}{100}$＝210(mL)が正答となる。

問４(1)　安静時は１分あたり60回の拍動で5000mLの血液が心臓を出る。よって，運動時に１分あたり16000mLの血液を押し出すには，$60\times\frac{16000}{5000}$＝192(回)の拍動が必要である。　**(2)**　表１より，血液100mLあたりが筋肉に配る酸素量は，安静時が20.0－15.0＝5.0(mL)，運動時が19.8－3.8＝16.0(mL)である。また，表２より，筋肉を通る１分間の血液量は，安静時が1000mL，運動時が12800mLだから，$\frac{16.0}{5.0}\times\frac{12800}{1000}$＝40.96→41倍が正答となる。

(3)　エ×…表１より，運動時の各地点を通る血液100mLあたりの酸素量は安静時に比べてわずかに少なくなっていることがわかる。

《2023　社会　解説》

選挙法改正年 (主なもののみ抜粋)	直接国税の要件	性別による制限	年齢による制限
1889年	15円以上	男子のみ	満25歳以上
1925年	なし	男子のみ	満25歳以上
1945年	なし	なし	満20歳以上
2015年	なし	なし	満18歳以上

１　**問１**　選挙権年齢の変遷については，右表を参照。全人口に占める有権者の割合は，1890年が約1.1％，1946年が約48.7％であった。

問２　ウ　弥生時代の組み合わせを選ぶ。Ａ－２は縄文時代の組み合わせである。弥生時代になり，稲作が広まり，人々が蓄えをもつようになると，ムラの中に，貧富の差とともに身分の区別が生まれてきた。さらに土地と水の利用をめぐる争いから，ムラどうしの戦いが起こり，勝ったムラが負けたムラを吸収して，次第に大きなクニを形成していった。

問３　ア　鉄鋼業や自動車工業などで技術革新が進み，重工業が産業の中心となった。

問４(1)　カ　サウジアラビアの都市メッカにあるカーバ神殿に向かって１日に５回の礼拝をする。エルサレムはイスラエルにある都市で，キリスト教・ユダヤ教・イスラム教の聖地とされる。デリーはインドの首都である。

(2)　イ　アはクウェート，ウはアラブ首長国連邦，エはオマーン。

問５　隋・唐　618年，隋が滅び，唐がおこった。唐の建国者は李淵(高祖)，都は長安である。

問６　ウ　平成は，1989年１月８日から2019年４月30日まで。アは2002年，イは1995年，ウは2019年９月，エは1992年。

問７(1)　う＝満州国　え＝国際連盟　満州国が建国され，中国が国際連盟に訴えると，国際連盟はリットン調査団を満州に派遣した。リットン調査団の報告を受けて開かれた国際連盟の総会では，圧倒的多数で，日本の満州国からの撤退が決議され，これを不服とした日本は国際連盟の脱退を通告し，２年後に正式脱退した。

(2)　ドイツ／イタリア　日本はヒトラー率いるドイツ，ムッソリーニ率いるイタリアと日独伊三国同盟を結んだ。

問８(1)　お＝薩摩焼　か＝島津　朝鮮出兵の際に連れてこられた陶工たちによって，薩摩焼・有田焼・唐津焼などがつくられた。　**(2)**　イ　Ｘ．正しい。Ｙ．誤り。日朝修好条規は，日本に有利な不平等条約であった。

問９　ウ／エ　米騒動は1918年，三・一独立運動は1919年，第一次世界大戦が始まったのは1914年，関東大震災は1923年のことである。

問10(1)　き＝ワカタケル　く＝前方後円　　ワカタケル大王は，雄略天皇や倭の五王の一人である武と同一人物であると言われている。古墳には，前方後円墳のほか，方墳・円墳・前方後方墳などがある。

(2)　ア，ウ　　イ．誤り。大和政権の支配が熊本県から埼玉県にあたる範囲におよんでいることは，古墳から出土した鉄剣や鉄刀の銘文からわかっているが，青森県や鹿児島県に関する確認はできていない。エ．誤り。全国を結ぶ道路が整備され，馬や宿舎を備えた駅が整備されるのは７世紀以降のことである。

問11(1)　け＝冠位十二階　こ＝十七条の憲法　　603年に冠位十二階，604年に十七条の憲法が制定された。

(2)　イ，ウ　　ア．誤り。律令に基づき政治を行う国家をつくりあげたのは文武天皇の時代からである。エ．誤り。国家が土地と人々を支配する制度が定められたのは天智天皇の時代からである。(3)　ア　　どちらも正しい。行基は，政府の取り締まりを受けながらも，農民のために用水施設や交通施設をつくるなどして，布教と社会事業につくした。

問12(1)　イ　　織田信長は，自治的都市として繁栄していた堺を武力で屈服させ直轄領とするなどして，畿内の高い経済力を自らのもとに集中させた。　(2)　石見　　「世界遺産にも登録されている」とあることから石見銀山と判断する。石見銀山を直轄地とし，収益を独占したのは，織田信長のあとを継いだ豊臣秀吉であった。豊臣秀吉は，石見・生野・佐渡などの主要な鉱山を直轄にし，金銀の生産にともなう収益を独占した。

問13(1)　ア　　平安時代の貴族の住居は，書院造ではなく寝殿造であった。　(2)　ウ　　源義家の活躍によって，源氏は東国武士団との主従関係を強め，武家の棟梁としての地位を固めた。源頼義(義家の父)は，前九年合戦には関わっているが後三年合戦には関わっていない。平忠盛(平清盛の父)は，瀬戸内海など西日本で勢力を広げた。平貞盛は，平将門の乱を平定した武士の一人である。

問14(1)　さ＝新橋　し＝横浜　　1872年に新橋ー横浜間に鉄道が開業したことがわかっていれば，開港場に近い＝横浜，築地に近い＝新橋とわかる。　(2)　イ　　品川駅の改良工事の際に高輪築堤の石垣の一部が発見され，その後高輪ゲートウェイ駅付近でも発見された。　(3)　エ　　ガス灯は，文明開化を代表するものである。電話事業の開始や乗合自動車の運行は明治時代後半以降である。また，ラジオ放送は大正時代に始まった。

2　問１　あ＝安全保障　い＝地位　う＝124　え＝３分の２　お＝敦賀　か＝札幌　　あ．1951年に結ばれた日米安全保障条約は，1960年に改定され，10年後の1970年に自動延長された。　い．米軍による日本における施設・区域の使用と米軍の地位について規定したものを日米地位協定という。　う．参議院議員の任期は６年であり，定数(248)の半数が３年ごとに改選される。　え．日本国憲法第96条に憲法改正の発議の条件が規定されている。

お．2023年５月現在，北陸新幹線は東京ー金沢間で運行されており，2023年度末までには敦賀駅まで開通予定である。　か．北海道新幹線の札幌駅までの開業は，2030年度末を予定している。

問２　①＝カ　②＝ウ　③＝イ　　アはノルウェー，エはポーランド，オはベラルーシ，キはルーマニア，クはトルコである。

問３　ＮＡＴＯ　　ＮＡＴＯは北大西洋条約機構の略称である。第二次世界大戦後，アメリカを中心とした資本主義陣営は北大西洋条約機構，ソ連を中心とした社会主義陣営はワルシャワ条約機構という軍事同盟をそれぞれつくって対立し，冷戦と呼ばれる緊張状態になった。

問４(1)　ア　　2021年から2022年にかけて，原油価格は高騰し，円安が進んだことから考える。原油価格が上がっているのはアとイ，円安が進んでいるのはアとウだから，アを選ぶ。ドルに対する円の価値が下がることを円安という。　(2)　47／上昇　　2021年６月１日の原油価格は68÷160×110＝46.75(円)，2022年６月１日の原油価格は115÷160×130＝93.4375(円)だから，93.4375−46.75＝46.6875(円)上昇している。

問5　インド／オーストラリア　　ＱＵＡＤは日米豪印戦略対話の略称である。豪＝オーストラリア，印＝インド

問6(1)　1947　　参議院は日本国憲法の制定によって新たに設置された。半数を３年ごとに改選するため，第１回の通常選挙では，上位で当選した半数の任期を６年，下位で当選した半数の任期を３年とし，第２回で下位の半数を改選することとした。　(2)　鳥取・島根／徳島・高知　　一票の格差について，最高裁判所で「違憲状態」の判決が出たことを受けて，定数配分の是正が行われた。　(3)　ア，イ，エ　　ア．比例代表の定数(100)は，選挙区の定数(148)より少ない。イ．参議院議員選挙の比例代表では，全国を１つとして争われる。エ．参議院議員選挙は，重複立候補ができない。重複立候補ができるのは衆議院議員選挙である。

問7　Ａ＝建設費　Ｂ＝第三セクター　Ｃ＝移動時間を短縮　　Ａ．「経営」「赤字を引き受ける」から金銭面の負担と考える。　Ｂ．都道府県と民間企業が運営会社を設立することから，第三セクター方式を導く。　Ｃ．佐賀県は福岡県や長崎県と隣接しているため，時間短縮の効果が少ない。

問8(1)　神奈川県・山梨県・静岡県・長野県・岐阜県・愛知県を通るルートが書かれていればよい。

(2)　赤石／木曽　　中央本線は，赤石山脈の北側，木曽山脈の南側を通るルートをとっているため，大きく南北に蛇行している。　(3)　ｅ＝静岡　ｆ＝大井　　リニア中央新幹線が通過する予定の赤石山脈には，大井川の起点があり，中下流に住む人々の水源となっているため，静岡県内の工事区間について，県側からの許可が下りず，工期が遅れている。

2022 解答例 令和4年度 ★開成中学校

《国　語》

問一．①平静　②野次馬　③満面　④筋骨　　問二．父の店に対する批判的な噂が想像以上に広まっていることにおどろくとともに、これから始まる中学校生活に不安を覚えたから。　　問三．父が偽善者呼ばわりされたと聞いて納得している矢島先生に、失望し、苛立っている。　　問四．父が、直接的にではなく息子である自分を通して、しかもクラスメイトたちの前で、非難されていること。　　問五．「こども飯」を利用する子たちが傷つき、父が中傷されていることに、想像以上に深い悲しみをいだいていることに気づき、おどろいている。　　問六．自分のためならば「こども飯」をやめるという父の言葉に大きな愛情を感じ、感激したが、自分の気持ちをふり回し、重い判断を預けてきた父に軽く反発している。

《算　数》

1　(1) $1\frac{3}{8}$　(2)5　(3)999　(4)①4.9298　②54.9

2　(1)体積の比…7：37　表面積の比…11：39

(2)体積の比…5：11　表面積の比…4：7

3　(1)7，2　(2)(ア)右図　(イ)8　(ウ)102

(3)(ア)右図　(イ)17　(ウ)577

4　(1)1，$10\frac{10}{11}$　(2)1，$7\frac{21}{22}$　(3)6，40

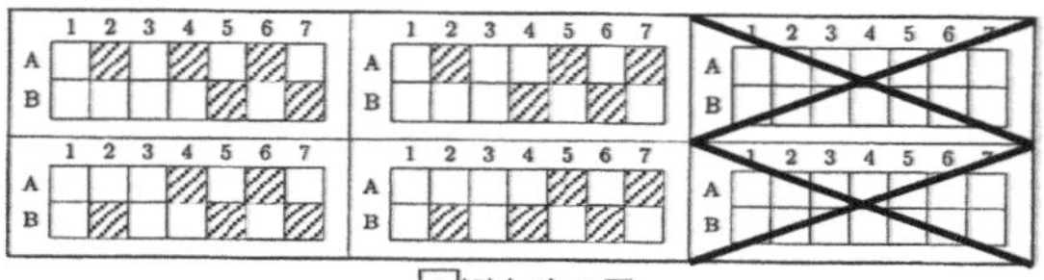

3(2)(ア)の図

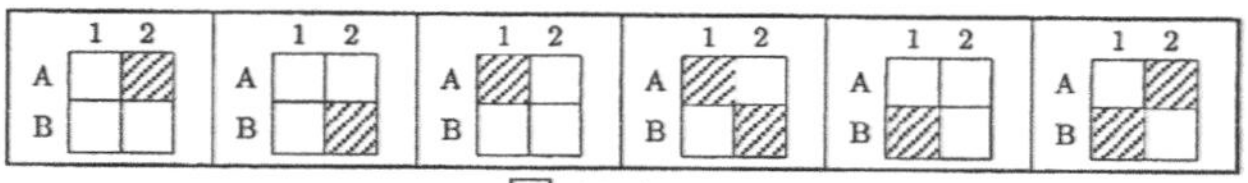

3(3)(ア)の図

※式や図や計算などは解説を参照してください。

《理　科》

1　問1．(1)ウ　(2)エ　(3)ア　問2．135　問3．イ　問4．イ，エ，オ　問5．(1)ウ　(2)ア　(3)エ

問6．(1)ア　(2)ア　(3)ウ，エ　問7．ア

2　問1．42.3　問2．124.2　問3．44.4　問4．43.8　問5．49.6　問6．10

3　問1．加熱する　問2．ウ，オ　問3．二酸化炭素　問4．ア，オ　問5．イ　問6．一定不変の性質

4　問1．ア　問2．ウ　問3．ア　問4．イ　問5．イ　問6．月

《社　会》

1 問1．1．光明　2．栄西　3．大友　4．解体新書　5．破傷風　6．野口英世　問2．(1)白村　(2)ウ
問3．ア　問4．校倉造　問5．唐招提寺　問6．宇治　問7．ウ　問8．(1)北条政子　(2)イ
問9．ア　問10．滋賀県　問11．カ　問12．エ　問13．ウ　問14．台所　問15．(1)福沢諭吉
(2)学問のすゝめ　問16．ア　問17．五・一五事件

2 問1．ウ　問2．ア　問3．エ　問4．⑦　問5．1．隠岐　3．能登　問6．カ⑥
問7．(1)し　(2)米の生産量を増やし，食糧の自給率を上げるため。　(3)干拓　(4)秋田県　問8．ア，イ，エ
問9．(1)地球温暖化の影響を受けて，全国的に平年値は上昇している。
(2)[新／旧]　東京[エ／ウ]　仙台[ア／イ]　問10．(1)ウ→ア→イ　(2)ア　問11．エ　問12．ウ
問13．イ　問14．ウ

3 問1．(1)イ　(2)エ　問2．(1)オ　(2)経済協力開発機構　(3)ア　(4)イ　(5)A．水銀　B．熊本
問3．(1)グーグル　(2)デジタル　問4．(1)ウ　(2)ア　問5．ウ　問6．エ　問7．(1)C．世界人権宣言
D．国際人権規約　(2)E．圧迫　F．欠乏　問8．仕事より育児を優先するのがあたりまえ

←解答例は前のページにありますので，そちらをご覧ください。

―《2022　国語　解説》―

問二　――部１は、「中学一年生になったばかりの頃《ころ》」のことである。「クラスで最初に仲良くなった友人」が、父の店が「偽善《ぎぜん》者の店」と言われていることを知っていたという事実から、「俺《おれ》」は、他にもこのことを知っている生徒が何人かいそうだと想像しただろう。このことから、父の店の噂《うわさ》が想像以上に広まっていることにおどろき、衝撃《しょうげき》を受けたと考えられる。また、このとき「俺」は中学校に入学したばかりなので、これから本格的に始まる学校生活に不安を覚えたと考えられる。

問三　「なるほど」というのは、納得できるということを表す言葉である。また、「ヤジさんに抱《いだ》いていた『好感』の絶対量が、一気に半減するのを感じた」というのは、ヤジさんに失望したことを表している。――部２の少し前のやりとりから見ていくと、「俺は、机の落書きについて、ありのままにしゃべった」とあるので、ヤジさんに、父の店が「偽善者の店」と言われていることも話したはずである。そして、「俺」は、ヤジさんがそのことを否定したり批判してくれるものだと思っていた。しかし、ヤジさんは「なるほど」と言い、父が偽善者と言われていることに納得するような反応を示した。そのため「俺」は、ヤジさんに失望すると同時に、反感や「苛立《いらだ》ち」を覚えている。

問四　２行後に「認めたら、なぜか『怒《いか》り』の理由が明確になった」とある。続いて、「このムスコという三文字がやたらと腹立たしい意味を持つということに気づいたのだ。つまり、俺はただのムスコであって、偽善者と罵《ののし》られたのは父だ。父が、クラスメイトたちの前で吊《つ》るし上げられたのだ」とある。つまり、「俺」が怒りを覚えているのは、父がクラスメイトたちの前で偽善者と罵られ、非難されていることに加えて、それが息子である自分を通して、間接的に行われているという点である。

問五　夕花に「濡《ぬ》れ衣《ぎぬ》を着せられたのに、こっそり(石村の机の)落書きを消してあげたんだね」と言われた「俺」は、「正直、自分でも、どうして石村の机の落書きを消そうなどと思ったのか、よく分からない」と感じた。また、通学路をびしょ濡れになりながら歩いている場面で、「俺」は夕花の「びしょ濡れの横顔を見ていたら、なぜだか、ふと、泣いているようにも見えて～思わず名前を呼ん」だ。石村と夕花の共通点は、「こども飯」を利用していることと、おそらく家が貧しいことで、いじめを受け、傷つけられていることである。「俺」は、自分でも理由がわからないままに石村の机の落書きを消し、笑っていたはずの夕花の横顔を見て泣いているように感じた。この時点では、なぜこのような行動をとり、このように感じたのか、「俺」は理解できなかった。しかし、――部４の２～３行前で、「俺」は、「この雨が、ビンボーも、偽善者も、きれいさっぱり洗い流してくれればいいのに」と感じている。「ビンボー」は石村の机の落書きの「ビンボー野郎」、「偽善者」は「俺」の机の落書きの「偽善者のムスコ」にも使われている言葉で、それぞれ、石村と夕花へのいじめと、父への中傷を意味している。「俺」は、石村と夕花へのいじめ(と、それによって傷つけられていること)と、父への中傷が「きれいさっぱり洗い流」される、つまり、なくなることを願っている。そして、こう思ったとき、「俺」は、「泣きたい気分」になっているのは自分だということに気づいた。これは、自分が、石村と夕花、父のことに想像以上に深い悲しみをいだいていることに気づいたということである。「俺」は、この事実に気づくとともに、その意外さにおどろいている。

問六　父は、「こども飯」を始めてから約三年間、くり返し「偽善者」だと批判されながらも、自分の意思を曲げず、このサービスを続けてきた。父にとってそれほど重要であるその「こども飯」について、父は「心也が不幸になるんだったら～やめる」と言った。「俺」はそのことに、「なんだよ。マジかよ。やめるのかよ」とおどろいている。そして、

「背中に父の存在を感じると鼻の奥《おく》がツンとしてきそうだ」と感じ、焼うどんを噛《か》むことに集中した。また、「ごちそうさまでした」と言ったとき、「俺」の声は少しかすれてしまった。こうしたことから、自分のためならば「こども飯」をやめると言ってくれた父に、大きな愛情を感じていることが読み取れる。一方で、「俺」が父に「こども飯」をやめてはどうかと言い出したあと、「俺」は父に何度も気持ちをふり回された。具体的には、「こども飯」をやめたあとのことを想像させられたことで、胃のあたりが重くなり、「死んだ母ちゃんの教えどおり～やりたいようにやる」と言われたことで、「やっぱり俺の意見は流されるってことか」と感じ、「言葉にならないもやもやが胸のなかで膨《ふく》らみはじめた」といった具合である。父は「俺」のことをよく見ていて、「俺」の考えていることがよくわかっている。父は、何を言えば「俺」がどういう気持ちになるかをある程度予測した上で、意図的に「俺」の気持ちをふり回し、さらに、「こども飯」をやめるか続けるかの判断を、実質的に「俺」に預けたのである。――部５の２行前の「ちょっと腹が立つ」というのは、このようにした父への軽い反発を表現したものである。

《2022　算数　解説》

1 (1)　与式より，$\frac{2}{3}-□\div\frac{21}{8}=\frac{2.02}{5.05\times2.8}$　　$□\div\frac{21}{8}=\frac{2}{3}-\frac{1}{7}$　　$□\div\frac{21}{8}=\frac{14}{21}-\frac{3}{21}$　　$□=\frac{11}{21}\times\frac{21}{8}=\frac{11}{8}=1\frac{3}{8}$

(2)　**【解き方】ある数を９で割ったときの余りは，その数の各位の数の和を９で割ったときの余りに等しい。**

５つの数はそれぞれ各位の数の和が１＋２＋３＋４＋５＋６＋７＝28 となるので，28÷９＝３余り１より，９で割ったときの余りは１となる。よって，求める余りは，１×５＝５である。

(3)　**【解き方】(目の出方の総数)－(４の倍数にならない目の出方)で求める。**

４＝２×２より，４の倍数にならないのは，「４人が奇数を出す」ときか，「１人が４以外の偶数を出し，残り３人が奇数を出す」ときである。

「４人が奇数を出す」とき，奇数は１，３，５の３通りあるので，目の出方は全部で，３×３×３×３＝81(通り)

「１人が４以外の偶数を出し，残り３人が奇数を出す」とき，４以外の偶数は２，６の２通りあるので，偶数を出す１人が決まっている場合は，目の出方が２×３×３×３＝54(通り)ある。４以外の偶数を出す１人の決め方は４通りあるので，目の出方は全部で，54×４＝216(通り)

よって，４の倍数になる目の出方は全部で，1296－(81＋216)＝999(通り)

(4)①　**【解き方】同じ形で対応する辺の比がＡ：Ｂの図形の面積比は，(Ａ×Ａ)：(Ｂ×Ｂ)となることを利用する。**

円Ｏの半径を１とすると，半円㋑の半径は，１×２×3.14÷２＝3.14 だから，半径の比は１：3.14 である。

したがって，円Ｏと半円㋑の面積比は，(１×１)：$(3.14\times3.14\times\frac{1}{2})$＝１：4.9298

②　**【解き方】おうぎ形ＯＴＢの曲線部分の長さは，ＴＰの長さに等しい。**

ＴＰ＝9.577＝3.05×3.14(m)で，円Ｏの円周は，10×２×3.14＝20×3.14(m)

よって，角オ＝$360°\times\frac{3.05\times3.14}{20\times3.14}=54.9°$

2 (1)　**【解き方】同じ形で対応する辺の長さの比がＡ：Ｂの立体について，対応する面積の比は(Ａ×Ａ)：(Ｂ×Ｂ)，体積の比は(Ａ×Ａ×Ａ)：(Ｂ×Ｂ×Ｂ)となることを利用する。**

ａとｂ，ａとｂとｃ，ａとｄとｃとｄを合わせた円すいをそれぞれ，ⓑ，ⓒ，ⓓと表す。

ａ，ⓑ，ⓒ，ⓓは同じ形の円すいで，辺の長さの比が１：２：３：４となるので，体積の比は，

(１×１×１)：(２×２×２)：(３×３×３)：(４×４×４)＝１：８：27：64 となる。

よって，ｂとｄの体積の比は，(８－１)：(64－27)＝７：37

円すいの底面積は(半径)×(半径)×3.14，側面積は(半径)×(母線)×3.14 で求められる。問題の円すいは底面の

半径の長さと母線の長さの比が４：８＝１：２だから，底面積と側面積の比は１：２だとわかる。

よって，ａの底面積を１とすると，ａの側面積は２となる。

ａ，ⓑ，ⓒ，ⓓの対応する面積の比は(１×１)：(２×２)：(３×３)：(４×４)＝１：４：９：16だから，ⓑの底面積は４，側面積は２×４＝８，ⓒの底面積は９，側面積は２×９＝18，ⓓの底面積は16，側面積は２×16＝32

ｂの表面積は，(ａの底面積)＋(ⓑの底面積)＋(ａとⓑの側面積の差)＝１＋４＋(８－２)＝11

ｄの表面積は，(ⓒの底面積)＋(ⓓの底面積)＋(ⓒとⓓの側面積の差)＝９＋16＋(32－18)＝39

よって，ｂとｄの表面積の比は，11：39

(2)　(1)をふまえる。ａ，ｂ，ｃ，ｄの体積の比は，１：７：(27－８)：37＝１：７：19：37だから，

ＸとＹの体積の比は，(１＋19)：(７＋37)＝20：44＝５：11

	底面積	側面積
ａ	1	2
ⓑ	4	8
ⓒ	9	18
ⓓ	16	32

面積は右表のようになるから，Ｘの表面積は，

(ａとⓑの底面積の差)＋(ⓒの底面積)＋(ａの側面積)＋(ⓑとⓒの側面積の差)＝

(４－１)＋９＋２＋(18－８)＝24

Ｙの表面積は，(ａの底面積)＋(ⓑとⓒの底面積の差)＋(ⓓの底面積)＋(ａとⓑの側面積の差)＋(ⓒとⓓの側面積の差)＝１＋(９－４)＋16＋(８－２)＋(32－18)＝42　　よって，ＸとＹの表面積の比は，24：42＝４：７

3　**(1)**　上下左右がとなり合わないようにできるだけ多くぬりつぶすと，

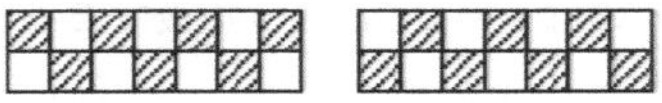

右図のように最大で７か所ぬりつぶすことができ，暗号は２種類できる。

(2)(ア)　上下左右がとなり合わないようにぬりつぶすので，各列でぬりつぶせるマスは１か所である。５か所をぬりつぶすので，２，４，５，６，７列目はすべて１か所ずつぬりつぶされる。左右がとなり合わないよう気を付けると，暗号は解答例のように４種類できる。

(イ)　１，２，４，６，７列目がすべて１か所ずつぬりつぶされる。１，２列目のぬり方は右図のように２通りある。４列目のぬり方はＡかＢの２通りある。６，７列目のぬり方は１，２列目と同じく２通りある。よって，暗号は全部で，２×２×２＝８(種類)ある。

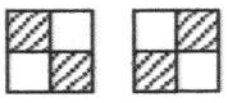

(ウ)　**【解き方】ぬらない２列の位置によって，ぬる列が(ア)のように２つに分かれる場合は４通りの暗号ができ，ぬる列が(イ)のように３か所に分かれる場合は８通りの暗号ができる。また，ぬる列が分かれない場合は暗号が２通りできる。これら３つの場合がそれぞれ何通りあるかを調べる。**

例えば１，２列をぬらない場合を(１，２)と表す。

ぬる列が分かれないのは，(１，２)(１，７)(６，７)の３通り。

ぬる列が２つに分かれるのは，(１，３)(１，４)(１，５)(１，６)(２，３)(２，７)(３，４)(３，７)(４，５)(４，７)(５，６)(５，７)の12通り。

ぬる列が３つに分かれるのは，(２，４)(２，５)(２，６)(３，５)(３，６)(４，６)の６通り。

よって，暗号は全部で，２×３＋４×12＋８×６＝102(種類)できる。

(3)(ア)　解答例のように６種類できる。

(イ)　**【解き方】[図２]の３種類の暗号を，左からａ，ｂ，ｃとする。ａのとなりにはａ，ｂ，ｃどれを並べてもよく，ｂのとなりにはａかｃが並び，ｃのとなりにはａかｂが並ぶ。例えば，右のような暗号をｂｃｂと表す。一番右の列について，場合わけをして考える。**

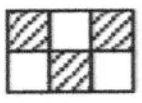

(ア)でかいた図に１マスもぬりつぶさない１通りを加えた全部で７種類において，

一番右の列がａのものは３種類，ｂのものは２種類，ｃのものは２種類ある。

３列目がａのとき，２列目はａかｂかｃだから，暗号は，３＋２＋２＝７(種類)

３列目がｂのとき，２列目はａかｃだから，暗号は，３＋２＝５(種類)

３列目がｃのとき，２列目はａかｂだから，暗号は，３＋２＝５(種類)

よって，３列のとき，暗号は全部で，７＋５＋５＝17(種類)ある。

(ウ)　**【解き方】(イ)をふまえて，暗号の種類を表にまとめる。**

一番右の列で場合わけをして，表にまとめると右のようになる(ある列のａの数は前の列のａ，ｂ，ｃの数の和，ｂの数は前の列のａ，ｃの数の和，ｃの数は前の列のａ，ｂの数の和である)。

		何列目まで使うか						
		１列	２列	３列	４列	５列	６列	７列
一番右の列	a	1	3	7	17	41	99	239
	b	1	2	5	12	29	70	169
	c	1	2	5	12	29	70	169

よって，７列目までのマス目を全部使うとき，暗号は全部で，239＋169＋169＝577(種類)できる。

4 (1)　長針は１分で $360°\div60=6°$，短針は１分で $30°\div60°=\frac{1}{2}°$ だけ回転移動する。

正しい時刻で１時のとき，開成君の時計の長針と正しい時刻を指す時計の短針の間にできる短い方の角の大きさは $30°\times2=60°$ で，この角は１分で $6°-\frac{1}{2}°=\frac{11}{2}°$ 小さくなるから，同じ位置にくるのは，１時から $60\div\frac{11}{2}=\frac{120}{11}=10\frac{10}{11}$(分後)の，１時 $10\frac{10}{11}$分である。

(2)　**【解き方】正しい時刻で１時のとき，ａよりｂが大きく，どちらも１分で $\frac{11}{2}°$ 小さくなるから，ａ＝ｂとなるのはａ＝０°となった後である。**

正しい時刻で１時ちょうどのとき，$a=30°$ で，ｂはあと５分で 30° になるから，ｂはａより $\frac{11}{2}°\times5=\frac{55}{2}°$ 大きい。したがって，$a=0°$ になったとき $b=\frac{55}{2}°$ であり，ａとｂの差は $\frac{55}{2}°$ である。この後ａとｂは同じ割合(１分ごとに $\frac{11}{2}°$)で近づくから，ａ＝ｂとなるとき，$a=b=\frac{55}{2}°\div2=\frac{55}{4}°$ となる。

よって，正しい時刻で１時ちょうどからａ＝ｂとなるまでにａは $30°+\frac{55}{4}°=\frac{175}{4}°$ 変化したから，

求める時刻は，１時＋($\frac{175}{4}°\div\frac{11}{2}°$)分＝１時$\frac{175}{22}$分＝１時 $7\frac{21}{22}$分

(3)　**【解き方】(2)と同様に，時刻Ａはａ＝０°になった後だと判断できる。ａ＝０°になる時刻をＴ１とし，このときを起点に，ａの値とｂ×２の値の変化を考える。**

時刻Ｔ１のとき，$a=0°$，$b=\frac{55}{2}°$，$b\times2=\frac{55}{2}°\times2=55°$ であり，ａとｂ×２の差は 55° である。この後１分ごとに，ａは $\frac{11}{2}°$ 大きくなり，ｂ×２は $\frac{11}{2}°\times2=11°$ 小さくなるから，時刻Ａは時刻Ｔ１の，

$55°\div(\frac{11}{2}°+11°)=\frac{10}{3}$(分後)である。

時刻Ｂは $b=0°$ になった後であり，$b=0°$ となる時刻をＴ２とする。時刻Ｔ２は時刻Ｔ１の $\frac{55}{2}°\div\frac{11}{2}°=5$(分後)だから，このとき，$a=\frac{11}{2}°\times5=\frac{55}{2}°$，$b\times2=0°$ であり，その差は $\frac{55}{2}°$ である。この後１分ごとに，ａは $\frac{11}{2}°$ 大きくなり，ｂ×２は 11° 大きくなるから，時刻Ｂは時刻Ｔ２の，$\frac{55}{2}°\div(11°-\frac{11}{2}°)=5$(分後)である。

よって，時刻Ａから時刻Ｂまでの時間は，$(5+5)-\frac{10}{3}=\frac{20}{3}=6\frac{2}{3}$(分)，つまり，６分 40 秒。

正しい時刻	１時	→	Ｔ１	→	Ａ	→	Ｔ２	→	Ｂ
a		小さくなる	0°	大きくなる		大きくなる	$\frac{55}{2}°$	大きくなる	
b		小さくなる	$\frac{55}{2}°$	小さくなる		小さくなる	0°	大きくなる	
b×2		小さくなる	55°	小さくなる		小さくなる	0°	大きくなる	

《2022　理科　解説》

1 問２　１と９の葉がほぼ同じ方向に出ていることに着目する。１から時計回りに３周→360×３＝1080(度)回転したところに９の葉がついているから，次の葉をつける位置は時計回りに1080÷(９－１)＝135(度)回転したところ

である。

問３　黒い部分は水が通る道管であり，ホウセンカのような双子葉《そうしよう》類の茎《くき》の断面では輪状に並んでいる。

問６　アサガオとホウセンカの花は，がく，花びら，おしべ，めしべがすべてそろっている完全花であり，おしべとめしべの両方をもつ両性花である。これに対し，ヘチマなどのウリ科の植物の花はふつう，１つの花におしべかめしべのどちらか一方だけをもつ単性花であり，不完全花である。なお，イネの花は，１つの花におしべとめしべの両方をもつから両性花であるが，がくと花びらをもたないので不完全花である。

問７　ア×…風媒花《ふうばいか》の特徴《とくちょう》である。風媒花では花粉の運ばれ方が風まかせになるので，大量に花粉をつくって飛ばすことで，受粉する可能性を高めている。

2　**問１**　図１では36cmの半分の18cmには空気が入っていないので，空気を入れた部分が99－18＝81(cm)になったとわかる。これは，全体に空気を入れて膨《ふく》らませたときの162cmの半分だから，81cmになった部分は空気を抜《ぬ》いた後に48.6cmの半分の24.3cmになると考えられる。よって，空気を抜いた後の全体の長さは24.3＋18＝42.3(cm)になる。

問２　膨らんだ部分の長さが$162\times\frac{2}{3}=108$(cm)，真ん中の膨らんでいない部分の長さが$48.6\times\frac{1}{3}=16.2$(cm)になるから，108＋16.2＝124.2(cm)になる。真ん中の部分は一度膨らんだので，空気を移動させても元の長さよりのびた状態になっていることに注意しよう。

問３　真ん中のドライヤーで温風をあてた部分は$36\times\frac{1}{3}=12$(cm)になり，膨らんでいた部分は$48.6\times\frac{2}{3}=32.4$(cm)になるから，12＋32.4＝44.4(cm)になる。

問４　空気を入れた半分は51.6÷２＝25.8(cm)になり，空気を入れなかった半分は18cmのままだから，25.8＋18＝43.8(cm)になる。

問５　はじめに空気を入れた部分は$51.6\times\frac{1}{3}=17.2$(cm)になる。また，室温になってから空気を移動させたことで，右端《はし》だけでなく，真ん中の部分も一度膨らむので，真ん中と右端の部分の長さの合計が32.4cmになる。よって，17.2＋32.4＝49.6(cm)になる。

問６　空気を移動させた後のＡとＢの長さの差111.6－80.1＝31.5(cm)は，Ｂの「？」に相当する部分が膨らんだときの長さとＡの「？」の部分を膨らませてから空気を移動させた後の長さの差である。問１解説より，元の長さが18cmのとき，膨らんだときの長さと膨らませてから空気を抜いた後の長さの差が81－24.3＝56.7(cm)だから，差が31.5cmになるのは元の長さが$18\times\frac{31.5}{56.7}=10$(cm)のときである。

3　**問１**　加熱して水がすべてなくなれば，水に溶《と》けていた物質が出てくる。このとき，白い粒《つぶ》である食塩は試験管にそのまま残るが，気体である二酸化炭素は空気中に出ていく。

問５　先生の発言に，「(物質かどうか)わかりにくいときには，いったいこの物は何からできているかと考えてみればよい」とある。

問６　先生の発言に「どんなものでも一定の物質は一定不変の性質をもっています」とある。

4　**問１**　砂は水よりもあたたまりやすく冷めやすいので，温度変化が大きい㋐が砂浜のグラフである。また，朝から昼にかけて砂浜の温度が上がっているから，太陽の光をさえぎる雲がなく，晴れていたと考えられる。

問２　図１の実験では，あたためられた水が上に移動し，そこに冷たい水が移動してくる。海辺でも，昼間に砂浜の温度が上がると，その上にある空気があたためられて上に移動し，地表付近では海から砂浜に向かって空気が移動してくる。これが海風である。夜間に砂浜の方が温度が低くなると，地表付近では温度が低い砂浜から温度が高い海に向かって陸風が吹《ふ》く。海水と砂浜の温度の差が大きいときほど海風や陸風が強く吹くから，昼間の海風の方が夜間の陸風よりも強い。

問３　右手の向きが北のとき，正面は西である。よって，このとき太陽は影《かげ》ができた方角と反対の東にあるから，太陽が真南にくる12時ごろよりも早い時刻だと考えられる。

問４　問３解説より，太陽が正面に見えているときには東に向かって進んでいる。方位磁針の針が反時計回りに90度回転するのは，交差点で90度右に曲がるときである。東を向いているとき，右手の向きは南である。

問５　問３で，午前８時の太陽が東に見えたことから考える。アとウのころ日の出の位置がほぼ真東で，エのころ日の出の位置が真東よりも南よりだから，午前８時に太陽が東に見えることはない。イのころの日の出の位置は真東よりも北よりだから，日の出から少し時間がたつと，太陽が真東を通過する。

問６　Ａの日は，砂浜の温度の変化より，前日の夕方から当日の夕方までは雲がなく晴れていたと考えられるから，月曜日か金曜日である。Ｂの日は，午前８時に太陽が見えていたから，午前中に雲がなく晴れていた月曜日か水曜日か金曜日である。Ｃの日は，午後５時ごろに雨が降っていたから火曜日か土曜日である。よって，ＡからＣが連続した３日間となるのは，Ａが月曜日，Ｃが火曜日，Ｂが水曜日のときである。

《2022　社会　解説》

1　**問１(1)**　聖武天皇と光明皇后は，仏教の力で世の中を安定させようとして全国に国分寺・国分尼寺を，奈良の都に東大寺と大仏をつくらせた。　**(2)**　栄西は，座禅によって自分の力で悟りを開こうとする禅宗を宋から伝え，臨済宗を開いた。　**(3)**　豊後(大分県)を支配した大友氏と判断する。大友義鎮(宗麟)はキリシタン大名としても有名で，大村純忠や有馬晴信らキリシタン大名とともに，ローマ法王のもとに天正少年使節を送った。　**(4)**　オランダ語で書かれた「ターヘル・アナトミア」を杉田玄白・前野良沢らが翻訳して『解体新書』として出版した。

(5)　北里柴三郎はペスト菌の発見やコレラの血清療法の発見でも知られる。

問２(2)　ウが正しい。飛鳥時代に滅んだ百済の復興のために中大兄皇子が出兵し，白村江で唐・新羅軍と戦ったのが白村江の戦いである。　イ．火薬は室町時代に伝えられた。　エ．広開土王碑文には，高句麗が倭国に勝利した４～５世紀のできごとが書かれている。

問３　アが誤り。小野妹子は，聖徳太子によって派遣された遣隋使である。

問５　鑑真は奈良時代に来日し，戒律を授けるための戒壇を東大寺に設け，唐招提寺を建てた。

問６　平等院鳳凰堂は京都府宇治市にある阿弥陀堂である。

問７　ウが正しい。アは浄土宗，イは日蓮宗(法華宗)，エは真言宗。

問８　承久の乱の時の北条政子の言葉である。1221年，源氏の将軍が三代(源頼朝・頼家・実朝)で途絶えたのをきっかけに，後鳥羽上皇が鎌倉幕府打倒をかかげて挙兵した。鎌倉幕府方は，北条政子の呼びかけのもと，これを打ち破った。その結果，西国の武士や朝廷の監視を目的に京都に六波羅探題が置かれ，西国の地頭に関東の御家人が任じられ，幕府の支配は九州～関東に及んだ。

問９　アが誤り。「綿織物」ではなく「絹織物」である。西陣織の「西陣」は，応仁の乱で西軍の本陣が，織物作りで栄えていた京都北西部に置かれたことに由来する。

問10　鉄砲は，堺(大阪府)や国友(滋賀県)の刀鍛冶の職人によって生産された。

問 11　カ．ａは老中水野忠邦の天保の改革，ｂは老中松平定信の寛政の改革，ｃは八代将軍徳川吉宗の享保の改革だから，ｃ→ｂ→ａの順になる。

問 12　千住宿は，日光街道と奥州街道の日本橋から１番目の宿場町であったので，エを選ぶ(右図参照)。

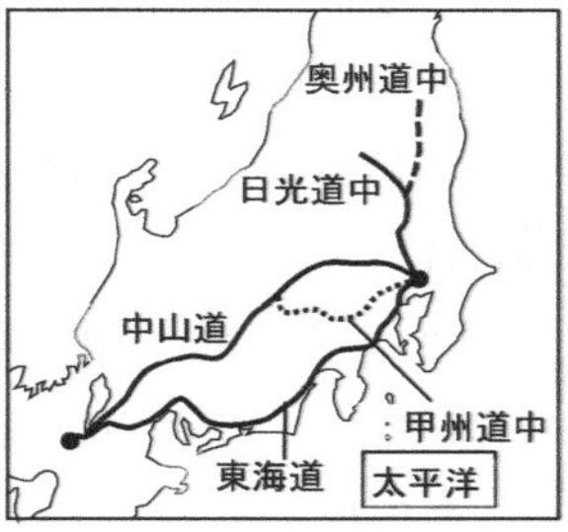

問 13　ウ．シーボルトの鳴滝塾で学んだ高野長英は，後にモリソン号事件を批判して蛮社の獄で弾圧された。アは吉田松陰のおじの玉木文之進が萩，イは廣瀬淡窓が豊後，エは大塩平八郎が大阪に開いた。

問 14　大阪には年貢米や特産物を運びこむ諸藩の蔵屋敷が集まっていた。

問 15(1)　中津藩出身の福沢諭吉が開いた蘭学塾は，その後慶応義塾(慶応義塾大学)と改名された。

問 16　アが誤り。日露戦争後のポーツマス条約(1905 年)では，南樺太が日本に割譲された。千島列島は，樺太・千島交換条約(1875 年)で日本領となっていた。

問 17　犬養毅首相は満州国を承認せず，議会政治を守ろうとしたため，1932 年５月 15 日，海軍の青年将校らによって暗殺された。

2　問１　ウの戊辰戦争が正しい。戊辰戦争は 1868 年の鳥羽・伏見の戦いから始まり，翌年の函館五稜郭の戦いで終わった。アは平将門の乱，イは応仁の乱の応仁は元号，エは西南戦争。

問２　アが正しい(右図参照)。

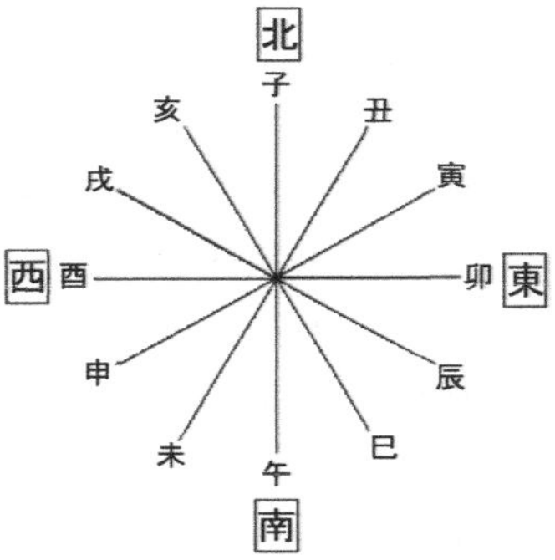

問３　日本の標準時子午線は，兵庫県明石市を通る東経 135 度の経線である。隣接する大阪の経度帯からエと判断する。

問４　四国地方は，ほぼ同じ緯度にある福岡の緯度帯から⑦と判断する。

問５　[１]は経度帯が大阪と福岡の間だから，隠岐諸島と判断する。[３]は緯度帯が隠岐諸島，経度帯が名古屋と同じだから，能登半島と判断する。

問６　東京が東経 140 度に位置することは覚えておきたい。また，緯度帯は大阪・名古屋と同じだから，「カ⑥」になる。

問７(1)　かつては琵琶湖に次ぐ大きさの湖だった八郎潟(秋田県)と判断する。秋田県が北緯 40 度に位置することや，経度帯は東京と同じことから，「し」と判断する。　(3)　堤防でせきとめて海水を抜くのが干拓，海中に土砂を投入してつくるのが埋め立てである。

問８　アとイとエが正しい。図１は東経 128 度～146 度，北緯 30 度～46 度の範囲が表される。日本の東端は南鳥島，東日本大震災の震源地は三陸沖。オホーツク海は知床岬に面する。

問９(1)　温室効果ガスの増加に伴う地球温暖化によって気温が上昇したので，降雪量の減少も推測できる。

(2)　東京・仙台・宮崎は緯度の差が大きいので冬の気温で区別できる。南にあるほど冬が暖かくなるので，ア・イが仙台，ウ・エが東京，オ・カが宮崎になる。地球温暖化の影響で新しい平均値の方が気温は高くなることから導く。

問 10(1)　ウ．エネルギー革命(1960 年代)→ア．チェルノブイリ(現チョルノービリ)原子力発電所事故(1986 年)→イ．京都議定書の採択(1997 年)　(2)　ア．安定してエネルギーを確保していくため，火力発電・原子力発電，再生可能エネルギーによる発電をバランスよく組み合わせた計画となっている(エネルギーミックス)。

問 11　エが正しい。　ア．「約 200m」ではなく「約 600m」である。　イ．弥彦山の山頂に道路は見当たらない。ウ．弥彦村役場(○)の最寄駅はやはぎ駅である。

問 12　(実際の距離)＝(地図上の長さ)×(縮尺の分母)より，実際の距離は，横が 0.5×50000＝25000(cm)＝250(m)，縦が１×50000＝50000(㎝)＝500(m)。よって，実際の面積は 250×500＝125000(㎡)。１ha＝10000 ㎡だから，12.5ha となり，最も近いウを選ぶ。

問13 イ．新潟県燕市はナイフやスプーンなどの産地として知られている。

問14 ウ．Ａはトキ保護センターがある佐渡市，Ｂは降雪量の多い妙高市，Ｃは新潟港がある新潟市と判断する。

3 **問１⑴** Ｇ７は日本・アメリカ・イギリス・フランス・ドイツ・イタリア・カナダだから，イを選ぶ。

⑵ エを選ぶ。第四次中東戦争でのアラブ産油国による原油価格の引き上げで，1973 年に第一次オイルショックがおこった。アは 1997 年，イは 1962 年，ウは 2008 年。

問２⑴ オ．ｃ．日米安全保障条約(1951 年)→ａ．日韓基本条約(1965 年)→ｂ．日中平和友好条約(1978 年)

⑶ アが正しい。国民所得倍増計画は 1960 年に発表された。イは 1954 年，ウは 1972 年，エは 1956 年。

⑷ イが正しい。 ア．1967 年に公害対策基本法が制定され，1993 年に環境基本法が制定された。
ウ．1971 年に環境庁が発足し，2001 年に環境省に格上げされた。 エ．最高裁は，環境権を具体的人権として認めていない。 **⑸** 四大公害病については右表参照。

公害名	原因	発生地域
水俣病	水質汚濁 (メチル水銀)	八代海沿岸 (熊本県・鹿児島県)
新潟水俣病	水質汚濁 (メチル水銀)	阿賀野川流域 (新潟県)
イタイイタイ病	水質汚濁 (カドミウム)	神通川流域 (富山県)
四日市ぜんそく	大気汚染 (硫黄酸化物など)	四日市市 (三重県)

問３⑴ グーグル(現 Alphabet)・アマゾン・フェイスブック(現 Meta)・アップルの総称でガーファと呼ぶ。

問４⑴ ウが誤り。アメリカ同時多発テロは 2001 年９月 11 日。アは 1995 年，イは 1992 年，ウは 1993 年。

⑵ 日本の歳出は，社会保障関係費＞国債費＞地方交付税交付金なので，アを選ぶ。少子高齢化が進行しているため，社会保険料を納める働く世代が減少する一方，年金や医療保険給付を受ける高齢者が増えている。そのため，社会保障関係費と国債の返済費用である国債費が増加している。

問５ ウが正しい。 ア．「参議院」ではなく「衆議院」である。参議院に解散はない。 イ．予算案の作成は内閣の持つ権限である。 エ．「裁判所」ではなく「衆議院」である。

問６ エが正しい。 ア．1945 年のサンフランシスコ会議で採択されて国際連合が発足した。 イ．国際連合の本部はアメリカのニューヨークにある。 ウ．安全保障理事会の決議は９国以上の賛成で成立する。また，大国一致の原則により，安全保障理事会の常任理事国が１国でも反対すればその議案は否決される。

問７⑵ 憲法前文で規定されている平和主義は，日本国憲法の基本原理の１つである。

問８ 「男性は外で働く役割，女性は家のことをする役割」などの先入観を理由に，ジェンダーの不平等を取り上げればよい。グローバルジェンダーギャップ指数(数値が大きいほど格差が小さい)は，先進国の中で日本が最下位であり，イスラム圏では格差が大きくなる。

★開成中学校

《国　語》

一　問一．生　問二．初めて汽車に乗る遠足が楽しみで、頭の中で新しいズックのイメージがふくらみ、貧相なズックをはいていくのはいやだという思いが強くなっているから。　問三．ズックを洗って穴をぬってくれたことがうれしく、つい照れかくしに「カッコ悪いなァ」と言ったが、その言葉が母親を傷つけてしまったことに気付き、問四．おこられる　問五．和子は、拓也の気持ちを推し量り、ズックを流されたことを責めず、文句を言わずに歩いているのだということに気付き、和子が少し大人になったと感じたから。

二　問一．１．試行　２．粉　３．大半　問二．本質的なことを考えずに何となく会社に入り、意味のない努力を続けながら、自分で考えたり行動したりして成功している人　問三．思考停止により、時代の移り変わりや状きょうの変化を考えず、かつての成功体験を再現しようとするから。

《算　数》

1　(1)土　(2)612　(3)2.25　(4)48 位…８　56 位…３　96 位…６

2　(1)36　(2)60　(3)42

3　(1)0101　(2)011010　(3)110110　(4)010111，000111　(5)12

※式や図や計算などは解説を参照してください。

《理　科》

1　問１．手であおぐようにしてかぐ。　問２．ア，イ　問３．ア，ウ　問４．イ，ウ　問５．ｄ
問６．4.2　問７．ア　問８．イ　問９．ウ

2　問１．ｅ　問２．ア　問３．エ　問４．(a)Ｃ　(b)土砂くずれ　(c)せき止められた
(d)川をせき止めていた土砂が流された　問５．右グラフ　問６．線状降水帯

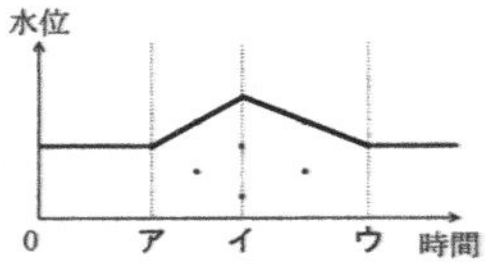

3　問１．①イ　②ア　③ウ　問２．ウ　問３．ア　問４．エ　問５．(1)ｃ
(2)魚Ｂを追い払う行動を減らすことができる。

4　問１．左端から…21　重さ…720　問２．ア．８　イ．16　問３．31　問４．39.4　問５．31.3

《社　会》

1 問１．①調　②エ　問２．国分寺　問３．ア　問４．①六波羅探題　②イ　問５．イ　問６．ウ
問７．①歌川広重　②神奈川

2 問１．①１．第一次世界大戦　２．満州事変　３．日中戦争　②X．ア　Y．ウ　③a．イ　b．オ
問２．①イ　②関東大震災　問３．X．徴兵　Y．空襲　Z．疎開

3 問１．A．安倍晋三　B．菅義偉　C．バイデン　D．メルケル　問２．①エ　②エ　問３．①ア　②イ
問４．①エ　②オ　問５．①４　②２　問６．イ，ウ　問７．ア，ウ　問８．ア
問９．特定の地域で支持率が高い

4 問１．オ　問２．A．ウ　C．イ　問３．ア　問４．イ　問５．イ　問６．日本海流〔別解〕黒潮
問７．地熱　問８．エ　問９．グリーンツーリズム／エコツーリズム／エコツアー から1つ
問10．カ　問11．カ　問12．ア　問13．エ　問14．①パーム　②アブラヤシ栽培のための熱帯林の破壊が問題だが，パーム油と同量のひまわり油や大豆油を得るためには広い農地が必要となり，自然破壊が進むことに変わりないから。　問15．バイオマスエネルギー　問16．旭川…ウ　網走…エ

2021 解説 令和３年度 ▶ 開成中学校

←解答例は前のページにありますので，そちらをご覧ください。

《2021　国語　解説》

一 問一　直後に「買ってやるとも、買ってやらないとも、言わなかった」とあることから、「生返事《なまへんじ》」。

問二　ここまでの本文に、「遠足～初めて汽車に乗れるのでうれしかった。けれど」「前々から遠足にはいて行くズックを買ってくれるように頼《たの》んでおいたのに～まだ買ってもらえなかった」「ゆうべも～よく頼んでおいたけれど」「ズックのことで、何か言うのではないか」「ズックと、のどまで出かかった」とあるとおり、拓也《たくや》の頭の中は新しいズックのことでいっぱいなのである。この後で、「バクバクだ。こんじゃ遠足にはいていかんにェ」と言っていることからも、初めて汽車に乗る楽しみな遠足に「ペチャンコになった貧相《ひんそう》なズック」をはいていくのがどうしても嫌《いや》なのだとわかる。いよいよ募《つの》るこの思いが、いつもはいているズックを、もうはけないもの、もうはきたくないものとして認識させたということ。

問三　――部③は、直前の「ボロはボロだけど、前のズックよりはよっぽどましだし、なんだかうれしい気がして、母親に何か言いたくなった」という気持ちの表現である。昨日まで新しいズックをねだっていた手前、うれしさや感謝を直接伝えるのは照れくさいが、洗って補修してくれた母親の気持ちを受け取り、ありがたく思っているのである。「ちょっとカッコ悪《わり》いなァ」と言いながらも「笑ってみせた」ことで、その気持ちを伝えたつもりなのだが、母親は「言葉のおわりが、かすかに震《ふる》えているようだった」と、泣きそうになってしまった。その声を聞いて、買ってあげたくてもお金がなく、少しでもましなものをと、せめてもの思いで手を尽《つ》くしてくれた母親を傷つけてしまったのだとわかり、そんな言い方をするんじゃなかったと思っているのである。

問四　「口ぎたなくののしられたり、悪口を言われた」りするのはつらいことだが、それをされないほうがもっとつらく、わかりやすくおこってくれるほうが、気持ちが楽だということ。ひどく責められなくてよかったなどとはとても思えず、和子《かずこ》がなにも言わないからこそ、気持ちの隔《へだ》たりを感じ、拓也の苦しさは、自身の中でいっそう重く、大きくなっていくのである。「流そうとして流したんじゃないぞ」とくりかえす拓也の気持ちが、「おこられることはしかたがないけれど、少しでもねたましい気持ちが自分にあったことを、知られるのではないか～ねたんだ気持ちがズックを流したんだと言われることが恐《おそ》ろしかった」と説明されている(――部④の 10～11 行前)。

問五　――部⑤の前行の「面と向かった拓也は、和子の顔をじっと見た」に着目する。それまでの拓也は、新しいズックの片方を流されてしまった和子の気持ちよりも、自分を守ることばかり考えていた。それは「視線をさけてしまえば、とんでもない悪者にされてしまいそうで、そうしていることが～自分を守る最後の術《すべ》だった」「『流そうとして流したんじゃないぞ。絶対に～』拓也は同じことをくりかえした」「少しでもねたましい気持ちが自分にあったことを、知られるのではないかと思うと、拓也は自分が悲しかった。そして、ねたんだ気持ちがズックを流したんだと言われることが恐ろしかった」などから読み取れる。痛そうに歩く和子の様子に胸を痛めた拓也は、自分のズックを貸すことを思い付く。ここで初めて、和子の立場に立って、和子の気持ちを考えることができたのである。このような拓也自身の変化が、和子の顔をそれまでとちがっているように感じさせたということ。いつもの和子なら強く責めそうだが、痛いとも言わずに歩いている。その態度から、拓也は、心苦しく思っている自分に対して、和子が配慮《はいりょ》してくれているのだとわかったのである。

二 著作権に関係する弊社《へいしゃ》の都合により本文を非掲載《ひけいさい》としておりますので、解説を省略させていただきます。ご不便をおかけし申し訳ございませんが、ご了承《りょうしょう》ください。

―《2021　算数　解説》

1 (1)　**【解き方】365÷７＝52 余り１より，１年後の同じ日の曜日は１つあとの曜日となる。ただし，うるう年の２月 29 日をまたぐ場合は，２つあとの曜日となる。2121 年２月１日は，2021 年２月１日のちょうど 100 年後だから，曜日は，100＋(間にあるうるう年の数)だけあとにずれる。**

2021 年から 2121 年までに４の倍数の年は，100÷４＝25(回)ある。そのうち，100 の倍数の年は 2100 年の１回，400 の倍数の年はない。したがって，2021 年から 2121 年までにうるう年は 25－１＝24(回)あるから，曜日は，100＋24＝124 だけあとにずれる。124÷７＝17 余り５より，求める曜日は，月曜日の５つあとの土曜日である。

(2)　**【解き方】三角形ＡＢＣの頂点Ａから２本，頂点Ｂから３本の直線を引くと，右図のように三角形は 12 個の部分に分けられる。このあと，頂点Ｃから１本直線を引くたびに分けられた部分は何個増えるかを考える。**

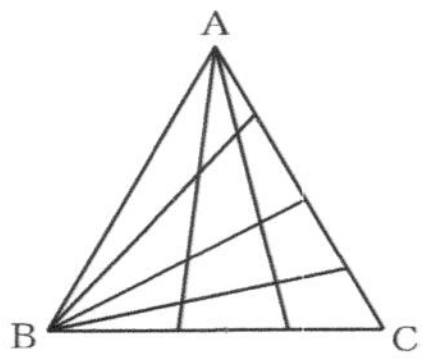

頂点Ｃから１本直線を引くと，他の直線と交わるたびに分けられた部分は１個増える。辺ＡＢもふくめて，全部で２＋３＋１＝６(回)交わるから，頂点Ｃから１本直線を引くたびに，分けられた部分は６個増える。よって，求める個数は，12＋６×100＝612(個)

(3)　**【解き方】正六角形は右図のように合同な 24 個の正三角形に分けることができる。**

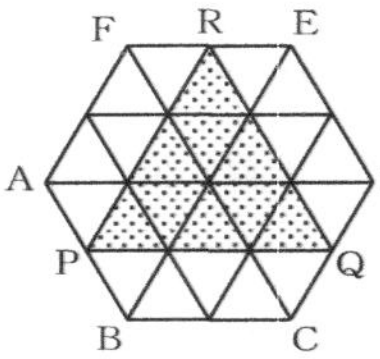

三角形ＰＱＲの面積は小さい正三角形９個分だから，$6\times\frac{9}{24}=2.25$(㎠)

(4)　**【解き方】しばらくは実際に筆算を書いていくと，筆算①のようになる。商は，「0001」「0002」「0004」のように４桁《けた》を１グループとして分けることができ，各グループの数は１，２，４，…と倍々になっている。以下の解説では，２をｎ回かけることを 2^n と表す(例えば，$2^2=2\times2$，$2^3=2\times2\times2$)。**

小数第 48 位の数は，48÷４＝12(グループ目)の一番下の位である。12 グループ目の数は，$2^{11}=2048$ だから，小数第 48 位の数はこの一の位の８である。

このように規則性にもとづいて商が決まるのだが，2^n の計算結果が５桁以上になるとき，商がどうなるかを考えなければならない。筆算①において，あるグループの一番下の位の真下にある，引き算の結果現れる数(○をつけた数)が，商の次のグループの数になっている。$2^{12}=4096$，$2^{13}=8192$，$2^{14}=16384$ なので，13 グループ目から筆算の続きをかくと，筆算②のようになる。

小数第 56 位の数は，56÷４＝14(グループ目)の一番下の位だから，筆算②より３とわかる。これが $2^{13}=8192$ の一の位の２にならなかった理由を考える。15 グループ目を見ると「6387」となっていて，$2^{14}=16384$ と下線部どうしが一致《いっち》する。したがって，$2^{14}=16384$ の万の位の１がくり上がって，$2^{13}=8192$ の一の位の２と重なり，小数第 56 位の数が２＋１＝３になったとわかる。小数第 60 位の数は，$2^{14}=16384$ の一の位の４と，$2^{15}=32768$ の万の位の３が重なって，４＋３＝７になっている。このように考えれば，小数第 96 位の数を求められる。

筆算①

```
         0.0001000200040008 0016
9998 ) 10000
        9998
        ────
           ②0000
           19996
           ─────
               ④0000
               39992
               ─────
                   ⑧0000
                   79984
                   ─────
                      (16)000
                         9998
                        ─────
                        60020
                        59988
                        ─────
                           (32)
```

筆算②

```
       0.……409681936387
9998 ) 1…
        ○○○○○
        59988
        ─────
         81920
         79984
         ─────
          19360
           9998
          ─────
           93620
           89982
           ─────
            36380
            29994
            ─────
             63860
             59988
             ─────
              38720
              29994
              ─────
               87260
               79984
               ─────
                72760
                69986
                ─────
                 27740
```

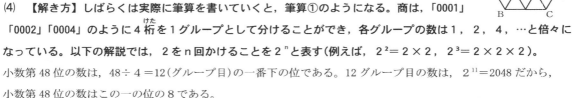

$96\div4=24$，$2^{23}=2^{11}\times2^{12}=2048\times4096=8388608$，$2^{24}=2^{23}\times2=16777216$，
$2^{25}=2^{24}\times2=33554432$ だから，小数第 96 位の数は，右図の矢印の位の数なので，
下の位から１くり上がることに注意すると，$8+7+1=16$ より，６とわかる。

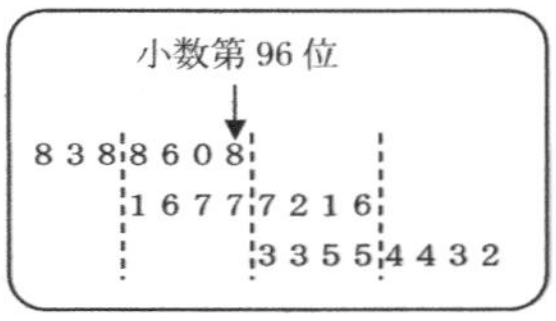

2 (1) 三角すい「きＧａｇ」は右図①のようになるので，体積は，
$(6\times6\div2)\times6\div3=36$(㎤)

図①

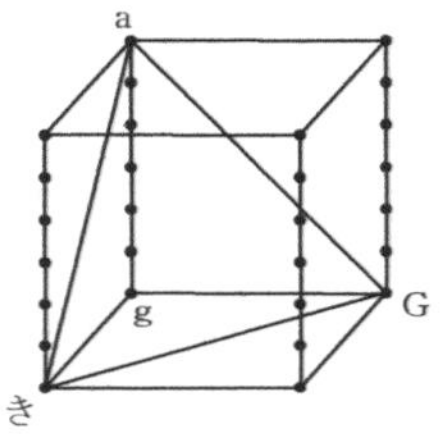

図②

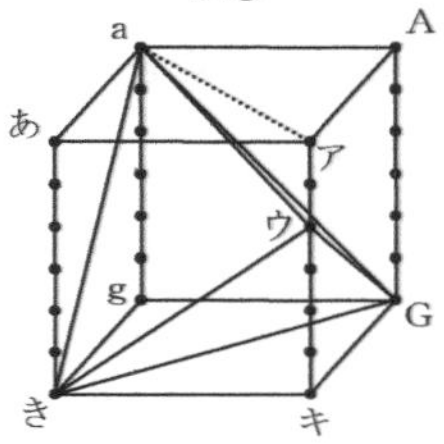

(2)　【解き方１】三角すい「きウＧａ」は右図②のようになる。
元の立方体の体積から，三角すい「きＧａｇ」と
三角すい「ウ - きキＧ」と四角すい「ａ - あきウア」と
四角すい「ａ - アウＧＡ」の体積を引けばよい。
元の立方体の体積は，$6\times6\times6=216$(㎤)　　三角すい「きＧａｇ」の体積は(1)より，36 ㎤
三角すい「ウ - きキＧ」の体積は，$(6\times6\div2)\times4\div3=24$(㎤)
四角すい「ａ - あきウア」と四角すい「ａ - アウＧＡ」の体積はともに，$\{(2+6)\times6\div2\}\times6\div3=48$(㎤)
よって，求める体積は，$216-36-24-48\times2=60$(㎤)

図③

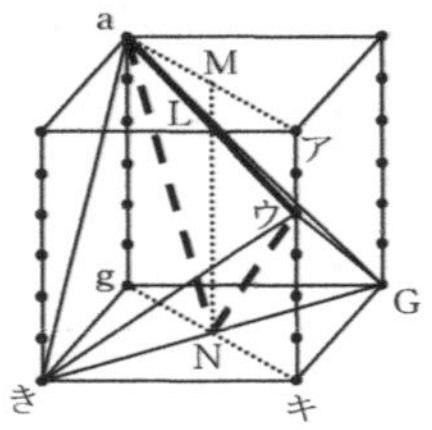

図④

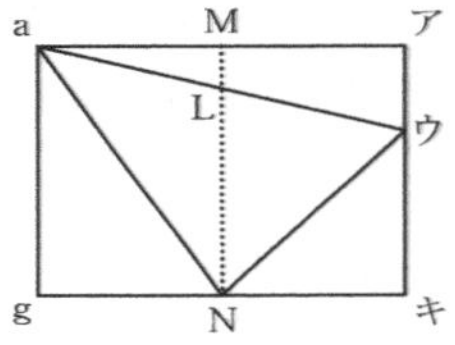

【解き方２】三角すい「きウＧａ」を，右図③のように平面「ａｇキア」で切断し，２つの三角すいに分ける。切断面と直線「きＧ」は垂直だから，三角すい「きウＧａ」の体積は，切断面を底面とし，高さが「きＧ」の三角すいの体積として求めることができる。「ａア」の真ん中の点をＭ，「ｇキ」または「きＧ」の真ん中の点をＮとし，「ＭＮ」と「ａウ」が交わる点をＬとする。図④は平面「ａｇキア」である。立方体の面の対角線の長さを求めることはできないが，その長さを$x$cmとすると，面の面積から，$x\times x\div2=6\times6$ より，$x\times x=72$ となることを利用する。
切断面は，三角形「ａＮウ」であり，その面積は，「ＬＮ」×「ａア」÷２で求められる。
三角形「ａＭＬ」は三角形「ａアウ」を$\frac{1}{2}$倍に縮小した三角形だから，「ＭＬ」＝「アウ」×$\frac{1}{2}=1$(cm)
したがって，切断面の面積は，「ＬＮ」×「ａア」÷２＝$(6-1)\times x\times\frac{1}{2}=\frac{5}{2}\times x$(㎠)
よって，求める体積は，(切断面の面積)×「きＧ」÷３＝$(\frac{5}{2}\times x)\times x\times\frac{1}{3}=\frac{5}{6}\times x\times x=\frac{5}{6}\times72=60$(㎤)

(3)　【解き方１】三角すい「いオＣｇ」は右図⑤のようになる。
直方体「いイＢｂ - きキＧｇ」の体積から，四角すい「ｇ - いきキオ」と
四角すい「ｇ - オキＧＣ」と四角すい「い - イオＣＢ」と四角すい「い - ｂｇＣＢ」の体積を引けばよい。

図⑤

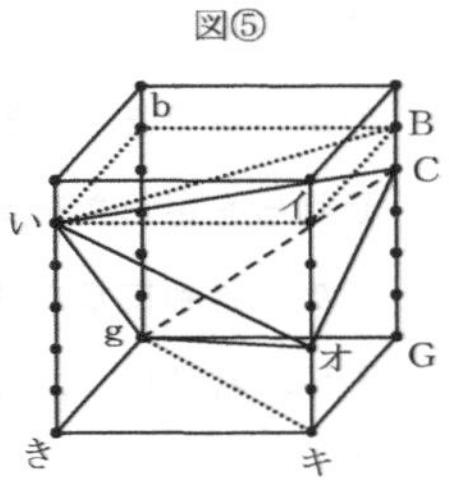

直方体「いイＢｂ - きキＧｇ」の体積は，$6\times6\times5=180$(㎤)
四角すい「ｇ - いきキオ」の体積は，$\{(2+5)\times6\div2\}\times6\div3=42$(㎤)
四角すい「ｇ - オキＧＣ」の体積は，$\{(2+4)\times6\div2\}\times6\div3=36$(㎤)
四角すい「い - イオＣＢ」の体積は，$\{(1+3)\times6\div2\}\times6\div3=24$(㎤)
四角すい「い - ｂｇＣＢ」の体積は，$\{(1+5)\times6\div2\}\times6\div3=36$(㎤)
よって，求める体積は，$180-42-36-24-36=42$(㎤)

【解き方２】⑵の【解き方２】と同様に，三角すい「いオＣｇ」を平面「ａｇキア」で切断し，２つの三角すいに分けると，体積は，(切断面の面積)×x÷３(㎤)で求められる。「ｂイ」の真ん中の点をＰ，「ｇキ」の真ん中の点をＮとし，「ＰＮ」と「いＣ」「ｇオ」が交わる点をそれぞれＱ，Ｒとする。図⑦は平面「ａｇキア」である。

図⑥

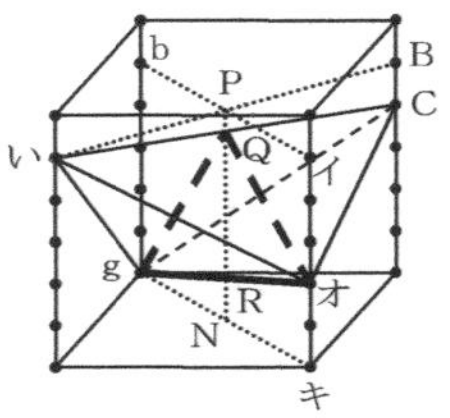

図⑦

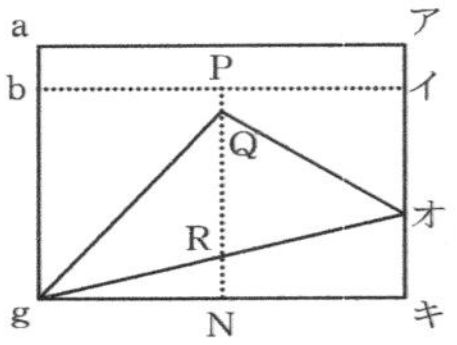

三角形「いＰＱ」は三角形「いＢＣ」を$\frac{1}{2}$倍に縮小した三角形だから，「ＰＱ」＝「ＢＣ」$\times\frac{1}{2}=\frac{1}{2}$(cm)

三角形「ｇＲＮ」は三角形「ｇオキ」を$\frac{1}{2}$倍に縮小した三角形だから，「ＲＮ」＝「オキ」$\times\frac{1}{2}=1$(cm)

したがって，切断面の面積は，「ＱＲ」×「ｇキ」÷２＝$(5-\frac{1}{2}-1)\times x\times\frac{1}{2}=\frac{7}{4}\times x$(㎠)

よって，求める体積は，(切断面の面積)×x÷３＝$(\frac{7}{4}\times x)\times x\times\frac{1}{3}=\frac{7}{12}\times x\times x\times x=\frac{7}{12}\times72=42$(㎤)

3 **【解き方】Ａ君，Ｂ君，審判の３人が出した３枚のカードの数の組み合わせごとに，そのあと審判に渡るカードの数と，「スコアスペース」に置くカードの数をまとめると，右表のようになる。３枚の組み合わせはア～エの４パターンがある。⑴，⑵，⑶はミスがないように，この４パターンと１つ１つ照らし合わせていけば十分である。**

	ア	イ	ウ	エ
３枚の組み合わせ	0	1	1	1
	0	0	1	1
	0	0	0	1
審判	0	0	1	1
スコア	0	1	0	1

⑴　右図①のようにまとめられる。

１回目の操作はイにあたるから，スコアが１，２回目の審判が０になる。

２回目の操作はアにあたるから，スコアが０，３回目の審判が０になる。

３回目の操作はイにあたるから，スコアが１，４回目の審判が０になる。

４回目の操作はアにあたるから，スコアが０になる。

よって，「スコアスペース」の数は，０１０１になる。

図①	4回目	3回目	2回目	1回目
A	0	1	0	1
B	0	0	0	0
審判				0
スコア				

⑵　⑴と同様に調べていくと，右図②のような結果になるとわかる。

よって，「スコアスペース」の数は，０１１０１０になる。

図②	6回目	5回目	4回目	3回目	2回目	1回目
A	0	0	1	0	0	1
B	0	1	0	0	0	1
審判	0	0	0	0	1	0
スコア	0	1	1	0	1	0

⑶　「スコアスペース」の数が，１１１１１１になればよい。

そのような結果になるＢのカードの数を１回目から順に調べていくと，右図③のようになる。よって，Ｂの手札は，１１０１１０である。

図③	6回目	5回目	4回目	3回目	2回目	1回目
A	0	0	1	0	0	1
B	1	1	0	1	1	0
審判	0	0	0	0	0	0
スコア	1	1	1	1	1	1

⑷　**【解き方】図①，②，③でまとめた内容から，この問題は２進数の足し算であると気がつきたい。ＡとＢの手札はそれぞれ６けたの２進数であり，それらを足した結果が「スコアスペース」に並ぶ数である(この数も２進数)。また，審判に０が渡ることは，各位の足し算をしたときにくり上がらないことを表し，審判に１が渡ることは，１くり上がることを表す。右のような筆算で考える。筆算①のようにスコアの各位にａ～ｆの記号をおく。**

得点が１点となるのだから，ａ～ｆのいずれか１つが１であり，他は０になる。

Ａの下から４つ目の位が１だから，ａ，ｂ，ｃのいずれかが必ず１になるので，ｄ，ｅ，ｆは０に決まる。したがって，筆算②のようになる。

下から５つ目の位に１くり上がることは確実なので，ａかｂが１になる。このため，ｃは０になる。ａが１になるパターンは筆算③，ｂが１になるパターンは筆

筆算①

A	0	0	1	0	0	1
B						
スコア	a	b	c	d	e	f

筆算②

A	0	0	1	0	0	1
B				1	1	1
(くり上がり)			1	1	1	
スコア	a	b	c	0	0	0

筆算③

A	0	0	1	0	0	1
B	0	1	0	1	1	1
(くり上がり)	1	1	1	1	1	
スコア	1	0	0	0	0	0

算④である。よって，求めるＢの手札は，０１０１１１と０００１１１である。

⑸　**【解き方】⑷の筆算①のａ～ｆのいずれかに１が２つ並び，他は０になる。ａ～ｆの６つから１になる２つを選ぶ組み合わせの数をまず求める。次に，それらのうち，ＡとＢの足し算の結果として存在しない組み合わせの数を引けばよい。**

筆算④

A	0	0	1	0	0	1
B	0	0	0	1	1	1
		1	1	1	1	
スコア	0	1	0	0	0	0

組み合わせの数は右のように求められるので，ａ～ｆの６つから１になる２つを選ぶ組み合わせの数は，

$\frac{6\times 5}{2\times 1}$＝15(通り)

ＡとＢの足し算をすると，ａ，ｂ，ｃのいずれか１つは１になるのだから，ａ，ｂ，ｃがすべて０になるということはない。ａ，ｂ，ｃがすべて０になる組み合わせの数は，ｄ～ｆの３つから１になる２つを選ぶ組み合わせの数だから，$\frac{3\times 2}{2\times 1}$＝３(通り)

よって，求める場合の数は，15－３＝12(通り)

組み合わせの数の求め方

異なる10個のものから順番をつけずに３個選ぶときの組み合わせの数は，

全体の個数　選ぶ個数

$$\frac{⑩\times 9\times 8}{③\times 2\times 1}=120(\text{通り})$$

選ぶ個数　選ぶ個数

つまり，異なるｎ個からｋ個選ぶときの組み合わせの数の求め方は，$\frac{(\text{n個からk個選ぶ順列の数})}{(\text{k個からk個選ぶ順列の数})}$

《2021　理科　解説》

1　**問１**　有害な気体が発生している可能性があるので，大量にかがないようにする。

問３　ア，ウ○…赤色リトマス紙の色を青色に変化させるのはアルカリ性の水よう液である。イとオは酸性，エは中性である。

問４　イ，ウ○…アルミニウムは塩酸にも水酸化ナトリウム水よう液にもとける。なお，鉄は塩酸にはとけるが，水酸化ナトリウム水よう液にはとけない。

問５　ｄ○…石灰水を炭酸水に入れると，炭酸水にとけている二酸化炭素と反応して白くにごる。ただし，ここでは炭酸水を沸騰《ふっとう》させたことにより，とけていた二酸化炭素が空気中に出ていくため，石灰水を入れても変化しない。

問６　図１では，口を上に向けて入れた液体の体積を読みとるときには，左側の目盛りを読む。

問７　ア○…容積が変化しないように注意する。加熱により，体積が大きくなると，容積も大きくなる可能性がある。また，硬《かた》いブラシで中をこすると，けずれて容積が大きくなる可能性がある。

問８　イ○…メスシリンダーは，読みとった体積と流し出した液体の体積が同じになるようにつくられているから，Ａで液体を正確に10mLはかりとれば，Ｂに移したときの体積も10mLちょうどになるはずである。

問９　ウ○…問８解説同様に，メスシリンダーから流し出した液体の体積は，読みとった体積と同じになる(スポイトやビーカーでは，入れた体積と出ていく体積の関係がどのようになるかわからない)。また，メスシリンダー内で２つの液体を混ぜてはいけないので，イは適当ではない。

2　**問１**　ｅ○…月は太陽の光を反射させることで光って見える。図１の月はすべて右半分が光っているので，東京から見て左半分が光って見えるのはｅである。

問２　ア○…東京で，真南に左半分が光っている月が見えるのは午前６時ごろである。この月を下弦《かげん》の月という。なお，ａは午後６時ごろの真南に右半分が光って見える上弦の月，地球から見て太陽と同じ方向にあるｇは新月，地球から見て太陽と反対方向にあるｃは満月である。

問３　エ○…問２解説の通り，満月は地球から見て太陽と反対方向にある。つまり，冬至の日の満月の南中高度は夏至の日の太陽の南中高度と同じで最も高く，夏至の日の満月の南中高度は冬至の日の太陽の南中高度と同じで最

も低い。

問４　川の水は上流から下流に向かって流れるから，時刻アにＢ地点の川の水位が急に下がったのは，Ｂ地点よりも上流の地点から流れてくる水の量が減ったためである。また，次郎君の仮説だと，時刻イの急激な水位の上《じょう》昇《しょう》もうまく説明できるとあるから，時刻アで一時的に川がせき止められ，時刻イでそれが解消されたことで，より大量の水が流れこんでくるようになったと考えればよい。

問５　時刻ア～イでは水が下流へ流れにくくなるので，Ｃ地点の水位は上昇する。時刻イ～ウでは水が下流へ流れていくようになり，Ｃ地点の水位は元にもどる。各時刻から選ぶ点は１つずつであることに注意しよう。

３　**問１**　草食動物である①と③の擬態《ぎたい》はおもに他の生物から食べられにくくするためのものであり，肉食動物である②の擬態はおもに他の生物を食べやすくするためのものである。

問２　ウ○…かたよりなく分布していた状態から図１のようになったので，巻貝Ｃは巣内に運ばれ，巻貝Ｄは巣外に運ばれたと考えられる。

問３　ア○…稚魚《ちぎょ》に似ている巻貝Ｃが大量にいれば，魚Ｂが稚魚を見つけにくくなるため，稚魚が生き残る割合が高くなる。ここで，巣内の巻貝Ｃを巣外に移動させると，魚Ｂが稚魚を見つけやすくなり，稚魚が生き残る割合が低くなると考えられる。

４　**問１**　図１と図２のように，バットの両端《りょうはし》を支点としたときに，それぞれの端を持ち上げたときの重さの合計が，バットの重さである。したがって，バットの重さは540＋180＝720(ｇ)である。また，バットの重さがかかる点(重心)は，バットの長さを図１と図２の重さの逆比に分けた点にある。左端と右端にかかる重さの比は540：180＝３：１だから，左端と右端の重心からの距離の比は１：３であり，左端から$84\times\frac{1}{1+3}=21$(㎝)である。

問２　問１解説同様に，支点の左右で，重さの比と支点からの距離の比が逆比になることを利用する。　ア．支点の左右の重さの比が１：４だから，アは$10\times\frac{4}{4+1}=8$(㎝)である。　イ．右下の棒では，支点の左右の重さの比が３：２だから，支点は左端から$10\times\frac{2}{2+3}=4$(㎝)，右端から６㎝である。つまり，上の棒では，左端から８㎝に50ｇ，右端から６㎝に50ｇのおもりがつるされていることになるから，２つの重さがかかる点の間の距離30－８－６＝16(㎝)のちょうど真ん中が支点になればよい。したがって，左端から８＋(16÷２)＝16(㎝)である。

問３　棒をかたむけるはたらき〔板の重さ(ｇ)×支点からの距離(㎝)〕に着目する。図９で，正方形の板(10㎝×10㎝)１枚の重さを１，左端を支点として，板が棒を時計回りにかたむけるはたらきを求めると，２×５＋３×15＋１×25＋４×35＋３×45＋２×55＝465となる。このとき，図６の板全体の重さ(15)と左端から板全体の重心までの距離の積も465になるから，左端から板全体の重心までの距離は465÷15＝31(㎝)である。

問４　問３解説と同様に考える。左端を支点とすると，板が棒を時計回りにかたむけるはたらきは，５×５＋３×15＋２×25＋４×35＋１×45＋２×55＋３×65＋５×75＝985だから，図10の板全体(重さは25)の重心は棒の左端から985÷25＝39.4(㎝)である。なお，図６と図７を切り離す前の１枚の板(80㎝×50㎝)が棒を時計回りにかたむけるはたらきから，図６の板が棒を時計回りにかたむけるはたらきを引くことでも求められる。左端を支点とすると，１枚の板が棒を時計回りにかたむけるはたらきは40×40＝1600であり，図６の板(図10の切り取られている部分)の重心が左端から10＋31＝41(㎝)になることに注意して棒を時計回りにかたむけるはたらきを15×41＝615と求めると，図10の板が棒を時計回りにかたむけるはたらきは1600－615＝985となる。したがって，図10の板全体の重心は棒の左端から985÷25＝39.4(㎝)である。

問５　問４解説と同様に考える。切り取られていない状態の半径30㎝の板と切り取った半径10㎝の板の重さ(面積)の比は，(30×30×3.14)：(10×10×3.14)＝９：１だから，切り取られていない状態の半径30㎝の板の重さを９とすると，切り取った半径10cmの板の重さは1，図11の板の重さは９－１＝８となる。左端を支点とすると，図11の板が棒を時計回りにかたむけるはたらきは，重さが９の板(重心は左端から30cm)が棒を時計回りにかたむけるはたらきである９×30＝270よりも，重さが１の板の分だけ小さくなると考えればよい。切り取られた場所にあった重さが１の板(重心は左端から20cm)が棒を時計回りにかたむけるはたらきは１×20＝20だから，図11の板が棒を時計回りに回転させるはたらきは270－20＝250であり，その重心は棒の左端から250÷８＝31.25→31.3cmである。

《2021　社会　解説》

1 問１① 地方から都に納められたのは調・庸であり，「荒堅魚」から調と判断する。　② エが誤り。アは伊豆国が東海道沿いであること，イは735年が平城京設置期間(710～794年)であることから読み取れる。　ウ．調は成人男性に課され，木簡に戸主の名前があることから判断する。

問２ 聖武天皇は仏教の力で国家を守るため，国ごとに国分寺を，都には総国分寺として東大寺を建て，大仏を造らせた。

問３ ア．ａ．1185年→ｂ．1189年→ｃ．1192年

問４① 京都の人々が非難を加えるとあることから，西国の武士や朝廷の監視を目的として京都に設置された六波羅探題を導ける。　② 「もっぱら武家の…少しも改まるべきものではありません。」から，武家にのみ適用され，律令とは関係ないことが読み取れるので，イが誤り。

問５ 参勤交代は親藩や譜代大名にも義務づけられたので，イが誤り。

問６ 鎖国政策下では清との国交は開かれていなかったので，ウが誤り。なお，長崎で中国との貿易は続けられ，唐船風説書の提出が行われた。

問７① 「東海道五十三次」を描いた歌川広重は，江戸時代後半の化政文化を代表する浮世絵師である。

② 日米修好通商条約では，神奈川(横浜)・函館(箱館)・長崎・新潟・兵庫(神戸)の５港が開かれた。

2 問１①⑴ 第一次世界大戦(1914～1918年)はヨーロッパが戦場であったため，東南アジアとヨーロッパへの輸出が増大した(大戦景気)。　⑵ 1931年の柳条湖事件をきっかけとして始まった一連の軍事行動を満州事変という。

⑶ 盧溝橋事件をきっかけとして日中戦争が始まった。　②(Ｘ) ア．日清戦争(1894～1895年)前後に，製糸業や紡績業などの軽工業を中心とした産業革命が進んだ。　(Ｙ) ウ．戦時中は軍需品の生産が優先されたため，重化学工業が急激に発展した。　③(a) イ．紡績業を中心に商工業が飛躍した大阪は「東洋のマンチェスター」と呼ばれた。

問２① イが誤り。高速道路の建設は戦後の高度経済成長期から始まった。　② 1923年の関東大震災では火災によって被災者が増えた。

問３(Ｘ) 太平洋戦争が長引くと大学生も徴兵されたため，国内では人手不足となった。　(Ｙ)・(Ｚ) 空襲が激しくなると，大都市の小学生が農村へ集団疎開させられた。

3 問１〔Ａ〕・〔Ｂ〕 安倍晋三首相の後継を選出するために臨時国会が召集され，菅義偉が内閣総理大臣に就任した。

〔Ｃ〕 2020年の大統領選挙で民主党のジョー＝バイデン氏が，共和党のドナルド＝トランプ氏に勝利した。

〔Ｄ〕 メルケル首相は，2021年９月の総選挙後の政界引退を表明している。

問２① エ．臨時国会は，内閣が必要と認めたとき，またはいずれかの議院の総議員の４分の１以上の要求があったときに開かれる。　② エ．内閣総理大臣は，国務大臣の過半数を国会議員の中から選ばなければならない。

問３① アを選ぶ。いざなぎ景気は高度経済成長期の好景気である。イは1914年，ウは1950年，エは1980年代後半。

② イが正しい。１ドル＝360円の固定相場制であったが，スミソニアン体制(１ドル＝308円)を経て，1973年に変動相場制に移行し円安から円高になった。

問4① エ．桂・伊藤・山県は長州藩出身で，明治政府の要職は薩摩藩や長州藩出身の人物が占めていた(藩閥政治)。

② オ．Aは1910年だからY，Bは1913年だからZ，Cは1904～1905年だからXである。

問5 アメリカ合衆国憲法で大統領の三選は禁止されている。

問6 イ・ウ．州ごとに選挙人の数が異なり，「勝者総取り」方式を採っている州もあるため，合計得票数が過半数に満たなかったり，過半数の州で得票数1位になれなかったりしても，獲得した選挙人の数が過半数となり，当選することもある。

問7 アとウを選ぶ。ドイツは大統領よりも首相の権限の方が強いから議院内閣制である。フランスは，国家元首が大統領なので大統領制であるが，下院の多数派の政党から首相を選ぶ伝統があるので議院内閣制の要素もある。

問8 直前の先生の発言より，首相の判断で下院を解散することができなくなったことから，アと判断する。

問9 得票率と議席数の比例性が低い小選挙区制と，得票率を議席数に反映させる比例代表制の違いをおさえる。

4 問1 オ．噴火は九州地方に多いAである。全国各地で多い地震と洪水のうち，陸地でしか起きていないBを洪水と判断する。

問2 Aは水深8000mの日本海溝があるウと判断する。Cは水深200mの大陸棚と水深4000mの南海トラフがあるイと判断する。アはB，エはD。

問3 太平洋側では夏の季節風が南東から吹くので，アを選ぶ。冬の季節風は北西から吹く。

問4 緊急地震速報は，発生した地震に対して大きな揺れが到達すると予想される地域に出される情報で，予知をするものではないから，イが誤り。

問5 イ．山の斜面で起きる土砂災害を導く。

問6 右図参照

問7 温泉があることに着目する。地熱発電は，火山活動で生み出された地熱によって発生する蒸気を利用する。

問8 エ．火力発電所は燃料の輸入がしやすい海沿いに多いB，原子力発電所は数が少ないC，水力発電所は山地や山脈に多いAと判断する。

問9 農業や観光業における産業活性化の取り組みをグリーンツーリズムやエコツーリズムという。

問10 カ．東南アジアからの観光客の割合が増えており，距離の遠いアメリカからの観光客の割合が減っている。

問11 カ．1戸あたりの耕地面積は全国平均が2.5haだから，十勝地方では2.25×20＝45(ha)＝4500(a)。

問12 アが正しい。 イ．1991年に輸入が自由化されたのは牛肉とオレンジである。 ウ．「小麦」ではなく「米」の記述である。 エ．小麦の輸入量はアメリカ＞カナダ＞オーストラリア。

問13 エ．ビート(てんさい)が北海道で栽培されることからAを北海道と判断し，原料を生産しない東京・愛知・千葉が上位にあることから，Bを大阪府と判断する。

問14① パーム油はアブラヤシから作られる。 ② 〈グラフ2〉より，ひまわり油や大豆油からとれる1haあたりの収量がパーム油の$\frac{1}{7}$程度であることに着目する。農地開発のため，熱帯雨林の伐採や砂漠化などの環境破壊が深刻化していることを覚えておこう。

問15 二酸化炭素排出量が少ない再生可能エネルギーの1つで，地球温暖化を抑制する効果があるとされる。

問16 内陸に位置する旭川は夏と冬の気温差が大きいウと判断する。残ったうち，網走と札幌は冬の寒さが厳しく梅雨がないイとエであるが，日本海側に位置する札幌の方が，北西季節風の影響で冬の降水量が多いので，イを札幌，エを網走と判断し，アは函館となる。

2020 解答例 令和２年度　★開成中学校

《国　語》

□一 問一．読書好きでおとなしかったのが、友達が増えてクラスの人気者の一人となり、自信がついて、盛り上がることも楽しめるようになった。　問二．心を許し合っている友人という意味ではなく、表面上親しい友人という意味。　問三．自尊心の強さからくる他者への否定的な物言いを好ましくは思っていないが、その強気な態度には説得力を感じ、そこにはふれずにうまく付き合おうと思っている。　問四．やりたい楽器を決めて張り切っているのが気はずかしく、その思いをかくすため。　問五．まやまやを直接攻撃しないことで、彼女にしっとしていると思われるのを防ぎ、代わりに小磯をばかにして間接的にまやまやを見下し、自尊心を守ろうとしたから。

□二 問一．①**唱歌**　②**由来**　③**高官**　④**美談**　⑤**功**　⑥**成語**　⑦**側近**　問二．古典の内容をうのみにせず、ホタルを集めて読書ができるか実験したように、実際に自分でためして事実を明らかにしようとする態度。
問三．孫康と車胤の二人が、わざわざ読書に適さない夜に本を読もうとして、明るい時間帯に本を読まずに過ごしている点。

《算　数》

□1 ＜12314＞，＜23411＞，＜42311＞，＜13412＞

□2 (1)右図　(2)76　(3)94.4

□3 (1)(ア) 4　(イ) 9　(2)①12　②199　③9　④7
⑤5　⑥3　⑦6　⑧129

□4 右図

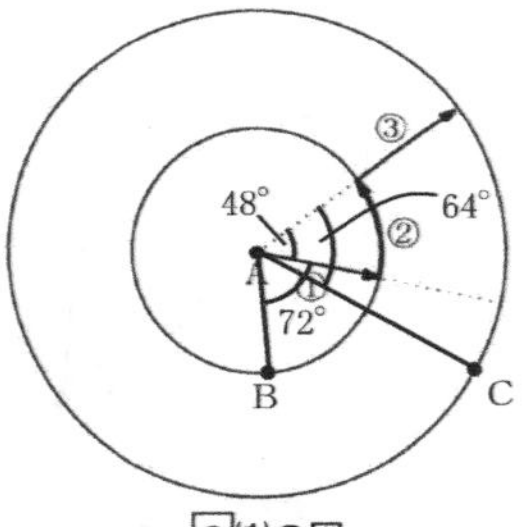

□2(1)の図

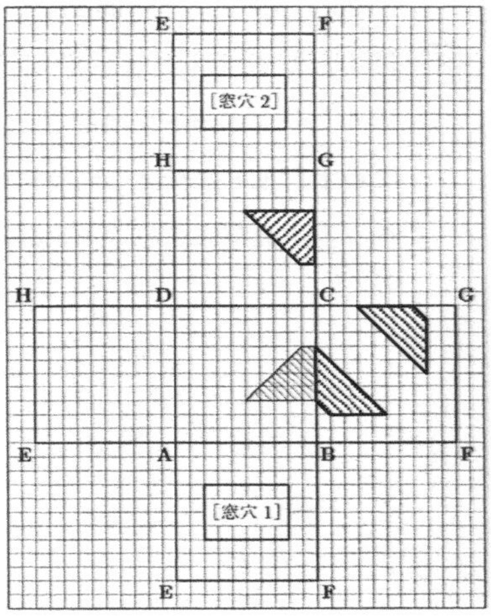

□4の図

※式や図や計算などは解説を参照してください。

《理　科》

1 問1．ア　問2．⑴ア　⑵エ　⑶イ　問3．ウ　問4．イ
問5．北極星〔別解〕ポラリス　問6．エ

2 問1．イ　問2．ウ　問3．ア　問4．ウ　問5．オ

3 問1．イ　問2．イ，ウ　問3．2.2　問4．8.4　問5．ウ
問6．ア，イ，オ

4 問1．エ　問2．右グラフ　問3．右グラフ　問4．ア
問5．①イ　②ア

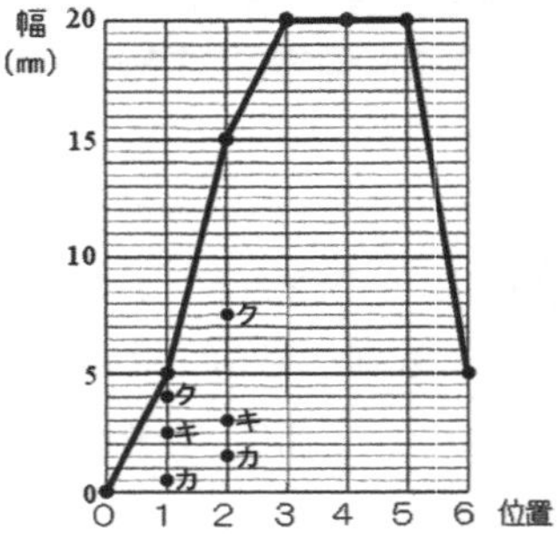

《社　会》

1 問1．軽減税率　問2．⑴エ　⑵ア　問3．⑴ア　⑵ウ　問4．⑴議院内閣制　⑵イ　⑶ウ　問5．イ
問6．⑴ク　⑵イ　問7．⑴エ　⑵オ　⑶O．最高機関　P．最高法規

2 問1．ウ　問2．エ　問3．ア　問4．ウ　問5．ア，オ　問6．イ　問7．エ　問8．ウ
問9．イ　問10．打ちこわし　問11．親藩　問12．大塩平八郎　問13．1853　問14．ウ
問15．ア，ウ　問16．五箇条の御誓文　問17．ウ　問18．ア　問19．ア　問20．イ
問21．アメリカ合衆国　問22．ドイツ　問23．3，1　問24．エ　問25．B→A→C
問26．ポツダム　問27．エ

3 問1．カ　問2．⑴D．生活　E．工業　F．農業　⑵ア　問3．⑴下図　⑵J→H→G→I
問4．ゼロメートル地帯　問5．下図　問6．314　問7．⑴浸水被害にあうような大雨が降ったとき。
⑵浸水対策と水洗化を同時に行える合流式は，建設にかかる時間と費用をおさえることができるので，人口集中が進み下水道整備を急ぐ東京都にとって都合がよかったから。

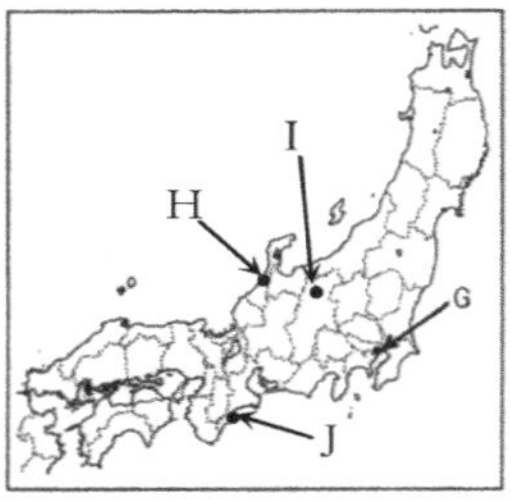

3 問3⑴

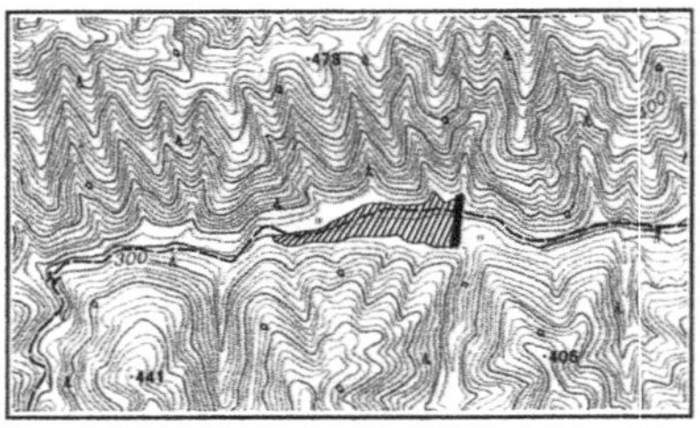

3 問5

2020 解説 開成中学校

令和２年度

←解答例は前のページにありますので，そちらをご覧ください。

《2020　国語　解説》

一　**問一**　３行後からの段落で「ひなっち、めぐ、と呼び合うようになった頃《ころ》、めぐ美《み》も彼女《かのじょ》と同じく『人気者』というポジションの、端《はし》っこにいた～低学年の頃の自分は～気後《きおく》れした。だけど、ひなっちに引っ張られて遊んでいるうちに、友達は自然と増えていったし、盛り上がることも楽しめるようになってきた～学校が楽しくなった。その自信は、本からでは、得られないものだった」と説明されている。「どのように変わりましたか」と問われているので、変わる前と変わった後を対比させて答える。

問二　本来の意味そのものではないので「カギ括弧《かっこ》」がついている。つまり、めぐ美はカナを本当の親友だとは思っておらず、「親友」だということにしているのである。親友とは、おたがいに心を許し合っている、信頼《しんらい》し合っている友だちのこと。「カナの自尊心の強さを、めぐ美は見て見ぬふりをする」とある。また、合奏会の「担当楽器を決める」ときに、めぐ美は「マラカスがいいな、と思った」のに、カナを気にして自分の気持ちを言えなかった。このような関係では、親友とはいえない。カナに合わせて、あるいは、他の人の手前、親友だというスタンスをとっているので、あえて「カギ括弧」をつけたのである。

問三　「見て見ぬふりをする」ということは、良くない点に気付いているものの、とがめないで見のがしているということ。つまり「誰《だれ》かが目立つと『でも』と必ず否定せずにはいられないカナの、あまりに大きな自尊心」を良くないとは思っているものの、「なんでも強気で向き合っていく～説得力がある」という良い点を見つけて、カナとの友だち関係を続けているのである。

問四　めぐ美は「マラカスがいいな、と思った」が、「遠くの席から大きな声でカナに訊《たず》ねられた時、マラカスと言えなかった。やりたい楽器をもう決めているなんて、張り切りすぎている気がしたからだ」とある。カナやクラスメートの手前、やる気がないような態度をしてみせたのである。ふだんのクラスでの立ち位置やキャラを気にして、素直に言えなかったということ。

問五　カナは「あまりに大きな自尊心」の持ち主である。自分の好きな小磯《こいそ》が、自分ではなく「まやまやに告白していた」のは、カナにしてみれば、まやまやに負けたことになり、自尊心が大きく傷つく。しかし、腹いせにまやまやを攻撃《こうげき》したりすれば、自分が嫉妬《しっと》していることになる。嫉妬するということは、まやまやのほうが自分より上だということになるから、嫉妬などしないことを示すのである。「私服がダサい」「よく見ると猿《さる》顔」の小磯など自分が好きになるはずがないという立場をとっていれば、まやまやに負けたことにならないし、そんな小磯から告白されたまやまやを、自分より下に見ることができる。つまり、自分のプライドを保つために――５のような態度をとったのだ。

二　**問二**　「実証的」とは、経験に基づく事実をもとにして、明らかにされるさま。康熙帝《こうきてい》は「ホタルの光なんかで本が読めるものだろうか」と疑いを抱《いだ》いていたとある。車胤《しゃいん》は「練り絹の嚢《ふくろ》に数十匹《びき》のホタルを入れて灯《あか》りにし、夜を日についで書物を読んだ」というが、本当か？と思ったので、「側近に百匹あまりのホタルを捕《と》ってこさせ、実際に絹の嚢に入れて試《ため》してみた」、つまり、自分で実験してみたのである。このように、ただ思ったり考えたりしているのではなく、実際に自分でやってみて、証明しようとする態度のこと。その結果、康熙帝は「文字を判読することすらできなかったので、車胤の故事は嘘《うそ》っぱちである」という結論にいたった。

問三　直前に「ホタルを光源にした読書が非現実的であることに、人びとはとっくに気づいていた」とあることに着目する。「蛍《ほたる》の光、窓の雪」というが、現実にはありえないな、と思っているから、こんな「笑い話」をつくったのである。車胤が「蛍を捕りに出て」いるのも、孫康《そんこう》が「雪」を待ち望むのも、夜に本を読むため。「早朝から草むらに」など行かずに、また、「こんなに天気のいい日に」「外でぼんやり」などしていないで、明るいうちに本を読めばいいのに、と本末転倒《ほんまつてんとう》のありさまを笑っている。

《2020　算数　解説》

1　まず，グラフの距離の１目盛りが何cmを表すか考える。グラフより，２つのロボットが１分間に進む距離の差は，０目盛り分，１目盛り分，２目盛り分，３目盛り分の４通りある。２つのロボットが１分間に進む距離の差は，右表Ⅰより，０cm，15cm，30cm，45cm，60cmがあるから，１目盛り分は15cmとわかる。

表Ⅰ

	①	②	③	④
①	0 cm	30 cm	15 cm	30 cm
②		0 cm	45 cm	60 cm
③			0 cm	15 cm
④				0 cm

※カードの組み合わせが同じになるものの数値は省略した

１分後に先行したロボットをX，もう一方のロボットをYとすると，グラフと表Ⅰより，それぞれの時間の(X，Y)のカードとして考えられるのは，０分後から１分後が(①，②)(④，①)，１分後から２分後が(②，③)，２分後から３分後が(①，③)(③，④)，３分後から４分後が(①，①)(②，②)(③，③)(④，④)，４分後から５分後が(①，②)(④，①)とわかる。

１分後から２分後が(②，③)に決まるので，Yは③のカードを他では使えないから，２分後から３分後は(③，④)に決まり，残りのカードを考えると，３分後から４分後は(①，①)に決まる。

さらに，０分後から１分後と，４分後から５分後の組み合わせを考えると，右表Ⅱ，Ⅲの２パターンが考えられる。ロボットAの進み方として考えられるのは，表Ⅱ，Ⅲそれぞれの X，Yの動き方だから，求める進み方は，＜12314＞＜23411＞＜42311＞＜13412＞の４通りある。

表Ⅱ

時間(分)	0～1	1～2	2～3	3～4	4～5
X	①	②	③	①	④
Y	②	③	④	①	①

表Ⅲ

時間(分)	0～1	1～2	2～3	3～4	4～5
X	④	②	③	①	①
Y	①	③	④	①	②

2　(1)　点Bは１時間で一周するから，１分間に$\frac{360}{60}$＝６(度)進み，点Cは３時間で一周するから，１分間に$\frac{360}{60\times3}$＝２(度)進む。したがって，①の移動をする12分間に点Bは６×12＝72(度)進み，①，②，③の移動をする12＋８＋12＝32(分間)に点Cは２×32＝64(度)進む。②の移動をする８分間で，点Pと点Bは６×８＝48(度)進むから，①の移動開始時の点Bと点Cの位置は右図のようになる。

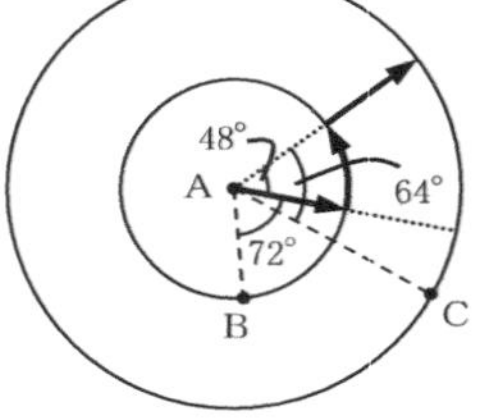

角度はおよそでかくことになるので，角度を数字で図にかきこもう。

(2)　①の移動開始時の点Bは，点Cより72－(64－48)＝56(度)後ろにあるから，出発してから，点Bが点Cよりも360－56＝304(度)多く進んだときを求めればよい。１分間に点Bは点Cよりも６－２＝４(度)多く進むから，求める時間は304÷４＝76(分後)である。

(3)　⑤の移動をする12分間で点Bは72度進むから，⑤の移動の開始時，点Bは点Cよりも72度後ろになければならない。③の移動をする12分間で点Bは72度進むから，③の移動が終わったとき，点Bは点Cよりも72度前にある。④の時間を最短にしたいので，④の間に，点Bが点Cよりも360－72－72＝216(度)多く進めばよいから，④の移動の時間を，216÷４＝54(分)にする。円周上を動くときの道のりは進んだ時間に比例するから，①，③，⑤，⑦での移動の道のりは(20－10)×４＝40(m)，②，⑥での移動の道のりは$(10\times2\times3.14\times\frac{8}{60})\times2=\frac{16}{3}\times3.14$(m)，④での移動の道のりは$20\times2\times3.14\times\frac{54}{60\times3}=12\times3.14$(m)となる。

よって，求める道のりは$40+\frac{16}{3}\times3.14+12\times3.14=40+(\frac{16}{3}+12)\times3.14=94.42\cdots$より，94.4mである。

3　(1)(ア)　ルールに合うように28円を持ってくるときの，(10円玉，５円玉，１円玉)の組み合わせは，

（2枚，1枚，3枚），（2枚，0枚，8枚），（1枚，3枚，3枚），（0枚，5枚，3枚）の4通りある。

(イ)　(ア)の解説より，1人が持ってくる1円玉の枚数は3枚か8枚であり，1円玉を8枚持ってきた生徒だけが5円玉を1枚も持ってきていない。40人が1円玉を3枚ずつ持ってくると，1円玉は3×40＝120(枚)となり，実際より，165－120＝45(枚)少ない。1人が1円玉を8枚持ってくると，1円玉の合計枚数は8－3＝5(枚)増えるから，求める人数は45÷5＝9(人)である。

(2)　389円を用意するとき，硬貨の枚数を最も少なくすると，100円玉3枚，50円玉1枚，10円玉3枚，5円玉1枚，1円玉4枚となり，最低でも3＋1＋3＋1＋4＝①12(枚)の硬貨が必要となる。

硬貨の枚数が10枚をこえる一番低い金額を求める。両替のできない枚数で少額の硬貨をより多く使っていき，硬貨の枚数が10枚をこえるところを探す。1円玉4枚，5円玉1枚，10円玉4枚，50円玉1枚を使うと4＋1＋4＋1＝10(枚)になるから，求める一番低い金額はこれに100円玉1枚を加えた②199円である。

表を見ると，連続する金額が縦に並んでいるとわかる。1円から4円まで最低枚数は1枚から4枚であり，5円になると5円玉1枚で用意できるから最低枚数はまた1枚に戻る。このように両替して枚数を減らせる部分に気をつけて表にかきこむと，右のようになる。

最低枚数(枚)	金額(円)	何通りか(通り)
1	1，5，10	3
2	2，6，11，15，20	5
3	3，7，12，16，21，25，30	7
4	4，8，13，17，22，26，31，35，40	9
5	9，14，18，23，27，32，36，41，45	③9
6	19，24，28，33，37，42，46	④7
7	29，34，38，43，47	⑤5
8	39，44，48	⑥3
9	49	1

合計金額を300円までとするとき，使う50円玉，100円玉の枚数は，最大で，50円玉1枚と100円玉2枚の3枚である(50円玉が2枚あると100円玉1枚に両替できるので，50円玉の枚数は最大で1枚である)。したがって，表の最低枚数が8枚と9枚について考えればよい。最低枚数が8枚の3通りに，合計3枚の硬貨を加えるのは，50円玉1枚と100円玉2枚の1通りあるから，3×1＝3(通り)ある。最低枚数が9枚の1通りに，合計2枚以上の硬貨を加えるのは，50円玉1枚と100円玉2枚，50円玉1枚と100円玉1枚，100円玉2枚の3通りあるから，1×3＝3(通り)ある。よって，300円までにルール3を守れない金額は3＋3＝⑦6(通り)ある。

同様に合計金額が1000円までとするときについて考える。使う50円玉，100円玉，500円玉の合計枚数が1枚，2枚，3枚，…となるとき，右表のようになる(使える最大枚数は，50円玉と500円玉が1枚ずつ，100円玉が4枚である)。

合計枚数(枚)	金額(円)	何通りか(通り)
1	50，100，500	3
2	150，550，200，600	4
3	250，650，300，700	4
4	350，750，400，800	4
5	450，850，900	3
6	950	1

49円までの最低枚数が9枚のとき，50円玉，100円玉，500円玉の合計枚数が2枚以上だと，ルール3を守れないから，1×(4＋4＋4＋3＋1)＝16(通り)ある。同様に49円までの最低枚数が8枚，7枚，6枚，…のときについて求める。8枚のとき3×(4＋4＋3＋1)＝36(通り)，7枚のとき5×(4＋3＋1)＝40(通り)，6枚のとき7×(3＋1)＝28(通り)，5枚のとき9×1＝9(通り)ある。

よって，1000円までにルール3を守れない金額は，16＋36＋40＋28＋9＝⑧129(通り)ある。

4 小屋の天井にある[窓穴２]から入った日が床面ＡＢＣＤにあたるとすると，その形は必ず[窓穴２]と同じ形になるが，右図のＳＲは[窓穴２]の辺のどれとも平行ではないので，床面ＡＢＣＤで日があたる斜線部分は，[窓穴１]から入った日の光とわかる。(図１)に斜線部分をかきこむと，右図Ⅰのようになり，[窓穴１]のＰの角を通った光はＲに，Ｑの角を通った光はＳに到達する。右図Ⅰでおいた記号は，(図３)の展開図上では，右図Ⅱのようになるから，Ｑの角を通った光は，下にＱＴ＝３マス，右にＴＵ＝３マス，奥にＵＳ＝３マスと進んだ位置に到達する(マスの数は(図３)の展開図のマスの数を表す)。日の光は平行に進むから，窓穴の角を通った光はそれぞれ下，右，奥の３方向に同じ長さずつ進んだ位置に到達するとわかる。

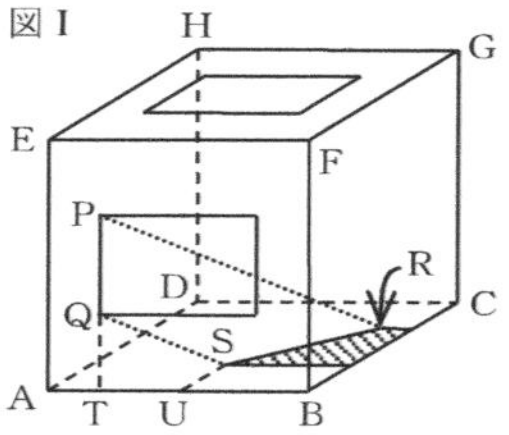

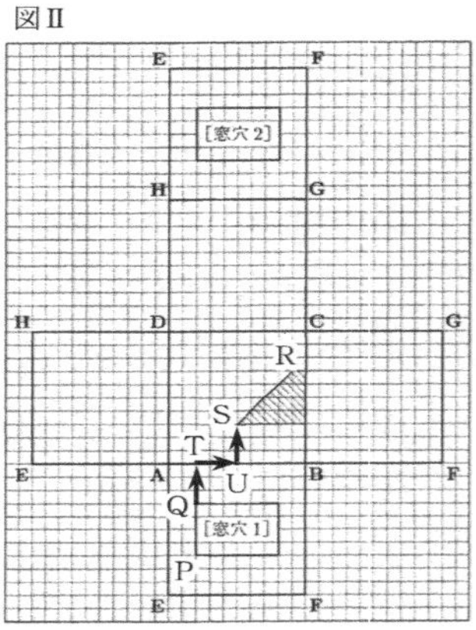

右図Ⅲのように[窓穴１]の他の角をＶ，Ｗとすると，ＶとＷはＢＦから２マスはなれているから，ＶとＷを通った光は，下，右，奥に２マスずつ進んで側面ＦＢＣＧに到達する。右図Ⅳのように[窓穴２]の４つの角に記号をおく。ＫはＨＧから２マスはなれているから，Ｋを通った光は，下，右，奥に２マスずつ進んで側面ＨＤＣＧに到達する。同様に考えると，Ｌを通った光は，下，右，奥に７マスずつ進んで側面ＨＤＣＧに，Ｍ，Ｎを通った光は，下，右，奥に２マスずつ進んで側面ＦＢＣＧに到達する。

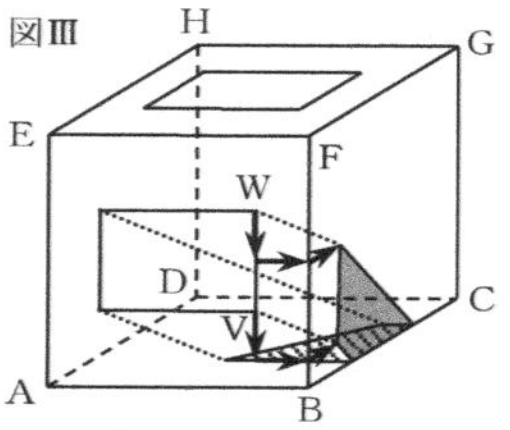

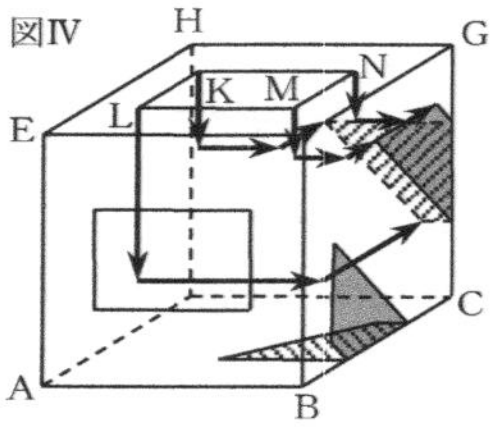

よって，図Ⅲ，Ⅳをもとに展開図上に日のあたる部分を作図すると，解答例のようになる。

《2020　理科　解説》

1 **問１**　ア○…公転の向きと地球の自転軸《じく》(地軸)のかたむきから，Ｂが夏至の日(６月 20 日ごろ)の地球だとわかる。したがって，Ａが春分の日(３月 20 日ごろ)の地球だから，５月５日の地球はＡとＢの間にある。

問２　日本では，太陽が南の空を通るから，ウ，オ，カのように，棒のかげの先たんが真南にくることはない。また，太陽が真南にきたときの高さは，夏至の日に近いほど高く，冬至の日に近いほど低いから，太陽が真南にきたときのかげの長さは，夏至の日に近いほど短く，冬至の日に近いほど長い。したがって，最も冬至の日に近い⑴がア，最も夏至の日に近い⑵がエ，残った⑶がイである。なお，春分の日や秋分の日の棒の先たんのかげの位置は，イのように東西にほぼ一直線状に描《えが》かれる。

問３　ウ○…太陽がしずむ位置は，夏至の日に最も北寄りになり，冬至の日に最も南寄りになる。また，春分・秋分の日では真西になる。したがって，５月５日には，真西より少し北寄り(写真１では真西より少し右側)にしずむ。

問４　イ○…５月５日には，日の出・日の入りの位置が真東・真西より少し北寄りになるため，日の出の直後や日の入りの直前には，真北に向いた窓から太陽の光が直接差しこむ。

問５　北極星は，地球の自転軸の延長上あたりにあるため，地球が自転してもほとんど動かない。

問６　写真２の棒は地面に対して垂直な方向から 63 度ほどかたむいているから，この地点における北極星の高度は約 90－63＝27(度)である。北極星の高度は観測地点の緯度《いど》(北緯)とほぼ等しいので，エかオのどちらかである。また，写真３より，かげが真北にできる(太陽が真南にくる)時刻が 11 時であることがわかる。日本の標準時子午線が通る東経 135 度の地点で太陽が真南にくる時刻が正午ごろだから，この地点はそれより東にある地点だと考えて，エが正答となる。

2 **問１**　イ○…電流は，かん電池の＋極から出て－極に入る。

問２　ウ○…Ｇ１の黒いたんしから出た電流は，Ｇ２の白いたんしに入る。図２のとき，電流が黒いたんしに入るとハンドルは時計回りに回転したから，電流が白いたんしに入ればハンドルは反時計回りに回転する。

問３　ア○…図２のとき，電流が黒いたんしに入るとハンドルは時計回りに回転したから，図４でも電流が黒いたんしに入ったと考えられる。なお，このことから，Ｓ１を閉じてかん電池の電流がコンデンサーの長いたんしに入った後，Ｓ１を開いてからＳ２を閉じると，コンデンサーにたまった電気がかん電池の電流が入ってきたたんしから出ていくことがわかる。

問４　ウ○…問３解説と同様に考える。Ｓ３を閉じてかん電池の電流がコンデンサーの長いたんしに入った後，Ｓ３を開くと，コンデンサーにたまった電気が長いたんしから出ていくことになる。この結果，Ｇ１では電流が白いたんしに入ってハンドルが反時計回りに回転し，Ｇ２では電流が黒いたんしに入ってハンドルが時計回りに回転する。

問５　オ○…ハンドルを時計回りに回転すると，電流が黒いたんしから出てコンデンサーの長いたんしに入る。ハンドルから手をはなすと，コンデンサーにたまった電気が長いたんしから出て手回し発電地の黒いたんしに入るから，ハンドルは時計回りに回転し，コンデンサーにたまった電気が少なくなると，回転がおそくなる。

3 **問１**　イ○…「もやもやしたもの」は食塩水になった部分であり，まわりの水よりも重いので下に移動する。食塩水になった部分がもやもやとして見えるのは，まわりの水と光の進み方が異なるためである。

問２　赤色リトマス紙を青色に変化させるのは，アルカリ性の水よう液である。アは中性，イとウはアルカリ性，エとオは酸性である。

問３　⑥と⑦の差より，食塩は，水 125.0－114.0＝11.0(mL)分の重さが 60.0－36.0＝24.0(g)である。水 1.0mL は 1.0㎤だから，固体の食塩の体積 1.0㎤あたりの重さは$\frac{24.0}{11.0}$＝2.18…→2.2g である。

問４　水にとける食塩の重さは水の体積に比例する。食塩は，25℃の水 100.0mL→100.0g に 36.0g までとけるから，25℃の水 100.0－40.0＝60.0(g)には 36.0×$\frac{60.0}{100.0}$＝21.6(g)までとける。したがって，⑤のときに加えた 30.0g のうち，30.0－21.6＝8.4(g)がとけきれなくなって残る。

問５　①から②までは，食塩が 2.0g 増えると体積が 0.4mL 増える(1.0g につき 0.2mL 増える)。これに対し，②から③までは，食塩が 3.0g 増えると体積が 1.2mL 増える(1.0g につき 0.4mL 増える)。同様に考えると，③から⑥までは食塩 1.0g につき体積が 0.4mL 増えることがわかるので，はじめだけ体積が増加する割合が小さいウかエのどちらかである。さらに，⑥から⑦までは，食塩 1.0g につき体積が約 0.46mL 増えるから，②から⑥までよりも体積が増加する割合が大きいウが正答となる。

問６　ウ，エ×…実験１と２の結果から確認できたり考えたりすることはできない。なお，できた水よう液の重さは，とかす前の水の重さと食塩の重さの和と等しくなるので，ウの内容は誤りである。また，エの内容は正しい。

4 **問１**　エ○…葉Ａは全長が最大幅《はば》より長いから，全長に対する最大幅の割合は 100%より小さくなる(②)。また，葉Ａは位置０での幅が非常に小さいから，最大幅に対する幅の割合は０%と考えてよい(④)。

問２　表２より，それぞれの位置での幅は，位置０が０mm，位置１と６が 20×0.25＝５(mm)，位置２が 20×0.75

＝15(㎜)，位置３～５が20㎜である。

問３　表２(問２)より，位置１の成葉の幅は５㎜であり，図６より，成葉の幅に対する幼葉の幅の割合は，葉の全長が20㎜のときに10%，40㎜のときに50%，100㎜のときに80%だから，これらをもとに幼葉の幅を求める。位置２についても同様に求め，まとめたものが表Ｉである。

表Ｉ

葉の全長		20㎜(カ)	40㎜(キ)	100㎜(ク)
位置１	成葉の幅	５㎜	５㎜	５㎜
	割合	10%	50%	80%
	幼葉の幅	(５×0.1＝) 0.5㎜	(５×0.5＝) 2.5㎜	(５×0.8＝) ４㎜
位置２	成葉の幅	15㎜	15㎜	15㎜
	割合	10%	20%	50%
	幼葉の幅	(15×0.1＝) 1.5㎜	(15×0.2＝) ３㎜	(15×0.5＝) 7.5㎜

問４　ア○…表Ｉより，葉の全長が20㎜から40㎜まで成長する期間において，位置１が2.5－0.5＝２(㎜)増加していて，位置２の３－1.5＝1.5(㎜)より多くなっていることがわかる。

問５　①イ○…葉の全長が20㎜から40㎜まで２倍に成長するとき，位置０から位置１までの長さも２倍になる。これに対し，表Ｉより，幅は$\frac{2.5}{0.5}$＝５(倍)になることがわかるので，長さに比べて幅の比率が大きくなる。

②ア○…葉の全長が100㎜から200㎜まで２倍に成長するとき，位置０から位置１までの長さも２倍になる。これに対し，葉の全長が200㎜のとき(成葉になったとき)の位置１の幅は５㎜で，表Ｉより，葉の全長が100㎜のときの$\frac{5}{4}$＝1.25(倍)になることがわかるので，長さに比べて幅の比率が小さくなる。

《2020　社会　解説》

1　**問１**　軽減税率は，生活必需品の税率を抑えることで所得が低い世帯の負担を和らげるねらいがある。

問２(1)　エ．社会保障制度は，憲法第25条の生存権(健康で文化的な最低限度の生活を営む権利)をよりどころとしている。　**(2)**　社会保険には，老齢年金のほか，医療保険や国民健康保険なども含まれる。

問３(1)　アが正しい。予算審議については，衆議院の優越によって衆議院に先議権があり，両院協議会で一致しなければ，衆議院の議決が国会の議決となる。なお，３分の２以上の多数で再可決されるのは法律案である。

(2)　2020年時点の分担率はアメリカ＞中国＞日本＞ドイツだから，ウと判断する。

問４(2)　イが正しい。　Ｄ．臨時国会は，内閣が必要と認めたとき，またはいずれかの議院の総議員の４分の１以上の要求があったときに開かれる。　**(3)**　ウが誤り。内閣総理大臣は国会議員の中から選ばれ，「衆議院議員」に限定されていない。

問５　イが正しい。　ア．最高裁判所長官の任命は天皇が行う国事行為である。　ウ．下級裁判所の裁判官は，最高裁判所が指名し，内閣が任命する。　エ．弾劾裁判では，不適切だと考えられる裁判官をやめさせるかどうかを国会議員の中から選ばれた裁判員が裁判する。

問６(1)　クが正しい。　Ｆ．非拘束名簿式では，獲得した総得票数に応じて各政党に議席を割り当て，得票の多かった候補者から当選となる。　Ｇ．合区の「島根・鳥取」「徳島・高知」の選挙区でも特定枠を活用して確実に議員を出せるようにした。　**(2)**　イが正しい。　ア．「宮城県」と「福井県」が逆であれば正しい。　ウ．議員定数が減ったと推測できるのは，選挙当日の有権者数に変化がなく議員一人あたりの有権者数が増えた場合である。エ．山梨県・佐賀県は，福井県との「一票の格差」に変化がない。

問７(1)　ＩとＫが正しいからエを選ぶ。ＨとＪは大日本帝国憲法についての記述である。　**(2)**　オが正しい。Ｎ．日本国憲法の基本原理である「国民主権」に基づき，その改正には国民投票が行われる。また，国民審査は，衆議院議員総選挙のときに最高裁判所の裁判官の適任・不適任を審査する制度である。

2　**問１**　ウが誤り。「霊的な力を発揮して約30の国を従えていた」のは弥生時代の邪馬台国の女王卑弥呼である。

問２　エを選ぶ。法隆寺は聖徳太子，興福寺は藤原不比等，東大寺は聖武天皇によって建立された。

問３　アを選ぶ。白村江の戦いに敗れた中大兄皇子は，唐・新羅の攻撃に備えて水城・山城を整備し，大津宮に都を移し，天智天皇として即位した。なお，天武天皇は天智天皇の弟である。

問４　ウが正しい。　ア．収穫した稲の約３％を国に納める税は「租」，布または特産物を都に納める税は「調」である。　イ．国司は中央から派遣され，郡司や里長は地方の豪族が任命された。　エ．３年間北九州の防衛にあたる「防人」に東国の農民があたる時期があった。

問５　アとオが誤り。行基は，民衆とともに橋や用水路などを作り，仏の教えを説いた僧である。菅原道真は，唐の衰退と航海の危険を理由に遣唐使の派遣の停止を進言した人物である。

問６　イが誤り。元寇では，幕府側は騎馬による一騎打ち，元軍側は火器による集団戦法を取った。

問７　エが正しい。　ア．豊臣秀吉が本拠地としたのは大阪城である。安土城を築いたのは織田信長である。イ．秀吉が行った太閤検地では統一された度量衡が使われた。　ウ．秀吉は，「征夷大将軍」でなく「関白」次いで「太政大臣」に任命された。

問８　ウが正しい。　ア．秀吉はバテレン追放令を出すため，長崎を直轄地にした。　イ．朝鮮出兵では明の援軍とも戦った。　エ．江戸幕府初代将軍の徳川家康のころに対馬藩の宗氏によって日本と朝鮮の国交が回復し，将軍の代がわりごとに朝鮮通信使が派遣されるようになった。

問９　イが正しい。江戸幕府３代将軍徳川家光は，キリスト教徒への弾圧などに対する不満から起こった島原の乱を鎮圧した後，キリスト教の布教を行うポルトガルやスペインの船の来航を禁止した。その後，キリスト教の布教を行わないオランダ，キリスト教と関係のない中国の２か国のみ，長崎での貿易を認めた。　ア．日本人の海外渡航を禁止したのは徳川家光である。　ウ．鎖国体制下，朝鮮とは対馬を通じて交易した。　エ．江戸時代の蝦夷地は松前藩の領地だった。

問10　百姓一揆や打ちこわしのきっかけになったのは天明や天保のききんである。

問11　徳川家一門の親藩は交通の要衝となる場所に置かれた。譜代大名は関ヶ原の戦い以前から徳川氏に従っていた大名，外様大名は関ヶ原の戦い前後に徳川氏に従った大名である。

問12　1837年，元大阪町奉行所の与力大塩平八郎は，天保のききんに苦しむ人々に対する奉行所の対応を批判し，彼らを救うために挙兵して乱を起こした。

問14　ウが正しい。　ア．外国人居留地は，横浜，長崎，神戸，大坂，東京に限定された。　イ．開国後は，生糸の輸出が急増し，品不足となって価格が高騰した。　エ．日米修好通商条約では，アメリカ人が日本で罪を犯しても日本の法律では裁かれず，アメリカの法律で裁判を受ける領事裁判権を認めた。

問15　アとウを選ぶ。　ア．生麦事件をきっかけに薩英戦争が起こった。　ウ．長州藩が外国船を砲撃した翌年，アメリカ・フランス・イギリス・オランダの４か国が下関砲台を攻撃した(四国艦隊下関砲撃事件)。

問17　1871年～1873年に派遣された岩倉使節団についての記述だから，ウが正しい。津田梅子は女子英学塾(現在の津田塾大学)の創立者である。　ア．西郷隆盛や大隈重信は岩倉使節団として派遣されてない。大久保利通・木戸孝允・伊藤博文などが派遣された。　イ．岩倉使節団は不平等条約を改正するための交渉に失敗し，欧米の進んだ政治や産業を学ぶことにきりかえた。　エ．咸臨丸は1860年にポーハタン号の随行艦として使われ，艦長の勝海舟の指揮で太平洋横断に成功した。

問18　アが正しい。　イ．学制により，６歳以上の男女すべてが小学校で初等教育を受けることとされたが，授業料の負担が重く，子どもは大切な働き手であったため，当初は就学率が伸びなかった。　ウ．フランス人のブリューナが，フランス製機械を輸入しフランス人技師を雇って，富岡製糸場を開設した。　エ．「西南戦争」が「地租改正反対一揆」であれば正しい。西南戦争は西郷隆盛を中心とした士族が起こした。

問19　アが正しい。八幡製鉄所は，鉄道建設や軍備拡張のための鉄鋼を生産することを目的に建設された。
イ．「台湾」が「遼東半島」であれば正しい。　ウ．朝鮮の植民地化や朝鮮総督府の設置は1910年の韓国併合時。
エ．「小村寿太郎」が「陸奥宗光」であれば正しい。

問20　イ．与謝野晶子は詩人の立場から，内村鑑三はキリスト教徒の立場から，幸徳秋水は社会主義者の立場から日露戦争を批判した。

問21　日露戦争の講和条約はポーツマス条約である。アメリカの仲介で開かれたため，ポーツマスはアメリカ東部の都市である。

問22　日本は連合国側として，中国のドイツ領山東半島に侵攻した。

問23　1919年の三・一独立運動は万歳事件とも呼ばれる。第一次世界大戦後のパリ講和会議にむけて，民族自決を訴えたが，日本によって武力で鎮圧された。

問24　エが誤り。普通選挙法(1925年)は加藤高明内閣のときに制定された。政府は，同時に治安維持法を制定し，社会主義の動きを取り締まった。

問25　B．日本の国際連盟脱退(1935年)→A．二・二六事件(1936年)→C．アメリカの対日石油輸出禁止(1941年)

問26　1945年8月14日ポツダム宣言を受諾し，翌15日に昭和天皇がラジオ放送で国民に敗戦を伝えた。

問27　サンフランシスコ講和条約(サンフランシスコ平和条約)についての記述だから，エが誤り。1956年の日ソ共同宣言でソ連と国交を回復し，日本は国際連合への加盟を果たすことができた。

3　**問1**　カ．陸水量の大部分は氷河や地下水なので，すぐ使える河川水などの量は極めて少ない。

問2(1)　Fは水使用量全体の３分の２程度を占めているから，農業用水である。1975年と2015年を比較して，使用量が増えたDは生活用水，減ったEは工業用水である。　**(2)**　ア．水質を必要としない工業用水は，再利用率が高い。

問3(1)　Hの金沢市は石川県，Ｉの長野市は長野県，Ｊの尾鷲市は三重県にある。　**(2)**　南東季節風の影響で夏の降水量が多い尾鷲市(太平洋側の気候)，北西季節風の影響で冬の降水量が多い金沢市(日本海側の気候)，梅雨時期に降水量が多くなる東京，１年を通して降水量が少ない長野市(内陸の気候)の順に降水量は多いから，Ｊ→H→G→Ｉとなる。

問4　海面よりも標高が低い(海抜)ゼロメートル地帯は，大雨の際に海水が流れ込む危険性がある。

問5　水没は山間部の谷間でおこりやすい。

問6　1 m^3＝1 m×1 m×1 m＝1000000 cm^3＝1000 リットルより，一日平均排水量は 422000 万リットルである。(一人あたりの一日平均排水量)＝(一日平均排水量)÷(給水人口)だから，422000÷1344＝313.9…(L)であり，小数第一位を四捨五入すると314リットルとなる。

問7(1)　【合流式】の下水道で，「汚水」と「雨水」が同じ管で流されていることから考える。　**(2)**　〈表２〉より，千葉県と比較すると，東京都の下水道普及率が急上昇していることがわかる。東京大都市圏は日本の人口の３分の１が集中している。

★開成中学校

《国　語》

一　問一．茜たちが食べる分の食費がかさむことをうとましく思う気持ち。　問二．この村での生活が気に入らず、都会の快適な空間で友だちもいた以前の生活が別の世界に見えてきて、そちらにもどりたいと願う気持ち。

問三．勝手にやろうと家出をして海に来たが、それは結局、いまの生活からのがれるための解決にはならないということ。　問四．自分がまだ家に帰らずに海にいることで、もっといろいろなことができるはずだと自信を持つことができ、前向きな気持ちになれたから。

二　問一．1．要求　2．定刻　3．済　4．宣伝　問二．つねに他人と関わっているため、刺激にさらされ続け、厄介で面倒なことが生じることも多く、物事がすんなり運ばない生活だったから。　問三．喜怒哀楽に満ちた時間を過ごして帰国したからこそ、心に波風が立たないようにつくられた日本のシステムの不自然さに気付いたということ。　問四．感情は人との関わりのなかで自然に生じるものなのに、お笑い番組を観ての笑いは、意図的に操作され、強いられたもののように思えるから。

《算　数》

1　(1)$\frac{3}{16}$　(2)$\frac{5}{36}$　(3)62

2　(1)六角形　(2)14.4　(3)20.3

3　(1)《図１》…10　《図２》…18　(2)《図４》…18　《図５》…63

4　(1)

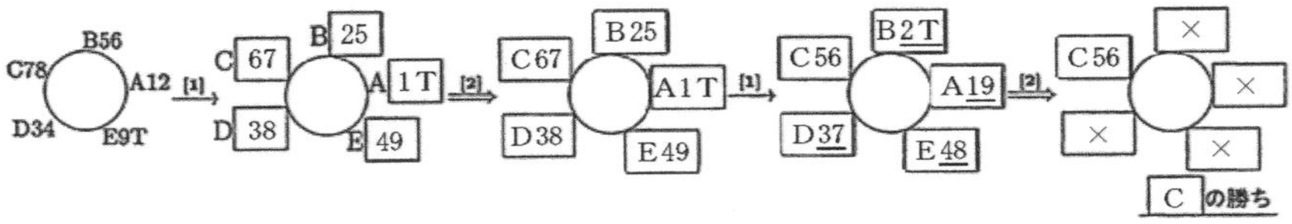

(2)(a)(x)…23　(y)…89　(z)…38　(b)スペードがハートより１大きい

(c)

(ア)…　12	(ア)…	(ア)…
(イ)…　78	(イ)…	(イ)…
(ウ)…　56	(ウ)…	(ウ)…
(エ)…　34	(エ)…	(エ)…
(オ)…　9T	(オ)…	(オ)…
(カ)…　1T	(カ)…	(カ)…
(キ)…　27	(キ)…	(キ)…
(ク)…　58	(ク)…	(ク)…
(ケ)…　36	(ケ)…	(ケ)…
(コ)…　49	(コ)…	(コ)…

※式や図や計算などは解説を参照してください。

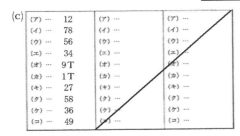

《理　科》

1　問1．②　問2．ウ　問3．A．①　B．③　問4．ウ　問5．④

2　問1．イ　問2．ウ　問3．ア，エ　問4．イ　問5．ア　問6．イ

3　問1．③　問2．さなぎ　問3．ウ　問4．ウ　問5．イ　問6．ウ

4　問1．イ　問2．イ　問3．72　問4．6　問5．オ　問6．金属棒4…3　金属棒5…3.7

《社　会》

1　問1．1．薩摩　2．征韓　3．伊藤博文　4．徳川慶喜　5．琵琶　6．菅原道真　問2．吉田松陰　問3．坂本竜馬　問4．イ　問5．ウ　問6．ア　問7．勝海舟　問8．弘道館　問9．延暦寺　問10．愛知　問11．天草四郎　問12．イ　問13．ア　問14．エ　問15．ア　問16．最上川　問17．堺　問18．夏目漱石　問19．ウ　問20．稲荷山　問21．古事記／日本書紀　問22．エ　問23．イ　問24．ウ　問25．エ

2　問1．玄界　問2．中国…エ　韓国…ア　問3．国後　問4．ウ　問5．茨城…エ　埼玉…イ　問6．イ　問7．イ　問8．オ　問9．(1)4　(2)ウ　問10．天草　問11．イ　問12．東京都　問13．三原山　問14．エ　問15．瀬戸内しまなみ海道　問16．エ　問17．c．C　d．B　問18．(1)G　(2)ア　問19．ウ　問20．A．ア　D．イ

3　問1．A．プライバシー　B．忘れられる　問2．1．自由　2．永久　問3．エ　問4．(1)カ　(2)ウ　(3)(B)　問5．イ　問6．(1)モンテスキュー　(2)A．(え)　B．(あ)　C．(い)　問7．ウ　問8．ウ

←解答例は前のページにありますので，そちらをご覧ください。

《2019 国語 解説》

一 **問一** 直前の「『いただきます』のとき」より、――①の目つきになるのは、食事をとる時だとわかる。次の行で「あんた、きちんと食費をもらってよね」と言っていることから、茜たちがいることで食費がかさむのをいやがっていることが読みとれる。

問二 2行前に「ビレッジは嫌《きら》いだ。空以外は、みんな嫌いだ。消えてしまえばいい」とあり、その前までの4行に、今住んでいる場所への不満が書かれている。――②の「生活」とは、不満だらけの「ビレッジ〔＝村〕」での生活を指している。前書きに「英語にすると、自分の身の回りの色々なものが『別のものに見えてくる』と茜は感じています」とあるので、「ライフ」は、ビレッジでの「生活」とは別ものの生活を指している。茜は、友達がいて、家から海が見える、以前の生活をなつかしく思っているので、「ライフ」が指すのは、茜が望んでいる、以前のような快適な生活だと考えられる。

問三 ――②の１～２行後に「大人は勝手だ。だから茜も勝手にやることにした。今日の茜はただの冒険《ぼうけん》をしているわけじゃない。大冒険だ～日本語でいうと家出」とある。つまり「夢と冒険」とは、――③より前に書かれている「家出」のことである。空が暗くなる前までは、茜はこの「家出（＝大冒険）」を夢のようなすばらしいものだと感じていた。家出をする中で、森島君に出会い、虹《にじ》を探し、目的地である海に着き、海に入って夢中で遊んだ。しかし、夜になり、「現実の光をまともにあてられ」る、つまり現実を直視することで、「家出はむりだ。一人でどこかに泊《と》まるなんてできっこない」「やっぱり帰るしかない」と思うようになった。不満だらけの今の生活からのがれ、勝手にやるために「家出」したのに、結局は家に帰るしかないと思うと、今まですばらしいものだと感じていた「家出（＝夢と冒険）」は、「役立たずのがらくたのおもちゃ」、つまり、にせもので、現実の問題を解決するのに役に立たないものへと変わった。

問四 ３～６行前に「そうだ。明日はまた新しい道を歩いてみよう。もっと遠くへ行ってみよう～今朝、家を出たときには、夕方には怖《こわ》くなって帰るだろうって自分でもわかっていた。でも帰らずに、ここにいる。そのことに茜は興奮していた」とある。――③の直後では、家出をしてみたが、これから家に帰るしかないと思っていた。しかし、家ではない場所に泊まり、目的地だった海に一人でいることで、自分はもっといろいろなことができるはずだという自信がつき、前向きな気持ちになっている。そして、このような自信がついたのは、「行き先は海」ということだけを決めて家出したことがきっかけである。「村」に来るまで、いつもそこにあり、今また目の前にある海が自分にこのような変化をもたらしてくれたような気がして、海に感謝しているのである。

三 **問二** ――線①の「まるで違《ちが》っていた」とは、「感情的にならない人間」「冷めた少年」とは違う、感情の起伏《きふく》に富み、喜怒哀楽《きどあいらく》に満ちた人間だったということ。そのような人間になった原因が、――①の次の行から６段落にわたって書かれているエチオピアでの生活である。その具体的な内容は「なにをやるにしても、物事がすんなり運ばない」「生活のすべてがつねに他人との関わりのなかにあって、ひとりのプライベートな時間など、ほとんどない」「つねにある種の刺激《しげき》にさらされ続けていた」「にぎやかで心温まる時間があった」「いろんないざこざが起き」るといったもの。「すべてがすんなり進んでいく」日本に戻《もど》ると、筆者は「もとの感情の起伏に乏《とぼ》しい『自分』に戻って」いったので、そうではないエチオピアでの生活をまとめればよい。

問三 問二の解説にあるようなエチオピアでの生活と異なり、日本では「人との関わりのなかで生じる厄介《やっかい》で面《めん》倒《どう》なことが注意深く取り除かれ、できるだけストレスを感じないで済むシステムがつくられてい」て、「つねに心に波風が立たず、一定の振幅《ふりはば》におさまるように保たれている」。こうしたシステムに対し、筆者は「不思議な感覚に陥《おちい》」ったりおどろいたりしている。このことを「逆カルチャーショック」と表現している。カルチャーショックは通常、母国の文化とは異なる文化に接したときに受けるものなので、母国の文化に対するカルチャーショックであることを表すために「逆」がついている。

問四　日本では、つねに心に波風が立たないように注意がはらわれているが、一方で、特定の感情をかき立てるように操作されていると思えるときがある。最後の段落に「特定の感情／欲求のみが喚起《かんき》され」ているような感覚、「エチオピアにいるときにくらべ、自分のなかに生じる感情の動きに、ある種の『いびつさ〔＝ゆがみ〕』を感じた。どこか意図的に操作されているようにも思えた」とある。その例が日本のお笑い番組であり、それを観《み》るときに「無理に笑うという『反応』を強《し》いられているように思え」るのである。つまり、――③の「笑い」は、エチオピアで「腹の底から笑った」のとは違い、自然な笑いではないので、「感情」とは呼べないということ。

《2019　算数　解説》

$\boxed{1}$　同じ道のりを進むときにかかる時間の比は速さの逆比に等しい。K君の速さについて，スイカを２つ持っているとき，スイカを１つ持っているとき，スイカを持っていないときの速さの比は，60：80：100＝３：４：５だから，それぞれでかかる時間の比は，$\frac{1}{3}:\frac{1}{4}:\frac{1}{5}=20:15:12$である。したがって，K君が自宅からおばさんの家まで行くのにかかる時間を，スイカを２つ持っているとき，スイカを１つ持っているとき，スイカを持っていないときそれぞれについて，$\boxed{20}$，$\boxed{15}$，$\boxed{12}$とする。また，自宅をA地点，K君がS君からスイカを受け取った地点をB地点，おばさんの家をC地点とする。２人の移動の様子は右図のように表せる。

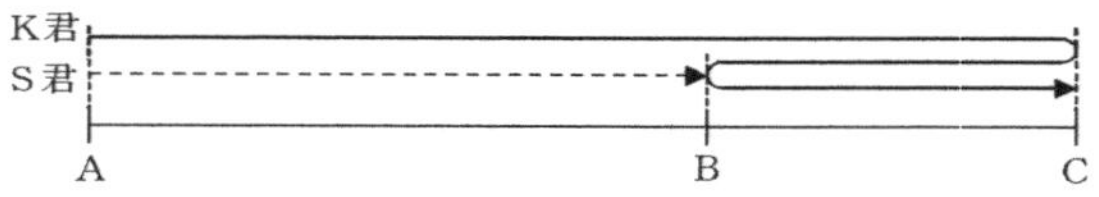

(1)　K君はA→Cの移動に$\boxed{20}$かかる予定だったが，実際は予定よりも$\boxed{20}\times(1-\frac{15}{16})=\boxed{\frac{5}{4}}$短縮できた。最初にA→Cの移動で$\boxed{20}-\boxed{15}=\boxed{5}$短縮できたのだから，C→B→Cの移動でかかった時間は，$\boxed{5}-\boxed{\frac{5}{4}}=\boxed{\frac{15}{4}}$である。よって，求める割合は，$\boxed{\frac{15}{4}}\div\boxed{20}=\frac{3}{16}$(倍)

(2)　K君の最初のA→Cの移動とB→Cの移動はともにスイカを１つ持ちながらのものなので，それぞれでかかった時間の比から，道のりの比を求めることができる。

K君のC→Bの移動とB→Cの移動でかかった時間の比は，12：15＝４：５だから，(1)の解説より，B→Cの移動でかかった時間は，$\boxed{\frac{15}{4}}\times\frac{5}{4+5}=\boxed{\frac{25}{12}}$である。よって，AC：BC＝$\boxed{15}:\boxed{\frac{25}{12}}=36:5$だから，求める割合は$\frac{5}{36}$倍である。

(3)　ここまでの解説をふまえる。K君がA→Bの移動でかかった時間は，$\boxed{15}-\boxed{\frac{25}{12}}=\boxed{\frac{155}{12}}$である。また，S君がA→Bの移動でかかった時間は，K君がA→C→Bの移動でかかった時間と等しく，$\boxed{15}+(\boxed{\frac{15}{4}}-\boxed{\frac{25}{12}})=\boxed{\frac{50}{3}}$である。K君とS君がスイカを１つ持って同じ道のりを進むのにかかった時間の比が$\boxed{\frac{155}{12}}:\boxed{\frac{50}{3}}=31:40$だから，速さの比はこの逆比の，40：31である。よって，求める速さは，毎分$(80\times\frac{31}{40})$m＝毎分62m

2 (1)　ＰとＲは同一平面上にあるから，まず右図Ｉのように ＰとＲを直線で結び，Ｑを通り，直線ＰＲと平行な直線を引く。向かい合う面にできる切り口の直線は平行になることから，切り口は図IIのようになるとわかる。よって，図形Ｘは六角形である。

図Ｉ

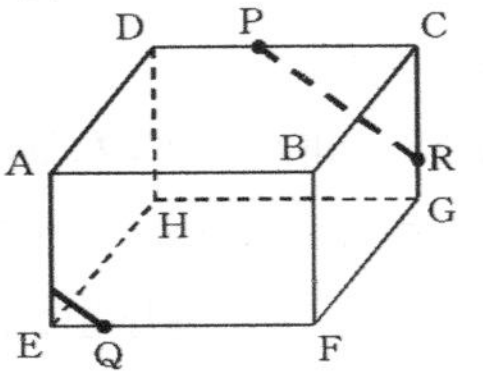

図II

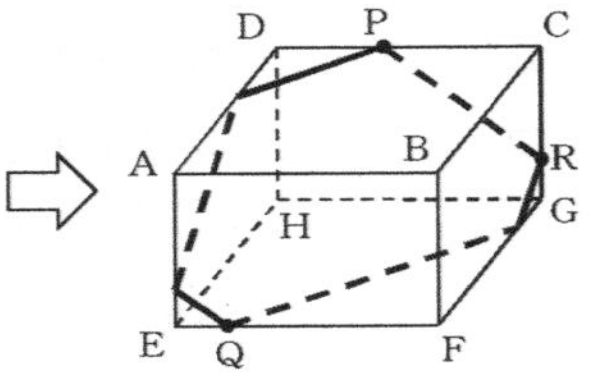

(2)　図形Ｘを前から見ると，右図の色をつけた部分のように見える。斜線《しゃせん》の２つの三角形は同じ形なので，　ＩＪ$=4\times\dfrac{9}{12}=4\times\dfrac{3}{4}=3$(cm)

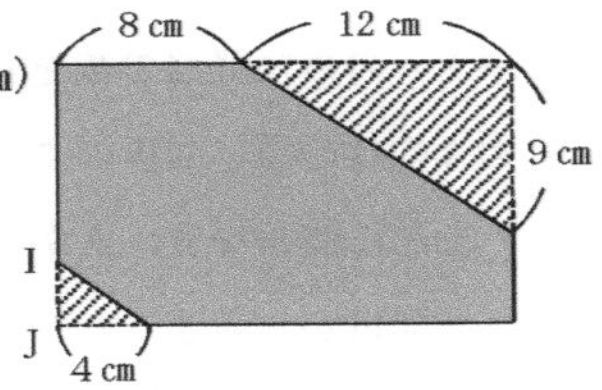

したがって，色つき部分と２つの三角形の面積の和が

$228+12\times9\div2+4\times3\div2=288$(cm²)だから，直方体の高さは，

$288\div(8+12)=\dfrac{72}{5}=14.4$(cm)

(3)　ここまでの解説から，右図Ｉのように長さがわかる。図形Ｘを上から見ると図IIの色をつけた部分のように見える。長方形ＫＭＶＹの面積を求めるために，色つき部分と長方形ＫＭＶＹの面積比を求める。

図Ｉ

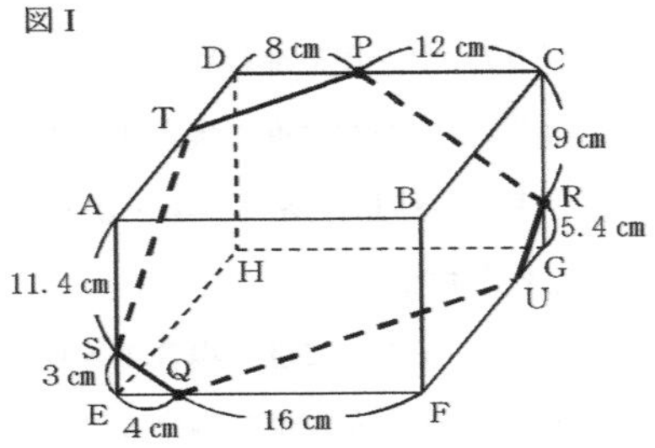

図II

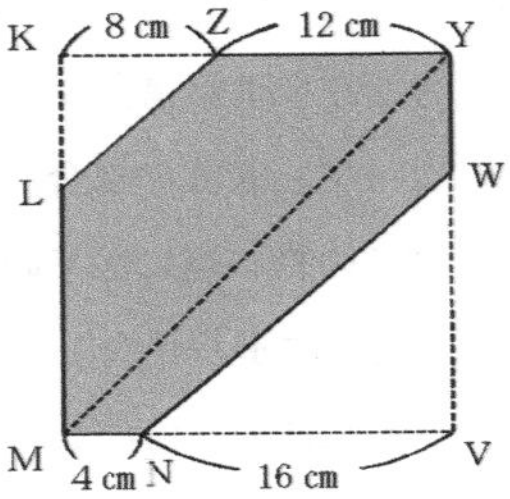

三角形ＤＴＰと三角形ＦＵＱは同じ形の三角形だから，

ＤＴ：ＦＵ＝ＤＰ：ＦＱ＝８：16＝１：２

三角形ＴＡＳと三角形ＵＧＲは同じ形だから，ＴＡ：ＵＧ＝ＡＳ：ＧＲ＝11.4：5.4＝19：９

したがって，図IIにおいて，ＫＬ＝①，ＶＷ＝②，ＭＬ＝$\boxed{19}$，ＹＷ＝$\boxed{9}$とおける。ＫＭ＝ＹＶより，

①＋$\boxed{19}$＝②＋$\boxed{9}$だから①＝$\boxed{10}$なので，ＫＬ：ＬＭ＝$\boxed{10}$：$\boxed{19}$＝10：19である。

また，長方形ＫＭＶＹの面積を$x$cm²とすると，三角形ＫＭＹの面積は$x\times\dfrac{1}{2}$(cm²)であり，三角形ＫＬＺの面積は，

(三角形ＫＭＹの面積)$\times\dfrac{\text{KZ}}{\text{KY}}\times\dfrac{\text{KL}}{\text{KM}}=\left(x\times\dfrac{1}{2}\right)\times\dfrac{8}{20}\times\dfrac{10}{10+19}=x\times\dfrac{2}{29}$(cm²)

三角形ＤＴＰと三角形ＦＵＱの面積比は，(１×１)：(２×２)＝１：４だから，三角形ＫＬＺと三角形ＶＷＮの面積比も１：４なので，(三角形ＶＷＮの面積)＝(三角形ＫＬＺの面積)$\times\dfrac{4}{1}=\left(x\times\dfrac{2}{29}\right)\times4=x\times\dfrac{8}{29}$(cm²)

したがって，色つき部分の面積は，$x-x\times\dfrac{2}{29}-x\times\dfrac{8}{29}=x\times\dfrac{19}{29}$(cm²)

これより，色つき部分と長方形ＫＭＶＹの面積比は，$\left(x\times\dfrac{19}{29}\right):x=19:29$だから，長方形ＫＭＶＹの面積は，

$266\times\dfrac{29}{19}=406$(cm²)である。よって，直方体の奥行きの長さは，$406\div20=20.3$(cm)

3 (1)　右，上，または奥のいずれかしか進めないので，ＡからＢまでの最短経路の数を求めればよい。ある頂点への最短経路の数は，その頂点の左側の頂点までの最短経路の数と，その頂点の下側の頂点までの最短経路の数と，その頂点の手前側の頂点までの最短経路の数の和に等しくなる。

図Ｉ

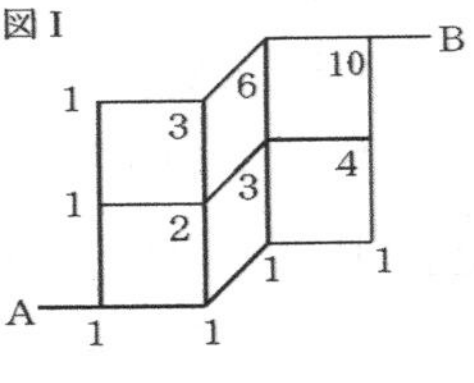

図II

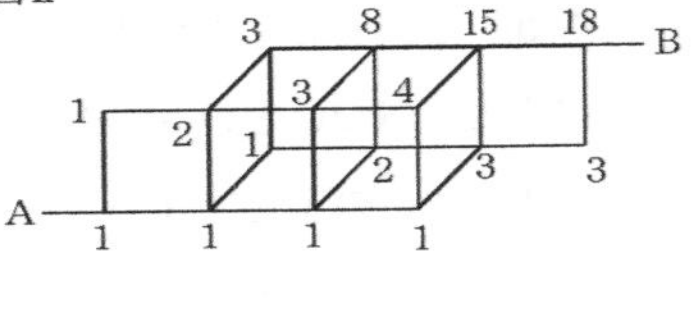

図１の場合，それぞれの頂点への最短経路の数は右図Ｉのようになるから，

ＡからＢへの移動経路は10通りある。

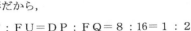

図２の場合，それぞれの頂点への最短経路の数は図Ⅱのようになるから，
ＡからＢへの移動経路は18通りある。

(2)　左に進む１回以外は最短経路を進むことになるので，左に進む道を決めた場合，（Ａからその道の右端《みぎはし》までの最短経路の数）×（その道の左端からＢまでの最短経路の数）がＡからＢまでの移動経路の数となる。左に進む道によって場合を分けて計算していく。そのさい右図Ⅲを参照にするとよい。図Ⅲは，ＰからＱまで最短の道のりで行く場合の，各頂点への最短経路の数を表したものである（(1)の解説の図Ⅰも実質的に同じ図である）。

図Ⅲ
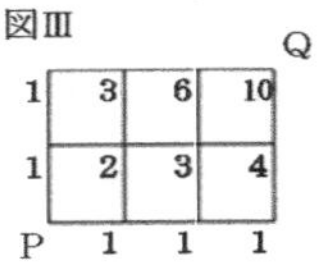

図４の横の道に図Ⅳのように記号をおく。

図Ⅳ
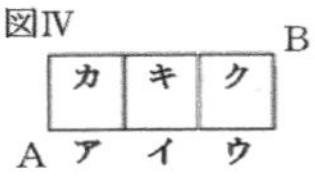

アを左に進む場合，Ａからアの右端までの最短経路は１通り，アの左端からＢまでの最短経路は，図Ⅲから４通りとわかるので，この場合のＡからＢまでの移動経路は，$1\times4=4$（通り）である。以下，同様に計算する。

イを左に進む場合$1\times3=3$（通り），ウを左に進む場合$1\times2=2$（通り），カを左に進む場合$2\times1=2$（通り），キを左に進む場合$3\times1=3$（通り），クを左に進む場合$4\times1=4$（通り）である。

よって，図４の場合，ＡからＢまでの移動経路は，$4+3+2+2+3+4=18$（通り）ある。

図Ⅴ
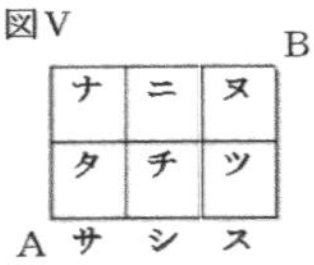

図５の横の道に図Ⅴのように記号をおく。

サを左に進む場合$1\times10=10$（通り），シを左に進む場合$1\times6=6$（通り），スを左に進む場合$1\times3=3$（通り），タを左に進む場合$2\times4=8$（通り），チを左に進む場合$3\times3=9$（通り），ツを左に進む場合$4\times2=8$（通り），ナを左に進む場合$3\times1=3$（通り），ニを左に進む場合$6\times1=6$（通り），ヌを左に進む場合$10\times1=10$（通り）である。よって，図５の場合，ＡからＢまでの移動経路は，$10+6+3+8+9+8+3+6+10=63$（通り）

〔別の解き方〕

図４では，右に４回，左に１回，上に１回，合計６回進むから，右４文字と，左１文字と上１文字を並べて作ることができる列の数が行き方の数と等しくなる。ただし，１回目と６回目に左に行けないことに注意する。

「右○右○右○右」の○に「左」を入れる入れ方は３通りある。「左」を入れたあと，例えば

「●右●左●右●右●右●」の●に「上」を入れる入れ方は６通りある（『左』をどこに入れても６通りである）。

よって，図４の場合，ＡからＢまでの移動経路は，$3\times6=18$（通り）

図５では，右に４回，左に１回，上に２回，合計７回進む。ただし，１回目と７回目には左に行けない。

「右○右○右○右」の○に「左」を入れる入れ方は３通りある。「左」を入れたあと，例えば

「●右●左●右●右●右●」の●に「上」を２文字入れる入れ方は，「上」を同じところに入れる入れ方が６通り，「上」を別々のところに入れる入れ方が$\frac{6\times5}{2}=15$（通り）ある（６つのものから２つを選ぶ組み合わせの数）。

よって，図５の場合，ＡからＢまでの移動経路は，$3\times(6+15)=63$（通り）

4　(1)　♡のカードは数字が奇数《きすう》のカード，♠のカードは数字が偶数《ぐうすう》のカードである。このゲームでは奇数が２枚，または偶数が２枚手元にそろうと負けることに注意して，ていねいに解答らんに書きこんでいくとよい。

(2)(a)　２回目の→の移動を終えるまでは，全員の手元にあるカードは奇数と偶数のカードであることに注意する。（ケ）に３がないということは２回目の→の移動で３がＤの手元にきたことになるので，１回目の→の移動を終えた時点でＣの手元に３があったことになる。このときＣの手元のもう１枚のカードは，３より小さい偶数のカードだから，２に決まる。したがって，（ク）は${}_{(x)}\underline{23}$に決まる。また，２回目の→の移動の前にＤの手元に８があったことになるので，２回目の→の移動でＤは８より大きい奇数のカードをわたしたことになるから，（ケ）は${}_{(y)}\underline{89}$

に決まる。以上より，１回目の→の移動でＣは８か９をＤにわたしたことになり，このときＣが持っていたもう１枚は２か３だから，これらから奇数と偶数の組み合わせを作ると，(ウ)は 29 か(z)38だとわかる。

(b)　最初の状態では全員が奇数と偶数のカードを持っていて，→の移動を１回行ってもこのことは変わらなかったのだから，１回目にわたしたカードはすべて奇数かすべて偶数だったとわかる。しかし，Ｔのカードは必ず移動するので，１回目にわたしたカードはすべて偶数だったことになる。５人それぞれの手元に１枚ずつある偶数のカードが，もう１枚のカードより数字が大きくなるのは，偶数のカードの数字がもう１枚のカードの数字より１大きいときだけである。

(c)　ここまでの解説をふまえる。右図のように記号をおく（ａ～ｊの記号は，それぞれの移動でわたしたカードの数字を表す）。

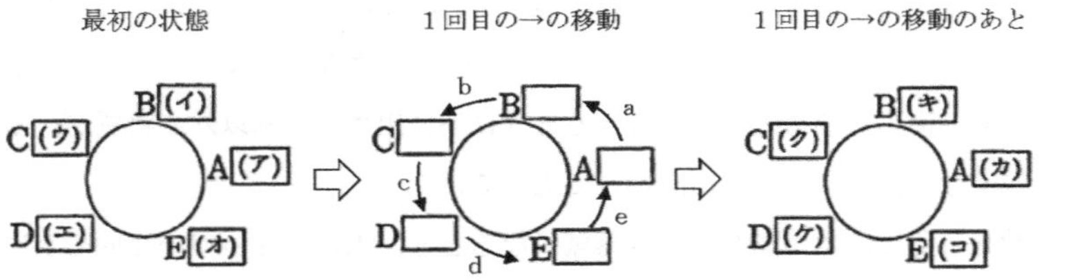

１回目に移動したカードの数字はすべて偶数であること，最初に持っているカードの組み合わせは，12，34，56，78，9Tのいずれかであることなどをヒントに，右図の空らんに数字と記号を書きこんでいく。

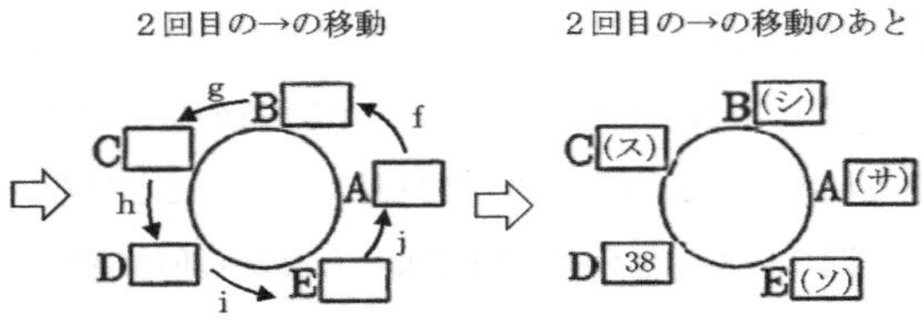

(ケ)に３があり，これは最初から(エ)にあったのだから，(エ)＝34 に決まり，ｄ＝４である。

ｈ＝８だから(ク)に８があり，このためｂ＝８なので，(イ)＝78 である。また，(ク)で８以外に入る数字は１，３，５，７のいずれかだが，３と７はすでに場所がわかっているので，１か５である。

(ク)に１があると(ウ)＝12 に決まり，ｃ＝２になるので，ｉ＝３になってしまう。これだと条件に合わないので(ク)＝58 に決まり，これを受けて(ウ)＝56，ｃ＝６，(ケ)＝36，ｉ＝６に決まる。

２回目の→の移動のあと，Ｄ以外の手元には奇数が２枚，または偶数が２枚あるので，ｄ＝４，ｉ＝６より，(ソ)＝46 に決まる。つまり，ｊは４より大きい奇数であり，残りの奇数で条件に合うのは９だけだから，ｊ＝９に決まり，これを受けて(オ)＝9T に決まり，さらに(ア)＝12 に決まる。その他の空らんは解答例のように１通りに決まっていく。

《2019　理科　解説》

1　**問１**　②固体を液体に入れると，固体には固体が押しのけた液体と同じ重さの上向きの力がはたらく。この力を浮《ふ》力《りょく》という。生卵を水と塩水に完全に沈《しず》めるとき，生卵が押しのける液体の体積は同じだが，この体積での重さは食塩を溶《と》かしてある塩水の方が重い。このため，塩水に沈めたときの方が生卵にはたらく浮力が大きく，浮力が生卵の重さより大きくなるため，生卵が浮《う》く。ペットボトルや缶《かん》を凍《こお》らせたときに容器が破損することがあるのは，中の水が氷に変化するときに体積が大きくなるためである。このとき重さは変化しないから，同じ体積での重さは氷の方が軽くなるため，氷は水に浮く。

問２　水は冷やされているところから順に凍っていく。冷凍庫《れいとうこ》の中では，周りから冷気があたるから，周りから凍り始める。このとき，水以外の物質を追い出しながら氷になっていくが，周りが凍ってしまうと中心にある水以外の物質は外に出ていくことができず，氷の中に閉じ込《こ》められるので，白くにごって見える。

問3　A．①で，水を入れたコップを暖かいところにおいておいたときにできた小さな泡《あわ》は，水に溶けていた空気である。気体はふつう，水の温度が高くなると水に溶ける量が小さくなる。したがって，一度やかんで水を沸《ふっ》とうさせることで，水に溶けている空気などを追い出すことができる。B．③で，ジュースを凍らせたときに味の濃《こ》いところと薄《うす》いところができたこと，海水を凍らせていると中の氷があまり塩からくなかったことなどは，水以外の物質を追い出しながら水だけが固体となる性質によるものである。したがって，水を凍らせていると中の，まだ凍っていない水には水以外の物質が追い出されているので，これを捨てて，水以外の物質があまり含《ふく》まれていない水を入れて，同様の操作をくり返せば，水以外の物質があまり含まれない透明《とうめい》な氷を作ることができる。

問4　海の表面付近で氷ができるときに追い出された水以外の物質が，その周りの海水に溶け込むことになるので重くなり，海の底の方に向かって沈んでいく。

問5　④で，水が蒸発して水蒸気になるとき，水に混ざっていた砂や水に溶けていた塩などの固体の成分はそのまま残っている。したがって，地上と空の間を循環《じゅんかん》している水は純粋な水で，色や味の成分は含まれていない。

2　**問1**　図2で，Cの点は水に溶けていないので，予想は間違《まちが》っていた。

問2　ウ．AとBの点は水に溶けるので，はじめから水につかる状態にしておくと，つかっている水に溶け出していき，図2のように上に移動していくことはない。また，Cの点は水に溶けないので，変化は見られない。

問3　ア．黒色ペンDで書いた点から何種類かの色の成分が現れているから正しい。エ．同じ時間でより上に移動した成分ほど水に溶けやすいと考えられるから正しい。

問4　図5の①～③のすべてのろ紙で，水の移動する距離《きょり》が同じだから，予想2は間違っていた。

問5　図5より，ろ紙の立て方や折り方は，水の移動に影響《えいきょう》がなく，水をつけた部分から同じ距離にあるところには，同じ時間で水が移動することがわかる。したがって，水につけた点を円の中心として，中心から同じ距離にあるところまで円状に移動しているアが正答である。

問6　図3より，最も水に溶けて広がりやすいのは水色だから，最も外側にくる色は水色である。

3　**問1，2**　昆虫《こんちゅう》の育ち方は，[卵→幼虫→さなぎ→成虫]の順に育つ完全変態と，「卵→幼虫→成虫」の順に育つ不完全変態の2種類に分けられる。完全変態の昆虫は，図のアリやハチのように，幼虫の姿と成虫の姿が大きく異なるものが多い。なお，シロアリは，アリの仲間ではなくゴキブリの仲間である。

問3　太郎君の予想は，「アリは左右に分かれた道にぶつかたとき，必ず右に曲がる」というものだから，ウが正答である。

問4　最短距離になるような直線ではなく，遠回りになるような曲線を引き，アリがその曲線にそってエサまで行列をつくれば，アリがエサまでの最短距離を感じ取って，エサまでたどり着いた可能性を否定できる。

問5　アルコールのにおいだけがする線を引き，アリがその線に従わずにエサまで行列をつくれば，アリがアルコールのにおいをたどって，エサまでたどり着いた可能性を否定できる。

問6　図4では①～③のグラフに大きなずれがあるが，図5では①～③のグラフにあまりずれがない。図4の実験では，巣とエサを数回往復させたあとに足の長さを変えていて，足の長さを短くしたときには10mより近いところで巣を探し始める行動が多く見られ，足の長さを長くしたときには10mより遠いところで巣を探し始める行動が多く見られたのだから，足の長さを変える前に数回往復させたときに，エサと巣の間の歩いた歩数を記憶《きおく》していたと考えられる。このため，往復させる前に足の長さを変えた図５の実験では，どの足の長さのアリも，10m付近で巣を探し始める行動が多く見られた。

4 問１　金属をあたためたときのように，熱が物質を直接伝わっていくことを伝導という。加熱した点に近いところから順に熱が伝わっていくから，図１では，金属棒を取り付けた点に近いところから順にロウが透明になっていき，円状に広がっていく。

問２　表１では，〔容器の外側の温度(℃)×氷がすべてとけるまでの時間(秒)〕が，すべて 25200 で一定になっているので，反比例の関係になっている。

問３　25200÷350(℃)＝72(秒)

問４　図３より，ロウソクがとける温度である50℃になっているのは，金属棒１が左端《はし》から約 0.6m→60 cm，金属棒２が左端から約 0.85m→85 cm，金属棒３が左端から約 0.33m→33 cmである。50℃になっている点より右側にあるロウソクがとけずに残っているロウソクだから，図２より，金属棒１の上には２本，金属棒２の上には１本，金属棒３の上には３本残っている。したがって，２＋１＋３＝６(本)が正答である。

問５　金属棒の左端の加熱を止めると，その直後から左端の温度は下がっていくので，図５や図６の細い線のグラフは，左端からの距離が０mのときの温度が高い順に，１秒後，２秒後，３秒後，４秒後，５秒後のグラフである。右図より，オが正答である。

問６　図５と図６より，３秒後のグラフでロウソクがとける温度である 50℃になる位置を見つければよい。図５では，右図より，左端からの距離が３mの位置だとわかる。図６でも同様に，３秒後のグラフに着目して，温度が 50℃になる位置を見つけると，3.6mと 3.8mの目もりのほぼまん中にあるから，3.7mの位置である。

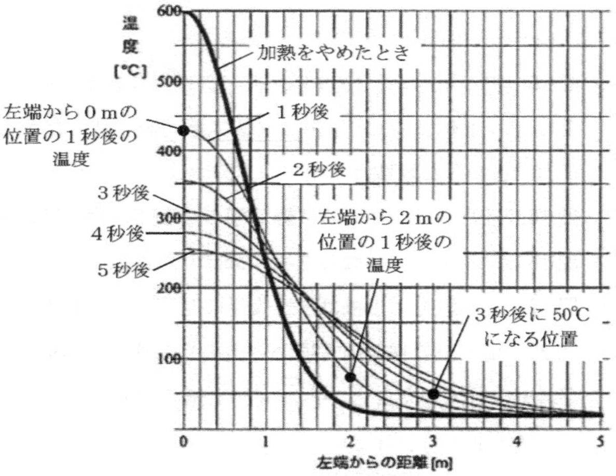

図５　金属棒４

《2019　社会　解説》

1 問１(1)　薩摩藩出身の官僚として西郷隆盛と大久保利通は覚えておきたい。　(2)　武力に訴えてでも朝鮮を開国させようとする考え方を「征韓論」と言った。征韓論を主張した西郷隆盛や板垣退助に対し，岩倉使節団として西洋の発達を目の当たりにした大久保利通・木戸孝允らは国内の整備が急務であると反対した。　(4)　徳川慶喜は，水戸で３か月間謹慎したのち，静岡で 30 年近くを過ごし，最後は東京に戻り貴族院議員にもついた。　(5)　比叡山は，琵琶湖の東，滋賀県と京都府にまたがる山である。　(6)　「天神」「九州の大宰府」から菅原道真を導く。

問２　吉田松陰は，ペリー来航の際，乗船を希望したが許可されなかったと言われている。

問３　海援隊を組織したのが坂本竜馬，陸援隊を組織したのが中岡慎太郎である。

問４　イが正しい。20 歳以上の男子に兵役の義務があったからアは誤り。地価の３％にあたる税を納めさせたからウは誤り。府知事・県令は選挙せずに中央から派遣したからエは誤り。

問５　ウが誤り。五箇条の御誓文には国会を開くことは書かれているが憲法については明記されていない。

問６　下関条約では，台湾・澎湖諸島・遼東半島の割譲が決まったから，アの遼東半島を選ぶ。

問８　弘道館は，徳川慶喜の父，徳川斉昭によって開設された，日本最大級の藩校であった。

問９　最澄・比叡山延暦寺・天台宗，空海・高野山金剛峰寺・真言宗の２つは大日如来に帰依する密教と呼ばれた。

問10　尾張・三河の２つの国を合わせると，ほぼ現在の愛知県の範囲になる。

問11　天草四郎は，増田四郎と答えてもよい。

問12　イが正しい。徳川吉宗が行った上米の制では，大名たちに米を納めさせ，かわりに参勤交代の期間を１年から半年に緩めたからアは誤り。生類あわれみの令を出したのは徳川綱吉だからウは誤り。日米和親条約を結んだときの将軍は第13代の家定だからエは誤り。

問13　アが正しい。イについて，上杉氏ではなく北条氏が正しい。ウについて，清ではなく明が正しい。
エについて，桶狭間の戦いではなく山崎の戦いが正しい。

問14　大正時代は1912年から1926年だからエの第一次世界大戦参戦(1915年)が正しい。アは1904年，イは1910年，ウは1932年のことである。

問15　アが正しい。1939年，ドイツはソ連と不可侵条約を結んだ後に，ポーランドに侵攻し第二次世界大戦が始まった。日本は，ドイツ・イタリアと同盟を結んだからイは誤り。日本はハワイの真珠湾を攻撃したからウは誤り。日本が占領した地域は東南アジアやニューギニアまでで，オーストラリアは支配していないからエは誤り。

問16　五月雨は，梅雨時に降る雨のことで，梅雨時の最上川が梅雨と雪解けで急流になっている様子がわかる。

問18　「四国の中学教師を主人公にした作品」＝『坊ちゃん』だから夏目漱石が正しい。

問19　ウが誤り。板橋は，五街道の起点である日本橋より北にあるので東海道は通らない。

問20　埼玉県の稲荷山古墳から出土した鉄剣と熊本県の江田船山古墳から出土した鉄刀の両方に，獲加多支鹵の文字が刻まれていたことから，大和王権の勢力は九州から関東北部に及んでいたことがわかる。ワカタケル＝雄略天皇＝倭王武と言われている。

問21　『古事記』『日本書紀』をあわせて『記紀』とよぶ。『古事記』は712年に太安万侶によって，『日本書紀』は720年に舎人親王らによって編纂《へんさん》されたと言われている。

問22　エが正しい。観阿弥・世阿弥父子は，３代将軍足利義満の保護を受けていた。アは平安時代の文である。
イは銀閣ではなく金閣であれば正しい。銀閣(慈照寺)は東山に足利義政が建てた寺である。法隆寺は飛鳥時代に聖徳太子が建てたからウは誤り。

問23　イが正しい。藤原実資の『小右記』によると，３人の娘を立后させた藤原道長が即興で読んだとされる。

問24　ウが正しい。飛鳥時代，白村江の戦いに大敗した中大兄皇子が，唐と新羅の攻撃に備えて，水城や大野城のような山城をつくらせ，防人に防衛させた。アは弥生時代，イは平安時代，エは鎌倉時代の記述である。

問25　エが誤り。近松門左衛門は歌舞伎役者ではなく，人形浄瑠璃や歌舞伎の作家である。

２　Ａは対馬，Ｂは国後島，Ｃは小豆島，Ｄは石垣島，Ｅは天草下島，Ｆは伊豆大島，Ｇは礼文島，Ｈは大三島。

問１　九州北部に広がる海を玄界灘という。世界文化遺産に登録された宗像沖ノ島があることで知られる。

問２　中国と日本の貿易関係は，中国が黒字・日本が赤字であり，中国からは機械類や衣類が大量に輸入されることから，エが中国と判断する。日本の企業が生産拠点を中国に移したことで，衣類や機械類を日本が大量に輸入するようになった。韓国と日本の貿易関係は，韓国が赤字・日本が黒字であり，韓国は1980年以降，鉄鋼を中心に発展してきたことから，アが韓国と判断する。イはアメリカ，ウはオーストラリア，オはベトナムである。

問３　国後島・択捉島・色丹島・歯舞群島をあわせて北方領土とよぶ。「知床半島や野付半島、根室半島などから望むことができる」とあることから国後島と判断する。

問４　ウが誤り。ロシアの標準時は11に分かれている。

問５　アは神奈川県，イは埼玉県，ウは東京都，エは茨城県，オは栃木県である。

問６　イが正しい。遺伝子組み換え大豆を使用した加工品でも，しょう油や食用油には，組み替えた遺伝子やその遺伝子によって生成されたたんぱく質が残らないため，表示義務はないからアは誤り。小麦の輸入はアメリカやカナダからが多いからウは誤り。1997 年に専売公社から塩事業センターに移行したことで，塩の専売は廃止された(2002 年)からエは誤り。植物油の原料はほぼ輸入に頼っているからオは誤り。

問７　イが正しい。真砂土は花こう岩が砂状・土状になったもので，西日本に広がる。

問８　オが正しい。ラムサール条約の正式名称は，「特に水鳥の生息地として国際的に重要な湿地に関する条約」である。

問９(1)　等高線の間隔が 20mであることから，この地形図の縮尺は 50000 分の 1 である。(実際の距離)＝(地図上の長さ)×(縮尺の分母)より，赤崎から観音崎までは，14.3×50000＝715000(㎝)＝7150(m)とわかる。
1海里＝1852mだから，7150÷1852＝3.8…より，四捨五入して4海里とする。　(2)　写真はマングローブである。マングローブは海水と淡水が混じり合う汽水で生育するから，名蔵川河口のウが適当である。

問10　「宇土半島」「2018 年に…世界文化遺産の構成資産のひとつ」から「島原・天草」のうちの熊本県側の天草諸島と判断する。

問11　イが熊本県である。平成 28 年 4 月 14 日に震度 7 の熊本地震が起きたことで，宿泊者が減ったと判断する。

問12　小笠原諸島と伊豆諸島は，東京都の管轄である。

問13　伊豆大島は成層火山で，三原山は火山のカルデラ内にある。

問14　日本は北緯 20 度から北緯 45 度の範囲にあるからエを選ぶ。

問15　「しまなみ海道」「西瀬戸自動車道」でもよい。

問16　エが誤り。図ｂは人と自転車が渡れる「横断歩道・自転車横断帯」である。

問17　図ｃは小豆島だからＣ，図ｄは国後島だからＢである。

問18(1)　地図中に「トドうちの島」とあることから礼文島か国後島にしぼれる。次に「一般のハイキング客も訪れることができる」とあることから，北方領土の国後島は適していないのでＧの礼文島と判断する。

(2)　アが正しい。○地点の標高は280m，●地点の標高は約205mである。イについて，○と●をつなぐ徒歩道の左側に 321m，283mの山頂があることから，○と●をつなぐ徒歩道は谷になっている。ウについて，イが谷とわかれば，321mの山で海は見えていない。エについて，地点●付近より途中の徒歩道のほうが等高線の間隔がせまい。

問19　Ｈ(大三島)は，瀬戸内にあるから，比較的温暖で季節風の影響が少ないと判断してウを選ぶ。アはＡ，イはD，エはFである。

問 20　A対馬(東経 129 度・北緯 34 度)・D石垣島(東経 124 度・北緯 24 度)・F伊豆大島(東経 139 度・北緯 34 度)・G礼文島(東経 141 度・北緯 45 度)である。高緯度ほど夏至と冬至の日の入りの時刻の差は大きく，低緯度ほど夏至と冬至の日の入りの時刻の差は小さくなる。また，同緯度であれば経度差がそのまま時差になる。

ア～エの夏至と冬至の日の入りの時間の差を求めると，アは２時間21分，イは１時間34分，ウは３時間32分，エは２時間23分だから，イが低緯度のD石垣島，ウが高緯度のG礼文島である。アとエの時間に差はないので，日の入りは東にあるほど早いから，先に日の入りを迎えるエが伊豆大島，アが対馬である。

3　**問１Ａ**　プライバシーの権利，環境権，知る権利などは，日本国憲法で保障されていない新しい権利である。

Ｂ　忘れられる権利は，忘却権・削除権・消去権などとも言う。

問３　エが誤り。両議院が異なる議決をした場合，衆議院で出席議員の３分の２以上の賛成で再議決できる。

問４(1)　違憲審査権はすべての裁判所が持つ権限だからカを選ぶ。　**(2)**　裁判員裁判は，重大な刑事事件の第１審でのみ開かれるからウの地方裁判所である。　**(3)**　刑事事件では，簡易裁判所の控訴審は高等裁判所になるので(B)を選ぶ。ちなみに民事事件では簡易裁判所の控訴審は地方裁判所で開かれる。

問５　イが正しい。三審制を取る理由は，「えん罪をふせぎ，国民の人権をまもるため」である。

問６(2)　三権分立については右図参照。

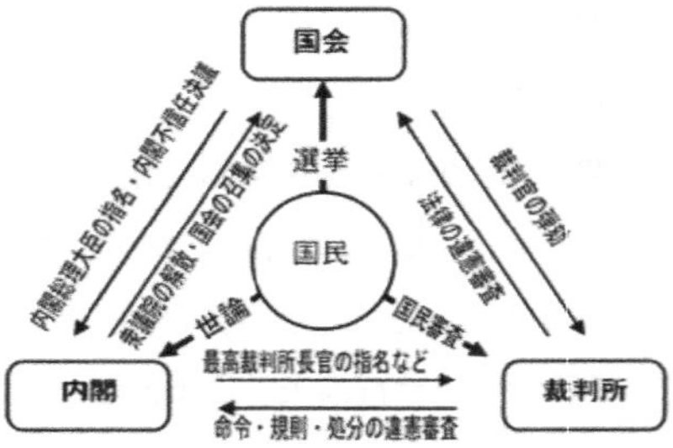

問７　ウが正しい。「あまりやりたくなかった」人は30.8%で，「非常によい経験」または「よい経験」と感じた人は96.3%だから，「あまりやりたくなかった人」で「よい経験と思っていない」人は多くても数%しかいない。

問８　ウが誤り。ECは，フランス，ドイツ(西ドイツ)，イタリア，ベルギー，オランダ，ルクセンブルクの６か国でスタートした。

■ ご使用にあたってのお願い・ご注意

（1）問題文等の非掲載

著作権上の都合により，問題文や図表などの一部を掲載できない場合があります。

誠に申し訳ございませんが，ご了承くださいますようお願いいたします。

（2）過去問における時事性

過去問題集は，学習指導要領の改訂や社会状況の変化，新たな発見などにより，現在とは異なる表記や解説になっている場合があります。過去問の特性上，出題当時のままで出版していますので，あらかじめご了承ください。

（3）配点

学校等から配点が公表されている場合は，記載しています。公表されていない場合は，記載していません。

独自の予想配点は，出題者の意図と異なる場合があり，お客様が学習するうえで誤った判断をしてしまう恐れがあるため記載していません。

（4）無断複製等の禁止

購入された個人のお客様が，ご家庭でご自身またはご家族の学習のためにコピーをすることは可能ですが，それ以外の目的でコピー，スキャン，転載（ブログ，ＳＮＳなどでの公開を含みます）などをすることは法律により禁止されています。学校や学習塾などで，児童生徒のためにコピーをして使用することも法律により禁止されています。

ご不明な点や，違法な疑いのある行為を確認された場合は，弊社までご連絡ください。

（5）けがに注意

この問題集は針を外して使用します。針を外すときは，けがをしないように注意してください。また，表紙カバーや問題用紙の端で手指を傷つけないように十分注意してください。

（6）正誤

制作には万全を期しておりますが，万が一誤りなどがございましたら，弊社までご連絡ください。

なお，誤りが判明した場合は，弊社ウェブサイトの「ご購入者様のページ」に掲載しておりますので，そちらもご確認ください。

■ お問い合わせ

解答例，解説，印刷，製本など，問題集発行におけるすべての責任は弊社にあります。

ご不明な点がございましたら，弊社ウェブサイトの「お問い合わせ」フォームよりご連絡ください。迅速に対応いたしますが，営業日の都合で回答に数日を要する場合があります。

ご入力いただいたメールアドレス宛に自動返信メールをお送りしています。自動返信メールが届かない場合は，「よくある質問」の「メールの問い合わせに対し返信がありません。」の項目をご確認ください。

また弊社営業日（平日）は，午前９時から午後５時まで，電話でのお問い合わせも受け付けています。

2025春

株式会社教英出版
〒422-8054　静岡県静岡市駿河区南安倍３丁目 12-28
TEL　054-288-2131　　FAX　054-288-2133
URL　https://kyoei-syuppan.net/
MAIL siteform@kyoei-syuppan.net

教英出版　2025年春受験用　中学入試問題集

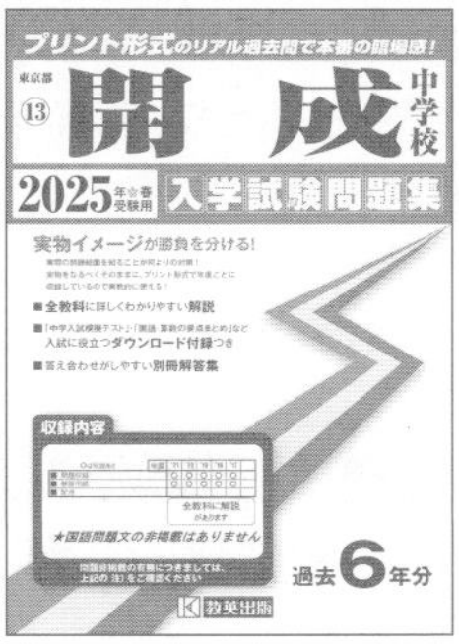

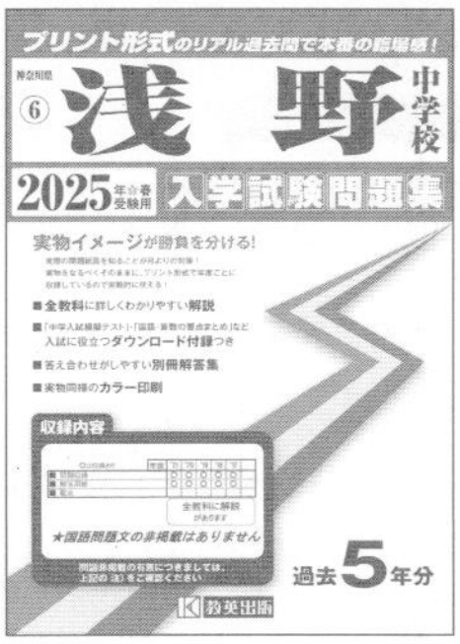

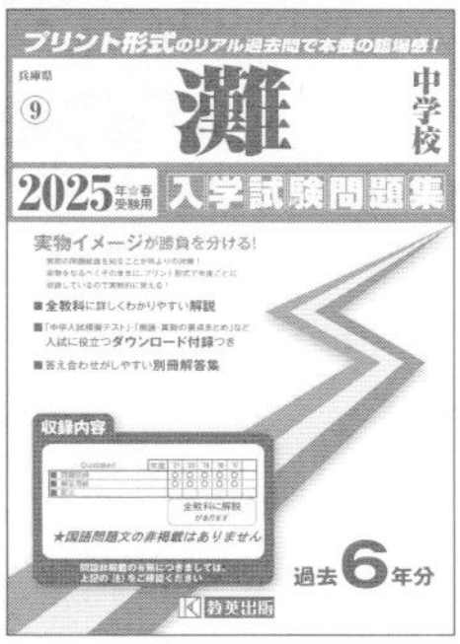

学校別問題集

✿はカラー問題対応

北海道

- ①[市立]札幌開成中等教育学校
- ②藤女子中学校
- ③北嶺中学校
- ④北星学園女子中学校
- ⑤札幌大谷中学校
- ⑥札幌光星中学校
- ⑦立命館慶祥中学校
- ⑧函館ラ・サール中学校

青森県

- ①[県立]三本木高等学校附属中学校

岩手県

- ①[県立]一関第一高等学校附属中学校

宮城県

- ①[県立]宮城県古川黎明中学校
- ②[県立]宮城県仙台二華中学校
- ③[市立]仙台青陵中等教育学校
- ④東北学院中学校
- ⑤仙台白百合学園中学校
- ⑥聖ウルスラ学院英智中学校
- ⑦宮城学院中学校
- ⑧秀光中学校
- ⑨古川学園中学校

秋田県

- ①[県立]
  - 大館国際情報学院中学校
  - 秋田南高等学校中等部
  - 横手清陵学院中学校

山形県

- ①[県立]
  - 東桜学館中学校
  - 致道館中学校

福島県

- ①[県立]
  - 会津学鳳中学校
  - ふたば未来学園中学校

茨城県

- ①[県立]
  - 日立第一高等学校附属中学校
  - 太田第一高等学校附属中学校
  - 水戸第一高等学校附属中学校
  - 鉾田第一高等学校附属中学校
  - 鹿島高等学校附属中学校
  - 土浦第一高等学校附属中学校
  - 竜ヶ崎第一高等学校附属中学校
  - 下館第一高等学校附属中学校
  - 下妻第一高等学校附属中学校
  - 水海道第一高等学校附属中学校
  - 勝田中等教育学校
  - 並木中等教育学校
  - 古河中等教育学校

栃木県

- ①[県立]
  - 宇都宮東高等学校附属中学校
  - 佐野高等学校附属中学校
  - 矢板東高等学校附属中学校

群馬県

- ①
  - [県立]中央中等教育学校
  - [市立]四ツ葉学園中等教育学校
  - [市立]太田中学校

埼玉県

- ①[県立]伊奈学園中学校
- ②[市立]浦和中学校
- ③[市立]大宮国際中等教育学校
- ④[市立]川口市立高等学校附属中学校

千葉県

- ①[県立]
  - 千葉中学校
  - 東葛飾中学校
- ②[市立]稲毛国際中等教育学校

東京都

- ①[国立]筑波大学附属駒場中学校
- ②[都立]白鷗高等学校附属中学校
- ③[都立]桜修館中等教育学校
- ④[都立]小石川中等教育学校
- ⑤[都立]両国高等学校附属中学校
- ⑥[都立]立川国際中等教育学校
- ⑦[都立]武蔵高等学校附属中学校
- ⑧[都立]大泉高等学校附属中学校
- ⑨[都立]富士高等学校附属中学校
- ⑩[都立]三鷹中等教育学校
- ⑪[都立]南多摩中等教育学校
- ⑫[区立]九段中等教育学校
- ⑬開成中学校
- ⑭麻布中学校
- ⑮桜蔭中学校
- ⑯女子学院中学校
- ✿⑰豊島岡女子学園中学校
- ⑱東京都市大学等々力中学校
- ⑲世田谷学園中学校
- ✿⑳広尾学園中学校(第2回)
- ✿㉑広尾学園中学校(医進・サイエンス回)
- ㉒渋谷教育学園渋谷中学校(第1回)
- ㉓渋谷教育学園渋谷中学校(第2回)
- ㉔東京農業大学第一高等学校中等部(2月1日午後)
- ㉕東京農業大学第一高等学校中等部(2月2日午後)

神奈川県

①[県立]相模原中等教育学校
　　　　平塚中等教育学校
②[市立]南高等学校附属中学校
③[市立]横浜サイエンスフロンティア高等学校附属中学校
④[市立]川崎高等学校附属中学校
✿⑤聖光学院中学校
✿⑥浅野中学校
⑦洗足学園中学校
⑧法政大学第二中学校
⑨逗子開成中学校（1次）
⑩逗子開成中学校（2・3次）
⑪神奈川大学附属中学校（第1回）
⑫神奈川大学附属中学校（第2・3回）
⑬栄光学園中学校
⑭フェリス女学院中学校

新潟県

①[県立]村上中等教育学校
　　　　柏崎翔洋中等教育学校
　　　　燕中等教育学校
　　　　津南中等教育学校
　　　　直江津中等教育学校
　　　　佐渡中等教育学校
②[市立]高志中等教育学校
③新潟第一中学校
④新潟明訓中学校

石川県

①[県立]金沢錦丘中学校
②星稜中学校

福井県

①[県立]高志中学校

山梨県

①山梨英和中学校
②山梨学院中学校
③駿台甲府中学校

長野県

①[県立]屋代高等学校附属中学校
　　　　諏訪清陵高等学校附属中学校
②[市立]長野中学校

岐阜県

①岐阜東中学校
②鶯谷中学校
③岐阜聖徳学園大学附属中学校

静岡県

①[国立]静岡大学教育学部附属中学校
　　　　（静岡・島田・浜松）
②[県立]清水南高等学校中等部
　[県立]浜松西高等学校中等部
　[市立]沼津高等学校中等部
③不二聖心女子学院中学校
④日本大学三島中学校
⑤加藤学園暁秀中学校
⑥星陵中学校
⑦東海大学付属静岡翔洋高等学校中等部
⑧静岡サレジオ中学校
⑨静岡英和女学院中学校
⑩静岡雙葉中学校
⑪静岡聖光学院中学校
⑫静岡学園中学校
⑬静岡大成中学校
⑭城南静岡中学校
⑮静岡北中学校
⑯常葉大学附属常葉中学校
　常葉大学附属橘中学校
　常葉大学附属菊川中学校
⑰藤枝明誠中学校
⑱浜松開誠館中学校
⑲静岡県西遠女子学園中学校
⑳浜松日体中学校
㉑浜松学芸中学校

愛知県

①[国立]愛知教育大学附属名古屋中学校
②愛知淑徳中学校
③名古屋経済大学市邨中学校
　名古屋経済大学高蔵中学校
④金城学院中学校
⑤椙山女学園中学校
⑥東海中学校
⑦南山中学校男子部
⑧南山中学校女子部
⑨聖霊中学校
⑩滝中学校
⑪名古屋中学校
⑫大成中学校
⑬愛知中学校
⑭星城中学校
⑮名古屋葵大学中学校
　（名古屋女子大学中学校）
⑯愛知工業大学名電中学校
⑰海陽中等教育学校（特別給費生）
⑱海陽中等教育学校（Ⅰ・Ⅱ）
⑲中部大学春日丘中学校
新刊⑳名古屋国際中学校

三重県

①[国立]三重大学教育学部附属中学校
②暁中学校
③海星中学校
④四日市メリノール学院中学校
⑤高田中学校
⑥セントヨゼフ女子学園中学校
⑦三重中学校
⑧皇學館中学校
⑨鈴鹿中等教育学校
⑩津田学園中学校

滋賀県

①[国立]滋賀大学教育学部附属中学校
②[県立]河瀬中学校
　　　　守山中学校
　　　　水口東中学校

京都府

①[国立]京都教育大学附属桃山中学校
②[府立]洛北高等学校附属中学校
③[府立]園部高等学校附属中学校
④[府立]福知山高等学校附属中学校
⑤[府立]南陽高等学校附属中学校
⑥[市立]西京高等学校附属中学校
⑦同志社中学校
⑧洛星中学校
⑨洛南高等学校附属中学校
⑩立命館中学校
⑪同志社国際中学校
⑫同志社女子中学校（前期日程）
⑬同志社女子中学校（後期日程）

大阪府

①[国立]大阪教育大学附属天王寺中学校
②[国立]大阪教育大学附属平野中学校
③[国立]大阪教育大学附属池田中学校

④[府立]富田林中学校
⑤[府立]咲くやこの花中学校
⑥[府立]水都国際中学校
⑦清風中学校
⑧高槻中学校（Ａ日程）
⑨高槻中学校（Ｂ日程）
⑩明星中学校
⑪大阪女学院中学校
⑫大谷中学校
⑬四天王寺中学校
⑭帝塚山学院中学校
⑮大阪国際中学校
⑯大阪桐蔭中学校
⑰開明中学校
⑱関西大学第一中学校
⑲近畿大学附属中学校
⑳金蘭千里中学校
㉑金光八尾中学校
㉒清風南海中学校
㉓帝塚山学院泉ヶ丘中学校
㉔同志社香里中学校
㉕初芝立命館中学校
㉖関西大学中等部
㉗大阪星光学院中学校

兵庫県

①[国立]神戸大学附属中等教育学校
②[県立]兵庫県立大学附属中学校
③雲雀丘学園中学校
④関西学院中学部
⑤神戸女学院中学部
⑥甲陽学院中学校
⑦甲南中学校
⑧甲南女子中学校
⑨灘中学校
⑩親和中学校
⑪神戸海星女子学院中学校
⑫滝川中学校
⑬啓明学院中学校
⑭三田学園中学校
⑮淳心学院中学校
⑯仁川学院中学校
⑰六甲学院中学校
⑱須磨学園中学校(第1回入試)
⑲須磨学園中学校(第2回入試)
⑳須磨学園中学校(第3回入試)
㉑白陵中学校
㉒夙川中学校

奈良県

①[国立]奈良女子大学附属中等教育学校
②[国立]奈良教育大学附属中学校
③[県立]
国際中学校
青翔中学校
④[市立]一条高等学校附属中学校
⑤帝塚山中学校
⑥東大寺学園中学校
⑦奈良学園中学校
⑧西大和学園中学校

和歌山県

①[県立]
古佐田丘中学校
向陽中学校
桐蔭中学校
日高高等学校附属中学校
田辺中学校
②智辯学園和歌山中学校
③近畿大学附属和歌山中学校
④開智中学校

岡山県

①[県立]岡山操山中学校
②[県立]倉敷天城中学校
③[県立]岡山大安寺中等教育学校
④[県立]津山中学校
⑤岡山中学校
⑥清心中学校
⑦岡山白陵中学校
⑧金光学園中学校
⑨就実中学校
⑩岡山理科大学附属中学校
⑪山陽学園中学校

広島県

①[国立]広島大学附属中学校
②[国立]広島大学附属福山中学校
③[県立]広島中学校
④[県立]三次中学校
⑤[県立]広島叡智学園中学校
⑥[市立]広島中等教育学校
⑦[市立]福山中学校
⑧広島学院中学校
⑨広島女学院中学校
⑩修道中学校
⑪崇徳中学校
⑫比治山女子中学校
⑬福山暁の星女子中学校
⑭安田女子中学校
⑮広島なぎさ中学校
⑯広島城北中学校
⑰近畿大学附属広島中学校福山校
⑱盈進中学校
⑲如水館中学校
⑳ノートルダム清心中学校
㉑銀河学院中学校
㉒近畿大学附属広島中学校東広島校
㉓ＡＩＣＪ中学校
㉔広島国際学院中学校
㉕広島修道大学ひろしま協創中学校

山口県

①[県立]
下関中等教育学校
高森みどり中学校
②野田学園中学校

徳島県

①[県立]
富岡東中学校
川島中学校
城ノ内中等教育学校
②徳島文理中学校

香川県

①大手前丸亀中学校
②香川誠陵中学校

愛媛県

①[県立]
今治東中等教育学校
松山西中等教育学校
②愛光中学校
③済美平成中等教育学校
④新田青雲中等教育学校

高知県

①[県立]
安芸中学校
高知国際中学校
中村中学校

福岡県

① [国立] 福岡教育大学附属中学校（福岡·小倉·久留米）
② [県立] 育徳館中学校 / 門司学園中学校 / 宗像中学校 / 嘉穂高等学校附属中学校 / 輝翔館中等教育学校
③西南学院中学校
④上智福岡中学校
⑤福岡女学院中学校
⑥福岡雙葉中学校
⑦照曜館中学校
⑧筑紫女学園中学校
⑨敬愛中学校
⑩久留米大学附設中学校
⑪飯塚日新館中学校
⑫明治学園中学校
⑬小倉日新館中学校
⑭久留米信愛中学校
⑮中村学園女子中学校
⑯福岡大学附属大濠中学校
⑰筑陽学園中学校
⑱九州国際大学付属中学校
⑲博多女子中学校
⑳東福岡自彊館中学校
㉑八女学院中学校

佐賀県

① [県立] 香楠中学校 / 致遠館中学校 / 唐津東中学校 / 武雄青陵中学校
②弘学館中学校
③東明館中学校
④佐賀清和中学校
⑤成穎中学校
⑥早稲田佐賀中学校

長崎県

① [県立] 長崎東中学校 / 佐世保北中学校 / 諫早高等学校附属中学校
②青雲中学校
③長崎南山中学校
④長崎日本大学中学校
⑤海星中学校

熊本県

① [県立] 玉名高等学校附属中学校 / 宇土中学校 / 八代中学校
②真和中学校
③九州学院中学校
④ルーテル学院中学校
⑤熊本信愛女学院中学校
⑥熊本マリスト学園中学校
⑦熊本学園大学付属中学校

大分県

① [県立]大分豊府中学校
②岩田中学校

宮崎県

① [県立]五ヶ瀬中等教育学校
② [県立] 宮崎西高等学校附属中学校 / 都城泉ヶ丘高等学校附属中学校
③宮崎日本大学中学校
④日向学院中学校
⑤宮崎第一中学校

鹿児島県

① [県立]楠隼中学校
② [市立]鹿児島玉龍中学校
③鹿児島修学館中学校
④ラ・サール中学校
⑤志學館中等部

沖縄県

① [県立] 与勝緑が丘中学校 / 開邦中学校 / 球陽中学校 / 名護高等学校附属桜中学校

もっと過去問シリーズ

北海道

北嶺中学校
7年分（算数・理科・社会）

静岡県

静岡大学教育学部附属中学校（静岡·島田·浜松）
10年分（算数）

愛知県

愛知淑徳中学校
7年分（算数・理科・社会）
東海中学校
7年分（算数・理科・社会）
南山中学校男子部
7年分（算数・理科・社会）
南山中学校女子部
7年分（算数・理科・社会）
滝中学校
7年分（算数・理科・社会）
名古屋中学校
7年分（算数・理科・社会）

岡山県

岡山白陵中学校
7年分（算数・理科）

広島県

広島大学附属中学校
7年分（算数・理科・社会）
広島大学附属福山中学校
7年分（算数・理科・社会）
広島学院中学校
7年分（算数・理科・社会）
広島女学院中学校
7年分（算数・理科・社会）
修道中学校
7年分（算数・理科・社会）
ノートルダム清心中学校
7年分（算数・理科・社会）

愛媛県

愛光中学校
7年分（算数・理科・社会）

福岡県

福岡教育大学附属中学校
（福岡·小倉·久留米）
7年分（算数・理科・社会）
西南学院中学校
7年分（算数・理科・社会）
久留米大学附設中学校
7年分（算数・理科・社会）
福岡大学附属大濠中学校
7年分（算数・理科・社会）

佐賀県

早稲田佐賀中学校
7年分（算数・理科・社会）

長崎県

青雲中学校
7年分（算数・理科・社会）

鹿児島県

ラ·サール中学校
7年分（算数・理科・社会）

※もっと過去問シリーズは国語の収録はありません。

教英出版
〒422-8054
静岡県静岡市駿河区南安倍3丁目12-28
TEL 054-288-2131
FAX 054-288-2133
詳しくは教英出版で検索
教英出版 検索
URL https://kyoei-syuppan.net/

令和６年度　開成中学校

Ａ 国 語 （５０分）

答えはすべて 解答用紙 に書き入れること。

【この冊子について】
1. 試験開始の合図があるまで、この冊子に手をふれてはいけません。
2. 問題は 2～11 ページです。
3. 解答用紙は、冊子の中央にはさまっています。試験開始の合図後、取り出して解答してください。
4. 試験中に印刷のかすれやよごれ、ページのぬけや乱れ等に気づいた場合は、静かに手を挙げて先生に知らせてください。
5. 試験中、冊子がバラバラにならないように気をつけてください。

【試験中の注意】 以下の内容は、各時間共通です。
1. 試験中は先生の指示にしたがってください。
2. 試験中、机の中には何も入れないこと。荷物はイスの下に置いてください。
3. 先生に申し出ればコート・ジャンパー等の着用を許可します。
4. かぜ等の理由でハンカチやティッシュペーパーの使用を希望するときは、先生の許可を得てから使用してください。
5. 試験中に気持ちが悪くなったり、どうしてもトイレに行きたくなったりした場合は、静かに手を挙げて先生に知らせてください。
6. 試験中、机の上に置けるのは次のものだけです。これ以外の物品を置いてはいけません。
   - 黒しんのえん筆またはシャープペンシル
   - 消しゴム　・コンパス
   - 直定規　・三角定規一組（10cm程度の目盛り付き）
   - 時計　・メガネ

   筆箱も机の上には置けませんので、カバンの中にしまってください。
7. **終了のチャイムが鳴り始めたら、ただちに筆記用具を置いてください。**
8. 答案を回収し終えるまで、手はひざの上に置いてください。

＃教英出版 編集部　注
編集の都合上、一部白紙ページは省略しています。

2024(R6) 開成中
K 教英出版

※ 字数の指定のある問題は、テン・マル・カッコなどの記号も一字として答えなさい。

※ 答えは、すべて解答用紙の枠《わく》の中におさまるように書きなさい。

一 次の文章を読んで、後の問いに答えなさい。

お詫び

著作権上の都合により、文章は掲載しておりません。
ご不便をおかけし、誠に申し訳ございません。

教英出版

（佐々木正人『時速250kmのシャトルが見える』による）

問一　——1「与える」とありますが、ここでのリハビリの話において、具体的に「何が何に何を与える」のですか。次の〔　〕①～③に入る適切な言葉を答えなさい。ただし、①は五字、②は七字で本文から抜き出して答えなさい。

〔　①　〕にある性質が〔　②　〕に〔　③　〕という行動を与える。

問二　——2「アフォーダンスがあるなと私が思えるようになった」とありますが、筆者がそう思えるようになった理由を六〇字以内で説明しなさい。

問三　——3「失明者に付いて歩くという経験がスポーツへの興味とつながっています」とありますが、筆者にとって「失明者に付いて歩くという経験」と「スポーツ」はどういう点で共通していますか。「アフォーダンス」という言葉を用いて五〇字以内で説明しなさい。

三

「僕《ぼく》」（＝「堤《つつみ》」）は、小学校の時の同級生である「翔也《しょうや》」に街《まち》で声をかけられ、十五年以上ぶりに再会します。次の文章は、翔也の会社の事務所について行くことになった「僕」が、小学校時代のことを回想する場面から始まります。これを読んで、後の問いに答えなさい。

お詫び

著作権上の都合により、文章は掲載しておりません。
ご不便をおかけし、誠に申し訳ございません。

教英出版

お詫び

著作権上の都合により、文章は掲載しておりません。

ご不便をおかけし、誠に申し訳ございません。

教英出版

お詫び

著作権上の都合により、文章は掲載しておりません。
ご不便をおかけし、誠に申し訳ございません。

教英出版

お詫び

著作権上の都合により、文章は掲載しておりません。
ご不便をおかけし、誠に申し訳ございません。

教英出版

お詫び

著作権上の都合により、文章は掲載しておりません。
ご不便をおかけし、誠に申し訳ございません。

教英出版

（千早茜「鵜の森」による）

問一　――1「ただ、僕には一つ安心があった」とありますが、ここでいう「安心」とはどのようなことですか。説明しなさい。

問二　――2「どうして人って水に入るとあんなに声が高くなるのだろう」とありますが、ここでの「僕」の気持ちを説明しなさい。

問三　――3「大きく羽を伸ばして、今にも飛び立ちそうに生き生きとしている」とありますが、このように感じた「僕」の気持ちを説明しなさい。

問四　――4「そして、森で鵜を見た」とありますが、鵜を見る前と見た後で「翔也」の気持ちはどのように変化しましたか。説明しなさい。

問五　＝＝①～⑤のカタカナを漢字に直して答えなさい。

ＢＣ 算 数（６０分）

答えはすべて 解答用紙 にかき入れること。

【この冊子について】

1. 試験開始の合図があるまで、この冊子に手をふれてはいけません。
2. この冊子の 2～3 ページは白紙です。問題は 4～11 ページです。
3. 解答用紙は 2 枚(B,C)あり、冊子の中央にはさまっています。試験開始の合図後、取り出して解答してください。解答用紙Ｃの右上すみの三角形はよごれではありません。
4. 試験中に印刷のかすれ、よごれ等に気づいた場合は、静かに手を挙げて先生に知らせてください。

【解答上の注意】

1. 問題文中に特に断りのないかぎり、答えが分数になるときは、できるだけ約分して答えなさい。円周率が必要なときは 3.14 を用いなさい。
2. 必要ならば、「角柱、円柱の体積＝底面積×高さ」、「角すい、円すいの体積＝底面積×高さ÷3」を用いなさい。
3. 式や図や計算などは、他の場所や裏面などにかかないで、すべて解答用紙のその問題の場所にかきなさい。
4. 問題用紙を切り取ってはいけません。

【試験中の注意】 以下の内容は、各時間共通です。

1. 試験中は先生の指示に従ってください。
2. 試験中、机の中には何も入れないこと。荷物はイスの下に置いてください。
3. 先生に申し出ればコート・ジャンパー等の着用を許可します。
4. かぜ等の理由でハンカチやティッシュペーパーの使用を希望するときは、先生の許可を得てから使用してください。
5. 試験中に気持ちが悪くなったり、どうしてもトイレに行きたくなったりした場合は、静かに手を挙げて先生に知らせてください。
6. 試験中、机の上に置けるのは次のものだけです。これ以外の物品を置いてはいけません。
   - ・黒しんのえん筆またはシャープペンシル
   - ・消しゴム　・コンパス
   - ・直定規　・三角定規一組（10cm程度の目盛り付き）
   - ・時計　・メガネ

   筆箱も机の上には置けませんので、カバンの中にしまってください。
7. **終了のチャイムが鳴り始めたら、ただちに筆記用具を置いてください。**
8. 答案を回収し終えるまで、手はひざの上に置いてください。

このページは白紙です。

このページは白紙です。

1　次の問いに答えなさい。

(1) 数字 1, 2, 3, 4, 5, 6, 7, 8, 9 と四則演算の記号 +, −, ×, ÷ とカッコだけを用いて 2024 を作る式を 1 つ書きなさい。ただし，次の指示に従うこと。

① 1 つの数字を 2 個以上使ってはいけません。

② 2 個以上の数字を並べて 2 けた以上の数を作ってはいけません。

③ できるだけ使う数字の個数が少なくなるようにしなさい。（使う数字の個数が少ない答えほど，高い得点を与えます。）

たとえば， 10 を作る場合だと，

- $5+5$ や $(7-2)\times 2$ は，①に反するので認められません。
- 1 と 5 を並べて 15 を作り，$15-2-3$ とするのは，②に反するので認められません。
- ③の指示から，2×5，$2\times(1+4)$，$4\div 2+3+5$ のうちでは，使う数字の個数が最も少ない 2×5 の得点が最も高く，数字 3 個の $2\times(1+4)$，数字 4 個の $4\div 2+3+5$ の順に得点が下がります。

(2) 2 本の金属棒 O, P があります。長さは P の方が O より 2 cm 長く，重さは 2 本とも同じです。長さ 1 cm あたりの重さは，O はどこでも 1 cm あたり 10 g です。P は，中間のある長さの部分だけ 1 cm あたり 11 g で，それ以外の部分は 1 cm あたり 8 g です。

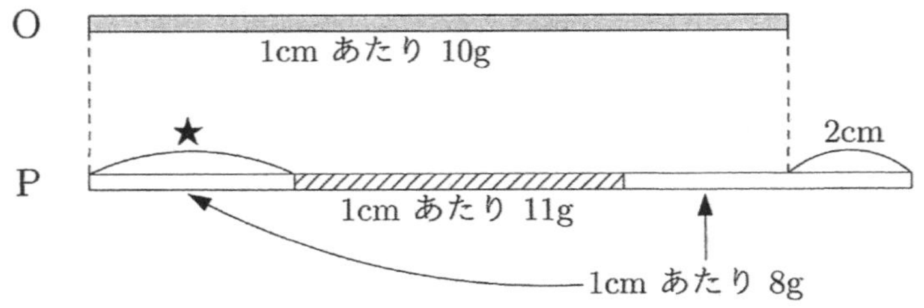

（図の中の長さは正確ではありません。）

2 本の金属棒を図の左端《はし》から同じ長さだけ切り取るとすると，切り取る部分の重さが等しくなるのは，切り取る長さが 34.5 cm のときだけです。

(ア) 図の ★ の部分の長さを求めなさい。

(イ) 金属棒 1 本の重さを求めなさい。

(3) 1 辺 3cm の正三角形 P に，マーク P がかかれています。この正三角形 P がはじめ下の図のスタートの位置にあって，1 辺 9cm の正三角形 Q の外周を図の矢印の方向にすべらないように転がって，はじめてゴールの位置にくるまで動きます。

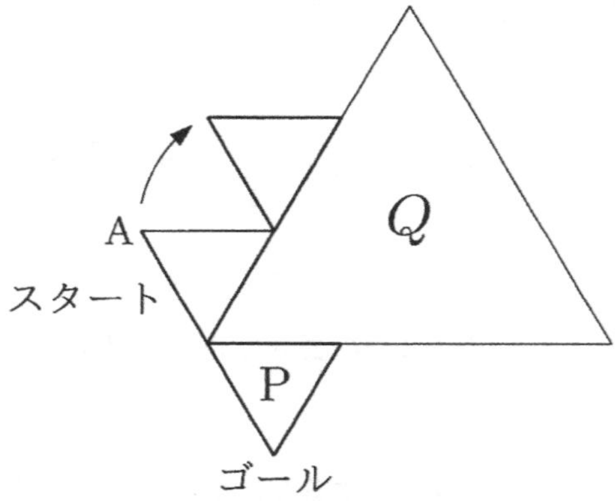

(ア) 正三角形 P がゴールの位置に着いたとき，マーク P は上の図の向きになっていました。マーク P は，スタートの位置ではどの向きにかかれていましたか。解答らんの図に書き込みなさい。

(イ) 正三角形 P がスタートからゴールまで動くとき，図の頂点 A が動く距離《きょり》を求めなさい。

(ウ) 正三角形 P がスタートからゴールまで動くときに通過する部分の面積は，次のように表されます。空らん（X），（Y）にあてはまる数を答えなさい。

> 正三角形 P が通過する部分の面積は，半径が 3cm で，中心角が 60° のおうぎ形 [（X）] 個分の面積と，1 辺が 3cm の正三角形 [（Y）] 個分の面積をあわせたものである。

このページは白紙です。問題はまだ続きます。

2　9 枚のカード 1，2，3，4，5，6，7，8，9 があります。はじめに，9 枚のカードから何枚かを選び，混ぜ合わせて 1 つの山に重ねます。このときのカードの並び方を「はじめのカードの状況《きょう》」ということにします。

たとえば，5 枚のカード 1，2，3，4，5 を使う場合を考えましょう。5 枚のカードを混ぜ合わせて 1 つの山に重ねたとき

「カードが上から 4 2 5 1 3 の順に重ねられている」

とします。これがこのときのはじめのカードの状況です。これを簡単に 【４２５１３】と表すことにします。

机と箱があります。次のルールに従って，山に重ねたカードを上から 1 枚ずつ，机の上か，箱の中に動かします。

- 1 枚目のカードは必ず机の上に置く。
- 2 枚目以降のカードは，そのカードに書かれた数が机の上にあるどのカードに書かれた数よりも小さいときだけ机の上に置き，そうでないときには箱の中に入れる。

たとえば，はじめのカードの状況が【４２５１３】のとき，カードは次の図のように動かされ，最終的に机の上には 3 枚のカード 4 2 1 が，箱の中には 2 枚のカード 5 3 が置かれます。この結果を，机の上のカードに注目して，カードが置かれた順に 《４２１》 と表すことにします。

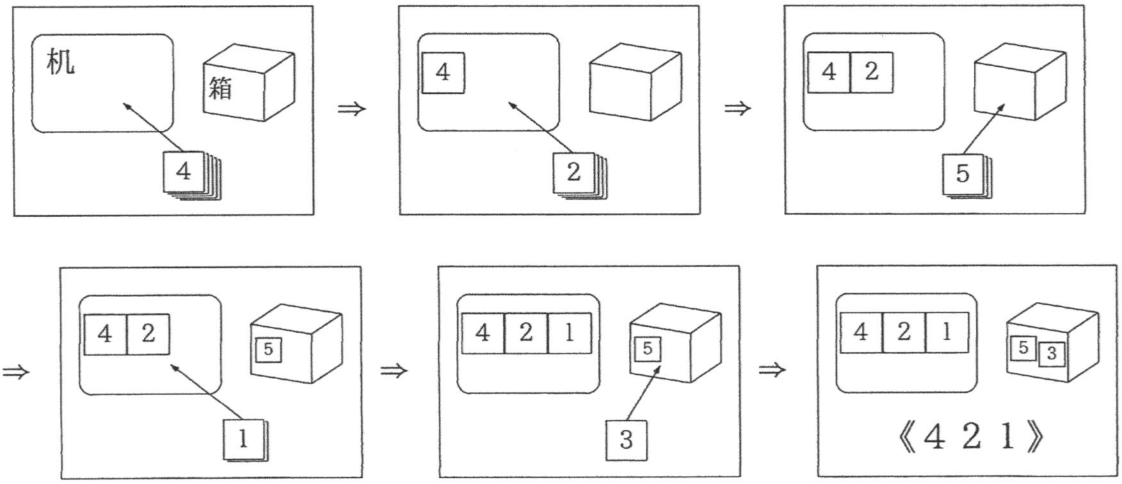

(1) 7枚のカード [1], [2], [3], [4], [5], [6], [7] を使う場合を考えます。
はじめのカードの状況が 【７ ４ ６ ３ １ ２ ５】 であるときの結果を答えなさい。

(2) 次のそれぞれの場合のはじめのカードの状況について答えなさい。(ア)，(イ) については，解答らんをすべて使うとは限りません。

(ア) 3枚のカード [1], [2], [3] を使う場合を考えます。
結果が 《２ １》 になるはじめのカードの状況をすべて書き出しなさい。

(イ) 4枚のカード [1], [2], [3], [4] を使う場合を考えます。
結果が 《２ １》 になるはじめのカードの状況をすべて書き出しなさい。

(ウ) 5枚のカード [1], [2], [3], [4], [5] を使う場合を考えます。
① 結果が 《２ １》 になるはじめのカードの状況は何通りありますか。
② 結果が 《５ ２ １》 になるはじめのカードの状況は何通りありますか。

(エ) 6枚のカード [1], [2], [3], [4], [5], [6] を使う場合を考えます。
結果が 《５ ２ １》 になるはじめのカードの状況は何通りありますか。

(3) 9枚のカード全部を使う場合を考えます。
結果が 《７ ５ ４ ２ １》 になるはじめのカードの状況は何通りありますか。

3 右ページの見取図のような直方体 X を 3 つの平面 P, Q, R で切断して，いくつかの立体ができました。このうちの 1 つをとって，立体 Y と呼ぶことにします。

立体 Y の展開図は右ページの図のようになることが分かっています。ただし，辺（あ），辺（い）につづく面が，それぞれ 1 つずつかかれていません。また，直方体 X の見取図の点 A, B, C が，立体 Y の展開図の点 A, B, C に対応します。

(1) 立体 Y の展開図の面①～⑤の中で，もともと直方体 X の面であったものをすべて答えなさい。

(2) 立体 Y の展開図に書かれた点 D, E, F に対応する点は，直方体 X の辺上にあります。辺上の長さの比がなるべく正確になるように注意して，点 D, E, F に対応する点を，解答らんの直方体 X の見取図にかき入れなさい。

(3) 平面 P で直方体 X を切断したときの断面，Q で切断したときの断面，R で切断したときの断面は，それぞれどのような図形になりますか。次の図のようなかき方で，解答らんの直方体 X の見取図に 1 つずつかき入れなさい。3 つの答えの順番は問いません。また，平面と交わる直方体の辺については，辺上の長さの比がなるべく正確になるように注意しなさい。

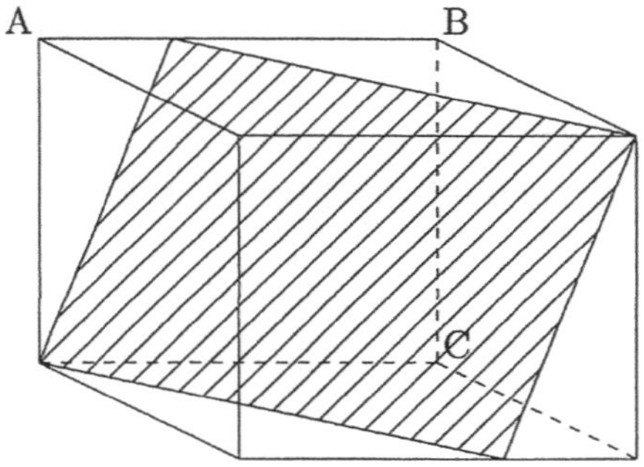

(4) 解答らんの立体 Y の展開図に，（あ），（い）につづく面を，なるべく正確にかき入れなさい。

(5) 展開図のひと目盛を 1cm とします。(4) でかき入れた面のうち，（い）につづくほうの面積を求めなさい。

直方体 X の見取図

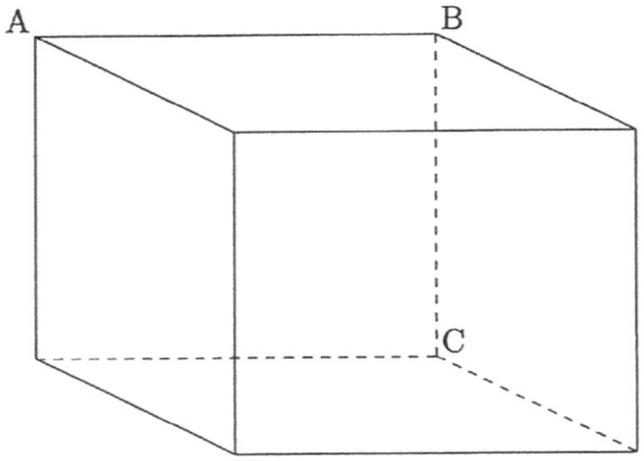

立体 Y の展開図

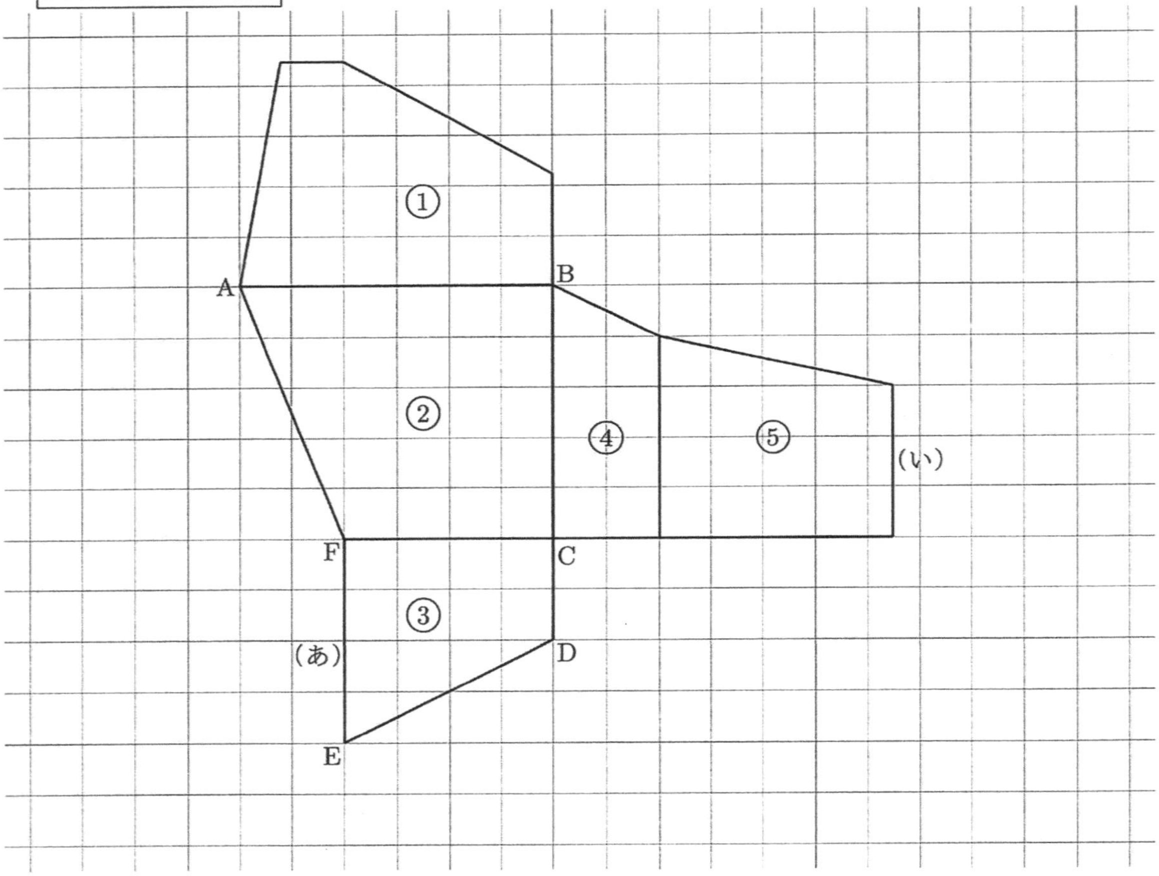

E 理 科（40分）

答えはすべて 解答用紙 に書き入れること。

【この冊子について】

1. 試験開始の合図があるまで、この冊子に手をふれてはいけません。
2. 問題は 2～11 ページです。
3. 解答用紙は、冊子の中央にはさまっています。試験開始の合図後、取り出して解答してください。
4. 試験中に印刷のかすれやよごれ、ページのぬけや乱れ等に気づいた場合は、静かに手を挙げて先生に知らせてください。
5. 試験中、冊子がバラバラにならないように気をつけてください。

【試験中の注意】 以下の内容は、各時間共通です。

1. 試験中は先生の指示に従ってください。
2. 試験中、机の中には何も入れないこと。荷物はイスの下に置いてください。
3. 先生に申し出ればコート・ジャンパー等の着用を許可します。
4. かぜ等の理由でハンカチやティッシュペーパーの使用を希望するときは、先生の許可を得てから使用してください。
5. 試験中に気持ちが悪くなったり、どうしてもトイレに行きたくなったりした場合は、静かに手を挙げて先生に知らせてください。
6. 試験中、机の上に置けるのは次のものだけです。これ以外の物品を置いてはいけません。
   - 黒しんのえん筆またはシャープペンシル
   - 消しゴム　・コンパス
   - 直定規　・三角定規一組（10cm程度の目盛り付き）
   - 時計　・メガネ

   筆箱も机の上には置けませんので、カバンの中にしまってください。
7. **終了のチャイムが鳴り始めたら、ただちに筆記用具を置いてください。**
8. 答案を回収し終えるまで、手はひざの上に置いてください。

＃教英出版 編集部　注
編集の都合上、一部白紙ページは省略しています。

1

Ⅰ　**５種類**の水溶液《すいようえき》Ａ～Ｅを試験管に用意して実験１～実験３を行いました。これらの水溶液は，以下の**６つ**のいずれかであることがわかっています。

アンモニア水 ・ 塩酸 ・ 重そう水 ・ 食塩水 ・ 石灰水 ・ 炭酸水

実験１　水溶液を蒸発皿に入れ，加熱して水を蒸発させると，水溶液Ｂ，Ｃ，Ｄでは白い固体が残りましたが，水溶液Ａ，Ｅでは何も残りませんでした。

実験２　においをかぐと，においがあったのはＡだけでした。

実験３　水溶液Ａ，Ｅは青色リトマス紙を赤色に，水溶液Ｂ，Ｃは赤色リトマス紙を青色に変えましたが，水溶液Ｄでは，リトマス紙の色の変化はありませんでした。

問１　水溶液Ｅの名前を答えなさい。

問２　水溶液Ａの名前を答えなさい。

問３　水溶液Ａ～Ｅをすべて特定するためには，少なくともあと１つの実験をする必要があります。その実験として最も適切なものを，次の**ア**～**エ**の中から１つ選び，記号で答えなさい。

ア　ＢＴＢ溶液を水溶液に加えてみる。

イ　二酸化炭素を水溶液にふきこんでみる。

ウ　実験１で得られた白い固体に磁石を近づけてみる。

エ　実験１で得られた白い固体が電気を通すか調べてみる。

Ⅱ　水溶液の酸性・中性・アルカリ性を知る方法はリトマス紙やＢＴＢ溶液以外にも複数あり，例えば，ムラサキキャベツにふくまれるアントシアニンという，多様な色を示す色素を利用する方法もあります。さらに，複数の色素をしみこませた万能《ばんのう》試験紙(**図１**)を使うことで，酸性やアルカリ性の「強さ」を調べることができます。強さは pH《ビーエイチ》 で表し，中性を 7 とし，多くの水溶液は 0 から 14 までの数値で表されます。数値が 7 から小さくなるほど強い酸性，大きくなるほど強いアルカリ性であることを示しています。

ここでは医薬品にも使われるほう酸と，果実などに入っているクエン酸に注目し，万能試験紙を使って，実験４～実験７を行いました。

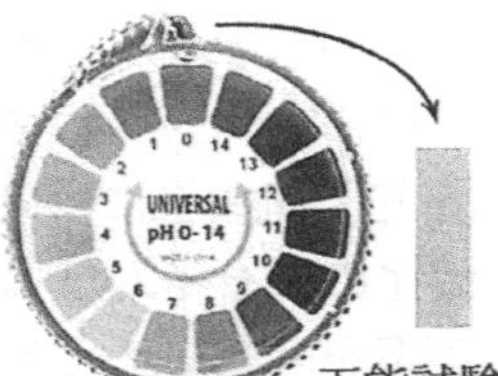

万能試験紙

図１

実験４　ほう酸を 25℃ の水 80 g にとかしたところ，4.0 g までとけました。ガラス棒の先を使って，この水溶液を万能試験紙につけたところ，万能試験紙の色が変わりました。色が変わった万能試験紙と見本を**図２**のように比べたところ，pH は 5 程度であることがわかりました。この水溶液を 50℃ まで温めたところ，ほう酸はさらに 4.8 g とけました。

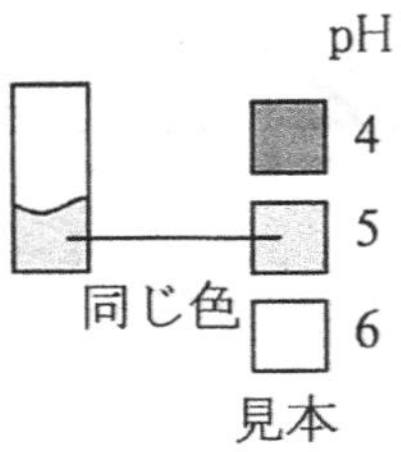

図２

実験５　クエン酸についても実験４と同様に，25℃ の水 80 g にとかしたところ，60 g までとけました。水溶液のpHは，クエン酸を水 80 g に 4.0 g とかした時点で２程度になり，最終的に 60 g をとかしたとき，pHは１程度になりました。

実験６　実験４で得られたpHが 5 程度のほう酸水溶液にスチールウールを入れたところ，あわは発生しませんでした。一方，実験５で得られたpHが 1 程度のクエン酸水溶液では，あわが発生しました。

実験７　ほかの酸の水溶液についても酸性の強さを調べました。市販《しはん》の酢《す》では，pHは２～３程度でした。実験室にあった濃度《のうど》３%の塩酸では，pHは０～１程度でした。

問４　実験４の結果より，ほう酸は 50℃ の水 100 g に何 g とけることがわかりますか。ただし，答えが整数にならない場合は，小数第１位を四捨五入して整数で答えなさい。

問５　50℃ の水 100 g にほう酸を 7.0 g とかしました。この水溶液を 25℃ まで冷やしたとき，水を何 g 追加すれば，25℃ でほう酸をとかしきることができますか。25℃ の水にほう酸がとける限界の量は実験４の結果から判断して答えなさい。ただし，答えが整数にならない場合は，小数第１位を四捨五入して整数で答えなさい。

問６　実験４～実験７の結果から言えることとして，正しいものを，次の**ア**～**オ**の中から**すべて選び**，記号で答えなさい。

ア　25℃ の水にほう酸をできるだけとかしたとき，その水溶液の酸性は市販の酢より強くなる。
イ　クエン酸の水溶液は水でうすめると，その酸性の強さは弱くなる。
ウ　クエン酸が水にとけた重さと，pHの 7 からの変化量の間には比例の関係がある。
エ　市販の酢の中にスチールウールを入れると，あわが発生する。
オ　酸をとかした水溶液の濃度が同じであっても，ほう酸やクエン酸といった酸の種類が異なれば，水溶液の酸性の強さが同じになるとは限らない。

2　次の会話文を読んで，月についての以下の問いに答えなさい。

先生：昨年の８月31日に見えた満月は，ブルームーンでしかもスーパームーンだったね。

満男：ブルームーンって青いの？

月子：青く見えるわけじゃなくて，１ヶ月の間に２回満月があるとき，その２回目の満月のことですよね？　その前の満月は８月２日だったから。

先生：その通り。①昔の暦《こよみ》ではありえなかったわけだけどね。

月子：ああ，昔の暦って，１ヶ月が新月から新月までの平均29.53日だったから満月が２回あるわけがないんですね。

満男：でも，そうすると12ヶ月が365日じゃないわけだよね。１年はどうなっていたんだろう？

先生：それはね，②大の月（１ヶ月が30日）と小の月（１ヶ月が29日）を組み合わせて12ヶ月として，１年に足りない分はときどき「うるう月」をはさんで13ヶ月にしていたんだよ。

月子：複雑なんですね。じゃあ「うるう月」はどのくらいあるの？

先生：それはね，だいたい（　あ　）はさむことになっているんだ。

月子：そういえば今年は「うるう年」だから，今月は29日まであるわね。

先生：それは別の話で，「うるう年」は，地球が太陽のまわりを１周するときにぴったりした日数になっていないためにもうけられているんだ。西暦《せいれき》が４で割りきれる年は（　a　）で，100で割り切れる場合は例外的に（　b　）とし，さらに400で割り切れる場合は（　c　）としているよ。

満男：ところで先生，スーパームーンは今年の満月で一番大きく見えるんだよね？

先生：それもちょっとちがうね。最初に決めた占星術《せんせいじゅつ》師は，③月と地球の距離《きょり》をもとに計算で決めたようだよ。

月子：ああ，だから１年に２回も３回もあるわけなのね。おかしいと思った。

満男：この写真（**図１**）ほんと？こんなに大きさがかわるの？

図１　スーパームーンと最小の満月

先生：そうだね，見比べないからわからないんだよ。ブルームーンとスーパームーンは，どちらも人間が勝手に決めたものなので科学的にはあまり意味はないんだ，夢をこわして悪いけど。でもその機会に月や星をながめるのはいいと思うよ。

問１　下線部①の昔の暦の例としては，明治５年まで使われていたものがあります。その暦と現在使われている暦について説明した文としてあてはまるものを，次の**ア**～**エ**の中から**１つずつ選び**，記号で答えなさい。

ア　１年の長さを太陽の動きで決め，１ヶ月の長さも太陽の動きで決めている。

イ　１年の長さを月の動きで決め，１ヶ月の長さも月の動きで決めている。

ウ　１年の長さを太陽の動きで決め，１ヶ月の長さを月の動きで決めている。

エ　１年の長さを太陽の動きで決め，１ヶ月の長さは太陽の動きや月の動きに関係なく決めている。

問２　下線部②の日数について，大の月と小の月が交《こう》互《ご》にくり返されたとしたとき，12ヶ月の日数を整数で答えなさい。

問３　下記の事実をもとに，文章中の（　a　）～（　c　）にあてはまる語を「うるう年」または「平年」から選んで答えなさい。

・西暦 2023 年は平年である。
・西暦 2020 年はうるう年である。
・西暦 2000 年はうるう年である。
・西暦 1900 年は平年である。

問４　七夕（7 月 7 日）の夜に見える月の形は現在の暦では毎年異なっていますが，昔の暦の７月７日には毎年ほぼ同じ形に見えていました。その形としてあてはまるものを，次の**ア**～**オ**の中から１つ選び，記号で答えなさい。ただし，図は月が南中したときに肉眼で見た向きになっています。

ア　　**イ**　　**ウ**　　**エ**　　**オ**

問５　文章中の（　あ　）にあてはまる語句を，次の**ア**～**エ**の中から１つ選び，記号で答えなさい。

ア　２年に１回　　**イ**　４年に１回　　**ウ**　10 年に７回　　**エ**　19 年に７回

問６　下線部③のくわしい説明の例としては，次のようになります。

「だ円形になっている月の軌《き》道《どう》で地球から最も遠いとき（遠地点）の月と地球の距離をＡとし，地球から最も近いとき（近地点）の月と地球の距離をＢとします。（Ａ－Ｂ）の 90 ％の長さをＡから引いた距離をＣとします。Ｃよりも近い新月または満月をスーパームーンとします。」

では，Ａを 40.7 万 km，Ｂを 35.7 万 km とした場合に，昨年の 8 月 2 日に見えた満月（距離は 35.8 万 km）について述べた文として正しいものを，次の**ア**～**エ**の中から 1 つ選び，記号で答えなさい。

ア　Ｃは 36.2 万 km であるから，スーパームーンである。

イ　Ｃは 36.2 万 km であるから，スーパームーンではない。

ウ　Ｃは 40.2 万 km であるから，スーパームーンである。

エ　Ｃは 40.2 万 km であるから，スーパームーンではない。

問７　右の**図２**は地球のまわりの月の軌道を表していて，昨年の 8 月 31 日の満月の位置を●で示してあります。ただし，この図では天体の距離や大きさは正確ではありません。また，**図２**では地球が公転しないように描《か》いてあるので，時間がたつと太陽光の向きが変わっていくことになります。

記入例を参考にして，解答欄《らん》の図に昨年の 8 月 2 日の地球に対する太陽光の向きを矢印と直線で記入しなさい。また，昨年の 8 月 2 日の満月の位置を×印で記入しなさい。

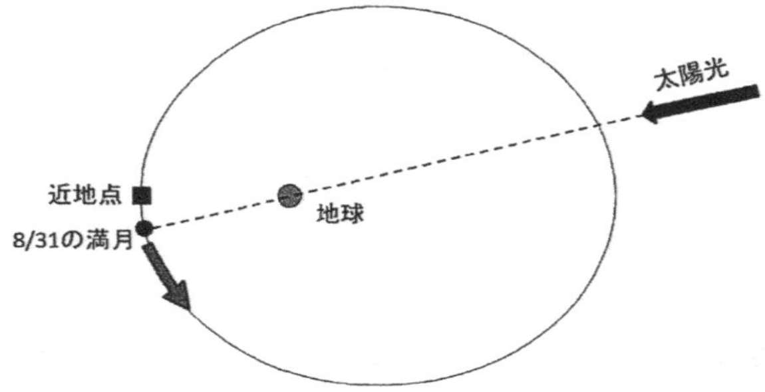

図２

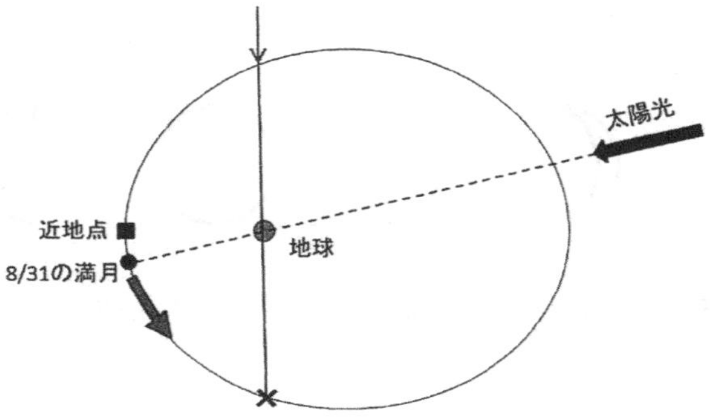

記入例

3 M吉《きち》・S江《え》・F太の３人は，あるビデオゲームの画面を見ながら話をしています。次の会話文を読んで，以下の問いに答えなさい。

アゲハチョウ

カラスアゲハ

※図はゲーム画面「島の生きものポスター」を印刷したものの一部分。（© 講談社「あつまれ どうぶつの森 島の生きもの図鑑」）

M吉：ちょっと見てください，この「ムシ図鑑《ずかん》」すごいですよ。ゲームなのに，超《ちょう》リアルなんですよ。この画像（右図）とか，本物そっくりじゃないですか？

S江：確かに，見事ですね。これなら本物の図鑑と比べても遜《そん》色《しょく》ないと思います。

F太：これだけ正確なら，画像を見ただけで種《しゅ》がわかりますね。オニヤンマの複眼の接し方とか，ハンミョウの翅《はね》の模様など見事なものです。でもよく見るとこれ，アゲハチョウではなくキアゲハじゃないですか。アゲハチョウなら前翅《まえばね》の付け根の黒い部分が黒と黄色の縞《しま》模様になるはずですよ。カラスアゲハも，ミヤマカラスアゲハに見えますね。翅に光る帯があるように見えるのはミヤマカラスアゲハで，カラスアゲハにはこの帯はありません。こんな区別ができるのは，正確に描《えが》かれているからこそですけれどもね。

M吉：F太くんは細かいですねえ。そんなちがい，ふつうわかりませんよ。それより，考えたんですけれども，このゲームでムシ採りをすれば，屋外に出なくても自由研究ができるのではないでしょうか。夏の暑いさなかに外に出るのはいやですし，冬の寒い時期にムシを探すのは大変ですよね。

S江：それはさすがによくないと思いますけれど……。

F太：道徳的な問題はさておき，このゲームの世界が現実と本当に同じように設計されているかどうかはきちんと調べた方がいいですよ。画像が正確だからと言って，生態まで正確とは限りませんからね。……うわっ，このオオムラサキの飛び方，本物そっくりですね。

M吉：言ってる先から，すっかり夢中じゃないですか。とりあえず，ゲーム内の日付を夏休みである８月に合わせてムシ採りをしてみましょう。

＊　　　＊　　　＊

M吉：さすがゲームです。簡単に採ることができました。集めたムシはこんな感じです。

F太：日本にはいないはずのムシも多く見られますね。やはりそのまま自由研究にするのは問題がありそうです。

S江：ところで，このゲームではどうして「ムシ」と表示されるのですか？ ふつう「虫」は漢字で書くと思うのですけれども……。

F太：①それは多分，昆虫《こんちゅう》以外の生物もふくんでいるからだと思いますよ。このゲームでは，カタツムリやヤドカリも「ムシ」にふくまれるみたいですし。

M吉：ところで，②集めたムシはそれぞれ採れる場所がちがっていたのですけれども，やはりこれは食べ物が関係しているのでしょうか？

F太：どのムシがどこで採れたのかがわからないと判断できませんが，例えば，同じ花に集まるムシでも，蜜《みつ》を吸うもの，花粉を食べるもの，花に来たムシを食べるものなどがいるでしょうから，簡単には言えないと思いますよ。

＊　　　＊　　　＊

M吉：夏の採集がある程度うまくいったので，今度は冬に挑戦《ちょうせん》してみましょう。ゲーム内の日付を１月に合わせてみますね……おおっ，雪景色になりました！

S江：東京ではこんなに雪は積もらないから，新鮮《しんせん》ですね。

M吉：さっそくムシ採りに行ってきます。

＊　　　＊　　　＊

M吉：もどりました。やっぱりゲームの世界では冬でも簡単に採集できていいですね。雪の上を飛ぶモンシロチョウとか，ちょっと保護色かも。

F太：ちょっと待ってください。１月にモンシロチョウがいたんですか？

M吉：採れましたよ。花の周りを飛んでいました。

F太：１月に多くの花がさいているというのも驚きですが，モンシロチョウって（　③　）で冬《ふゆ》越《ご》ししますよね。１月に成虫が飛んでいるというのは不思議です。

S江：そういえば，④このゲームでは卵や幼虫，さなぎは出てきませんね。

M吉：「セミのぬけがら」は採れますけどね。何のセミかはわかりませんが。

F太：だとすると，本来成虫は見られないはずなのに成虫が採れている可能性が高そうですね。同時に，⑤幼虫がどこで暮らしているのかをこのゲームで調べるのも無理そうです。

S江：やっぱりこのまま自由研究に使うのはやめたほうがよさそうですね。

M吉：そうですか……これをきっかけに，現実のムシも見てみるようにします。

問１　下線部①に関連して，次の**ア**～**ス**のうち，「昆虫」に**ふくまれないもの**はどれですか。**すべて選び**，記号で答えなさい。

ア　ノコギリクワガタ　**イ**　ミンミンゼミ　**ウ**　ヒグラシ　**エ**　アキアカネ
オ　キアゲハ　**カ**　オカダンゴムシ　**キ**　クロオオアリ　**ク**　モンキチョウ
ケ　ジョロウグモ　**コ**　ショウリョウバッタ　**サ**　アオスジアゲハ
シ　アブラゼミ　**ス**　クマゼミ

問２　下線部②に関連して，次の**ア〜セ**を成虫の食べ物によってグループ分けしました。葉を食べるもの，花の蜜を吸うもの，木の汁《しる》を吸うもの，樹液をなめるもの，他の昆虫を食べるもの，というグループに分けたとすると，最も数が多いグループに属するものはどれですか。**すべて選び**，記号で答えなさい。

ア　モンシロチョウ　　**イ**　ナナホシテントウ　　**ウ**　ヒグラシ　　**エ**　アキアカネ
オ　キアゲハ　　**カ**　ギンヤンマ　　**キ**　オオカマキリ　　**ク**　カブトムシ
ケ　ジョロウグモ　　**コ**　ショウリョウバッタ　　**サ**　ノコギリクワガタ
シ　アブラゼミ　　**ス**　クマゼミ　　**セ**　アオスジアゲハ

問３　空欄《くうらん》③に関連して，現実の世界では，(1)モンシロチョウ，(2)ナナホシテントウ，(3)カブトムシ，(4)オオカマキリ，(5)エンマコオロギはそれぞれどのような姿で冬越ししますか。あてはまるものを次の**ア〜エ**の中からそれぞれ**１つずつ選び**，記号で答えなさい。

ア　卵　　**イ**　幼虫　　**ウ**　さなぎ　　**エ**　成虫

問４　下線部④に関連して，現実の世界では，次の**ア〜キ**のうち，さなぎになるものはどれですか。**すべて選び**，記号で答えなさい。

ア　モンシロチョウ　　**イ**　カブトムシ　　**ウ**　アブラゼミ　　**エ**　アキアカネ
オ　ショウリョウバッタ　　**カ**　オオカマキリ　　**キ**　クロオオアリ

問５　下線部⑤について，現実の世界では，(1)モンシロチョウの幼虫，(2)カブトムシの幼虫，(3)アキアカネの幼虫，(4)ショウリョウバッタの幼虫，(5)アブラゼミの幼虫を探すには，どんなところを調べればよいですか。あてはまるものを次の**ア〜エ**の中からそれぞれ**１つずつ選び**，記号で答えなさい。

ア　花の上　　**イ**　葉の裏　　**ウ**　土または腐葉土《ふようど》の中　　**エ**　水の中

4　電気の性質やはたらきについて，以下の問いに答えなさい。

Ⅰ　同じ種類の乾電池《かんでんち》，豆電球，スイッチを使った回路**ア～オ**について考えます。最初，すべてのスイッチは開いているものとします。**問１～問３**に答えなさい。

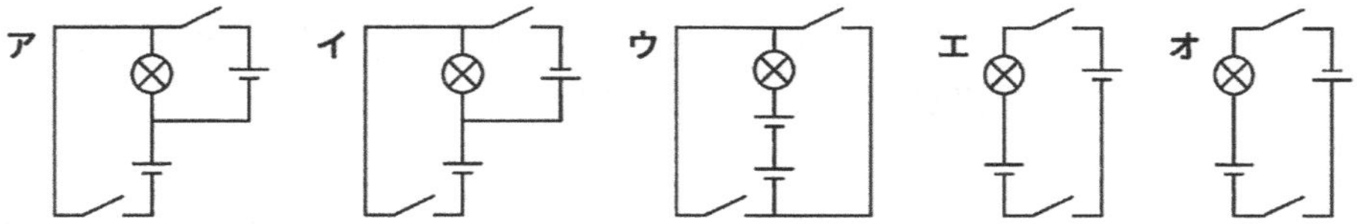

問１　スイッチを１つだけ閉じたときの豆電球の明るさが，すべての回路の中で最も明るくなる回路を**ア～オ**の中から１つ選び，記号で答えなさい。

問２　スイッチを１つだけ閉じても豆電球がつかないが，スイッチを２つ閉じると豆電球がつくようになる回路を**ア～オ**の中から１つ選び，記号で答えなさい。

問３　一方のスイッチを閉じると豆電球がつき，その状態でもう一方のスイッチを閉じてもその明るさが変わらない回路を**ア～オ**の中から**すべて**選び，記号で答えなさい。

Ⅱ　水の温度が電熱線によってどう上昇《じょうしょう》するかを調べるために，同じ種類の電熱線，電源装置，電流計，温度計を用いた**図１**の装置を使って，100 g の水の温度を上昇させる実験を行いました。ここでは，電源装置に直列につなぐ電熱線の数だけを変えて，電熱線に流れる電流の大きさを測定し，ときどき水をかき混ぜながら１分ごとの水の上昇温度を測定しました。**図２**，**図３**は測定結果をまとめたグラフです。この測定結果にもとづいて，**問４**，**問５**に答えなさい。

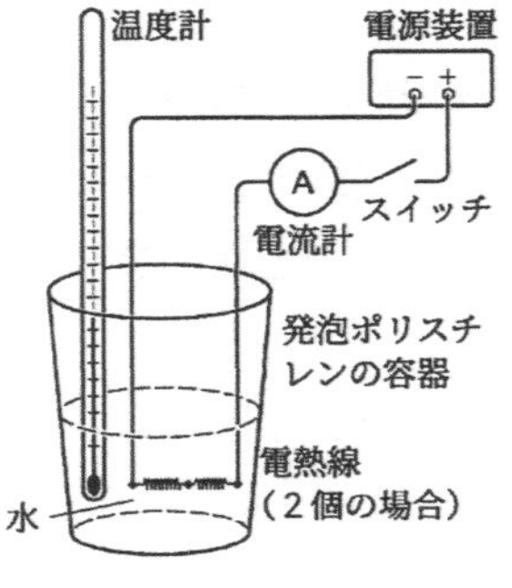

図１

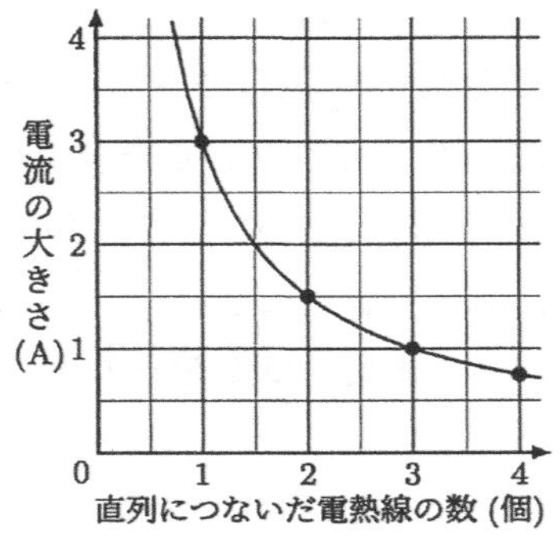

図２

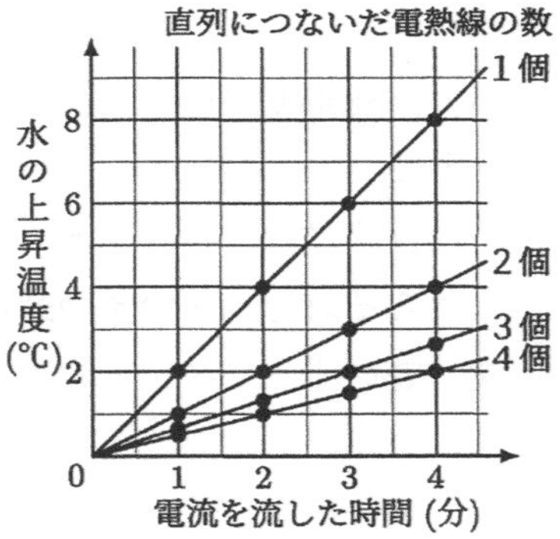

図３

問４　次ページの文章の空欄《くうらん》①にあてはまる比を，最も簡単な整数の比で答えなさい。また，空欄②，③にあてはまる語を「比例」または「反比例」から選んで答えなさい。ただし，同じ語を２回使ってもかまいません。

「電熱線に同じ時間だけ電流を流したときの，直列につないだ電熱線の数が１個の場合，２個の場合，３個の場合の水の上昇温度の比は（　①　）でした。電熱線に同じ時間だけ電流を流したときの水の温度上昇は，電流の大きさに（　②　）し，直列につないだ電熱線の数に（　③　）していました。」

問５　この電熱線（記号 ），電源装置（記号 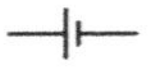），回転スイッチを使った温水器の回路（**図４**）について考えます。回転スイッチは，**図４**(a)のようにスイッチの導線部分を 180° 回転させることができ，そのスイッチの位置によって**図４**(b)～(d)のようにスイッチを切ったり，O と X をつないだり，O と Y をつないだりすることができます。**図４**(b)～(d)の回路で，回路全体として同じ時間に水の温度を最も上昇させるのはどれですか。(b)～(d)の中から１つ選び，記号で答えなさい。

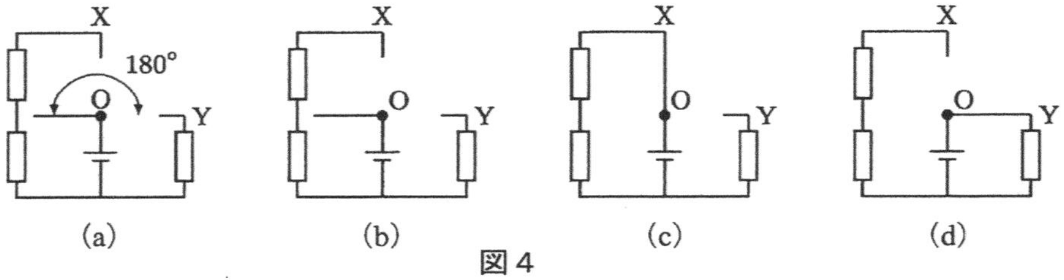

図４

Ⅲ　プロペラ付きモーター（記号），同じ種類の乾電池，回転スイッチを使った扇風機《せんぷうき》の回路（**図５**）について考えます。この回路について，**問６**，**問７**に答えなさい。

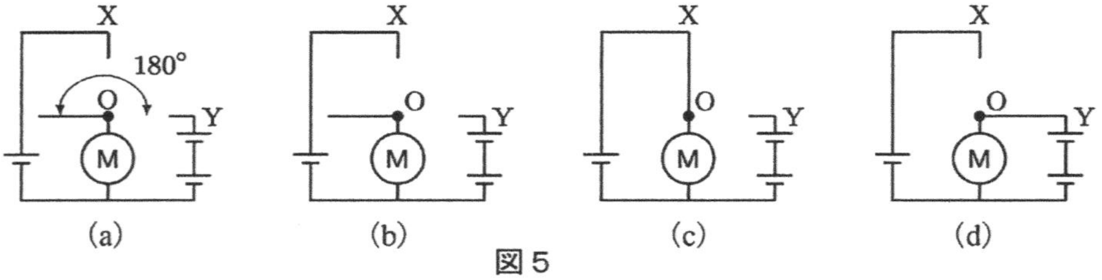

図５

問６　**図５**(b)～(d)の回路で，モーターが最も速く回るのはどれですか。(b)～(d)の中から１つ選び，記号で答えなさい。

問７　モーターの回る向きをふくめて**図５**(b)～(d)の回路と同等の機能をもった扇風機を，**図６**の回路中の空欄３か所のうち必要な所に乾電池１個と導線１本をつないで作ることを考えます。次の**記入例**にしたがって，解答欄の図中の空欄のうち必要な所に乾電池１個と導線１本を記入し，回路図を完成させなさい。

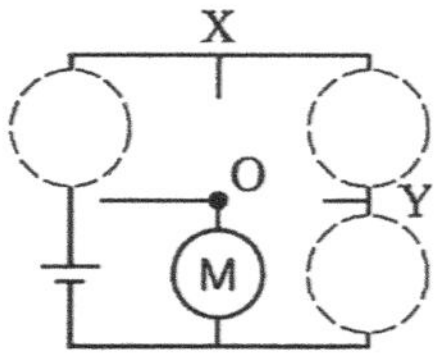

図６

記入例

乾電池１個　乾電池１個　導線１本

F 社 会 （４０分）

答えはすべて 解答用紙 に書き入れること。

【この冊子について】
1. 試験開始の合図があるまで、この冊子に手をふれてはいけません。
2. この冊子の 2～3 ページは白紙です。問題は 4～23 ページです。
3. 解答用紙は、冊子の中央にはさまっています。試験開始の合図後、取り出して解答してください。
4. 試験中に印刷のかすれやよごれ、ページのぬけや乱れ等に気づいた場合は、静かに手を挙げて先生に知らせてください。
5. 試験中、冊子がバラバラにならないように気をつけてください。

【試験中の注意】 以下の内容は、各時間共通です。
1. 試験中は先生の指示に従ってください。
2. 試験中、机の中には何も入れないこと。荷物はイスの下に置いてください。
3. 先生に申し出ればコート・ジャンパー等の着用を許可します。
4. かぜ等の理由でハンカチやティッシュペーパーの使用を希望するときは、先生の許可を得てから使用してください。
5. 試験中に気持ちが悪くなったり、どうしてもトイレに行きたくなったりした場合は、静かに手を挙げて先生に知らせてください。
6. 試験中、机の上に置けるのは次のものだけです。これ以外の物品を置いてはいけません。
   ・黒しんのえん筆またはシャープペンシル
   ・消しゴム　・コンパス
   ・直定規　・三角定規一組（10cm程度の目盛り付き）
   ・時計　・メガネ
   筆箱も机の上には置けませんので、カバンの中にしまってください。
7. **終了のチャイムが鳴り始めたら、ただちに筆記用具を置いてください。**
8. 答案を回収し終えるまで、手はひざの上に置いてください。

このページは白紙です。

このページは白紙です。

1

次の文章を読み、あとの問いに答えなさい。

ちょうど100年前の1924年は、前年に起こった（　　）を受けて、災害対策や土地利用の見直しなどを含《ふく》めた帝都《ていと》復興計画が進められていた時期にあたります。６月には第二次護憲運動の高まりを受けて加藤高明《かとうたかあき》内閣が発足し、加藤内閣は翌年、①普通《ふつう》選挙法や治安維持《いじ》法を成立させることになります。７月には改正度量衡《どりょうこう》法が施行《しこう》され、国際的に広く使用されている単位系である②メートル法へ移行しました。それまで日本で広く用いられていた尺貫《しゃっかん》法もしばらく使用されていましたが、1950年代には法的に使用が禁じられます。10月には東京都北区に設置された③岩淵《いわぶち》水門の完成によって、新たに開削《かいさく》された荒川《あらかわ》放水路（現在の荒川）への注水が開始されました。この放水路は、1910年に隅田川《すみだがわ》の決壊《けっかい》などで起こった大水害をきっかけに、首都の水害対策の必要性から建設が始まりました。なお1982年には、大洪水《こうずい》にも耐《た》えられる設計の新水門が完成し、旧水門は運用を終えています。

2024年は和暦《われき》（元号）では令和６年、干支《えと》は甲辰《きのえたつ》にあたります。同じ干支である1964年は、アジア初となるオリンピックが東京で開催された年で、日本はオリンピック景気などの好景気が続く高度経済成長の時代でした。自動車・鉄道・航空など④輸送・交通インフラの整備、オリンピック選手団や観光客受け入れのためのホテル建設、各種工業の発達を背景にして、国民の生活水準が高まった時代でした。オリンピック閉会式の翌日には池田《いけだ》勇人《はやと》首相《しゅしょう》が退陣《たいじん》を表明し、その後1972年まで続くことになる⑤佐藤栄作内閣が発足しました。

産業構造や社会制度、国民の生活は変化し続けてきました。この先も⑥ＡＩ（人工知能）技術の発達などによって、私たちの働き方や社会の劇的な変化が予想されます。2024年には「物流2024年問題」が懸念《けねん》されていますが、ＡＩ活用やＤＸ（デジタルトランスフォーメーション）化が解決の糸口として期待されています。

問１　文章中の空らん（　　）にあてはまる語句を答えなさい。

問２　下線部①について、選挙に関する次の設問に答えなさい。

（１）日本の選挙制度の変遷《へんせん》について述べた次の**ア**～**オ**の文のうち、下線部の内容が正しいものを**二つ**選び、記号で答えなさい。

ア　1890（明治 23）年の衆議院議員選挙において、選挙権を有するのは直接国税を 25 円以上納める満 30 歳以上の男性のみであった。

イ　1925（大正 14）年の普通選挙法成立によって、納税の有無《うむ》にかかわらず、満 25 歳以上の男性が選挙権を有することになった。

ウ　1945（昭和 20）年の衆議院議員選挙法改正により、女性の参政権が認められ、満 25 歳以上の男女が選挙権を有することになった。

エ　2003（平成 15）年の公職選挙法改正により、自筆が出来ない場合に、投票所において親族が代理記載《きさい》することが認められた。

オ　2013（平成 25）年の公職選挙法改正により、候補者や政党がウェブサイト等や電子メールを利用して選挙運動を行うことが認められた。

（２）現在の選挙制度下において選挙権または被《ひ》選挙権が**認められないケース**を、次の**ア**～**エ**から一つ選び、記号で答えなさい。なお、示されている事項《じこう》以外は、選挙権・被選挙権を有する条件を満たしているものとします。

ア	参議院議員選挙	選挙権	選挙期日（投票日）に誕生日を迎《むか》え、満 18 歳となる。
イ	市長選挙	選挙権	満 18 歳、高等学校に在学中である。
ウ	衆議院議員選挙	被選挙権	満 42 歳、現在の居住地から遠く離《はな》れた、自身の出身地の小選挙区から立候補する。
エ	市議会議員選挙	被選挙権	満 58 歳、告示日の１か月前に、他県から市内へ転居し立候補する。

問３　下線部②について、次の設問に答えなさい。

（１）現在の１メートルは、「１秒の　299,792,458　分の１の時間に光が真空中を伝わる長さ」と定義されていますが、18 世紀末にフランスで制定された際には現在と異なる定義でした。その際、「地球の北極点から赤道までの子午線上の長さ」の何分の１と定義されたか、答えなさい。

（２）メートル法に関連した単位として**誤っているもの**を、次の**ア**～**エ**から一つ選び、記号で答えなさい。

ア　キログラム　　**イ**　バレル　　**ウ**　ヘクタール　　**エ**　リットル

（３）バビロニアで発達した天文学では 60 進法が用いられ、現在も時間や角度を表す単位には、60 進法による時間（度）・分・秒が使用されています。地球上の緯度《いど》１分に相当する長さをもとに定義された、長さの単位を答えなさい。

問４　下線部③について、図１・図２を見て、あとの文章を読み、続く設問に答えなさい。

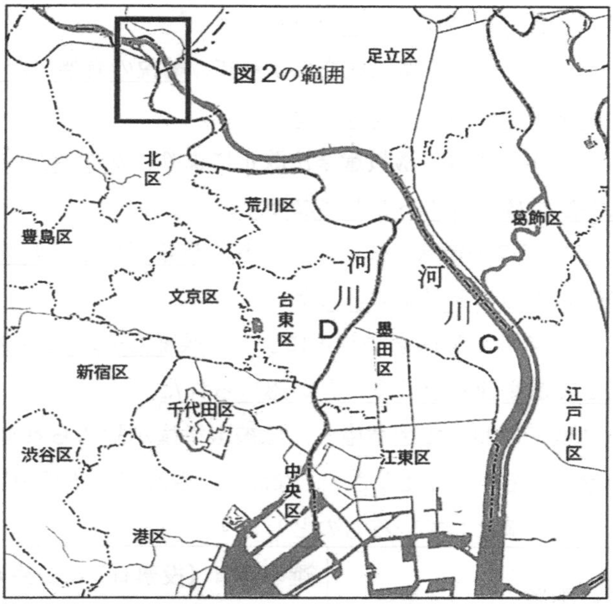

（地理院地図より作成）

図１

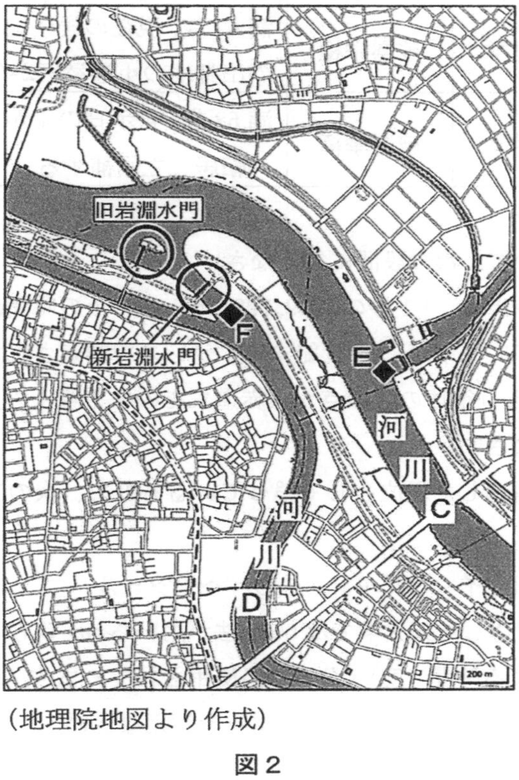

（地理院地図より作成）

図２

令和元年東日本台風（台風 19 号）によって記録的な大雨が観測された、2019 年 10 月 12 日～14 日における**図２**中の◆**Ｅ**・**Ｆ**付近の河川《かせん》水位の状況《じょうきょう》

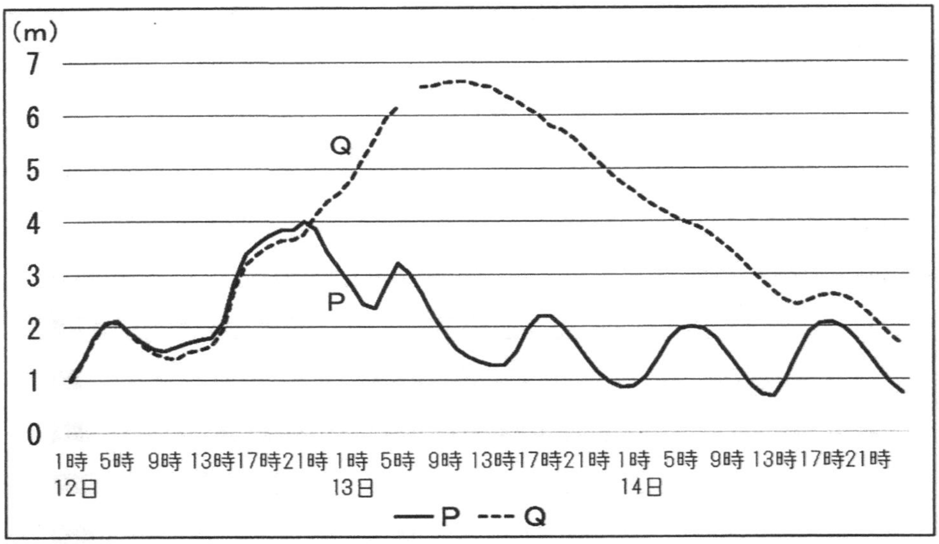

データには一部欠測がある。

（国土交通省「水文水質データベース」より作成）

図３

≪新岩淵水門の役割≫

大雨によって河川水位が上がった際に、岩淵水門を（　i　）ことによっておもに河川（　ii　）の下流域における氾濫《はんらん》・洪水被害を防ぐことを目的としている。**図３**に示された水位変化のうち（　iii　）は、**図２**中の地点◆**Ｅ**にあたる。

（１）河川**Ｃ**と河川**Ｄ**の名称《めいしょう》を、それぞれ答えなさい。

（２）文章中の（　i　）～（　iii　）にあてはまる語句の正しい組み合わせを、次の**ア**～**ク**から一つ選び、記号で答えなさい。

	ア	イ	ウ	エ	オ	カ	キ	ク
i	閉じる	閉じる	閉じる	閉じる	開く	開く	開く	開く
ii	C	C	D	D	C	C	D	D
iii	P	Q	P	Q	P	Q	P	Q

問５　下線部④について、次の**図４**は日本国内の輸送機関別輸送量割合の推移を示したもので、（A）・（B）は貨物・旅客《りょかく》のどちらか、X～Zは自動車・船舶《せんぱく》・鉄道のいずれかです。貨物と船舶にあたるものの組み合わせとして正しいものを、あとの**ア～カ**から一つ選び、記号で答えなさい。

国内における（A）輸送量割合の推移

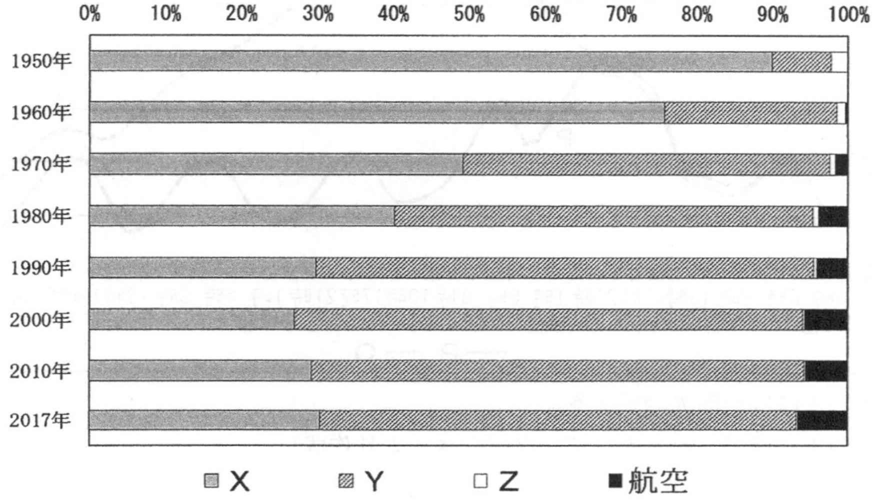

国内における（B）輸送量割合の推移

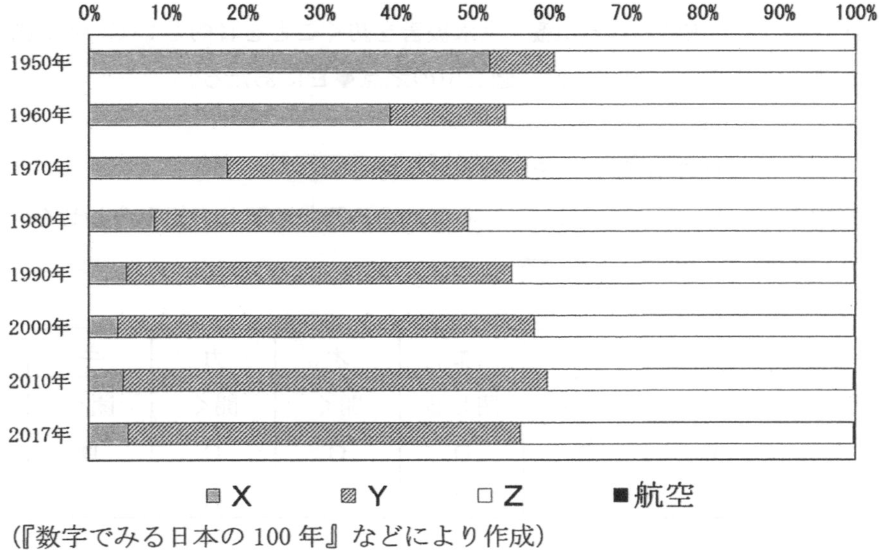

（『数字でみる日本の 100 年』などにより作成）

図４

	ア	イ	ウ	エ	オ	カ
貨物	A	A	A	B	B	B
船舶	X	Y	Z	X	Y	Z

問６　下線部⑤について、次の設問に答えなさい。

（１）佐藤栄作の首相としての在職期間（1964 年 11 月～1972 年 7 月）に起こった出来事として**誤っているもの**を、次の**ア～エ**から一つ選び、記号で答えなさい。

ア　小笠原《おがさわら》諸島の施政権が、アメリカ合衆国から日本に返還《へんかん》された。

イ　日本で初めての万国《ばんこく》博覧会が、大阪で開催された。

ウ　アポロ 11 号によって、人類初の月面着陸が達成された。

エ　エジプトとシリアがイスラエルに攻撃《こうげき》を開始し、第四次中東戦争が起こった。

（２）佐藤栄作は 1974 年にノーベル平和賞を受賞しました。ノーベル平和賞は人物のみならず団体も授与《じゅよ》対象となっており、2020 年には WFP が受賞しています。WFP の紋章《もんしょう》を、次の**ア～エ**から一つ選び、記号で答えなさい。

ア　　　**イ**　　　**ウ**　　　**エ**

問７　下線部⑥について、2023 年には ChatGPT などＡＩ言語モデルを活用したチャットサービスが話題となり、世界中で利用者が一気に増えました。しかし、内容や質問の形式によっては不正確な回答や、不自然な言葉づかいも見られます。

次の**ア～エ**の文は、文章中に示されたことがらについて、あるＡＩチャットサービスに事前知識をあたえず質問を直接提示し、そこから得られた回答の一部です。これらのうち**内容に明らかな誤りを含むもの**を一つ選び、記号で答えなさい。

ア　治安維持法は、社会主義運動や共産主義運動の抑制《よくせい》を目的として制定された。その濫用や政府の不当な圧力、特に言論・表現の自由に対する制約が懸念された。

イ　尺貫法は、古代中国と日本で用いられた長さと重さの単位制。単位には尺や貫などがあるが、国際的な統一には適さず、現代ではあまり使用されなくなった。

ウ　高度経済成長期は、1950 年代～70 年代初頭の時期。製造業における品質の安定や生産性の向上が実現し、アジアや世界市場への製品の輸出で外貨を獲得《かくとく》した。

エ　物流 2024 年問題は、コンピューターの時刻や日時の処理に起因する誤作動により、正確な運搬《うんぱん》や配送が影響《えいきょう》を受けるおそれがある課題。

2

M君は、旅行で訪《おとず》れたことのある名所やその地域の名物について、印象に残っているものを県ごとにまとめました。これらの文章を読み、あとの問いに答えなさい。

A県

庄内《しょうない》平野の南部に位置する鶴岡《つるおか》市の<u>①羽黒山</u>は、昔から修験道《しゅげんどう》の信仰《しんこう》の場として知られています。石段が 2,000 段以上続く参道を 1 時間以上かけて歩き、山頂の出羽《でわ》神社に向かいましたが、途中《とちゅう》で法螺貝《ほらがい》を持った山伏《やまぶし》とすれ違《ちが》いました。

南陽市では、山の斜面《しゃめん》にブドウなどの果樹園が広がる景観が記憶《きおく》に残っています。季節によってサクランボ、モモ、ナシ、リンゴなど様々な果物が収穫《しゅうかく》されるそうです。道の駅で購入《こうにゅう》したラ・フランスのゼリーと羊羹《ようかん》がとても美味《おい》しかったです。

B県

（　ｉ　）半島に位置する指宿《いぶすき》市では、砂蒸《すなむ》し風呂《ぶろ》や温泉、黒豚《くろぶた》のしゃぶしゃぶを堪能《たんのう》しました。（ｉ）半島周辺には、黒牛や地鶏《じどり》、山川漁港や枕崎《まくらざき》漁港で水揚《みずあ》げされるカツオ、知覧で栽培《さいばい》される茶など、地場産品が豊富にあります。

練乳をかけてフルーツをふんだんに盛り付けた、「白熊」と呼ばれるかき氷が県内外で知られていますが、黒糖から作った黒蜜《くろみつ》をかけたかき氷もありました。県内の奄美《あまみ》群島などでサトウキビの生産が多く、黒糖を使った郷土料理も豊富です。

C県

安曇野《あづみの》市は、県中部の（　ii　）盆地《ぼんち》に広がる安曇野地域に由来する地名で、古くは安曇平《あずみだいら》とも呼ばれていたそうです。北アルプスから流れる川の堆積《たいせき》物がつくった（　iii　）という地形が広がり、地表の水が地下に浸透《しんとう》してしまうため、堰《せき》と呼ばれる用水路を利用したかんがい農業が行われてきました。見学したわさび農園では、豊富できれいな湧《わ》き水を利用して栽培が行われていました。またこの地域では、小豆《あずき》や野菜など様々な材料の餡《あん》を、小麦粉やソバ粉を練った生地《きじ》で包んで焼いた「おやき」も有名で、大変美味しく何種類も食べてしまいました。

D県

(iv)市は、島しょ部で作られる柑橘《かんきつ》類、近海で獲《と》れる魚介《ぎょかい》類をはじめ食材が豊富で、特に生口《いくち》島で食べたタコの天ぷらは絶品でした。本州四国連絡《れんらく》道路の一つによって愛媛県今治《いまばり》市と結ばれていますが、その途中にある因島《いんのしま》には、村上水軍のうち因島村上氏の拠点《きょてん》がありました。島が多く密集し、狭《せま》い航路や複雑な潮流が多い海域において、水先案内や海上警護も行っていたそうです。夏に訪れた際に開催されていた因島水軍まつりでは、迫力《はくりょく》ある水軍太鼓《だいこ》の演奏や小早舟《こはやぶね》レースを見ることができました。

E県

一関《いちのせき》市の厳美渓《げんびけい》では、渓谷の対岸のお店からロープを使って運ばれる「空飛ぶ団子」が観光客に人気です。この地域には団子や餅《もち》のお店が多いことに気付きました。冠婚葬祭《かんこんそうさい》や季節の行事の際には餅がふるまわれ、様々な味付けで食べる文化があるそうです。久慈《くじ》市で食べた「まめぶ汁《じる》」にも、クルミの入った団子が使われていました。この団子は小麦粉を練ったものです。②コンブや煮干《にぼ》しの出汁《だし》で、様々な具材を煮込《にこ》んでありました。

雫石《しずくいし》市や滝沢《たきざわ》市にまたがる広大な小岩井農場では、③酪農《らくのう》や畜産《ちくさん》を中心に様々なものが生産されています。ここで飲んだ牛乳は濃厚《のうこう》なのに飲みやすく、あっという間に飲み干してしまいました。

問1 文章中の(i)～(iv)にあてはまる地名・語句を、それぞれ答えなさい。

問2 下線部①について、羽黒山の位置に最も近い緯度・経度の組み合わせを、次のア～カから一つ選び、記号で答えなさい。

	ア	イ	ウ	エ	オ	カ
北緯	39 度	39 度	39 度	41 度	41 度	41 度
東経	134 度	137 度	140 度	134 度	137 度	140 度

問3　下線部②について、E県東部ではコンブやワカメ、カキなどの養殖《ようしょく》がさかんで、また様々な魚種が漁獲されます。これらの背景について述べた文として正しいものを、次の**ア**～**エ**から一つ選び、記号で答えなさい。

ア　遠く沖合まで緩《ゆる》やかな傾斜《けいしゃ》の海底が続き、広大な大陸棚《たいりくだな》がある。

イ　海岸近くまで山地が迫《せま》り、森からの豊かな栄養分が海に運ばれる。

ウ　潮目では暖水が冷水の下に潜《もぐ》り込み、湧昇流《ゆうしょうりゅう》をともなう対流が発生する。

エ　単調な砂浜《すなはま》の海岸線が続き、伝統的に地引き網《あみ》漁が発達している。

問4　下線部③について、M君は酪農に関するデータを調べ、次の**表1**・**図1**・**図2**にまとめました。これらの図表について、あとの設問に答えなさい。

表1

全国に占《し》める地域別生乳生産量割合と用途内訳

	全国に占める生乳生産量の割合（%）	生乳の用途内訳（%）		
		牛乳等向け	乳製品向け	その他
F	7.1	73.2	26.1	0.7
G	14.9	90.7	8.5	0.8
H	56.6	15.3	84.1	0.6

統計は2022年。F～Hは、関東・東山《とうさん》、東北、北海道のいずれかである。

関東・東山は、関東１都６県および山梨県・長野県を示す。

（農林水産省統計より作成）

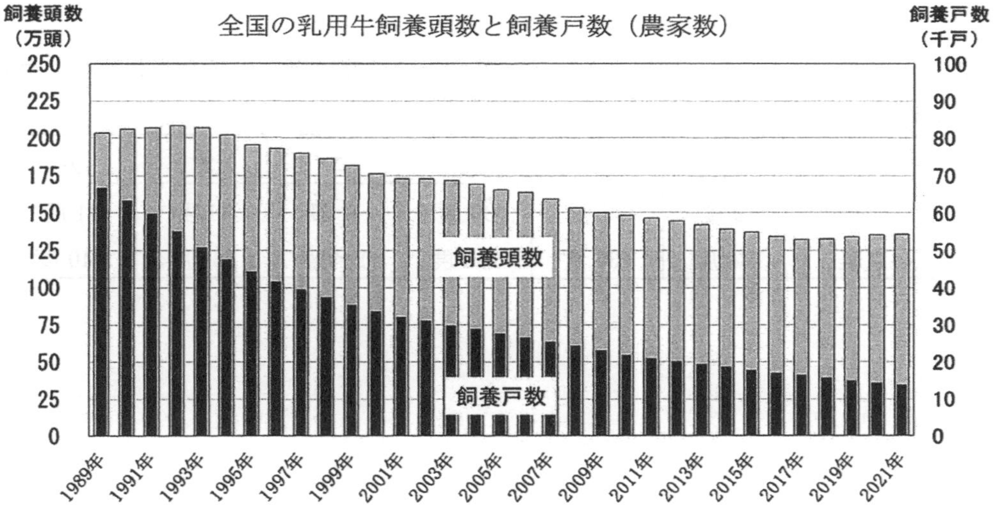

（農林水産省統計より作成）

図1

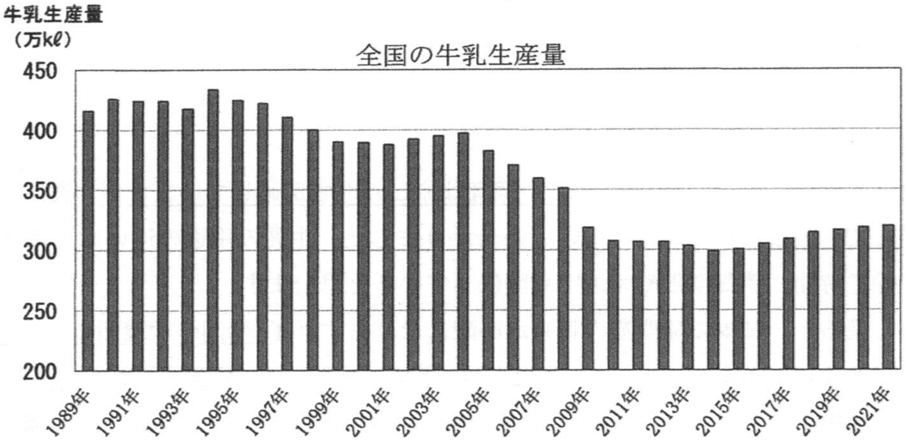

（農林水産省統計より作成）

図２

（１）**表１**中の**Ｆ～Ｈ**は、関東・東山、東北、北海道のいずれかにあたります。地域と記号の正しい組み合わせを、次の**ア～カ**から一つ選び、記号で答えなさい。

	ア	イ	ウ	エ	オ	カ
関東・東山	F	F	G	G	H	H
東北	G	H	F	H	F	G
北海道	H	G	H	F	G	F

（２）次の文章は、これらの図表や酪農業に関連してＯ君が述べた意見です。文章中の下線部**ア～オ**のうち、内容が**誤っているもの**を**すべて**選び、記号で答えなさい。

≪Ｏ君の意見≫

肉用牛の飼育に比べて、**ア** 乳用牛の飼育は涼《すず》しい地域が適していますが、**表１**を見ると関東地方でも酪農は行われていることが分かりました。生乳の用途の違いは、消費地との距離や輸送時間、消費期限やコストも関係していると思います。

図１を見ると、日本の酪農業の将来が心配になります。**イ** 全国の飼養頭数はこの 30 年間でおよそ 70 万頭減っています。また、**ウ** 農家一戸あたりの飼養頭数が減っていることから、大規模に経営している外国に比べて価格競争で負け、安い乳製品が多く輸入されるようになることも心配です。日本は飼料の多くを輸入に頼《たよ》っており、**エ** トウモロコシなど飼料の価格が高騰《こうとう》していることも、酪農はじめ畜産業の経営を難しくしている原因だと考えられます。

飲用の牛乳はすべて国産であると聞いたことがあります。**図２**を見るとこの 30 年間で、**オ** 牛乳生産量はおよそ半分にまで減っています。一方で、一人あたりの消費量が減少したため、生乳や牛乳が余り、廃棄《はいき》される量が増えたというニュースも目にしました。

私たちが牛乳や乳製品を多く消費することも大事ですが、おいしくて安全な日本の乳製品を外国に広くＰＲして、海外への輸出・販売《はんばい》をもっと増やすことが出来れば、日本の酪農業の発展につながると思います。

問５　次の**ア～オ**は、**Ａ**県～**Ｅ**県のいずれかの伝統的工芸品です。**Ａ**県と**Ｃ**県の伝統的工芸品をそれぞれ一つ選び、記号で答えなさい。

ア　飯山仏壇《いいやまぶつだん》　**イ**　大島紬《つむぎ》　**ウ**　熊野筆　**エ**　天童将棋駒《しょうぎごま》　**オ**　南部鉄器

問6　A県～E県の5県を比較《ひかく》した統計について、次の設問に答えなさい。

（1）次の図3は、A県～E県のいずれかの製造品出荷《しゅっか》額等割合（2019年）を示したグラフで、ア～エはA県～D県のいずれかです。B県とD県にあたるものを、それぞれ図中のア～エから一つ選び、記号で答えなさい。

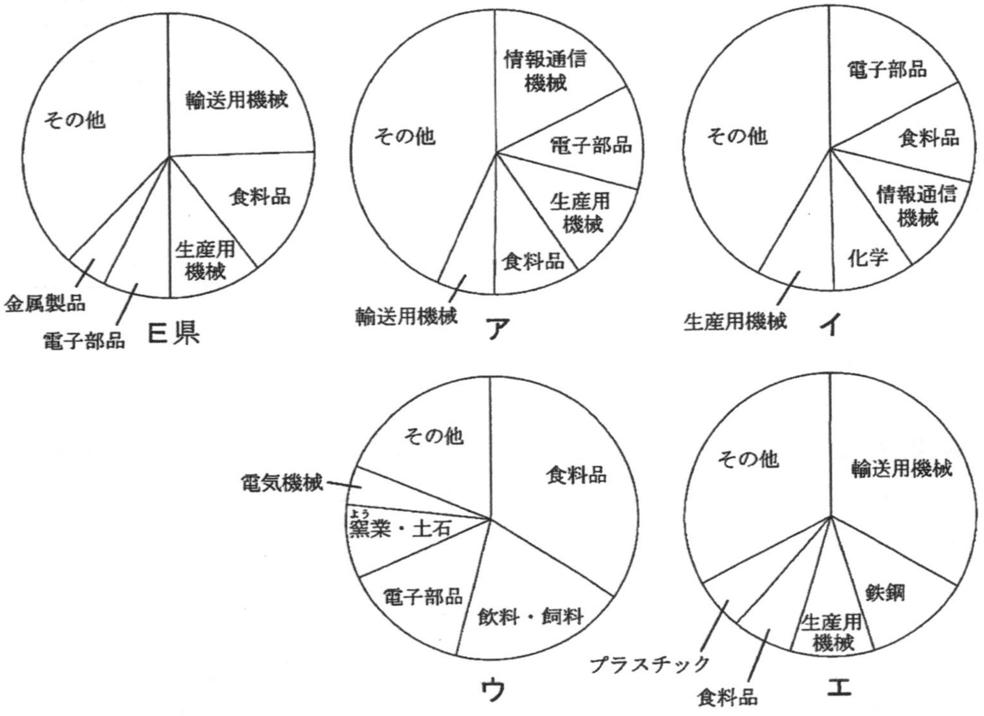

（『データでみる県勢 2023』より作成）

図3

（2）次の**表2**は、**A**県～**E**県のいずれかの自動車・船舶・鉄道に関する指標で、**ア**～**エ**は**B**県～**E**県のいずれかです。**B**県と**C**県にあたるものを、それぞれ表中の**ア**～**エ**から一つ選び、記号で答えなさい。

表2

	100世帯あたり自動車保有台数（台）	国内航路乗込人員（千人）	鉄道旅客輸送人員（百万人）
A県	165.2	12	14
ア	157.0	—	70
イ	140.0	71	26
ウ	119.3	6,112	34
エ	110.9	9,610	205
	2021年	2019年	2019年

（『データでみる県勢 2023』より作成）

（3）次の**表3**は、**A**県～**E**県のいずれかの県庁所在都市における、年較差（最暖月平均気温と最寒月平均気温の差）、年降水量、１月と７月の日照時間を示したものです。**A**県にあたるものを、表中の**ア**～**オ**から一つ選び、記号で答えなさい。

表3

	年較差（℃）	年降水量（㎜）	日照時間（時間）	
			1月	7月
ア	20.1	2434.7	132.6	185.5
イ	23.1	1572.2	138.6	173.4
ウ	25.1	1206.7	79.6	144.5
エ	25.1	1279.9	115.6	130.5
オ	25.8	965.1	128.4	168.8

（気象庁資料より作成）

3

社会科の授業で、生徒が「歴史カルタ」を作りました。絵札には、歴史上の人物や文学作品、絵画、建築物などの名称と絵が書かれており、読み札には、生徒が考えた「5・7・5」の音韻《おんいん》（文字）による、絵札の題材についての句が書かれています。以上をふまえたうえで、あとの問いに答えなさい。なお、生徒が考えた読み札の句は先生の監修《かんしゅう》を経ているため、内容についての誤りはないものとします。（絵札は、本問では省略します。）

［歴史カルタ・読み札の句A］

①　「名執権　貞永《じょうえい》式目　武士の法」
②　「草履《ぞうり》とり　のちに太閤《たいこう》　天下取り」
③　「遣隋使《けんずいし》　“日出《い》づる国”の　手紙持ち」
④　「米将軍　財政赤字を　建て直し」
⑤　「唐《とう》の僧《そう》　失明くじけず　日本へ」
⑥　「侘《わ》び求め　奥《おく》の細道　旅に出る」
⑦　「“いざ鎌倉《かまくら》”の　時は今だと　尼《あま》将軍」
⑧　「女王の　治める国は　邪馬台国《やまたいこく》」
⑨　「大政奉還《たいせいほうかん》　最後の将軍の　花道か」
⑩　「島原の乱　奇跡《きせき》の少年　リーダーに」

［歴史カルタ・読み札の句B］

⑪　「長安の　文化を求めて　海を越《こ》え」
⑫　「かな文字で　光源氏の　物語」
⑬　「東山　書院造の　たたずまい」
⑭　「広重《ひろしげ》や　東海道を　いざ進まん」

問１　［歴史カルタ・読み札の句A］①～⑩で読まれている歴史上の人物の名前を、それぞれ答えなさい。

問２　［歴史カルタ・読み札の句B］⑪～⑭について、次の設問に答えなさい。

（１）⑪について、この句の内容に**あてはまらない人物**を、次の**ア**～**エ**から一つ選び、記号で答えなさい。

ア　阿倍仲麻呂《あべのなかまろ》　　**イ**　犬上御田鍬《いぬかみのみたすき》　　**ウ**　空海　　**エ**　菅原道真《すがわらのみちざね》

（２）⑫について、この句の物語と同様に、平安時代にかな文字で書かれた文学作品を、次のア～カから**二つ**選び、記号で答えなさい。

ア　御伽草子《おとぎぞうし》　　イ　徒然草《つれづれぐさ》　　ウ　土佐日記
エ　平家物語　　オ　方丈記《ほうじょうき》　　カ　枕草子《まくらのそうし》

（３）⑬について、この句で読まれている建築物としてふさわしいものを、次の**ア～エ**から一つ選び、記号で答えなさい。

ア

イ

ウ

エ

（４）⑭について、この句で読まれている作品としてふさわしいものを、次の**ア～エ**から一つ選び、記号で答えなさい。

ア

イ

ウ

エ

4

次の文章は、ある日の中学校における先生と生徒２人（春樹・夏男）の会話です。これを読み、あとの問いに答えなさい。

春樹：この学校の授業はどれも面白《おもしろ》いしためになるけれど、そのなかでも私が一番好きなのは、中３社会科の地域調査の授業です。毎週楽しみにしています。

夏男：僕《ぼく》も地域調査の授業は好きだな。先生の話を聞いてノートをとる授業もいいけれど地域調査の授業は自分たちでテーマを決めていろいろと調べたり、友達と話し合ったりするのがとても楽しいよ。

先生：この学校の地域調査の授業は、2002（平成 14）年から全国の中学校で始まった「総合的な学習の時間」の取り組みとして始められたんだ。

夏男：さすが先生、昔のことをよく知っていますね。

先生：私は①1990 年代のはじめに本校に着任して以来、現在まで 30 年以上この学校に勤めているからね。②明治時代から続くこの学校の長い歴史のなかで、教育内容も大きく変わってきたけれど、最近の地域調査の授業は面白い取り組みだと思うよ。

春樹：地域調査の「東京探検」で取り上げられる場所は、やはり 23 区が圧倒的《あっとうてき》に多いですね。

先生：そうだね。やはり 23 区には、歴史的な建造物や長い伝統のある場所がたくさんあるからね。最近の先輩《せんぱい》たちが取り上げた事例では、③文京区から台東区にかけての「谷根千《やねせん》」や、古書店街が並ぶ神田神保町《かんだじんぼうちょう》、「おじいちゃん・おばあちゃんの原宿」と呼ばれる巣鴨《すがも》などが印象的だったね。

春樹：僕は東京都の市部である多摩《たま》地域に住んでいるので、地域調査の「東京探検」の授業で 23 区の場所ばかりが取り上げられるのは、何となく残念な気がします。

夏男：それは同感だな。僕も東京都の市部に住んでいるので、地域調査の授業では 23 区ではなく、多摩地域の場所を取り上げたいと思っています。僕は声を大にして言いたい、「23 区だけが東京都じゃない！」って。

先生：それはまったくその通りだ。本校から近い 23 区内の場所を取り上げる生徒が多いのはたしかだけど、「東京探検」でどこを調べるかは君たちの自由だ。君たちが自分たちの住んでいる多摩地域に興味を持っているなら、その地域について調べたらいい。

春樹：私は西東京市という市に住んでいます。西東京市は、2001（平成 13）年に④二つの市が合併《がっぺい》してできた市です。西東京市は東京 23 区の一つである練馬《ねりま》区とも接していて、名前は西東京市だけど、東京都全体の地図で見ると東京都のほぼ中央に位置しています。あと、下野谷遺跡《したのやいせき》という⑤縄文《じょうもん》時代の大規模な集落の跡《あと》が発掘《はっくつ》され、現在ではその一部が公園として整備されています。

先生：春樹君は西東京市に住んでいるんだね。君たちはまだ生まれていなかったからあまり知らないと思うけれど、西東京市が誕生した頃《ころ》は⑥平成の大合併といって、日本全国で市町村の合併を政府が主導して推進していた時期なんだ。現在私が住んでいる（　⑦　）市も浦和《うらわ》市と大宮市と与野市の 3 市が 2001 年に合併してできた市で、西東京市誕生と同じ年だね。

夏男：僕は国分寺市に住んでいます。国分寺市は、その名の通りかつて武蔵国《むさしのくに》の国分寺があったところで、とても住みやすい街です。武蔵国分寺跡は現在では公園として整備されていて、小学生の時に社会科見学でも行きました。あと、この辺りは落ち着いていて環境《かんきょう》がいいので、隣接《りんせつ》している国立《くにたち》市や小金井《こがねい》市などとあわせて、大学や高校がたくさんあります。

先生：国分寺はその名の通り、歴史を感じさせる街だね。多摩地域にはその他にも、歴史と関連の深い地名がたくさんある。国分寺と同じ⑧奈良時代に関連するものでは、たとえば調布という地名は、律令《りつりょう》制度下の税制である租庸調《そようちょう》に由来するものだし、府中《ふちゅう》という地名は、かつて武蔵国の国府が置かれていたことに由来する地名なんだ。

夏男：やっぱり、多摩地域も歴史の宝庫だな。

先生：君たちが言うとおり、23 区だけが東京都じゃない。市部・多摩地域についても積極的に問いを見つけて、研究を深めてほしいな。

春樹・夏男：はい！！

問１　下線部①について、先生がこの学校に勤務している期間（1990 年代～現在）に起こった、以下の＜**世界**＞と＜**日本**＞の出来事を、それぞれ年代の古い順に並びかえ、記号で答えなさい。

＜**世界**＞

ア　アメリカ同時多発テロ事件の発生

イ　ソビエト連邦《れんぽう》の崩壊《ほうかい》

ウ　新型コロナウイルスの世界的流行の開始

エ　ロシアによるクリミア半島の併合宣言

＜**日本**＞

カ　東日本大震災《しんさい》と福島第一原子力発電所事故

キ　「平成」が終わり「令和」になる

ク　阪神・淡路《あわじ》大震災

ケ　東京オリンピック・パラリンピック開催

問２　下線部②について、明治時代から現在にいたるまで、この学校の長い歴史のあいだには、近代日本の歩みとともに、いくつもの大きな戦争がありました。このことについて、以下の＜**Ａ**＞～＜**Ｄ**＞に答えなさい。

＜**Ａ**＞　日清《にっしん》戦争に関連して、次の設問に答えなさい。

（**１**）日清戦争の講和条約である下関条約により日本は遼東《りょうとう》半島を獲得しましたが、ロシアを中心とした三国干渉《かんしょう》によって、清に返還することになりました。干渉をおこなったロシア以外の二つの国の組み合わせとして正しいものを、次の**ア**～**カ**から一つ選び、記号で答えなさい。

ア　アメリカ・イギリス　　**イ**　アメリカ・ドイツ　　**ウ**　アメリカ・フランス

エ　イギリス・ドイツ　　**オ**　イギリス・フランス　　**カ**　ドイツ・フランス

（**２**）三国干渉後、日本では中国のある故事成語をスローガンに掲《かか》げ、ロシアへの復讐《ふくしゅう》を誓《ちか》う社会的空気が民衆のあいだに広まりました。この故事成語を、次の**ア**～**エ**から一つ選び、記号で答えなさい。

ア　臥薪嘗胆《がしんしょうたん》　　**イ**　捲土重来《けんどちょうらい》　　**ウ**　呉越同舟《ごえつどうしゅう》　　**エ**　四面楚歌《しめんそか》

＜Ｂ＞　日露《にちろ》戦争に関連して述べた文として**誤っているもの**を、次の**ア**～**エ**から一つ選び、記号で答えなさい。

ア　日露戦争のさなか、ロシアで「血の日曜日事件」をきっかけに革命運動が起こった。

イ　日本海海戦では、東郷平八郎《とうごうへいはちろう》率いる日本艦隊《かんたい》がロシアのバルチック艦隊に勝利した。

ウ　アメリカの仲介《ちゅうかい》で、陸奥宗光外相《むつむねみつがいしょう》がポーツマスでロシアとの講和条約に調印した。

エ　賠償《ばいしょう》金が取れない講和条約に国民の不満が爆発《ばくはつ》し、日比谷《ひびや》焼打ち事件が起こった。

＜Ｃ＞　第一次世界大戦に関連して、次の設問に答えなさい。

（１）第一次世界大戦終結時、敗戦国ドイツと連合国の間で結ばれた講和条約について、調印の舞台《ぶたい》となったフランスの宮殿《きゅうでん》の名称を、**カタカナ**で答えなさい。

（２）第一次世界大戦後、戦争の抑止と世界平和の維持を目的として設立された国際連盟において、事務次長をつとめた日本人の名前を答えなさい。

＜Ｄ＞　第二次世界大戦に関連して、次の設問に答えなさい。

（１）ナチスによるユダヤ人迫害《はくがい》から救うために、いわゆる「命のビザ」を発行してユダヤ人の海外逃亡《とうぼう》を助けた杉原千畝《すぎはらちうね》は、当時どこの領事館に赴任《ふにん》していたか、次の**ア**～**エ**から一つ選び、記号で答えなさい。

ア　エストニア　　**イ**　フィンランド　　**ウ**　ラトビア　　**エ**　リトアニア

（２）日本が終戦を迎えた日（1945（昭和20）年8月15日）における日本の内閣総理大臣を、次の**ア**～**エ**から一つ選び、記号で答えなさい。

ア　近衛文麿《このえふみまろ》　　**イ**　鈴木貫太郎《すずきかんたろう》　　**ウ**　東条英機《とうじょうひでき》　　**エ**　米内光政《よないみつまさ》

問３　下線部③について、文京区と台東区に位置する施設や地名の組み合わせを、次の**ア**～**エ**からそれぞれ一つ選び、記号で答えなさい。

ア　上野恩賜《おんし》公園、上野動物園、国立西洋美術館、東京国立博物館、浅草《せんそう》寺

イ　お台場海浜《かいひん》公園、迎賓館《げいひんかん》赤坂離宮《りきゅう》、芝《しば》公園、増上寺、東京タワー

ウ　銀座、日本橋、築地《つきじ》場外市場、築地本願寺、浜離宮恩賜庭園

エ　小石川植物園、東京大学本郷キャンパス、東京ドーム、湯島聖堂、湯島天神

問４　下線部④について、二つの市の組み合わせとして正しいものを、次の**ア**～**エ**から一つ選び、記号で答えなさい。

ア　昭島《あきしま》市と日野市　　**イ**　稲城《いなぎ》市と多摩市

ウ　田無《たなし》市と保谷《ほうや》市　　**エ**　羽村《はむら》市と福生《ふっさ》市

問５　下線部⑤について、縄文時代の生活様式について述べた文として正しいものを、次の**ア〜エ**から一つ選び、記号で答えなさい。

ア　文様が少なく、高温で焼くため赤褐色《せきかっしょく》をした、かたくて薄手《うすで》の土器がつくられた。

イ　人々が食べた貝の殻《から》や魚・動物の骨などは一定の場所に捨てられ、貝塚《かいづか》ができた。

ウ　米はネズミや湿気《しっけ》を防ぐために高床《たかゆか》倉庫におさめ、杵《きね》と臼《うす》で脱穀《だっこく》して食べた。

エ　外敵を防ぐために、周りに濠《ほり》や柵《さく》をめぐらせた環濠《かんごう》集落がつくられた。

問６　下線部⑥について、20 世紀末から 21 世紀初頭にかけておこなわれた、いわゆる「平成の大合併」によって、日本全国の市町村数は、現在の数に近くなりました。この「平成の大合併」によって、日本全国の市町村数はおよそいくつからいくつに減少したか、次の**ア〜エ**から一つ選び、記号で答えなさい。

ア　（大合併前）約 10,000 →（大合併後）約 5,500

イ　（大合併前）約 5,500 →（大合併後）約 3,200

ウ　（大合併前）約 3,200 →（大合併後）約 1,700

エ　（大合併前）約 1,700 →（大合併後）約 900

問７　文章中の空らん（　⑦　）にあてはまる市の名前を答えなさい。

問８　下線部⑧について、奈良時代の日本について述べた文として**誤っているもの**を、次の**ア〜エ**から一つ選び、記号で答えなさい。

ア　710 年、唐の長安にならった平城京が、律令国家の新しい都となった。

イ　成人男性には租のほかに、布や特産物を都に納める調・庸の税が課された。

ウ　仏教の力で伝染病《でんせんびょう》や災害から国家を守ろうと、国分寺と国分《こくぶん》尼《に》寺《じ》が建てられた。

エ　国ごとに国府と呼ばれる役所が置かれ、地方の豪族《ごうぞく》が国司に任命され政治を行った。

2024(R6) 開成中
K 教英出版

二

問一

問二

問三

問四

問五

① イッキョイチドウ

② コキュウ

③ タイジ

④ シンセイ

⑤ イシツ

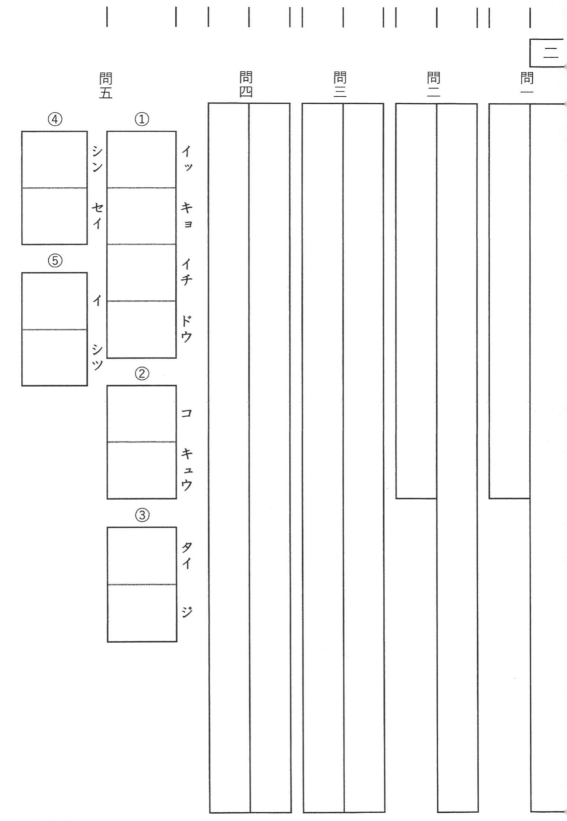

B 算　数 24

解 答 用 紙

受験番号	氏　　名

※85点満点
（配点非公表）

（注意）　式や図や計算などは，他の場所や裏面などにかかないで，すべて解答用紙のその問題の場所にかきなさい。

1 (1)

(2)

(ア)	cm

【解答

C 算　数 24

解　答　用　紙

受験番号	氏　　名

（注意）　式や図や計算などは，他の場所や裏面などにかかないで，すべて解答用紙のその問題の場所にかきなさい。

2

(1)	《　　　　》

(2)

(ア)	(イ)
【　　】	【　　】
【　　】	【　　】
【　　】	【　　】
【　　】	【　　】
【　　】	【　　】
【　　】	【　　】

(ウ)	①	通り
	②	通り
(エ)		通り

(3)	通り

3

(2)

(3)

E 理 科 24

解 答 用 紙

受験番号	氏　　名

※70点満点
（配点非公表）

1

問 1	問 2	問 3

問 4	問 5	問 6
g	g	

2

問 1		問 2
昔	現在	日

問 7

【解答

F 社　会 24

解 答 用 紙

受験番号	氏　　　名

※70点満点
（配点非公表）

1

問1

問2 (1) (2)

問3 (1) 分の1 (2) (3)

問4 (1) C D (2)

問5

問6 (1) (2)

問7

2

問1 i 半島 ii 盆地 iii iv 市

問2

問3

問4 (1) (2)

問5 A県 C県

問6 (1) B県 D県 (2) B県 C県 (3)

【解答

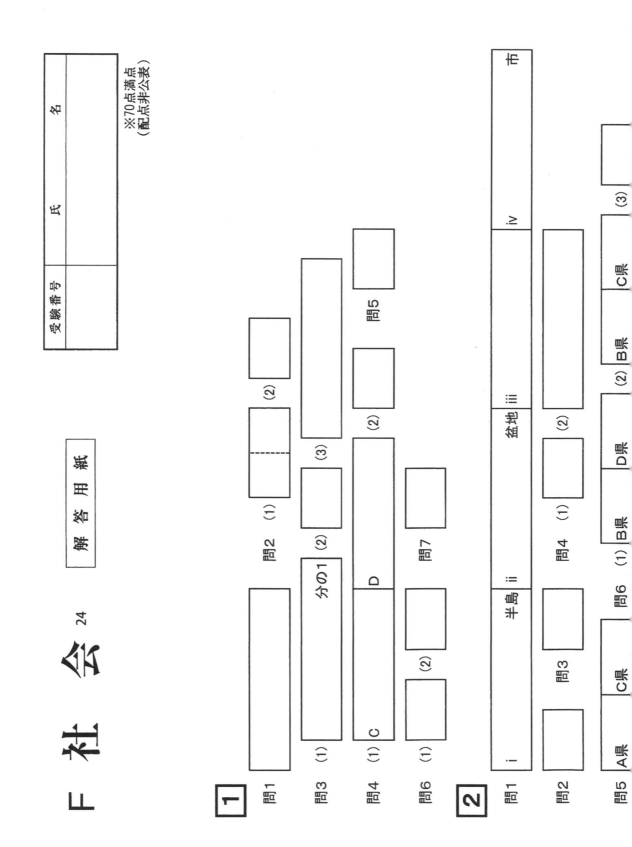

問1

①	②	③	④
⑤	⑥	⑦	⑧
⑨	⑩		

問2 (1) (2) (3) (4)

4

問1 世界 → → → 日本 → → →

問2 A (1) (2) B

C (1) 宮殿 (2) D (1) (2)

問3 文京区 台東区 問4 問5 問6

問7 市 問8

問 4	問 5	問 6

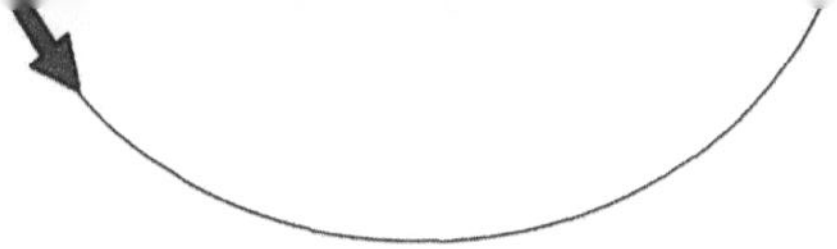

3

問 1	問 2

問 3					問 4
(1)	(2)	(3)	(4)	(5)	

問 5				
(1)	(2)	(3)	(4)	(5)

4

問 1	問 2	問 3

問 4			問 5	問 6
① : :	②	③		

問 7

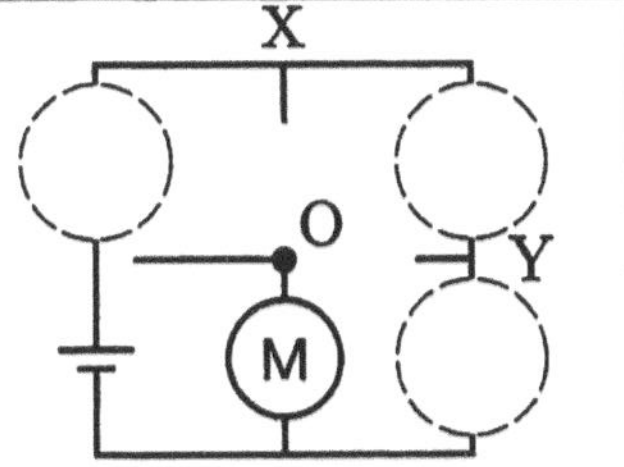

(1)

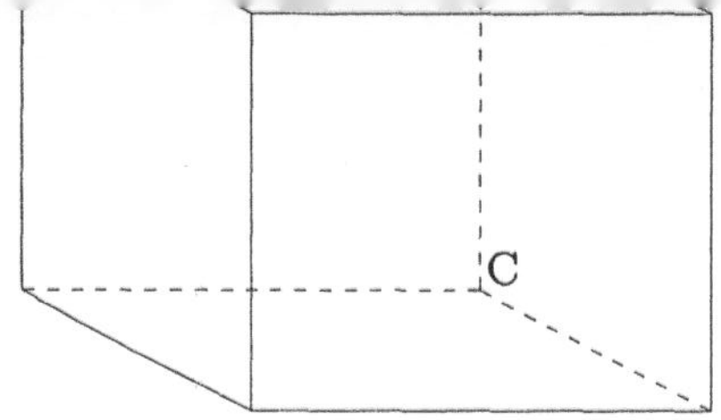

(4)

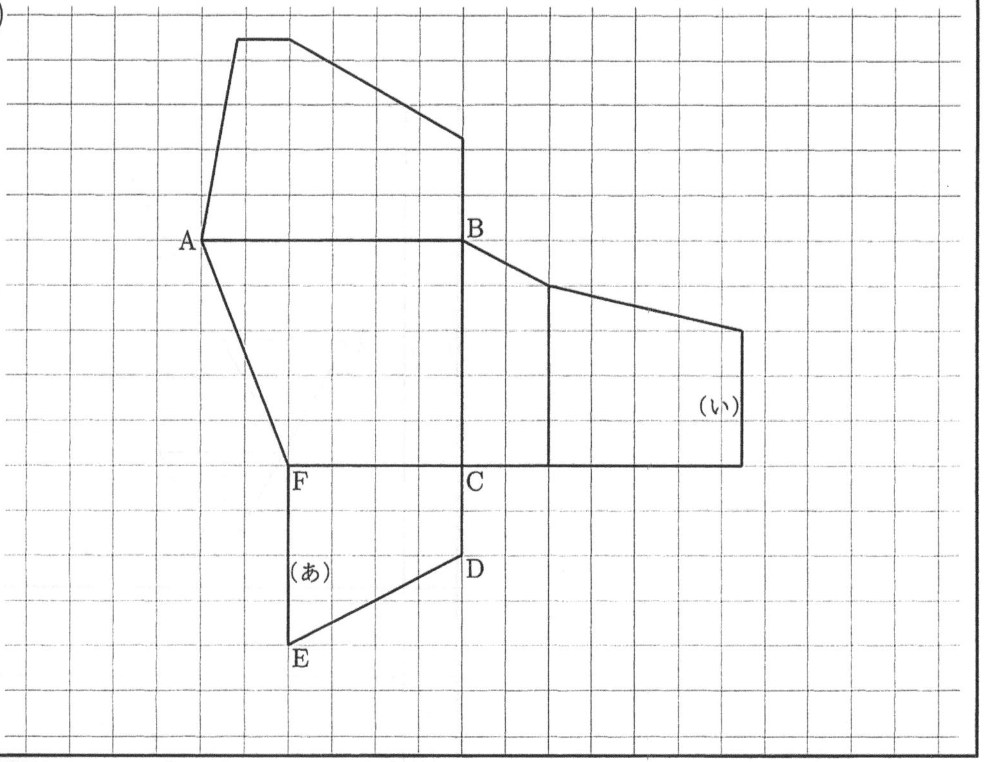

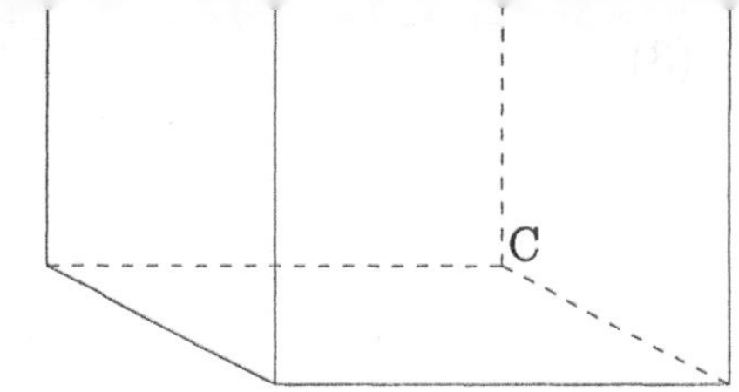

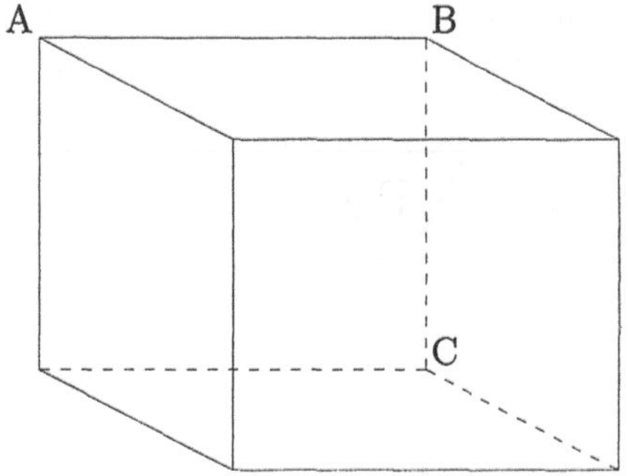

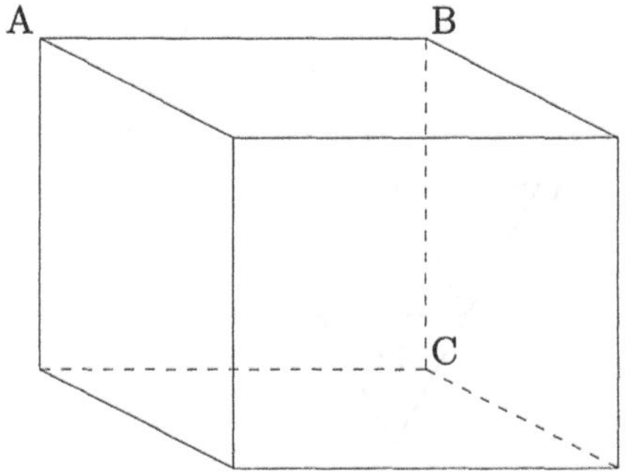

(5) cm²

【解答

(3)

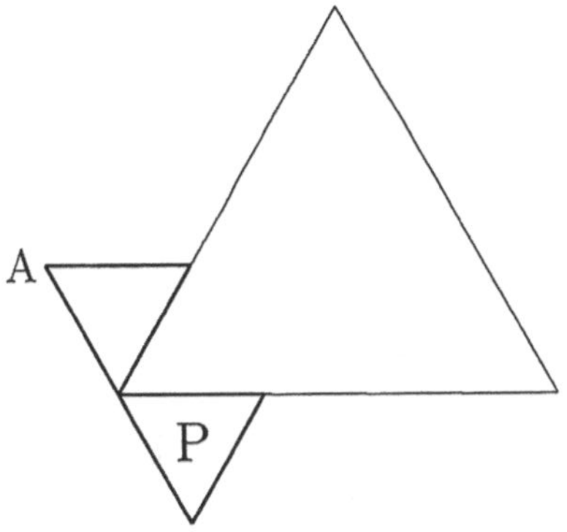

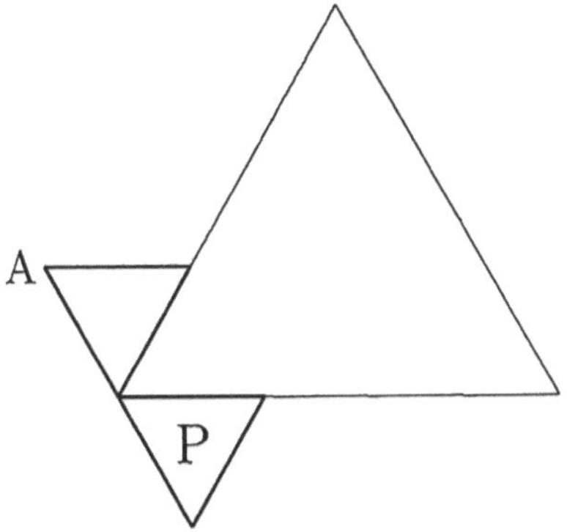

(ア)	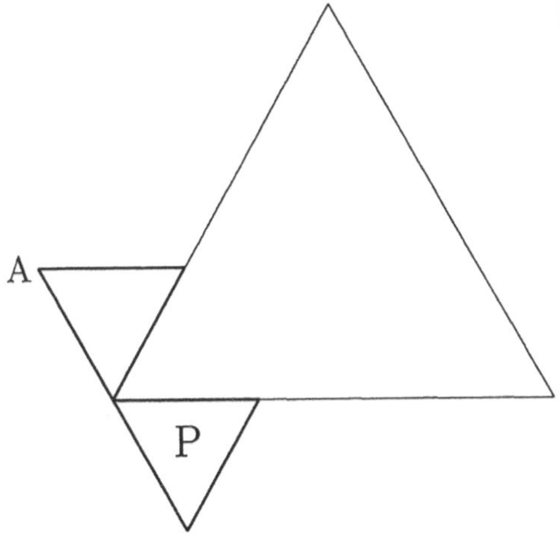	
(イ)	cm	
(ウ)	(X)	(Y)

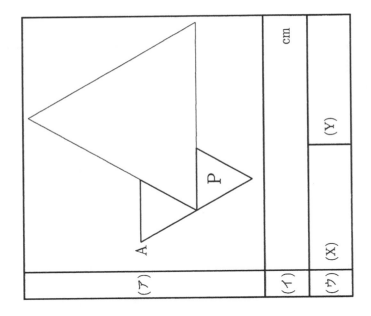

A

国語

24

解答用紙

受験番号

氏名

※85点満点
（配点非公表）

一

問一

①

②

③

問二

問三

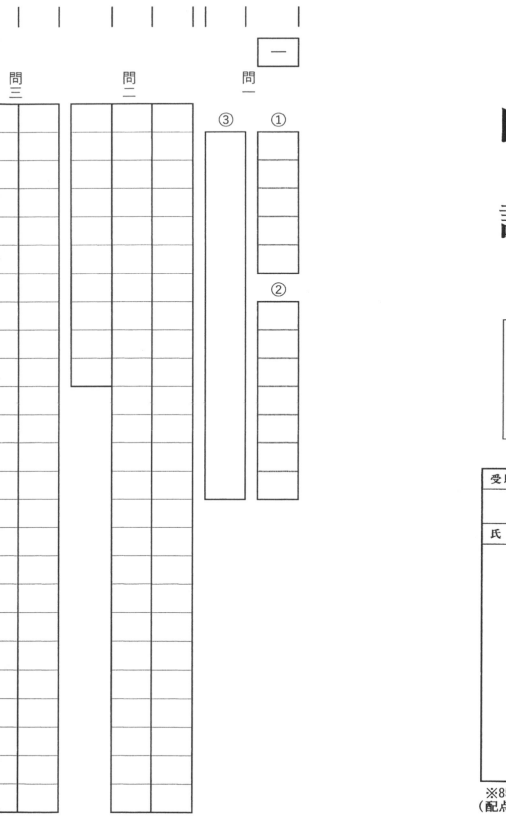

令和５年度　開成中学校

Ａ　国　語（５０分）

答えはすべて 解答用紙 に書き入れること。

【この冊子について】

1. 試験開始の合図があるまで、この冊子に手をふれてはいけません。
2. 問題は3～15ページです。
3. 解答用紙は、冊子の中央にはさまっています。試験開始の合図後、取り出して解答してください。
4. 試験中に印刷のかすれやよごれ、ページのぬけや乱れ等に気づいた場合は、静かに手を挙げて先生に知らせてください。
5. 試験中、冊子がバラバラにならないように気をつけてください。

【試験中の注意】 以下の内容は、各時間共通です。

1. 試験中は先生の指示にしたがってください。
2. 試験中、机の中には何も入れないこと。荷物はイスの下に置いてください。
3. 先生に申し出ればコート・ジャンパー等の着用を許可します。
4. かぜ等の理由でハンカチやティッシュペーパーの使用を希望するときは、先生の許可を得てから使用してください。
5. 試験中に気持ちが悪くなったり、どうしてもトイレに行きたくなったりした場合は、静かに手を挙げて先生に知らせてください。
6. 試験中、机の上に置けるのは次のものだけです。これ以外の物品を置いてはいけません。
   - ・黒しんのえん筆またはシャープペンシル
   - ・消しゴム　　・コンパス
   - ・直定規　・三角定規一組（10cm程度の目盛り付き）
   - ・時計　　・メガネ

   筆箱も机の上には置けませんので、カバンの中にしまってください。
7. **終了のチャイムが鳴り始めたら、ただちに筆記用具を置いてください。**
8. 答案を回収し終えるまで、手はひざの上に置いてください。

＃教英出版 編集部　注
編集の都合上、一部白紙ページは省略しています。

このページは白紙です。

一　以下の文章は、建築家である筆者が、一九八〇年代の建築業界と、高知県梼原町《ゆすはらちょう》での経験とをふりかえった文章です。読んで、後の問に答えなさい。なお、本文中の〔＝　〕は、出題者の付けた注・解説です。

当時の建設業界は、江戸《えど》時代の武家社会のようだと僕《ぼく》は感じていた。戦国時代の社会は実際に武士を必要としていた。武士の力によって、武士の暴力によって、中世の日本は近世の日本へと脱皮《だっぴ》できたのである。

平和な江戸時代がやってきて、もはや社会は武士を必要としなくなった。しかし、江戸幕府は、功績のあった武士階級を尊重し、彼等《かれら》の特権を温存した。武士は士農工商の身分制度の最上位に位置づけられ、いばり続けることができた。日本社会は、一貫《いっかん》して温情社会であり、過去の功績、過去の特権は尊重され守られ続ける。

そして、すでに自分達《たち》が不要であることに気がついた人々は、自分達の倫理《りんり》、美意識をエスカレートさせることによって、自身のレゾンデートル〔＝存在意義〕をアピールする。時代が転換《てんかん》する時、人間は昔から同じことを繰《く》り返し、前の時代のエリートは、必死に延命を図った。江戸時代の武士は、まさにそのようにして武士道を尖鋭《せんえい》化し〔＝激しくおし進め〕、自分達の存在を正当化しようとした。戦国時代の武士は、倫理や美意識よりも、明日の戦《いくさ》に勝つことがまず大事な、現実的な人達であった。しかし、江戸時代に、転倒《てんとう》が起こる。

《中略》

1 80年代の建築の世界も、戦場を失った武士によく似ていた。第二次大戦後の日本は、確かに、建築を必要としていた。西欧《せいおう》に追いつくために、たくさんの建築を建て、速い鉄道を走らせ、長い道路を作る必要があった。それが、1970年の大阪万博《おおさかばんぱく》の頃《ころ》には、ほぼ**モクヒョウ**を達してしまった。戦場はなくなり、江戸時代のような平和な時代がやってきたのである。それでも、江戸幕府が武士政権であったように、1970年が過ぎても、戦後日本の政治も経済も、依然《いぜん》として建築主導であり、建築は作られ続けなければならなかった。作る必要のないものも、たくさん作らなければならなかった。無理に無理を重ねて行きついたその先が、80年代のバブル経済であった。バブル経済は、土地の値段が根拠《こんきょ》のない非常識のレベルにまで高騰《こうとう》した現象である。が、土地は土地の論理によって高騰したのではない。土地はその上に建築を建て続けるという圧力に押《お》されて、根拠なく高騰したのである。

僕が飛び込《こ》んでいった80年代の建築業界は、様々な意味で、武士道が支配する、閉じられたイキグルしい世界であった。

《中略》

若い建築家から、一言アドバイスを求められると、「仕事がないことを大事にするといいよ」と答えることにしている。大抵《たいてい》、みんなそれを聞いてポカンとする。建築家は、依頼《いらい》がないと建築を建てられない職業なので、どうしても仕事をとりに走り回ってしまう。画家と建築家とは、そこが一番違《ちが》う。そうやって走り始めると、日々の仕事に追われてしまって、こなすだけになる。自分の作っている建築にどんな意味があるか、社会が今どんな建築や都市を必要としているか、未来の人間がどんな建築、都市を必要としているかを考える時間がなくなってしまう。職人とじっくり話すという時間もなくなってしまう。ものを実際に作る彼らと話すことでこそ、建築にはリアリティが与《あた》えられ、生命が叩《たた》き込まれる。

86年にニューヨークからバブル真っ盛《さか》りの日本に帰ってきた時の僕も、そんな感じで、忙《いそが》しかった。しかし、まったくありがたいことにバブルがはじけた。バブルという「祭り」が終わって、「祭りのあと」に投げ出されることになった。梼原の仕事をはじめる前のバブルの時代は、東京の仕事に追われていた。職人とじっくり話す機会はまるでなかった。東京の工事現場は、建設会社のエリート社員である現場所長が仕切っていて、原則として所長としか話をしてはいけないというルールがあった。彼を通り越《こ》して、僕が直接職人と話して様々なアイデアを交換すると、コスト〔=値段〕やスケジュールの点で面倒《めんどう》なことになるリスクがある。所長はその面倒を一番嫌《きら》う。話す相手は所長だけ、話題はコストとスケジュールだけというのが、都会の現場の決まりであった。「とってもいいデザインだと思いますが、何しろスケジュールがタイトな〔=ゆとりがない〕ので、普通《ふつう》の収まり（ディテール〔=仕上げの細部〕）でやらしてください。コストオーバーで、スケジュールが遅《おく》れることも、絶対できませんから」というのが、すべての現場所長の口癖《くちぐせ》であった。

しかし、檮原では違う時間が流れていた。この町と、2東京の現場とは、違う空気が流れていた。檮原に来て、谷に流れる霧《きり》を眺《なが》めていると、ゆったりしてしまって、東京に戻《もど》ろうなどという気分が消えてしまった。食べ物はおいしかった。米からして、味がまったく違った。匂《にお》い米《まい》という独特の香りのする米を混ぜて炊《た》くので、白米が香《こう》ばしいのである。タイでこれと同じ香りの米を食べたことがあって、タイ人はそれをジャスミンライスと呼びならわしていた。

現場でも、「職人とは絶対直接話をしないでください！」などというギスギスした雰囲気《ふんいき》はなく、色々な職人と自由に話ができたし、友人にもなった。昼間は、彼らが作業する脇《わき》で、彼らの手の動かし方を眺めながら、色々質問をぶつけて、そんなことも知らないのかと笑われた。大学では決して教われなかった、建築という行為《こうい》の秘密の数々に直接触《ふ》れることができた。彼らが作っている脇で、僕もいろいろ注文を出した。「そんなことできるわけねえだろ」と、一蹴《いっしゅう》されることもあったし、ギャクに「そんなの簡単だよ、かえって手間がかかんねえよ。本当にそれでいいのか」などと、笑って返されることもあった。現場所長というマネージャーが間に入ったら、絶対起こらないようなやり取りができた。設計図を描《か》いている時には思いつかなかった、おもしろい仕上げやディテールを実現することができた。

たとえば、左官〔＝主に建物の壁《かべ》を塗《ぬ》る仕事をする人〕の職人はいろいろと無理を聞いてくれるオヤジで、どこまで土壁の中にワラを入れられるかということに、二人で挑戦《ちょうせん》した。僕は普通の土壁は表面がツルツルしすぎていて、檮原にはふさわしくないと感じた。土壁はヒビが入らないようにスサと総称《そうしょう》されるワラや糸くずを混ぜるのが普通である。入れるスサの量を増やすと、普通の土壁とは違う素朴《そぼく》な表情が出ることがわかって、ギリギリまでスサを増やしてもらった。「こんなザラザラで本当にいいんか」「大丈《だいじょう》夫《ぶ》、大丈夫」といった掛《か》け合いをしながら、見たことのない壁ができあがった。

千利休《せんのりきゅう》がデザインした待庵《たいあん》（京都府大山崎町《おおやまざきちょう》）という国宝の茶室があって――国宝の茶室は日本に3つしかない。あとのふたつは『蜜庵《みったん》』（京都市、大徳寺《だいとくじ》塔頭《たっちゅう》龍光院《りょうこういん》）と『如庵《じょあん》』（愛知県犬山《いぬやま》市の有楽苑《うらくえん》に移築）だ――その黒い壁に、普通以上の量のスサが塗り込んであって、その繊維《せんい》だらけの壁が得《え》も言われぬあたたかい質感で迫《せま》ってきた。東京の現場所長にスサを増やしてといっても、笑われるだけであった。それが山奥《やまおく》で職人と仲良くなって、意外なほど簡単に実現してしまった。

いろいろな職人と友人になったが、中でもユニークだったのが、オランダ人の紙漉《すき》職人、ロギールである。「変な外国人が、変な紙漉《す》いてるんだけど、会いたかったら紹介《しょうかい》するよ」と、役場の若い担当者にいわれた。なんでこんな山奥にオランダ人がいるのだろうかと、不審《ふしん》に思った。それに、高知の紙漉きといえば、仁淀川《によどがわ》沿いが有名で、檮原と和紙という組み合わせも、意外だった。

狭《せま》い山道を登っていくと、古いボロボロの民家があって、そこでロギールが作業をしていた。捨てられた廃屋《はいおく》を見付けて住み込んだけれど、電気が来てないんだよという話だった。あんな真っ暗な中で、よく作業をしたり、暮らしたりできるものだと感心してしまった。

人物がおもしろいだけではなく、作っている紙もおもしろかった。コウゾ〔＝和紙の原料となる植物〕の黒い樹皮が大量に漉き込んであって、ザラザラだし、ゴワゴワしているのである。コウゾ以外の栗《くり》や杉《すぎ》の木の皮を漉き込む実験もしていて、不思議なテクスチャ〔＝質感・感触《かんしょく》〕や色合いの紙が、床にたくさん転がっていた。紙の値段を尋《たず》ねたら、「いくらにしていいかわかんないなあ」と答える。その一言で、ロギールと徹底的《てっていてき》につきあってみることにした。山で拾ってきた木の枝やつるに和紙をはりつけたロギールの手作りのスタンドも、今まで僕が使ったこともないやわらかな曲線が出て、気に入った。檮原の山奥にぴったりだと思って、設計中の「雲の上のホテル」の全客室に置くことにした。

客室の壁は、ロギールの和紙を額縁《がくぶち》に入れて飾《かざ》ることを思いついた。普通はホテルの客室の壁には、版画とか写真を好んで飾る。しかし、山奥のホテルには、そんなこじゃれたアートはふさわしくない。あの不思議な和紙は、額縁に入れるにふさわしい迫力《はくりょく》がある。

バブルがはじけたタイミングで、檮原に出会えたことは、僕のその後の人生に大きな意味を持った。きっと、山にいる神様が、僕を呼んでくれたのだと思う。

僕がニューヨークででくわした85年のプラザ合意〔＝為替《かわせ》レートの安定化策〕をきっかけにして、20世紀をまわしていた産業資本主義から、金融《きんゆう》資本主義へという大きな転換が起こった。金融資本主義とは、地面と切り離《はな》された経済学である。地面と切断されているがゆえに、値段は糸の切れた風船のように、限りなく高騰する。その高騰を人々は経済成長であり、繁栄《はんえい》であると錯覚《さっかく》する。そしてバブルの崩壊《ほうかい》のように、突然《とつぜん》に風船は破裂《はれつ》する。

檮原の人達は、そんなものと無関係に生き、生活している。彼らと寄り添《そ》い、その場所と併走《へいそう》することによって、建築は再び大地とつながることができるかもしれないという希望を手に入れた。檮原の職人達が、そのやり方を教えてくれた。バブルがはじけようと、どんな災害がやってこようと、そんなことはおかまいなしに、大地を**タガヤ**して作物を作るように、黙々《もくもく》と、ゆっくりと、建築を作り続けていけばいいのである。

バブルがはじけた後の90年代の日本を、「失われた10年」と呼ぶことがある。実際その10年間、東京では、ひとつの設計の依頼も来なかった。それでも、90年代はとても懐《なつ》かしいし、楽しかった。それは、3檮原という場所と、檮原という方法と出会えたからである。

（隈研吾『ひとの住処』新潮新書刊より）

問一　本文中の＝＝部「**モクヒョウ**」・「**イキグル**」・「**ギャク**」・「**タガヤ**」を漢字に直しなさい。

問二　――部1「80年代の建築の世界も、戦場を失った武士によく似ていた」とありますが、「戦場を失った武士」のどのような点に「よく似ていた」のですか。わかりやすく説明しなさい。

問三　――部2「東京の現場」、――部3「檮原という場所」とありますが、それぞれ、建築家の筆者にとってどのような所でしたか。わかりやすく説明しなさい。

二　次の文章は、柚木麻子『終点のあの子』の一節です。付属中学から女子高に内部進学した高校一年生の希代子《きよこ》は、高校でほかの中学から入学してきた奥沢朱里《おくさわあかり》と同じクラスになりました。朱里の父は有名なカメラマンです。これを読んで、後の問に答えなさい。なお、本文中の〔＝　〕は、出題者の付けた注・解説です。

希代子と朱里は急速に親しくなっていった。まだ、お互《たが》いの家を行き来するほどではないが、希代子はそれを最終ゴールに設定している。いつか朱里の家に行き、小説のような家庭をこの目で見るのだ。

神泉《しんせん》に住む朱里とは渋谷《しぶや》から一緒《いっしょ》に通学できる。町田《まちだ》に住む森《もり》ちゃんとは、行き帰りを何時何分で合わせるという、はっきりした取り決めをしていなかったのが助かった。

とはいっても、朱里は遅刻《ちこく》ばかりする。学校に来ないことすらある。だから、井《い》の頭《かしら》線の前から二両目で彼女《かのじょ》の笑顔を見つけると、その日はものすごくついている気分になった。お弁当の時間は、朱里が声をかけてきたときだけ、グループから外れるようにしている。今のところ、グループの皆《みんな》に嫌《いや》な顔はされていない。

朱里はまんべんなくいろんなグループに顔を出している。それを目の当《ま》たりにして、少し悲しくなった。朱里は希代子だけでは退《たい》屈《くつ》なのだろう。

昼休みにアッキーたちとバスケをしているところを見た。放課後、保田《やすだ》さんたちと漫画《まんが》を描《か》いていた。図書室で秀才《しゅうさい》の星野《ほしの》さんたちと宿題をしていた。サブカル〔＝サブカルチャー〕好きなカトノリたちと、ｉＰｏｄ〔＝音楽再生機器〕で相対性理論《そうたいせいりろん》〔＝音楽グループのひとつ〕を聴《き》いていた。さらに、クラスでも一番華《はな》やかな恭子《きょうこ》さんのグループと、駅前のマクドナルドで雑誌を読んでいるのを見たときは本当に驚《おどろ》いた。

恭子さんは、高校入学組なのだが、クラスで一番堂々と振舞《ふるま》っている。学年で一、二を争う美人。お化粧《けしょう》が上手であまりにも素《す》肌《はだ》になじんでいることから、なっちゃん〔＝希代子たちのクラスの先生〕も注意しかねている。中等部からの早坂《はやさか》さん、綾乃《あやの》ちゃん、高校からの山下《やました》さんと舞子《まいこ》さんが、彼女の取り巻きだ。

恭子さんの地位を確固たるものにしているのが、放課後、学校の外に車を止め、大音量で音楽を流して彼女を待つ、大学生の恋人《こいびと》

の存在だ。希代子たちの学校は、恋人がいる生徒が少ない。男友達がいるというだけで羨望《せんぼう》の眼差《まなざ》しで見られる。学校の門を出るとき、ちらりと目に入る運転席の彼《かれ》は、髪《かみ》の色が明るすぎるホスト風の男だが、少しだけどきどきしてしまうのは、きっと希代子だけではないはずだ。

「EXILE〔=音楽グループのひとつ〕を聴いている時点で、うちら的にはナシって感じ」

と莫迦《ばか》にしたように顔をしかめるのは、音楽に詳《くわ》しいカトノリやななちゃんたちだけだ。

朱里は皆の注目を集めはじめている。国語と美術の成績が抜群《ばつぐん》にいい。希代子は、強引《ごういん》に同じ美術部に入部させた。休みがちだが、彼女が少しだけ手を付けた油絵は迫力《はくりょく》がある。

平気で学校をさぼるし、遅刻もするのに、教科によっては、教師の間で一目置かれている。例えば、厳しくて有名な美術の高木《たかぎ》先生も、発言が多い彼女を可愛《かわい》がっている。そのせいか、好き勝手《かって》しても、不良っぽさなどどこにもない。

「学校来ないとき、どこで何をしているの？」

と訊《き》いたことがある。うふふと笑い、彼女は嬉《うれ》しそうにこう答えた。

「急行片瀬《かたせ》江《え》ノ島《しま》行き」

下北沢《しもきたざわ》駅のホームで、そのアナウンスが流れているのは毎朝聞く。その急行に乗ると、学校がある駅を通過してしまうから、聞き逃《のが》さないよう注意している。

「あのね、急行に乗って、江《え》の島《しま》に海を見に行くの。人が少ない平日の砂浜《すなはま》をぶらぶらするの。波を見つめているだけで、すごく自由な気持ちになって楽しいよ」

1希代子は完全に朱里に魅《み》せられた。学校をさぼって海に行く——。その言葉は美しい音楽とか、宝石の名前のように思われた。

朱里は、メールの代わりによく手紙をくれる。手紙に添《そ》えられている四コマ漫画《まんが》があまりに面白《おもしろ》いので褒《ほ》めたら、朱里は紺《こん》色の厚い表紙のノートに連載《れんさい》を始めた。朱里に断って、森ちゃんたちに見せた。皆、感心していた。たちまち、口コミで火がつき、彼女の漫画はクラスでまわし読みされるようになった。しかし、朱里は唐突《とうとつ》に、

「義務になったら、なんか嫌になった」

と言い、続きを描くのを止《や》めた。

「あー、まじだるい。眠《ねむ》い」「行きたくないなあ」

希代子と朱里は笑いながら言い合っていた。朝の下北沢駅の下りホーム。学校に向かうため、各駅停車を待っていた。すぐそばには同じ学校の生徒が何人もいる。

ふいに朱里は目を輝《かがや》かせた。

「いいじゃん、今日さぼろうよ。さぼっちゃおう。創作ダンスの練習なんてたるいし、美術の授業もないじゃん」

アナウンスが響《ひび》き、各駅停車の電車がホームに滑《すべ》り込《こ》む。希代子は笑いながら、

「そうしたいけど、そうもいかんでしょ」

一緒に乗ろうと促《うなが》した。朱里はにこにこしながら動かない。希代子は、少し焦《あせ》る。この電車を逃せば、遅刻するかもしれない。

次にくる電車は「急行片瀬江ノ島行き」なのだから。

「ほら朱里、乗ろう」

希代子は、彼女の手をぐいと引っ張る。朱里は微笑《ほほえ》んだまま動こうとしない。学校をさぼろうとしているのだ。彼女にとって学校をさぼることはなんでもない。しかし希代子にとっては重大事だ。朱里の自由な一日には憧《あこが》れるが、それとこれとは別だ。さぼるのはまずい。冷たい汗《あせ》が背中を伝う。大声で叫《さけ》びたくなる。

家に連絡《れんらく》がいく。母をうまく誤魔化《ごまか》せたとしても、今日の創作ダンスの練習はどうなる。希代子なしで進むのか。皆に迷惑《めいわく》をかけるのではないか。

朱里からそっと離《はな》れようとする。

「無理なご乗車はお止めください」

あのアナウンス。もう走らないと。ほんの一メートルの距離《きょり》なんだ。走らないと。朱里は、のんびりと笑っている。やっと自分が動けないことに気がついた。

強制されているわけではないのに、朱里の提案には退けられない何かがあった。学校をさぼりたいわけではない。しかし今、学校に行くことで何かを失う気がした。

シューッと、ダストシュートにゴミが落ちていくような音をさせて電車のドアが閉まった。ほんの一瞬《いっしゅん》だけれど、ホームは水族館みたいに静かになる。

飛び出しそうだった心臓が、どくんと大きな音を最後に静まった。ホームから同じ制服の女の子たちが綺麗《きれい》に消えた。

「やった、キヨちゃん、これで一日一緒だね」

朱里は嬉しそうに希代子の手を取り、ぴょんぴょんと飛び跳《は》ねた。

2曖昧《あいまい》に笑いながら、本当の自分が乗るべき電車が学校めがけて細く消えていくのを、希代子は眺《なが》めている。二人は、その後すぐやってきた「急行片瀬江ノ島行き」に乗り込んだ。確かにいつもの電車と違《ちが》う。乗っている客がどことなく休日風の出《い》で立《た》ちだし、人数も少ない。シートや手すりの色もレトロだ。

「なんかいいでしょう。この車内」

朱里はとびきりの秘密を打ち明けるようにささやき、青いシートに腰《こし》を下ろし、身を数回弾《はず》ませた。希代子は、電車の窓から見る見慣れた風景が、いつもの数倍のスピードで荒々《あらあら》しく消えていくのを見つめている。知らない世界に連れ去られていく手応《てごた》えを、はっきりと感じた。

降りるべき学校の最寄《もよ》り駅を通り過ぎた。こんな風にいつものホームを急行から眺めたことなどない。売店も階段の位置も、違って見える。ホームにいる人の群れの中に、自分と同じ制服がいくつか目に飛び込んでくる。

希代子は泣きそうになりながら、あっという間に遠ざかるそれらを食い入るように見つめた。自分がどれほど守られ、安心して生活していたのか、はっきりわかった。あの場所に戻《もど》る、なんとしてでも。

「ごめん。朱里」

勇気を振《ふ》り絞《しぼ》って朱里に告げた。

「私、次の駅で降りる。学校に行くね。行かないと」

必死な形相で叫んだので、数人の客がこっちを見た。朱里は驚いたように、希代子をしばらく見つめた後、明らかに面白くなさそうな顔になった。しぶしぶと「わかった」とつぶやく。次の駅までの短い時間、朱里も希代子も無言だった。

初めて降りるその駅は、半地下で、ひどく寒々としていた。希代子はほっとして、電車のドアが開くやいなやホームに飛び出す。

「ごめんね」

電車内の朱里に向き直ると、媚《こ》びるように笑い、ぺこっと頭をさげた。

「意気地《いくじ》なし」

ドアが閉まる瞬間、朱里ははっきりとそう言った。希代子は頬《ほお》が熱くなるのを感じる。ガラス越《ご》しの朱里は少しずつ遠ざかる。笑うでもなく、手を振るでもなく、ただ希代子を見ていた。希代子という人間を見透《す》かすような、冷静で賢《かしこ》い目でずっと希代子を見ていた。

駅から全速力で走ったおかげで、遅刻は免《まぬが》れた。

翌朝、希代子は井の頭線の二両目で朱里を見つけたとき、怖《こわ》くて泣きそうになった。朱里はもっとひどいことを言う気がした。希代子が希代子自身を完全に嫌《きら》いになってしまうような、強くて毒のある言葉を。ところが、彼女は何事もなかったかのようにへらへら笑い、おはよー、と話しかけてきた。

「キヨちゃん、昨日はアレから散々だったよ。江の島に着いたのはいいけど、お金なくて、結局改札から出られなかったんだよねー」

呑気《のんき》に笑う朱里は、昨日の朝、希代子にショックを与《あた》え、日常も気持ちもかき乱したことにまるで気がついていない。希代子の朱里に対する気持ちは、少しだけ曇《くも》った。筆洗いにほんの一滴《いってき》、黒い絵の具が滴《したた》ったように。

《中略》

夏休みに入る少し手前だった。朱里は、東急ハンズにある画材コーナーを探険しようと提案してきた。

「私、あそこ大好き。なんでもあるじゃん。絵の材料だけであんなにあるのって、すごくない？　一番変な名前の絵の具探して買おうかな。フォーゲットミーノットブルーとかさ」
「何それ」
「勿忘草《わすれなぐさ》の青って意味らしいよ。美術室の色辞典で読んだの」
その不思議な響きに希代子は惹《ひ》かれた。
まだ、朱里の家に誘《さそ》われたことがない。学校を一緒にさぼらなかったことが影響《えいきょう》しているのかもしれない。そう思うと、3しゃべりかけてくる朱里の柔《やわ》らかそうな頬や、屋上で投げ出される白い脚《あし》のすべてが疑わしくなる。
それでも、他の子と差をつけている部分もある。こうして放課後、寄り道に誘ってくれるようになったのだ。
二人は下北沢駅から井の頭線に乗り換《か》え、渋谷にやってきた。夏の夕方のけむるような空気の中、文化村に向かう坂を上り、東急ハンズに辿《たど》り着く。画材のフロアは、朱里の言うとおり、絵の具なら絵の具、クレヨンならクレヨンが色の波を作っていた。朱里は、希代子そっちのけでぐるぐると歩き回り、方々で歓声《かんせい》をあげている。結局、希代子がフォーゲットミーノットブルーを必死に探している。
「あれ、希代子ちゃん」
澄《す》んだ声に振り返る。なんと瑠璃子《るりこ》さんがいるではないか。希代子の目は丸くなる。
「瑠璃子さん！」
「どうしたの？　美術の授業の画材を探しに来たの？　あちらはお友達？」
瑠璃子さんは、黒いハイネックのカットソーを着ていて肩《かた》がむき出しだった。スケッチブックや本を入れた重そうなトートバッグが肩に食い込み、そこだけ赤くなっている。青白い肌との鮮《あざ》やかなコントラスト〔＝ちがい〕を見つめるうちに、希代子は吸い込まれそうになった。
「知っている人？」
ミルクの香りで我に返る。走り回っていたはずの朱里が隣《となり》にいた。希代子は、精一杯《せいいっぱい》大人びた口調で自慢《じまん》の友人と憧れの人をそれぞれに紹介《しょうかい》する。

「こちら、美大院生〔=美術を専門に学ぶ大学院の学生〕の瑠璃子さん。ママのお店で働いていたの。こちらは、同級生の奥沢朱里さん。ほら、前に話した奥沢エイジさんがお父様の、あの子です」

奥沢エイジの名を出した瞬間、瑠璃子さんの知的で冷静な目に、ぱっと高揚《こうよう》の色が浮《う》かんだ。それは、なぜか切なかった。

「そうなの。私、写真集持ってるわ、あなたのお父様の駅を撮《と》るアングル、大好きよ」

朱里は、まるで緊張《きんちょう》するそぶりを見せず、人懐《なつ》こく首を傾《かし》げ甘《あま》えるように瑠璃子さんを見ている。抜《ぬ》け目ない子猫《こねこ》みたいに。

「瑠璃子さん、美大の院生なんですか！　うわあ、話聞きたいなあ。美大を受験しようかなって考え中なんです」

瑠璃子さんがお茶をご馳走《ちそう》してくれるというので、朱里と希代子は跳《と》び上がって喜んだ。朱里が瑠璃子さんにぶらさがらんばかりにして売り場を立ち去ろうとするので、希代子は慌《あわ》てて、やっと青色の棚《たな》で見つけたフォーゲットミーノットブルーを握《にぎ》り、レジに走った。一本がお昼代くらいするその絵の具を、なぜ自分が買わねばならないのだろう、という疑問が胸をよぎる。一階で二人に追いついたとき、朱里がもう絵の具などどうでもよくなっていることを知った。

4その夜、希代子はベッドの中で、その青い絵の具をなんども握り、凹《へこ》ませた。蓋《ふた》をあけてにおいを嗅《か》いだ。その日は、間違いなく大好きな二人と素敵《すてき》な放課後を過ごしたはずなのに、なぜか心がざわついていた。瑠璃子さんの連れて行ってくれたカフェで、朱里も瑠璃子さんもひどく楽しそうに絵や映画の話をしていた。二人があまりに親しげだったので、少しやきもちを焼いているのかもしれない、と自己分析《ぶんせき》し、納得《なっとく》しようとする。勿忘草というのは随分寂《ずいぶんさび》しい色をしているのだなと思った。

（柚木麻子『終点のあの子』文春文庫刊）

問一 ――部**1**「希代子は完全に朱里に魅せられた」とありますが、希代子は朱里のどのようなところに魅力《みりょく》を感じているのですか。これまでのこともあわせて説明しなさい。

問二 ――部**2**「曖昧に笑いながら」とありますが、なぜ希代子は「曖昧に笑」ったのですか。希代子の気持ちにふれながら説明しなさい。

問三 ――部**3**「しゃべりかけてくる朱里の柔らかそうな頬や、屋上で投げ出される白い脚のすべてが疑わしくなる」とはどういうことですか。説明しなさい。

問四 ――部**4**「その夜、希代子はベッドの中で、その青い絵の具をなんども握り、凹ませた」とありますが、このときの希代子の気持ちを説明しなさい。

ＢＣ 算数（６０分）

答えはすべて 解答用紙 にかき入れること。

【この冊子について】

1. 試験開始の合図があるまで、この冊子に手をふれてはいけません。
2. 問題は2～11ページです。
3. 解答用紙は２枚(B,C)あり、冊子の中央にはさまっています。試験開始の合図後、取り出して解答してください。解答用紙Ｃの右上すみの三角形はよごれではありません。
4. 試験中に印刷のかすれ、よごれ等に気づいた場合は、静かに手を挙げて先生に知らせてください。

【解答上の注意】

1. 問題文中に特に断りのないかぎり、答えが分数になるときは、できるだけ約分して答えなさい。円周率が必要なときは3.14を用いなさい。
2. 必要ならば、「角柱、円柱の体積＝底面積×高さ」、「角すい、円すいの体積＝底面積×高さ÷3」を用いなさい。
3. 式や図や計算などは、他の場所や裏面などにかかないで、すべて解答用紙のその問題の場所にかきなさい。
4. 問題用紙を切り取ってはいけません。

【試験中の注意】 以下の内容は、各時間共通です。

1. 試験中は先生の指示に従ってください。
2. 試験中、机の中には何も入れないこと。荷物はイスの下に置いてください。
3. 先生に申し出ればコート・ジャンパー等の着用を許可します。
4. かぜ等の理由でハンカチやティッシュペーパーの使用を希望するときは、先生の許可を得てから使用してください。
5. 試験中に気持ちが悪くなったり、どうしてもトイレに行きたくなったりした場合は、静かに手を挙げて先生に知らせてください。
6. 試験中、机の上に置けるのは次のものだけです。これ以外の物品を置いてはいけません。
   - ・黒しんのえん筆またはシャープペンシル
   - ・消しゴム　・コンパス
   - ・直定規　・三角定規一組（10cm程度の目盛り付き）
   - ・時計　・メガネ

   筆箱も机の上には置けませんので、カバンの中にしまってください。
7. **終了のチャイムが鳴り始めたら、ただちに筆記用具を置いてください。**
8. 答案を回収し終えるまで、手はひざの上に置いてください。

＃教英出版 編集部　注
編集の都合上、一部白紙ページは省略しています。

1 ウサギとカメが競走をしました。

カメはスタート地点からゴール地点まで，毎分 4 m の速さで走り続けました。

ウサギはスタート地点をカメと同時に出発し，毎分 60 m の速さで走っていましたが，ゴール地点まで残り 100 m になったところで走るのをやめて，昼寝《ひるね》を始めました。昼寝を始めた 60 分後に目を覚ましたウサギは，カメに追い抜《ぬ》かれていることに気がつきました。あわてたウサギは，そこから毎分 80 m の速さでゴール地点まで走りましたが，ウサギがゴール地点に着いたのは，カメがゴール地点に着いた時刻の 5 秒後でした。

次の問いに答えなさい。

(1) ウサギが昼寝を始めてからカメがゴール地点に着くまでの時間は何分何秒ですか。

(2) ウサギが昼寝を始めたとき，ウサギはカメより何 m 先にいましたか。

(3) スタート地点からゴール地点までの道のりは何 m ですか。

このページは白紙です。問題はまだ続きます。

2 図のような，1辺の長さが 1 cm の正六角形 ABCDEF の周上に，次のような点 P と点 Q があります。

- 点 P は辺 AF 上にあり，AP : PF = 1 : 2 です。
- 点 Q は頂点 A を出発し，正六角形の周上を反時計回りに分速 1 cm で動きます。点 Q は，頂点 B，C，D，E をこの順で通り，頂点 A を出発した 5 分後に頂点 F で止まります。

点 Q が頂点 A や頂点 F にいるときを除いて，正六角形は直線 PQ によって 2 つの部分に分けられます。この 2 つの部分のうち，一方の面積が他方の面積の 2 倍になるのは，点 Q が頂点 A を出発してから何分何秒後ですか。2 つ答えなさい。

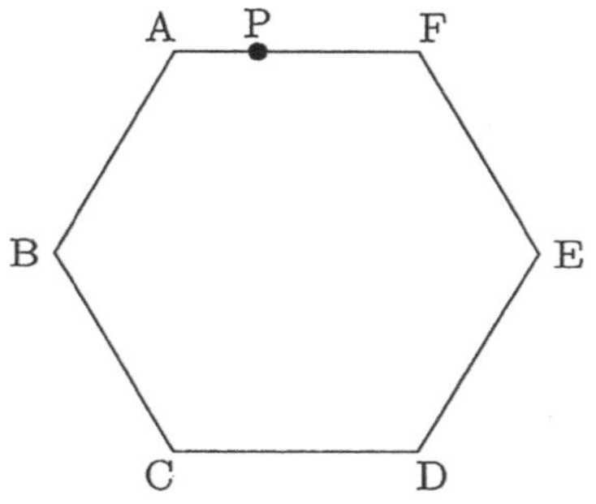

このページは白紙です。問題はまだ続きます。

3 図のような，各辺の長さが 10 cm の立方体 ABCD–EFGH があります。

図のように，辺 AD，AE，BC，BF 上にそれぞれ点 I，J，K，L があり，AI = 6 cm，AJ = 6 cm，BK = 6 cm，BL = 6 cm です。また，辺 AE，AB，DH，DC 上にそれぞれ点 M，N，O，P があり，AM = 3 cm，AN = 3 cm，DO = 3 cm，DP = 3 cm です。

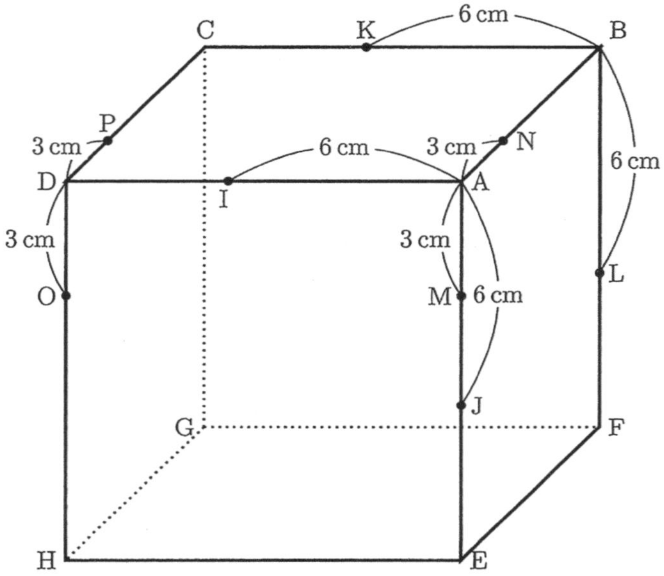

この立方体を，4 点 I，J，K，L を通る平面と 4 点 M，N，O，P を通る平面で切断して，4 つの立体に切り分けます。切り分けてできる 4 つの立体のうち，頂点 G をふくむ立体を X とします。

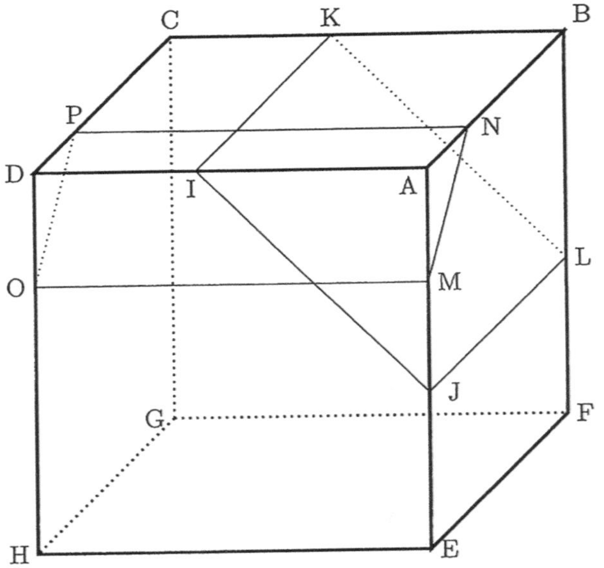

次の問いに答えなさい。

(1) 解答らんには，もとの立方体と四角形 IJLK と四角形 MNPO の辺が薄《うす》くかかれています。
立体 X の見取図をかきなさい。ただし，見えている辺は濃《こ》い線で，見えていない辺は濃い点線でかき入れなさい。

(2) 立体 X の体積を求めなさい。

4 周の長さが 6 cm の円があります。図 1 のように，この円周を 6 等分する場所を順に A，B，C，D，E，F とします。

この円周上を毎秒 1 cm の速さで動く 3 つの点 P，Q，R を考えます。

3 点 P，Q，R はそれぞれ A 地点，C 地点，E 地点から同時に動き始めて，図 2 の各矢印の向きに進みます。その後，P，Q，R のうちの 2 点が出会うたびに，出会った 2 点はそれぞれ直前の自分とは反対の向きに同じ速さで進みます。

図 3 は，3 点 P，Q，R が動き始めてから 1 秒後に，P，Q，R がいる地点を表しています。

図 1

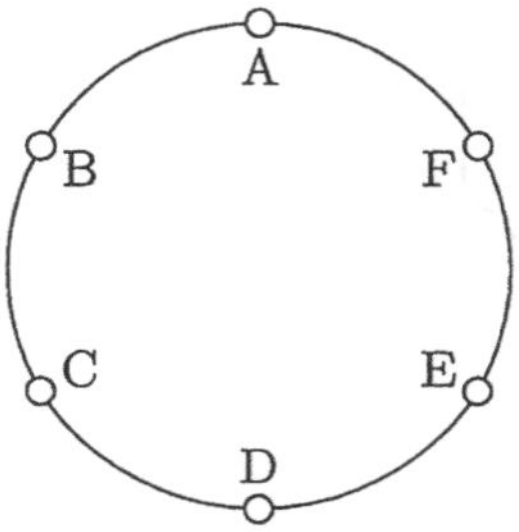

図 2

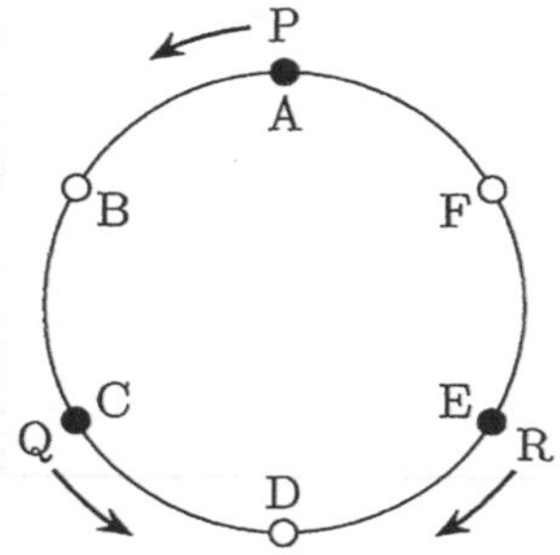

図 3

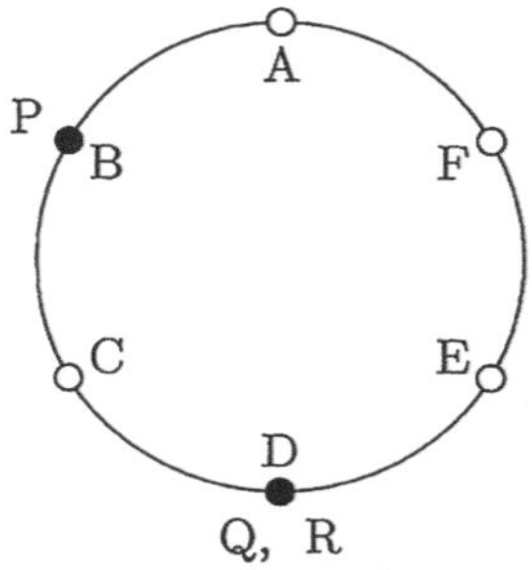

次の問いに答えなさい。

(1) 3点P，Q，Rが動き始めてから6秒後に，P，Q，Rがいる地点はどこですか。図2や図3を参考にして，どの地点にどの点がいるかがわかるように，解答らんの図の○を黒く塗《ぬ》ってP，Q，Rの記号を書き入れなさい。ただし，動く向きを示す矢印を付ける必要はありません。

(2) 3点P，Q，Rが動き始めてから初めて，P，Q，Rが同時に最初の位置に到達《とうたつ》するのは何秒後ですか。

(3) 3点P，Q，Rが動き始めてから100秒後に，P，Q，Rがいる地点はどこですか。図2や図3を参考にして，どの地点にどの点がいるかがわかるように，解答らんの図の○を黒く塗ってP，Q，Rの記号を書き入れなさい。ただし，動く向きを示す矢印を付ける必要はありません。

(4) 点Pと点Rが99回目に出会うのは，3点P，Q，Rが動き始めてから何秒後ですか。

5 1，2，3，4，5，6，7 の 7 種類の数字のみを並べてつくられる整数 A，B を考えます。例えば，5，73，1422 は整数 A，B としてふさわしいですが，8，939，4016 は 8，9，0 の数字をふくむので整数 A，B としてふさわしくありません。

整数 A，B の和で新たな数をつくることを考えます。例えば，$A+B=20$ になる A，B の組は，次の表のように 10 通り考えられます。

A	17	16	15	14	13	7	6	5	4	3
B	3	4	5	6	7	13	14	15	16	17

次の空らん **ア** ～ **キ** にあてはまる数をそれぞれ答えなさい。

(1) $A+B=96$ になる A，B の組について考えます。

A，B の一の位の数字は，その和が 6 になるので，次の表のように 5 通り考えられます。

A の一の位の数字	5	4	3	2	1
B の一の位の数字	1	2	3	4	5

このうち，A の一の位の数字が 5，B の一の位の数字が 1 であるものを調べると，A，B の十の位の数字は，その和が 9 になるので，次の表のように 6 通り考えられます。

A の十の位の数字	7	6	5	4	3	2
B の十の位の数字	2	3	4	5	6	7

このことから，$A+B=96$ になる A，B の組のうち，A の一の位の数字が 5，B の一の位の数字が 1 であるものは，6 通りあることがわかります。

これを参考にして考えると，$A+B=96$ になる A，B の組は [ア] 通りあることがわかります。

(2) $A+B=971$ になる A，B の組について考えます。

$971=960+11$ に着目して考えると，A，B の一の位の数字は，その和が 11 になるので，次の表のように 4 通り考えられます。

A の一の位の数字	7	6	5	4
B の一の位の数字	4	5	6	7

また，(1) の結果を参考にして考えると，$A+B=971$ になる A，B の組のうち，A の一の位の数字が 7，B の一の位の数字が 4 であるものは，[イ] 通りあることがわかります。

これを参考にして考えると，$A+B=971$ になる A，B の組は [ウ] 通りあることがわかります。

(3) $A+B=972$ になる A，B の組について考えます。

A，B の一の位の数字は，その和が 12 と 2 のどちらかになるので，次の表のように 4 通り考えられます。

A の一の位の数字	7	6	5	1
B の一の位の数字	5	6	7	1

- $A+B=972$ になる A，B の組のうち，A の一の位の数字が 7，B の一の位の数字が 5 であるものは，[エ] 通りあります。

- $A+B=972$ になる A，B の組のうち，A の一の位の数字が 1，B の一の位の数字が 1 であるものは，[オ] 通りあります。

これらを参考にして考えると，$A+B=972$ になる A，B の組は [カ] 通りあることがわかります。

(4) $A+B=9723$ になる A，B の組は [キ] 通りあります。

E 理 科 （４０分）

答えはすべて 解答用紙 に書き入れること。

【この冊子について】

1. 試験開始の合図があるまで、この冊子に手をふれてはいけません。
2. 問題は 2～12 ページです。
3. 解答用紙は、冊子の中央にはさまっています。試験開始の合図後、取り出して解答してください。
4. 試験中に印刷のかすれやよごれ、ページのぬけや乱れ等に気づいた場合は、静かに手を挙げて先生に知らせてください。
5. 試験中、冊子がバラバラにならないように気をつけてください。

【試験中の注意】 以下の内容は、各時間共通です。

1. 試験中は先生の指示に従ってください。
2. 試験中、机の中には何も入れないこと。荷物はイスの下に置いてください。
3. 先生に申し出ればコート・ジャンパー等の着用を許可します。
4. かぜ等の理由でハンカチやティッシュペーパーの使用を希望するときは、先生の許可を得てから使用してください。
5. 試験中に気持ちが悪くなったり、どうしてもトイレに行きたくなったりした場合は、静かに手を挙げて先生に知らせてください。
6. 試験中、机の上に置けるのは次のものだけです。これ以外の物品を置いてはいけません。
   - ・黒しんのえん筆またはシャープペンシル
   - ・消しゴム　・コンパス
   - ・直定規　・三角定規一組（10cm程度の目盛り付き）
   - ・時計　・メガネ

   筆箱も机の上には置けませんので、カバンの中にしまってください。
7. **終了のチャイムが鳴り始めたら、ただちに筆記用具を置いてください。**
8. 答案を回収し終えるまで、手はひざの上に置いてください。

＃教英出版 編集部　注
編集の都合上、一部白紙ページは省略しています。

1

Ⅰ　次の**図1**は，東西方向の垂直な崖《がけ》①（a～b間），南北方向の垂直な崖②（b～c間）の位置関係を示したものです。崖の高さはともに20 mで，崖の上の面③は水平です。崖①には高さ15 mのところに水平に薄《うす》い**Z層**が見えました。崖①から北に20 m離《はな》れた**P**地点で垂直にボーリングしたところ，15 m掘《ほ》ったところに**Z層**がありました。この地域内では**Z層**は1枚の平らな板のようになっており，曲がったりずれたりはしていないものとして，以下の**問1**～**問4**に答えなさい。

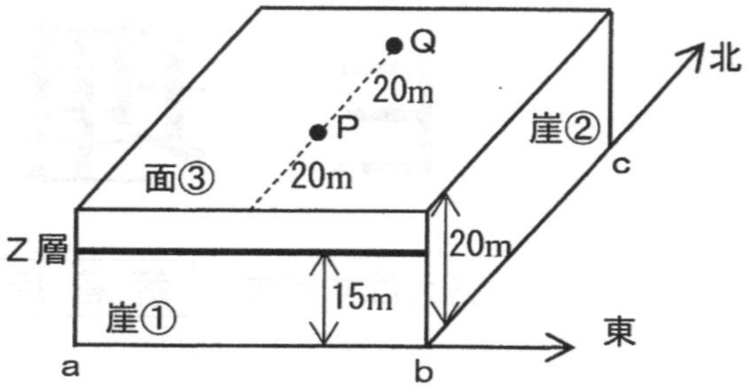

図1

問1　崖②では**Z層**はどのように見えますか。解答欄《らん》の図に示しなさい。

問2　**P**地点のさらに北20 mの位置にある**Q**地点で垂直にボーリングすると，何m掘ったところに**Z層**があると考えられますか。

問3　次の**ア**～**エ**の地層のうち，火山から噴出《ふんしゅつ》したものが降り積もってできたと考えられるものを**2つ選び**，記号で答えなさい。

ア　主に1 mm程度の大きさの角張った柱状の粒子《りゅうし》が集まってできている地層

イ　主に1 mm程度の大きさの角の丸まった粒子が集まってできている地層

ウ　小さな穴がたくさんあいた，1 cm程度の大きさの角張った小石が集まってできている地層

エ　主に1 mm程度の大きさの生物の殻《から》が集まってできている地層

問4　地層の堆積《たいせき》に関する次の**a**，**b**の文の正（○）または誤（×）の組み合わせとして適当なものを，次の**ア**～**エ**の中から1つ選び，記号で答えなさい。

a　れきと泥《どろ》が川から海に流れ込《こ》んだ場合，れきの方が陸地の近くに堆積する。

b　砂と泥が水中を沈《しず》んでいく場合，泥の方が沈む速さが速い。

	ア	イ	ウ	エ
a	○	○	×	×
b	○	×	○	×

Ⅱ　日本では多くの地震《じしん》が発生しています。図２の矢印の間の部分は1995年に発生した兵庫県南部地震の際に，淡路《あわじ》島に生じた大地のずれの様子です。もともと平坦《へいたん》だった地面に段差ができ，横方向にもずれたことがわかります。以下の**問５**～**問８**に答えなさい。

図２　啓林館地学基礎改訂版（2017）より

問５　地震は大地にずれが生じることにより発生すると考えられています。**図２**のような大地のずれの名前を答えなさい。

問６　地震が発生しても必ずしも地表にずれが生じるわけではありません。このことに関する次の**ａ**～**ｃ**の文の正（〇）または誤（×）の組み合わせとして適当なものを，次の**ア**～**ク**の中から１つ選び，記号で答えなさい。

ａ　海域で発生した地震では，ずれが生じない。

ｂ　地下の深いところで発生した地震では，ずれが地表に達しないことがある。

ｃ　小規模な地震では，ずれが地表に達しないことがある。

	ア	イ	ウ	エ	オ	カ	キ	ク
ａ	〇	〇	〇	〇	×	×	×	×
ｂ	〇	〇	×	×	〇	〇	×	×
ｃ	〇	×	〇	×	〇	×	〇	×

問７　地表にずれが生じているのが発見されているところは，高い安全性が求められる施設《しせつ》の建設には適していないと考えられています。そのように考える理由として最も適当なものを，次の**ア**～**エ**の中から１つ選び，記号で答えなさい。

ア　大地のずれは同じ場所で繰《く》り返し発生する傾向《けいこう》があり，ずれた場所に近いほどゆれが激しいから。

イ　大地のずれは同じ場所で繰り返し発生する傾向があり，ずれた場所から遠いほどゆれが激しいから。

ウ　大地のずれは同じ場所を避《さ》けて発生する傾向があり，ずれた場所に近いほどゆれが激しいから。

エ　大地のずれは同じ場所を避けて発生する傾向があり，ずれた場所から遠いほどゆれが激しいから。

問８　自然災害が発生した場合に生じる被害《ひがい》の程度や範囲《はんい》を予測して示した地図の名前を答えなさい。

2

Ⅰ　水を加熱する実験を行うときに用いる沸騰《ふっとう》石について述べた次の文を読んで，以下の問１，問２に答えなさい。

水を温めていき 100 ℃になると，水の内部からも水蒸気の泡《あわ》が発生するようになり，これを沸騰といいます。しかし，たまに 100 ℃を過ぎても沸騰が始まらないときがあります。このようなとき，沸騰が始まるきっかけがあると，突然《とつぜん》に沸騰が始まり，これを突沸《とっぷつ》といいます。たとえば，100 ℃を過ぎてから水中に小さな泡ができると，この泡が大きな泡に急速に成長して高温の水を押《お》し出し，あふれることがあり危険です。そのため，水を沸騰させる必要がある実験では沸騰石を入れて，突沸を防いでいます。この沸騰石には小さな穴がたくさんあいています。

問１　沸騰石が突沸を防ぐ仕組みを説明した文として正しいものを，次の**ア**～**エ**の中から１つ選び，記号で答えなさい。

ア　大きな泡が生じても，その一部が沸騰石の穴に取り込《こ》まれ，最終的には泡が小さくなるため。

イ　沸騰石の穴から小さな空気の泡が出て，それを中心にたくさんの水蒸気の泡が成長しやすくなるため。

ウ　底に沈《しず》んだ沸騰石が，加熱器具で加えられた熱を緩《ゆる》やかに水に伝える役割を果たすため。

エ　加熱器具から与《あた》えられた熱が沸騰石のたくさんの穴に吸収されて，温度の上昇《じょうしょう》が緩やかになるため。

問２　沸騰や沸騰石の使い方に関する文として正しいものを，次の**ア**～**エ**の中から**すべて選び**，記号で答えなさい。

ア　水を 100 ℃にして沸騰させないと，水の液体から気体への変化は起こらない。

イ　液体中に沸騰石の成分が溶《と》けださないように，沸騰石は液体が沸騰する直前に入れるとよい。

ウ　小さな穴がたくさんあいた固体であれば，沸騰石の代わりに使用できる場合がある。

エ　一度使用して穴に水が残っているままの沸騰石は使用しない。

Ⅱ　温度によって色が変わるインクを水に溶かした液体（以下，「インク」とします）を用いた**実験Ａ～Ｃ**について，以下の**問３～問６**に答えなさい。

このインクは，約 40 ℃を境に次のような色になります。

温度	低温　＜　約 40 ℃　＜　高温
インクの色	青色　　　　　　　　ピンク色

試験管に $\frac{1}{4}$ 程度までこのインクを入れて実験をしました。すべての実験において，インクを温めるためのお湯は 60 ℃，冷やすための水は 20℃，室温は 20 ℃でいずれも変化しないものとします。

たとえば，**図１**（左）のように，はじめに試験管を水に入れてインク全体を青色にしてから，すみやかに**図１**（右）のようにインク全体をお湯に入れて温めると，全体がピンク色になります。

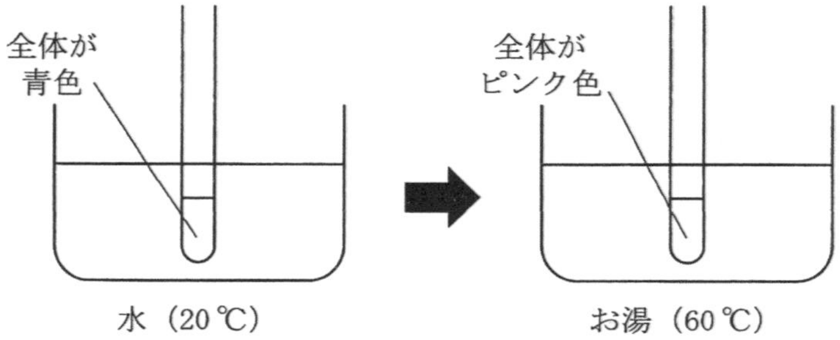

図１

実験Ａ：はじめに，**図２**（中央）のように，試験管をお湯に入れてインク全体をピンク色にしてから，すみやかに**図２**（左）のようにインク全体を水に入れると，１分 30 秒後には全体が青色になりました。一方で，**図２**（中央）の状態から**図２**（右）のようにインク全体を 20 ℃の空気中に出すと，20 分後には全体が青色になりました。

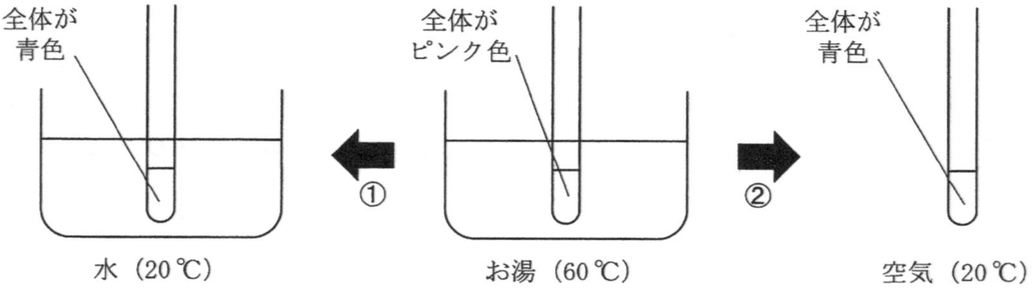

図２

実験Ｂ：はじめに，**図３**（左）のように，試験管をお湯に入れてインク全体をピンク色にしてから，すみやかに**図３**（中央）のようにインクの下半分だけを水に入れると，１分30秒後には上の方と下の方が異なる色になり，水に入れてから10分後には**図３**（右）のように全体が同じ色になりました。

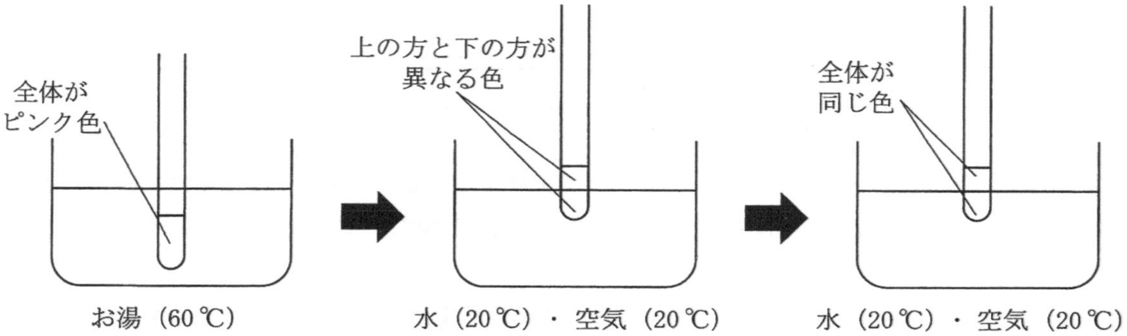

図３

実験Ｃ：はじめに，**図４**（左）のように，試験管を水に入れてインク全体を青色にしてから，すみやかに**図４**（中央）のようにインクの下半分だけをお湯に入れると，30秒後には下の方がピンク色に変わり，お湯に入れてから50秒後には**図４**（右）のように全体が同じ色になりました。

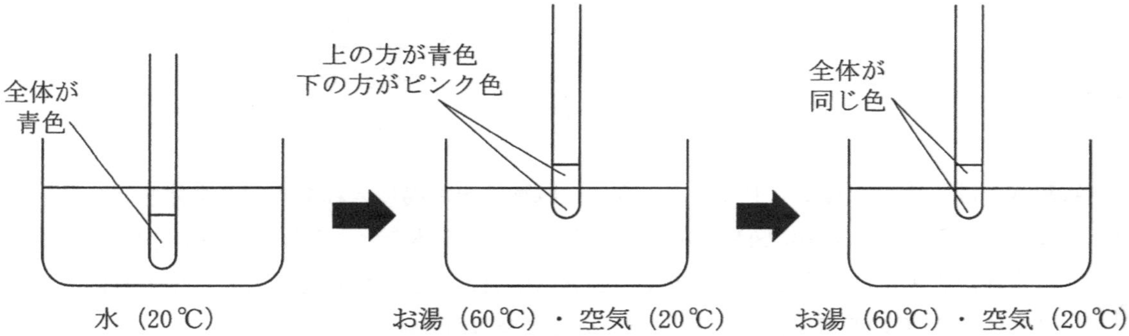

図４

問３　**実験Ａ**の①と②の結果を比べてわかることを述べた次の文の（ **あ** ）および（ **い** ）には，「空気」または「水」のどちらかの語句が入ります。（ **あ** ）および（ **い** ）にあてはまる語句を答えなさい。

「同じ20℃でも，（ **あ** ）よりも（ **い** ）の方が熱を奪《うば》いやすい。」

問４　**実験Ｂ**について，**図３（中央）**や**図３（右）**のときの色はそれぞれどのようになりますか。**図３（中央）**については次の図の**ア**または**イ**から，**図３（右）**については**ウ**または**エ**からそれぞれ１つ選び，記号で答えなさい。また，**図３（中央）**のような色になるのはなぜですか。下の**ａ**～**ｃ**の中から最も影響《えいきょう》が大きいと考えられる理由を１つ選び，記号で答えなさい。

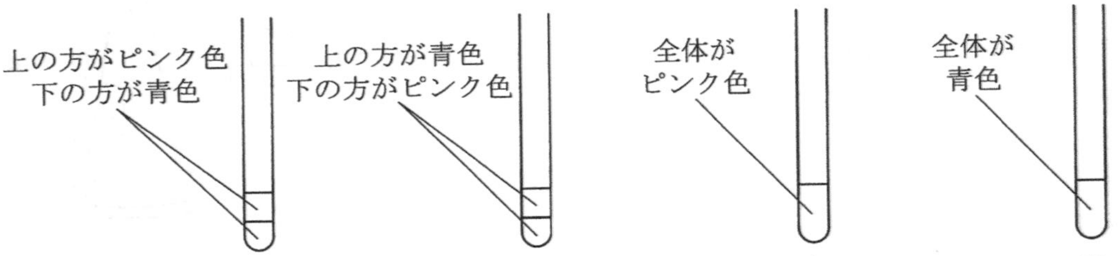

ア　　**イ**　　**ウ**　　**エ**

理由

ａ　水またはお湯との間で熱が伝わった（伝わる）。

ｂ　空気との間で熱が伝わった（伝わる）。

ｃ　試験管の中でインクの移動する流れが生じた（生じる）。

問５　**実験Ｃ**を行う前に，**図４（右）**のときの色はどのようになるかを太郎《たろう》さんと花子さんが予想しました。太郎さんと花子さんそれぞれがあげた２つの理由として考えられるものを，**問４**の選択肢《せんたくし》**ａ**～**ｃ**の中から**２つずつ選び**，記号で答えなさい。

太郎さん：「 理由（２つ） から，全体が青くなるんじゃないかな。」

花子さん：「いや， 理由（２つ） から，全体がピンク色になるんじゃないかな。」

太郎さん：「そうか，**実験Ａ**の結果を忘れていたよ。確かに全体がピンク色になりそうだね。」

問６　**実験Ｃ**を最後まで行ったところ，**図４（右）**のときは全体がピンク色になりました。**実験Ｂ**よりも**実験Ｃ**の方がインク全体の色が短時間で変化する理由を説明した次の文の（**う**）～（**お**）にあてはまる語句を答えなさい。なお，（**う**），（**え**）は**１字**，（**お**）は**３字以内**で答えなさい。

「**実験Ｃ**では，試験管内で温められたインクが（**う**）へ，温まっていないインクが（**え**）へ移動する流れが生じ，試験管内のインクがよく（**お**）から。」

3 上端《たん》を固定したひもの下端におもりを付けてふりことし，左右に往復させて，往復の時間をストップウォッチで$\frac{1}{100}$秒まで測定します。ふり始めは，おもりが一番下になる方向からひもがたるまないようにある角度だけずらし，静かに手をはなして往復させます。ずらす角度をふり始めの角度と呼ぶことにします。また，ひもの上端からおもりの中心までの長さをふりこの長さと呼びます。使用するおもりには上下に同じ大きさのフックがあり，上下のフックを含《ふく》めた長さが 4.0 cm です。ただし，おもりに比べてひもの重さはとても小さいので無視し，おもりの中心は常にひもの延長線上にあるものとします。

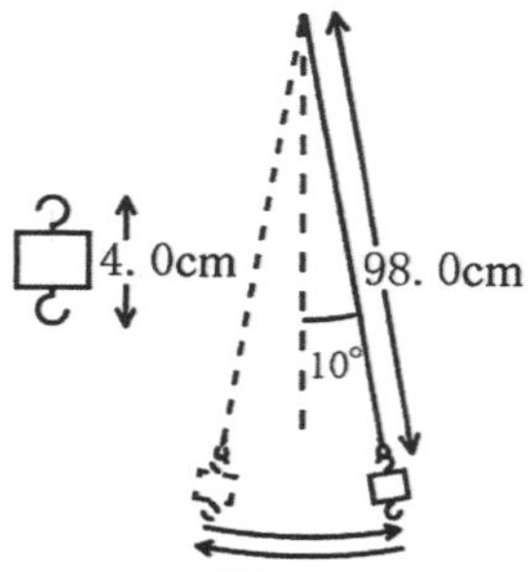

図 1

図 1 のように，おもり 1 個を 98.0 cm のひもの先端に付け，ふり始めの角度を 10° とし，ふりこが右端《はし》にあるときから 10 往復する時間を測定する実験を行いました。実験を 5 回行うと，**表 1** のようになりました。

表 1

回数	1	2	3	4	5
時間（秒）	20.08	20.12	20.11	18.09	20.09

問 1　**表 1** の 4 回目の実験では数値が大きくずれていますが，その原因として最もふさわしいものを，次の**ア**～**ウ**の中から 1 つ選び，記号で答えなさい。

ア　ふりこが右端にあるときとストップウォッチのボタンを押《お》すときがずれた。

イ　ふりこが往復する回数を数えまちがえた。

ウ　ふり始めてから時間がたち，ふれはばが小さくなっていた。

この後の測定については，同じ条件の測定を複数回行い，**表 1** の 4 回目のように大きくずれた数値を除いて平均した数値を用います。

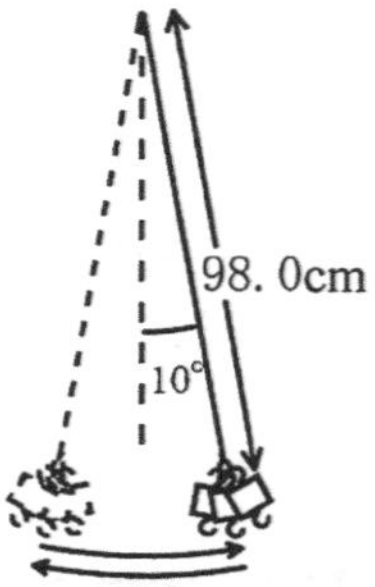

図 2

次に，おもり 1 個分の重さと大きさ，ひもの長さ，ふり始めの角度は**図 1** のときと同じとし，**図 2** のようにひもに付けるおもりの数を増やして，10 往復する時間をそれぞれ測定すると，**表 2** のようになりました。

問 2　空欄《らん》①，②にあてはまる数値として最も近いものを，次の**ア**～**カ**の中からそれぞれ 1 つずつ選び，記号で答えなさい。なお，同じ記号を選んでもかまいません。

表 2

おもりの数	1	2	3	4
時間（秒）	20.10	①	20.09	②

ア　18.00　　**イ**　19.00　　**ウ**　20.00　　**エ**　21.00　　**オ**　22.00　　**カ**　23.00

次に，おもり，ひもの長さは**図 1** のときと同じとし，ふり始めの角度を 2.5° から 2.5° ずつ増やして，10 往復する時間をそれぞれ測定すると，**表 3** のようになりました。

表３

ふり始めの角度	2.5°	5.0°	7.5°	10.0°	12.5°	15.0°	17.5°	20.0°	22.5°	25.0°	27.5°	30.0°
時間（秒）	20.06	20.06	20.08	20.10	20.12	③	20.18	20.22	20.26	④	20.36	20.41

問３　空欄③，④にあてはまる数値として最も近いものを，次の**ア**～**カ**の中からそれぞれ１つずつ選び，記号で答えなさい。なお，同じ記号を選んでもかまいません。

ア　20.10　　**イ**　20.15　　**ウ**　20.20　　**エ**　20.25　　**オ**　20.30　　**カ**　20.35

次に，**図１**のときと同じおもりを１個用い，ふり始めの角度を 5.0° 以下の小さいものとし，ひもの長さを 3.0 cm から 5.0 cm ずつ増やして，10 往復する時間をそれぞれ測定すると，**表４**のようになりました。

表４

ひもの長さ（cm）	3.0	8.0	13.0	18.0	23.0	28.0	33.0	38.0	43.0	48.0
時間（秒）	4.49	6.34	7.77	8.98	10.03	10.99	11.87	⑤	13.47	14.19

問４　ひもの長さ 3.0 cm のときのふりこの長さに比べて，ひもの長さ 18.0 cm のときのふりこの長さは何倍になっているかを答えなさい。

問５　**表４**において，ひもの長さが 3.0 cm と 18.0 cm の間の規則性が他のひもの長さでも成り立っていると考えて，**空欄⑤**にあてはまる数値を答えなさい。

次に，**図３**の左側のように，**図１**のときと同じおもりを１個用い，ふり始めの角度を 5.0° 以下の小さいものとし，ひもの長さを 2.8 cm として，10 往復する時間を測定すると，4.40 秒でした。

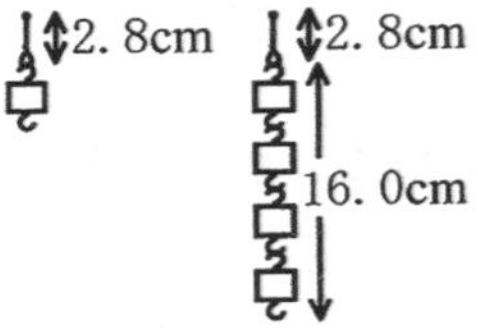

図３

問６　**図３**の右側のように，ひもの長さは 2.8 cm のままで，１個分の重さと大きさは**図１**のときと同じおもりを４個用い，ふり始めの角度を 5.0° 以下の小さいものとし，10 往復する時間を測定すると何秒になりますか。ただし，フックを含めたおもり４個分の長さは 16.0 cm で，４個のおもりとひもは波の形になることはなく，直線の形のまま往復していたものとします。また，このときも**表４**の規則性が成り立っているものとします。

問７　これまでの測定や考察から，ふりこが往復する時間が何によって決まっているかを説明した次の文の**空欄⑥**，**⑦**にあてはまる語句を答えなさい。

「ふり始めの角度が 5.0° 以下の範囲《はんい》では，ふりこが往復する時間は，（ ⑥ ）やふり始めの角度の大小にはほとんど関係なく，（ ⑦ ）によって決まっていると考えられる。」

4 血液にはさまざまなものを溶《と》かすはたらきがあります。血液は必要なものを体《からだ》のさまざまな場所に配り，そこでいらなくなったものを受け取ります。**図１**はヒトの体における血液の流れを示した図です。血液の流れには，心臓から肺に向かう流れと，心臓から肺以外の内臓と体の各部分に向かう流れがあります。

ここでは**図１**に示した血液の流れだけを考えるものとして，以下の**問１**，**問２**に答えなさい。

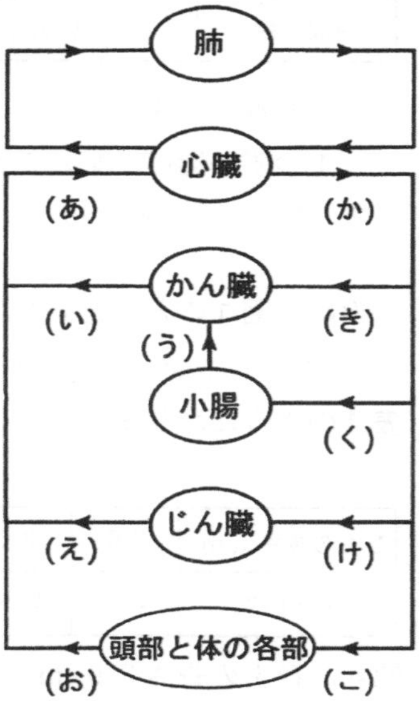

図１

問１　血液が体に配るものについて，次の（１），（２）に答えなさい。

（１）　体に取り込《こ》まれたものを血液が配るときの順路を考えます。次の成分①，②が体に取り込まれた後，**図１**の（**あ**）～（**こ**）の中ではどこをはじめに通りますか。はじめに通る地点を，**図１**の（**あ**）～（**こ**）の中から１つずつ選び，記号で答えなさい。

①　食事の養分　　　②　酸素

（２）　体でつくられたもののうち，いらなくなったものを水に溶かした状態で体の外へ出すはたらきをもつ臓器があります。この臓器から体の外に出る液体の名前を答えなさい。

問２　血管を通る１分あたりの血液量が（**か**）と同じである地点はどこですか。**図１**の（**あ**）～（**お**），（**き**）～（**こ**）の中から１つ選び，記号で答えなさい。

図２は，運動しているときの筋肉に配られる酸素量を考えるために，**図１**を整理した図です。心臓を出た血液は**図２**の（Ａ）の先で分かれますが，心臓にもどるまでに再び集まります。

血液は肺で受け取った酸素を体のさまざまな場所に配ります。酸素を配るにつれて，血液中の酸素量は減っていきます。**表１**には，**図２**の（Ａ）～（Ｃ），（ａ）～（ｃ）の各地点での血液 100 mL あたりの酸素量（mL）が示されています。また，**表２**には，**図２**の（Ａ），（Ｂ），（Ｃ）の各地点を通る１分あたりの血液量（mL）が示されています。**表１**，**２**の値をもとに，以下の**問３**，**問４**に答えなさい。

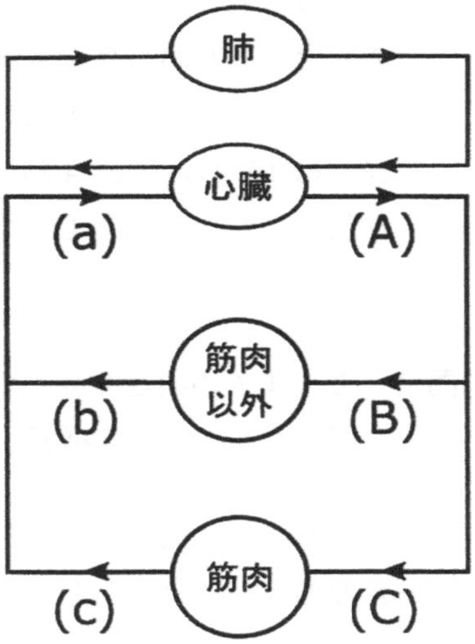

図２

表１　各地点の血液 100 mL あたりの酸素量

	（A）	（a）	（B）	（b）	（C）	（c）
安静時（mL）	20.0	15.8	20.0	16.0	20.0	15.0
運動時（mL）	19.8	6.0	19.8	14.8	19.8	3.8

表２　各地点を通る１分あたりの血液量

	（A）	（B）	（C）
安静時（mL）	5000	4000	1000
運動時（mL）	16000	3200	12800

問３　ヒトが安静にしているとき（安静時）に，血液が体に配る酸素量について考えます。次の（１），（２）に答えなさい。

（１）　次の①～③について，安静時のヒトの心臓を出た血液 100 mL あたりが配る酸素量が多い順に①～③の番号をならべなさい。

①　筋肉以外　　②　筋肉　　③　体全体の平均

（２）　安静時のヒトにおいて，**図２**の（A）を通る血液量は１分あたり 5000 mL です。安静時のヒトにおいて，心臓を出た血液が心臓にもどるまでに全身に配る酸素量が１分あたり何 mL になるか答えなさい。ただし，答えが整数にならない場合は，小数第１位を四捨五入して整数で答えなさい。

問４　ヒトが運動しているとき（運動時）は，安静時より多くの酸素を消費するため，血液が体に配る酸素量を増やす必要があります。関連する次の（１）～（３）に答えなさい。

（１）　運動すると心拍《しんぱく》数が増え，１分あたりに心臓を出る血液の量が増加します。**表２**において，安静時の心拍数が１分あたり 60 回であったとすると，運動時の心拍数は１分あたり何回になりますか。１回の拍動《はくどう》で心臓が押《お》し出す血液の量は安静時と同じであるとして求めなさい。ただし，答えが整数にならない場合は，小数第１位を四捨五入して整数で答えなさい。

（２）　血液が筋肉に配る１分あたりの酸素量（mL）について，運動時は安静時の何倍になりますか。ただし，答えが整数にならない場合は，小数第１位を四捨五入して整数で答えなさい。

※（３）は次ページにあります。

（３）　運動時に，安静時と比べてより多くの酸素を配るために体に起こる変化の説明として**誤っている**ものを，次の**ア**～**エ**の中から１つ選び，記号で答えなさい。

ア　心臓を出て（Ａ）を通る１分あたりの血液量が安静時に比べて増加し，血液量の増加の割合は，筋肉以外よりも筋肉で大きくなる。

イ　心臓を出て（Ａ）を通る血液 100 mL あたりが配る酸素量が安静時に比べて体全体では増加し，増加量は筋肉以外よりも筋肉で多くなる。

ウ　心臓を出て（Ａ）を通る血液が１分あたりに配る酸素量が安静時に比べて体全体では増加し，筋肉でも増加するが，筋肉以外ではほとんど増減しない。

エ　肺で取り込まれる酸素量が増加した結果，心臓を出て（Ａ）を通る血液 100 mL に含《ふく》まれる酸素量が安静時に比べて多くなる。

F 社 会 （40分）

答えはすべて 解答用紙 に書き入れること。

【この冊子について】
1. 試験開始の合図があるまで、この冊子に手をふれてはいけません。
2. 問題は2～14ページです。
3. 解答用紙は、冊子の中央にはさまっています。試験開始の合図後、取り出して解答してください。
4. 試験中に印刷のかすれやよごれ、ページのぬけや乱れ等に気づいた場合は、静かに手を挙げて先生に知らせてください。
5. 試験中、冊子がバラバラにならないように気をつけてください。

【試験中の注意】 以下の内容は、各時間共通です。
1. 試験中は先生の指示に従ってください。
2. 試験中、机の中には何も入れないこと。荷物はイスの下に置いてください。
3. 先生に申し出ればコート・ジャンパー等の着用を許可します。
4. かぜ等の理由でハンカチやティッシュペーパーの使用を希望するときは、先生の許可を得てから使用してください。
5. 試験中に気持ちが悪くなったり、どうしてもトイレに行きたくなったりした場合は、静かに手を挙げて先生に知らせてください。
6. 試験中、机の上に置けるのは次のものだけです。これ以外の物品を置いてはいけません。
   ・黒しんのえん筆またはシャープペンシル
   ・消しゴム　・コンパス
   ・直定規　・三角定規一組（10cm程度の目盛り付き）
   ・時計　・メガネ
   筆箱も机の上には置けませんので、カバンの中にしまってください。
7. **終了のチャイムが鳴り始めたら、ただちに筆記用具を置いてください。**
8. 答案を回収し終えるまで、手はひざの上に置いてください。

＃教英出版 編集部　注
編集の都合上、一部白紙ページは省略しています。

1 次の文章は、ある日の中学生どうしの会話です。これを読んで、あとの問いに答えなさい。

Ａ君：歴史の年代はいろいろな表し方があって、ときどき分からなくなることがあるな。どんな年代の表し方を使っているか確認《かくにん》してみよう。

Ｂ君：まず、今の世界では多くの国や地域で西暦《せいれき》が使われているよね。

Ａ君：西暦はイエス=キリストが生まれたとされる年を紀元１年として、それより前を紀元前とする表し方だよね。

Ｂ君：さらに、西暦を100年でひとまとまりにする世紀という表し方も使われているよね。

Ａ君：歴史に関する事柄《ことがら》は①「1946年」のように西暦ではっきりと表すことができるものだけでなく、②「１世紀から３世紀」や③「1960年代」と、ある程度の幅《はば》をとって表すものがあるよね。

Ｂ君：いつ頃《ごろ》のことか特定しにくい時や、ある程度長い時間の中での変化を見たい時にそのような表し方をすることはあるね。

Ａ君：最近聞いたのだけど、④イスラム教を信じている人が多い地域では西暦とは違《ちが》う年代の表し方も使っているそうだよ。それに日本では令和など年号で表すこともあるよね。

Ｂ君：年号は元号とも言うね。もともと中国で使い始めたものだよ。それが、日本にも伝わってきたんだ。

Ａ君：日本で最初に年号を使い始めたのはいつからだったかな？

Ｂ君：忘れてしまったの？　この前、⑤「大化の改新」って授業でやっているよね。

Ａ君：ああそうだった。あの時に初めて年号が定められたよね。

Ｂ君：年号を改める、改元というものもたびたび行われていたよ。

Ａ君：⑥平成から令和に変わった時は、法律と政令による改元だったと聞いたけど、改元はどんな時に行っていたの？

Ｂ君：明治より前は、天皇や将軍の代替《だいが》わりの時とか、何か良いこと、あるいは悪いことがあった時に改元していたようだね。

Ａ君：明治より後は、大正、⑦昭和のように、天皇ごとに年号を一つ定めているよね。

Ｂ君：年号以外に⑧干支《えと》を使って年代を表すこともあるよ。甲《こう》・乙《おつ》・丙《へい》などの十干と子《ね》・丑《うし》・寅《とら》などの十二支の組み合わせで年代を表し、60年で一周するよ。

Ａ君：ああ、壬申《じんしん》の乱とか甲子園球場とかで出てくる表し方だね。

Ｂ君：確かにそうだね。⑨甲子園球場のもとになる運動場が完成した1924年の干支が甲子《きのえね》だったから甲子園とついたそうだよ。

A君：時代の区分を見ると、旧石器時代とか新石器時代、青銅器時代といった区分もあるね。日本の歴史では縄文《じょうもん》時代、弥生《やよい》時代、⑩古墳《こふん》時代という区分も出てくるよ。

B君：文字などによる記録がない時代、少ない時代には考古学の成果をもとにして時代を分けるんだ。旧石器時代のように使っていた道具による区分や、古墳時代のように発見された遺物や遺構による区分が行われているんだ。

A君：⑪飛鳥《あすか》時代や奈良時代といった時代の表し方があるね。

B君：飛鳥時代や奈良時代のような区分は政治の中心地による区分だよ。

A君：⑫戦国時代や安土桃山《あづちももやま》時代みたいに区切りがはっきりしない、重なり合うような時代は扱《あつか》いが難しいよね。でも、古い時代から新しい時代への移行期みたいで、戦国時代に限らず僕《ぼく》はそういう時代が面白《おもしろ》いと思う。

B君：僕は今の日本で伝統的とされる文化の成り立ちに強い影響《えいきょう》を与《あた》えた時代に興味があるな。⑬平安時代、室町《むろまち》時代に江戸《えど》時代なんかは面白いと思うよ。

A君：これから先はどうなるのだろうね。⑭2022年はロシアのウクライナ侵攻《しんこう》もおきたし、新型コロナウイルスの流行も社会に大きな影響を与えたよね。

B君：いろいろと大変なことがあるけれど、将来に向け勉強して考えておきたいね。

問1　下線部①に関して、1890年の衆議院議員総選挙と1946年の衆議院議員総選挙を比べると、選挙権をもつ人に違いが見られます。その違いを、解答らんの形式に従って、具体的に説明しなさい。

問2　下線部②に関して、1世紀から3世紀の日本について知る手がかりとされている遺《い》跡《せき》と、その遺跡から分かる事柄の組み合わせが正しいものを、下の**ア**～**エ**から一つ選び、記号で答えなさい。

【手がかりとなる遺跡】

A：三内丸山遺跡　　B：吉野ヶ里《よしのがり》遺跡

【遺跡から分かる事柄】

1：ムラやクニどうしの戦いがおきていた

2：集団生活の中で身分の上下関係はなかった

ア　A－1　　**イ**　A－2　　**ウ**　B－1　　**エ**　B－2

問３　下線部③に関して、1960年代の日本について述べた文として**誤っているもの**を、次の**ア～エ**から一つ選び、記号で答えなさい。

ア　鉄鋼業や自動車工業などで技術革新が進み、軽工業が産業の中心となった。

イ　首都高速道路や名神高速道路、東海道新幹線など交通網《こうつうもう》が整備された。

ウ　大都市圏《けん》でより多くの労働力が必要となり、地方から人口が流入した。

エ　公害の防止と国民の健康や生活環境《かんきょう》を守るための法律が制定された。

問４　下線部④に関して、A君はイスラム教について調べ、次の**〔メモ１〕**をつくりました。

〔メモ１〕

> イスラム教徒にはさまざまなつとめがあります。例えば一日に５回（　**あ**　）の方角を向いて祈《いの》りをささげるほか、休日である（　**い**　）にはモスクと呼ばれる施設《しせつ》に集まって祈りをささげることになっています。

（**１**）空らん（　**あ**　）と（　**い**　）に入る語句の組み合わせとして正しいものを、下の**ア～ケ**から一つ選び、記号で答えなさい。

> **【空らん（　あ　）に入る都市】**
> Ａ：エルサレム　　Ｂ：メッカ　　Ｃ：デリー
> **【空らん（　い　）に入る曜日】**
> １：月曜日　　２：水曜日　　３：金曜日

ア　Ａ－１　　**イ**　Ａ－２　　**ウ**　Ａ－３　　**エ**　Ｂ－１　　**オ**　Ｂ－２　　**カ**　Ｂ－３
キ　Ｃ－１　　**ク**　Ｃ－２　　**ケ**　Ｃ－３

（**２**）2022年の11月から12月まで、イスラム教徒が多数を占《し》める国カタールで、サッカーのワールドカップが開催《かいさい》されました。カタールの位置を、次の**図１**中の**ア～エ**から一つ選び、記号で答えなさい。

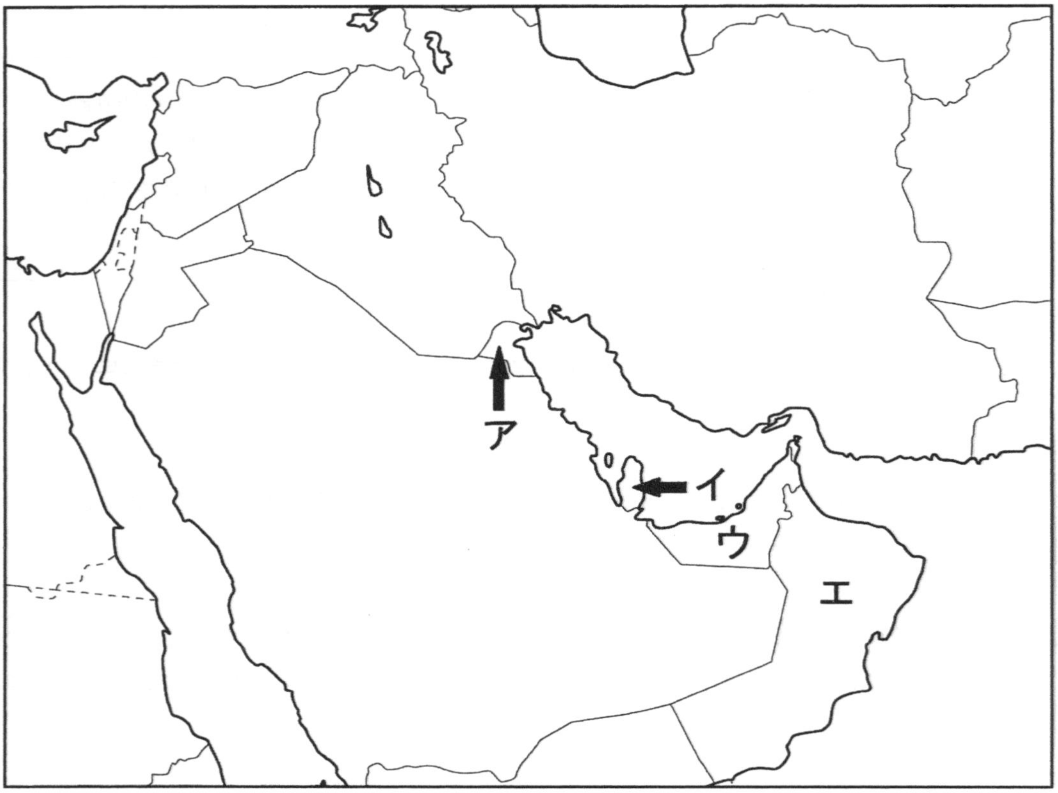

図１

問５　下線部⑤に関して、「大化の改新」には中国へ留学した人々も関わりました。彼《かれ》らの中には、留学中に中国で王朝の交替《こうたい》を経験した者がいました。この時におきた中国の王朝交替を、解答らんの形式に従って答えなさい。

問６　下線部⑥に関して、平成の時代におきた出来事《できごと》として**誤っているもの**を、次の**ア**～**エ**から一つ選び、記号で答えなさい。

ア　サッカーのワールドカップが日本と韓国《かんこく》で共同開催された。
イ　阪神淡路《あわじ》大震災《だいしんさい》がおきた。
ウ　ラグビーのワールドカップが日本で開催された。
エ　国際平和協力法（ＰＫＯ協力法）が成立した。

問７　下線部⑦に関して、Ａ君は昭和時代の日本と国際社会の関わりについて調べ、次の〔**メモ２**〕をつくりました。

〔メモ２〕

日本は、柳条湖《りゅうじょうこ》事件に端《たん》を発する紛争《ふんそう》で占領《せんりょう》した中国東北部を中国から切り離《はな》して（　う　）として独立させ、政治の実権は日本が握《にぎ》るという対応をとりました。中国は、（　え　）に日本の行動を訴《うった》えました。日本はこのことに対する決議内容を不服として（　え　）を脱退《だったい》しました。

（１）空らん（　う　）に入る語句を**漢字３字**で、（　え　）に入る語句を**漢字４字**で答えなさい。

（２）日本は1940年、すでに（　え　）を脱退していた二つの国と同盟を結びました。この二つの国を答えなさい。

問８　下線部⑧に関して、Ｂ君は、干支は朝鮮《ちょうせん》半島でも用いられ、朝鮮の歴史で「壬辰《じんしん》・丁酉《ていゆう》の倭乱《わらん》」と呼ばれる出来事は豊臣秀吉《とよとみひでよし》の朝鮮出兵を指すことを知りました。そして次の〔メモ３〕をつくりました。

〔メモ３〕

豊臣秀吉の朝鮮出兵は、日本の文化にも大きな影響を与えました。鹿児島県で現在もつくられている陶磁器《とうじき》の（　お　）は、朝鮮から連れてこられた職人によって、この地を支配する（　か　）氏の保護のもとでつくられるようになったものでした。

（１）空らん（　お　）と（　か　）に入る語句をそれぞれ答えなさい。

（２）Ｂ君はさらに日本と朝鮮半島に関係する歴史を調べ、気になった事柄を記録しました。

Ｘ：13世紀、元は朝鮮半島の高麗《こうらい》を従属させると、日本にも何度も使者を送り、通交を求めてきました。日本がその要求を拒《こば》むと元軍は高麗軍とともに九州北部におし寄せました。

Ｙ：明治時代、日本は新しく国交を結ぶことを求めて朝鮮と交渉《こうしょう》を続け、1876年に日朝修好条規を対等な条約として結びました。

二つの記録ＸとＹについて、正しいか誤っているか、その判断が適切なものを、次の**ア〜エ**から一つ選び、記号で答えなさい。

ア　両方とも正しい　　**イ**　Ｘのみ正しい　　**ウ**　Ｙのみ正しい　　**エ**　両方とも誤り

問９　下線部⑨に関して、甲子園球場のもととなる運動場が完成した年に最も近い出来事と最も遠い出来事を、それぞれ次の**ア〜エ**から一つ選び、記号で答えなさい。

ア　米騒動《こめそうどう》がおきる　　**イ**　朝鮮で三・一独立運動がおきる

ウ　第一次世界大戦が始まる　　**エ**　関東大震災がおきる

問10　下線部⑩に関して、Ｂ君は古墳時代について調べ、次の**〔メモ４〕**をつくりました。

〔メモ４〕

> 埼玉県の稲荷山《いなりやま》古墳の鉄剣《てっけん》と熊本県の江田《えた》船山古墳の鉄刀には、大和政権の大王である（　き　）大王に仕えたということが漢字で刻まれています。また古墳の形状について分布を見ると、稲荷山古墳や江田船山古墳のような（　く　）墳は各地に幅広く見られますが、特に近畿《きんき》地方に大型のものが集まっています。大和政権の大王は中国から倭国の王の地位を認めてもらい、さらに朝鮮半島での勢力を拡大させるため、たびたび中国へ使いを送ったことが知られています。

（１）空らん（　き　）と（　く　）に入る語句をそれぞれ答えなさい。なお、（　き　）は**カタカナ**で、（　く　）は**漢字**で答えなさい。

（２）古墳時代についてのまとめをつくるにあたり、**〔メモ４〕**に書き加えることとして正しいものを、次の**ア〜エ**から**すべて**選び、記号で答えなさい。なお、すべて誤っている場合には**オ**と答えなさい。

ア　地方の有力者たちが中央政府である大和政権に仕えるようになった。

イ　大和政権の支配が現在の青森県から鹿児島県にあたる範囲におよんだ。

ウ　大陸から移り住んだ渡来人《とらいじん》が土木工事や織物などの技術をもたらした。

エ　全国を結ぶ道路が整備され、馬や宿舎を備えた駅が設けられた。

問11　下線部⑪に関して、Ａ君は飛鳥時代について調べ、次の〔**メモ５**〕をつくりました。

〔**メモ５**〕

７世紀、聖徳《しょうとく》太子（厩戸王《うまやどのおう》）が当時大きな力を持っていた蘇我馬子《そがのうまこ》と協力して政治の仕組みを整えました。家柄《いえがら》にこだわらず優《すぐ》れた人材を登用するために（　け　）の制度を定め、役人の心構えを示すために、（　こ　）が定められました。（　こ　）には、「自己中心的な考えを捨てて国家に尽《つ》くすことこそが、臣下の道である」「物事は自分の考えだけで決めてはならない。必ず人と議論せよ」などの内容がもりこまれています。

（１）空らん（　け　）と（　こ　）に入る語句をそれぞれ答えなさい。

（２）聖徳太子の時代に行われたこととして正しいものを、次の**ア**～**エ**から**すべて**選び、記号で答えなさい。なお、すべて誤っている場合には**オ**と答えなさい。

ア　律令《りつりょう》に基《もと》づき政治を行う国家をつくりあげた。

イ　仏教が信じられるようになり、法隆寺《ほうりゅうじ》などの寺院の建設が行われた。

ウ　天皇中心の政治体制をつくることを目指した。

エ　国家が土地と人々を支配する制度が定められた。

（３）Ａ君は奈良時代の僧である行基について調べ、気になった事柄を記録しました。

Ｘ：行基は人々に仏教の布教活動を行ったほか、道路や橋の建設、用水路の整備などの社会事業も行い、多くの人々から支持を集めるようになりました。

Ｙ：朝廷《ちょうてい》は許可なく布教活動を行った行基を取り締《し》まりましたが、やがて社会事業を行う彼を認めるようになりました。行基は東大寺大仏造立《ぞうりゅう》にも協力しました。

二つの記録ＸとＹについて、正しいか誤っているか、その判断が適切なものを、次の**ア**～**エ**から一つ選び、記号で答えなさい。

ア　両方とも正しい　　**イ**　Ｘのみ正しい　　**ウ**　Ｙのみ正しい　　**エ**　両方とも誤り

問12　下線部⑫に関して、Ａ君は戦国時代や安土桃山時代について調べ、次の**〔メモ６〕**をつくりました。

〔メモ６〕

織田信長《おだのぶなが》が武田勝頼《たけだかつより》を破った長篠《ながしの》の合戦の古戦場から鉛《なまり》の弾丸《だんがん》が発見されています。発見された弾丸の成分を科学的に分析《ぶんせき》すると、国内産の鉛だけでなく、中国や朝鮮、東南アジアの鉱山で産出した鉛も見られました。

（１）織田信長は海外との貿易に関わった都市を支配下に置いていたため、東南アジア産の鉛を手に入れやすかったのではないかと考えられます。織田信長の支配領域内にあり、海外との貿易に関わった都市を、次の**ア〜エ**から一つ選び、記号で答えなさい。

ア　長崎　　**イ**　堺《さかい》　　**ウ**　平戸　　**エ**　酒田

（２）鉛は鉄砲《てっぽう》の弾丸に使うだけでなく、銀の生産のために必要でした。戦国時代の日本で多くの銀を産出し、現在世界遺産にも登録されている銀山を答えなさい。

問13　下線部⑬に関して、次の（１）・（２）の問いに答えなさい。

（１）この時代における貴族の生活や文化に関する説明として**誤っているもの**を、次の**ア〜エ**から一つ選び、記号で答えなさい。

ア　上級貴族たちは書院造の広い屋敷《やしき》に住んでいた。
イ　儀礼《ぎれい》や年中行事を正しく行うことが重要だった。
ウ　漢字をくずしてつくられた仮名文字による文学が書かれるようになった。
エ　貴族の服装は束帯、十二単《じゅうにひとえ》が正装として使われるようになった。

（２）この時代、地方では争いがたびたびおきていました。東北地方では前九年合戦と後三年合戦がおこり、武士が鎮圧《ちんあつ》にあたりました。前九年合戦と後三年合戦の両方に関わった武士の名を、次の**ア〜エ**から一つ選び、記号で答えなさい。

ア　源頼義《よりよし》　　**イ**　平忠盛《ただもり》　　**ウ**　源義家《よしいえ》　　**エ**　平貞盛《さだもり》

問14　下線部⑭に関して、2022年、鉄道開業から150周年を迎《むか》えました。A君は鉄道開業について調べ、次の〔**メモ7**〕をつくりました。

〔**メモ7**〕

1872年、外国人居留地のある築地《つきじ》に近い（　**さ**　）から、開港場に近い（　**し**　）までの間で鉄道が正式に開業しました。しかし、正式開業以前にも品川から（　**し**　）までの仮営業が行われていました。現在、品川駅のホームには鉄道発祥《はっしょう》の地というプレートが埋《う》め込《こ》まれています。

（1）空らん（　**さ**　）と（　**し**　）に入る駅名をそれぞれ**漢字**で答えなさい。

（2）この時、一部の区間では海上に堤《つつみ》をつくり、その上に鉄道を走らせました。この時につくられた堤の一部が2019年に発見されました。堤の遺構が見つかった場所に最も近い現在の駅を、次の**ア～エ**から一つ選び、記号で答えなさい。

ア　浜松町《はままつちょう》　　**イ**　高輪《たかなわ》ゲートウェイ　　**ウ**　大井町　　**エ**　蒲田《かまた》

（3）鉄道の開業以外に1872年に始まったことを、次の**ア～エ**から一つ選び、記号で答えなさい。

ア　電話事業が始まり、電話が開通して使われ始めた。

イ　ラジオ放送が始まり、人々の情報源として使われ始めた。

ウ　乗合自動車（バス）の運行が始まり、都市部で移動手段として使われ始めた。

エ　都市ガス事業が始まり、ガス灯が街灯として使われ始めた。

2 次の文章を読んで、あとの問いに答えなさい。

2022年には、さまざまなことがおこりました。

2月24日に、「ウクライナ政府に迫害《はくがい》されている、ロシア人およびロシア語を話す人々を守る」などの名目で、ロシア軍が①ウクライナに侵攻しました。この出来事を受けて、②フィンランドと③スウェーデンが、④アメリカ合衆国を中心とする軍事同盟への加盟を申請《しんせい》しました。ロシアのウクライナ侵攻に対する経済制裁として、ロシアからの原油の輸入を多くの国が制限したことなどによる⑤原油の国際価格の変化に加え、円安が進行したため、日本国内における石油製品の価格が大きく変動しました。

5月22日に、アメリカ合衆国のバイデン大統領が、就任後初めて来日しました。アメリカ軍の最高司令官でもあるバイデン大統領は、日米（　あ　）条約に基づく日米（　い　）協定の規定を適用して、アメリカ軍横田基地から入国しました。大統領の滞在《たいざい》中、岸田首相《しゅしょう》との日米首脳会談のほか、⑥日米を含《ふく》む４か国による、「ＱＵＡＤ」と呼ばれる枠組《わくぐ》みの首脳会談も行われました。

7月10日に、⑦第26回参議院議員通常選挙が行われ、参議院の議員定数の半数にあたる（　う　）名の議員が選出されたほか、あわせて行われた補欠選挙で１名の議員が選出されました。選挙の結果、憲法改正に賛成の立場をとる議員が、衆議院・参議院ともに憲法改正の発議に必要な総議員数の（　え　）を超《こ》えたことが注目されました。

9月23日に、西九州新幹線が開業しました。今回開業したのは、長崎駅から武雄《たけお》温泉駅までの約66kmです。武雄温泉駅と、九州新幹線の新鳥栖《とす》駅との間は、軌間《きかん》（車輪の幅）を変えられる「フリーゲージトレイン」を開発して在来線の線路に新幹線を走らせる予定でした。しかしフリーゲージトレインの開発が実現せず、⑧フル規格の新幹線への変更《へんこう》が提案されると、佐賀県内で反対の声が高まったため、この区間の開業の見通しは立っていません。

また、現在、北陸新幹線の（　お　）駅までの延伸《えんしん》工事、北海道新幹線の（　か　）駅までの延伸工事に加え、⑨品川駅・名古屋駅間で、超電導《ちょうでんどう》リニアモーター方式の中央新幹線（リニア中央新幹線）の建設工事が進んでいます。

問１　文章中の空らん（　あ　）～（　か　）に入る語句をそれぞれ答えなさい。
（　あ　）と（　い　）は、**漢字**で答えること。

問２　下線部①～③に関して、①ウクライナ、②フィンランド、③スウェーデンの位置を、それぞれ次の**図２**中の**ア～ク**から一つ選び、記号で答えなさい。

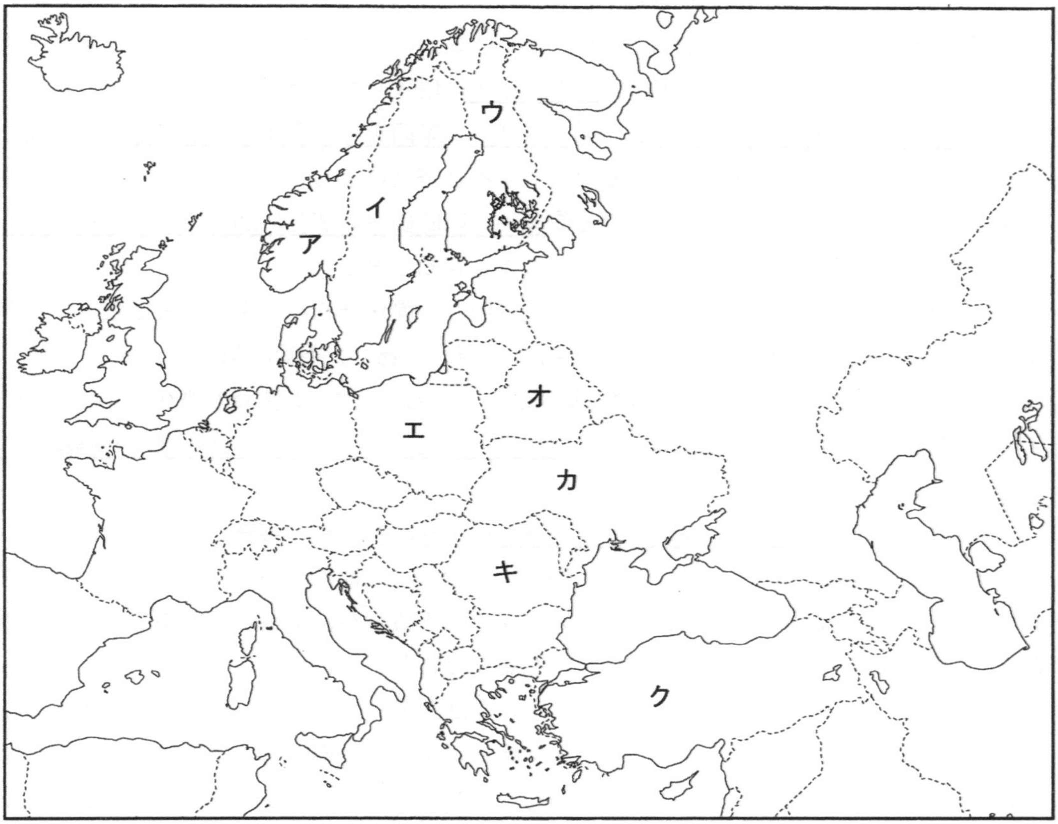

図２

問３　下線部④に関して、この軍事同盟の略称《りゃくしょう》を、**アルファベット４字**で答えなさい。

問４　下線部⑤に関して、次の**表１**は、2021年６月１日と2022年６月１日における、原油１バレルの価格と、米ドル・日本円の為替《かわせ》レートを示したものです。１バレルは、約160リットルです。

表１

日　付	原油１バレルの価格 (※)	米ドル・日本円の為替レート
2021年６月１日	約（ａ）ドル	１ドル＝約（ｃ）円
2022年６月１日	約（ｂ）ドル	１ドル＝約（ｄ）円

※ WTI 原油。ENEOS のウェブサイトより

（１）**表１**中の空らん（ａ）～（ｄ）にあてはまる数字の組み合わせとして正しいものを、次の**ア～エ**から一つ選び、記号で答えなさい。

ア　（ａ）＝ 68　（ｂ）＝115　（ｃ）＝110　（ｄ）＝130

イ　（ａ）＝ 68　（ｂ）＝115　（ｃ）＝130　（ｄ）＝110

ウ　（ａ）＝115　（ｂ）＝ 68　（ｃ）＝110　（ｄ）＝130

エ　（ａ）＝115　（ｂ）＝ 68　（ｃ）＝130　（ｄ）＝110

（２）問題文中に示された数値および（ａ）～（ｄ）の数値を用いて、日本円での原油価格が2021年６月１日と比べて2022年６月１日には１リットルあたり何円上昇《じょうしょう》または下落したか、小数第一位を四捨五入し、解答らんの形式と指示に従って答えなさい。

問５　下線部⑥に関して、この４か国のうち、日本とアメリカ合衆国以外の二つの国名を答えなさい。

問６　下線部⑦に関して、次の（１）～（３）の問いに答えなさい。

（１）第１回参議院議員通常選挙は何年に行われたか、西暦で答えなさい。

（２）現在、参議院議員選挙における選挙区のうち、二つの県を合わせて一つの選挙区とする「合区」が２か所あります。合区となっている県の組み合わせを、解答らんの形式に従って、**漢字**で答えなさい。

（３）現在の参議院議員選挙について述べた文として**誤っているもの**を、次の**ア**～**エ**から**すべて**選び、記号で答えなさい。なお、すべて正しい場合は**オ**と答えなさい。

ア　比例代表の定数は、選挙区の定数の合計より多い。

イ　比例代表は、地方ごとに11のブロックに分かれている。

ウ　比例代表の投票では、政党名または候補者名のどちらかを書く。

エ　選挙区で落選しても、比例代表で復活当選する可能性がある。

問７　下線部⑧に関して、次の文章は佐賀県内での主な反対意見の内容をまとめたものです。文章中の空らん【　Ａ　】～【　Ｃ　】にあてはまる内容を答えなさい。

フル規格の新幹線建設にあたっては、佐賀県にも【　Ａ　】の負担が求められる上、新幹線開業後は並行《へいこう》する在来線の経営がＪＲ九州から切り離され、存続させるためには佐賀県や沿線市町村が民間企《き》業《ぎょう》とともに【　Ｂ　】方式の運営会社を設立し、赤字を引き受けることになる。それらの負担の大きさに対して、佐賀県内の多くの住民にとっては在来線と比べて【　Ｃ　】する効果が小さいため、フル規格の新幹線を建設する意義が感じられない。

問８　下線部⑨に関して、次の（１）～（３）の問いに答えなさい。

（１）解答らんの地図は、在来線の中央本線のルート（東京駅・名古屋駅間）を示したものです。この地図中に、リニア中央新幹線のルートを書き込んで示しなさい。品川駅は、東京駅と同じ場所でかまいません。

（２）リニア中央新幹線は、中央本線が迂《う》回《かい》している二つの大きな山脈を、長いトンネルで貫《つらぬ》いて通る予定です。この「中央本線が迂回している二つの大きな山脈」の名前を答えなさい。

（３）リニア中央新幹線の建設にあたっては、ｅルート上にある県が、「トンネル工事によって地下水脈が影響を受け、ｆ県内を流れる大きな川の流量が減るおそれがある」として、ＪＲ東海に対策を求めています。

下線部ｅの県と、下線部ｆの川の名前を、それぞれ**漢字**で答えなさい。

このページより後ろは白紙です。

2023(R5) 開成中
K 教英出版

二

問一

問二

問三

問四

※85点満点
（配点非公表）

受験番号	氏　　名

B 算　数 23

解　答　用　紙

（注意）　式や図や計算などは，他の場所や裏面などにかかないで，すべて解答用紙のその問題の場所にかきなさい。

1

(1)	分　　秒
(2)	m
(3)	m

2

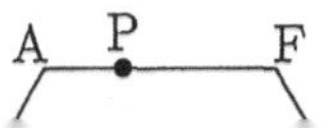

【解

C 算　数 23

解　答　用　紙

受験番号	氏　　名

（注意）　式や図や計算などは，他の場所や裏面などにかかないで，すべて解答用紙のその問題の場所にかきなさい。

4

(1)	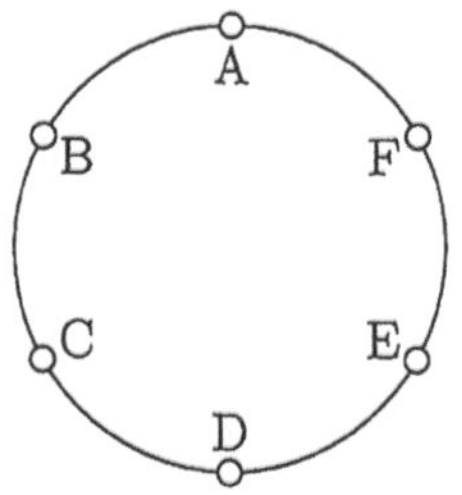
(2)	秒後

※70点満点
（配点非公表）

受験番号	氏　　　　名

E 理　科 23

解 答 用 紙

1

問1	問2	問3	問4	問5
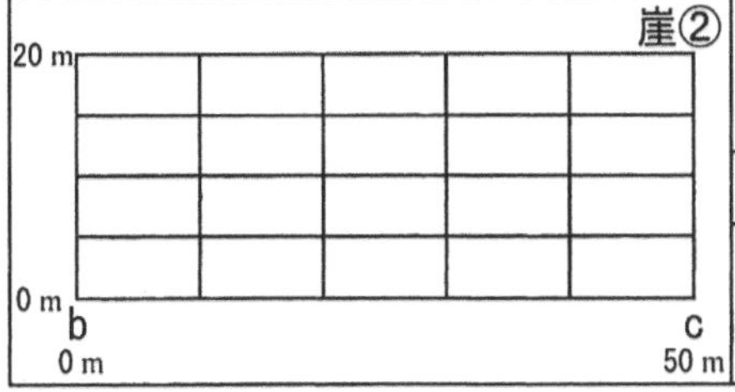	m			

問6	問7	問8

2

問1	問2

※70点満点
（配点非公表）

F 社会 23

解答用紙

受験番号	氏名

1

問1 1890年は

1946年は

問2 問3 問4 (1) (2) 問5 から へ 問6

問7 (1) う え (2)

問8 (1) お か (2) 問9 最も近い 最も遠い

問10 (1) き く (2)

問11 (1) け こ (2) (3)

問12 (1) (2) 銀山 問13 (1) (2)

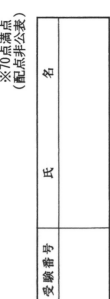

問1 あ　　い　　う　　え　　お

か　　問2 ①　　②　　③　　問3

問4 (1)　　(2)　　円の 上昇 ・ 下落（どちらかを〇で囲む）　　問5

問6 (1)　　年　(2)　　県と　　県　　県と　　県　(3)

問7 A　　B　　C

問8 (1)

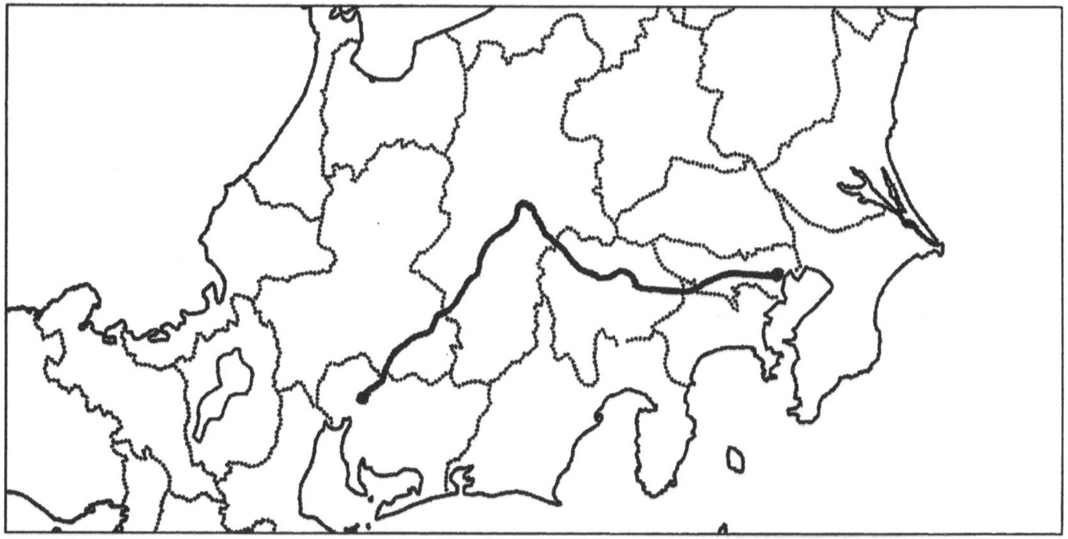

(2)　　山脈

山脈

(3) e　　県

f　　川

2023(R5) 開成中

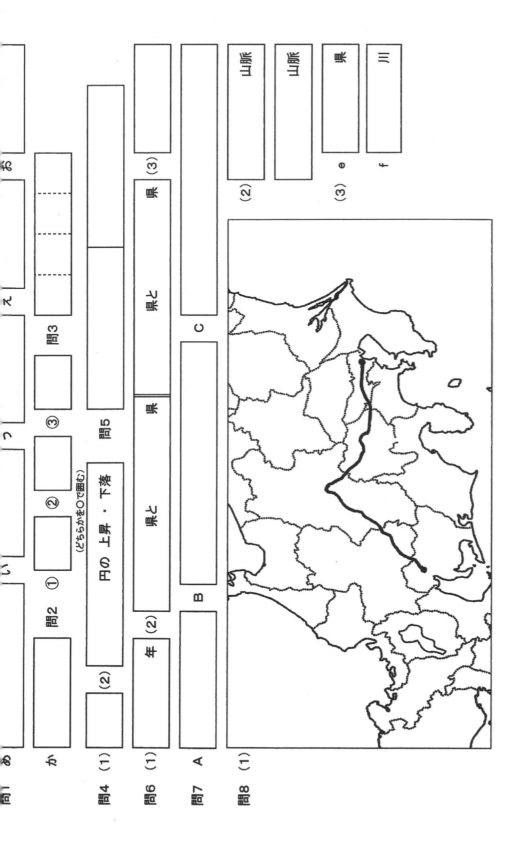

問5		問6		
太郎さん	花子さん	（う）	（え）	（お）

3

問1	問2		問3		問4	問5
	①	②	③	④	倍	

問6	問7	
秒	⑥	⑦

4

問1			問2	問3	
（1）		（2）		（1）	（2）
①	②			→ →	mL

問4		
（1）	（2）	（3）
回	倍	

(3)	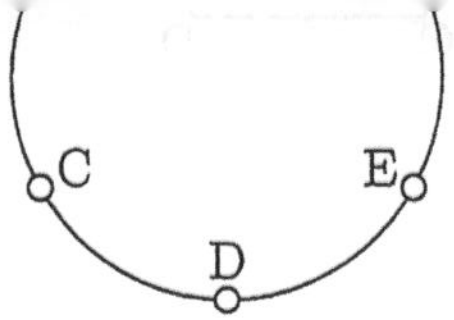
(4)	秒後

5

ア	（通り）
イ	（通り）
ウ	（通り）
エ	（通り）
オ	（通り）
カ	（通り）
キ	（通り）

C　D

分	秒後
分	秒後

3

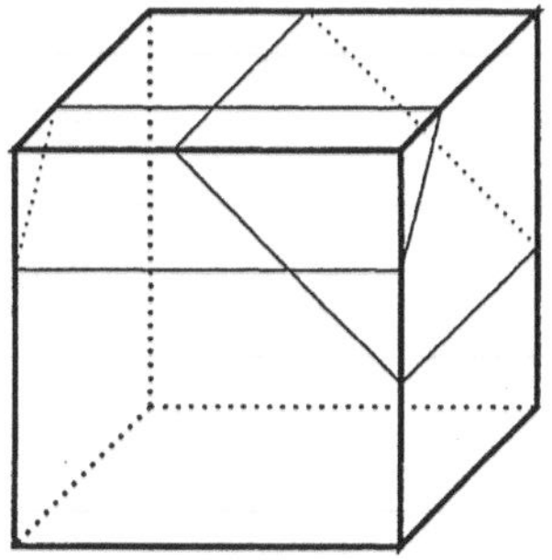

(1)	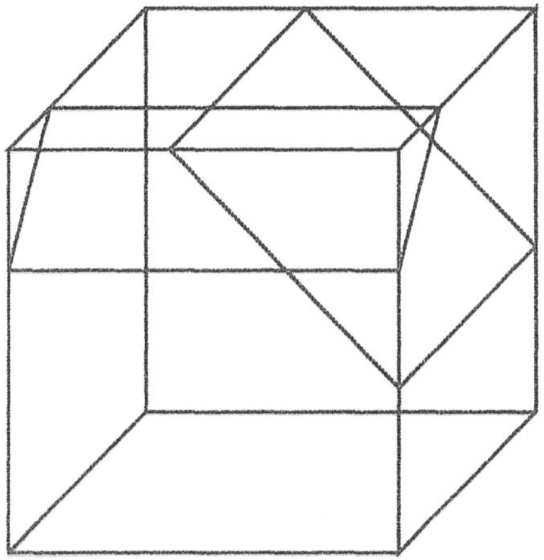
(2)	cm^3

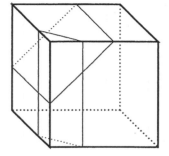

A

国語

23

解答用紙

受験番号

氏名

※85点満点
（配点非公表）

一

問一

モクヒョウ

イキグル

しい

ギャク

タガヤ

し

問二

問三

東京の現場

梼原という場所

令和４年度　開成中学校

A 国 語 （５０分）

答えはすべて **解答用紙** に書き入れること。

【この冊子について】

1. 試験開始の合図があるまで、この冊子に手をふれてはいけません。
2. 問題は2～16ページです。
3. 解答用紙は、冊子の中央にはさまっています。試験開始の合図後、取り出して解答してください。
4. 試験中に印刷のかすれやよごれ、ページのぬけや乱れ等に気づいた場合は、静かに手を挙げて先生に知らせてください。
5. 試験中、冊子がバラバラにならないように気をつけてください。

【試験中の注意】 以下の内容は、各時間共通です。

1. 試験中は先生の指示にしたがってください。
2. 試験中、机の中には何も入れないこと。荷物はイスの下に置いてください。
3. 先生に申し出ればコート・ジャンパー等の着用を許可します。
4. かぜ等の理由でハンカチやティッシュペーパーの使用を希望するときは、先生の許可を得てから使用してください。
5. 試験中に気持ちが悪くなったり、どうしてもトイレに行きたくなったりした場合は、静かに手を挙げて先生に知らせてください。
6. 試験中、机の上に置けるのは次のものだけです。これ以外の物品を置いてはいけません。
   - ・黒しんのえん筆またはシャープペンシル
   - ・消しゴム　・コンパス
   - ・直定規　・三角定規一組（10cm程度の目盛り付き）
   - ・時計　・メガネ

   筆箱も机の上には置けませんので、カバンの中にしまってください。
7. **終了のチャイムが鳴り始めたら、ただちに筆記用具を置いてください。**
8. 答案を回収し終えるまで、手はひざの上に置いてください。

＃教英出版 編集部　注
編集の都合上、一部白紙ページは省略しています。

2022(R4) 開成中
教英出版

次の文章は、森沢明夫『おいしくて泣くとき』の一節です。これを読み、後の問いに答えなさい。ただし、【　】は省略した部分の説明、〔＝　〕は出題者による注です。

【中学三年生の心也《しんや》（俺《おれ》）と夕花《ゆうか》は、幼なじみであり、クラスメイトでもあります。クラスの話し合いで、なかば強引《ごういん》に学級新聞を制作する係を押《お》し付けられた二人は、自分たちに「ひま部」と名づけ、活動を始めました。】

夕花にボタンを付けてもらった翌日は、朝から抜《ぬ》けるような青空が広がり、東の空にマッチョな入道雲が湧《わ》き立っていた。蟬《せみ》たちも無駄《むだ》に元気で、登校時間の気温はすでに三〇度を超《こ》えていた。でも、今朝のテレビの天気予報によると、これからどんどん空模様は変わっていき、午後になると台風の影響《えいきょう》が出はじめるらしい。

真夏のまぶしい朝日のなか、俺は通学路の坂道を登り、校門を通り抜けた。汗《あせ》ばんだ背中にワイシャツがぺったりと張り付く。体育館の前を過ぎ、昨日、夕花が俺を見下ろしていた教室のベランダを見上げた。そこには声を上げてふざけあう三人の男子のクラスメイトたちの姿があった。

昇降口《しょうこうぐち》に入ると、少しホッとした。強烈《きょうれつ》な日差しから逃《のが》れられたからだ。スニーカーから上履《うわば》きに履《は》き替えるとき、俺はちらりと夕花の下駄箱《げたばこ》を見た。ひとつだけ扉《とびら》が凹《へこ》んでいるから、見つけるのがとても簡単な下駄箱だった。

上履きに履き替えた俺は、階段を上り、いつものように教室に入った。

その「異変」に気づいたのは、親しい友人たちに「おーっす」と手を挙げながら自分の席に向かおうとしたときのことだった。どういうわけか俺の席の周りに数人のクラスメイトたちが集まっていて、机を見下ろしていたのだ。

夕花は、その輪には加わらず、斜《なな》め前の自分の席で静かに本を読んでいた。へたに後ろを振《ふ》り向《む》いて余計なことを言ったりしたら、それがまたいじめの火種になるということを夕花はよく知っているのだ。

俺は嫌《いや》な予感を抱《いだ》きながら、彼《かれ》らの輪に近づいていった。

「あ……」

最初に俺に気づいたのは、サッカー部のお調子者、青井《あおい》だった。その青井の様子に気づいた他のクラスメイトたちが、一斉《いっせい》にこちらを振り向いた。

微妙《びみょう》な緊張《きんちょう》と好奇《こうき》が入り混じったいくつもの顔。

「お前ら、何してんの？」

①ヘイセイを装《よそお》いながら、俺は、みんなが見下ろしていた自分の机を見た。

嫌な予感はハズレた。より、悪い方に。

俺の机の天板に、太い油性ペンで落書きがされていたのだ。

偽善者《ぎぜんしゃ》のムスコ

いかにも頭の悪そうな汚《きたな》い文字《もじ》で、でかでかと、そう書かれていた。

「…………」

一瞬《いっしゅん》、言葉を失ってしまった俺を、周囲のクラスメイトたちが黙《だま》って見ていた。

俺の脳裏《のうり》には、石村《いしむら》とその取り巻きの顔がちらついていた。怒《いか》りなのか、悔《くや》しさなのか、恥《は》ずかしさなのか、自分でもよく分からないけれど、とにかく真っ黒でドロドロとした感情が肚《はら》のなかで渦《うず》巻いていることだけは分かった。

動揺《どうよう》を隠《かく》したくて、俺は指先でそっと落書きをこすりながら口を開いた。

「ふざけんなよ。これ油性じゃんか」

せっかく明るめの声で言ったのに、クラスメイトたちは、それぞれの顔を見合いながら押し黙っていた。

重めの沈黙《ちんもく》を破ってくれたのは、いつもはきはきしている女子バスケ部の才女、江南《えなみ》だった。

「それ、書いた犯人のことは誰《だれ》も見てないけど――、でも、みんな、石村くんじゃないかって……」

まあ、普通《ふつう》は、そう思うだろうな……。

俺は、それには答えず「ふう」と大きなため息をこぼすと、肩《かた》にかけていたカバンを床《ゆか》の上に置き、椅子《いす》に腰掛《こしか》けた。そして、筆箱から消しゴムを取り出し、落書きの上から力任せにこすってみた。

でも、油性ペンで書かれた文字は、少し色が薄《うす》くなっただけで、ほとんど消えてくれなかった。

「消しゴムじゃ無理だよ、油性なんだから」江南が横から口を出してくる。「ねえ、風間《かざま》くん、職員室に行って、ヤジさんにシンナーと雑巾《ぞうきん》を借りてくれば？」

「おっ、それはグッドアイデア。なんなら俺、一緒《いっしょ》に行ってやろうか？」

目の奥《おく》に好奇心を光らせた青井が言う。

「大丈夫《だいじょうぶ》。俺、一人で行ってくるわ」

消しゴムを筆箱に戻《もど》し、俺はおもむろに立ち上がると、②ヤジウマたちを押しのけるようにして輪の外へと出た。

職員室に行くには、階段を降りて一階に行き、屋根付きの渡《わた》り廊下《ろうか》を通って、隣《となり》の校舎の二階に上がらなくてはいけない。

俺はぐらつく膝《ひざ》に注意しつつ、手すりにつかまって階段を降りはじめた。降りながら、ふと、昨日の石村の少し丸まった背中を思い出した。

「くそっ」

また、偽善者呼ばわりかよ――。

俺の人生のなかに「偽善者」という三文字が放《ほう》り込《こ》まれるようになったのは、父が「こども飯」サービスをはじめた三年ほど前からだった。といっても、そのほとんどは俺個人への批判としてではなく、いつも『大衆食堂かざま』か、その店主である父に向けて放たれた三文字だった。

正直、店にかかってきた電話にたまたま俺が出たら、いきなり「この偽善者ヤロー」と怒鳴《どな》られて通話を切られたこともあるし、あるときは、ポストに投函《とうかん》されていた紙切れを手にしたら、そこにボールペンで「偽善者!」と書かれていたこともある。中学一年生になったばかりの頃《ころ》、クラスで最初に仲良くなった友人に「お前んち、偽善者の店って言われてるらしいぞ。知ってた?」と言われたときは、1さすがにこたえた。

父も景子《けいこ》さん(=従業員)も、「こども飯」というサービスが匿名《とくめい》の人間から批判の対象になっているという事実を俺には知られたくなかったようだけれど、でも、噂《うわさ》は勝手に俺の耳に入ってくるし、目の前で店の電話が鳴れば出てしまうし、新聞を取るついでにポストの中身を手にしてしまう。そもそも俺に隠すなんて無理な話なのだ。

ポストに投函されていた二度目の「偽善者」と出会ってしまったとき、さすがに俺は父と景子さんに訊《たず》ねた。

「こども飯、このまま続けて大丈夫なの?」

口にした言葉は質問形式だったけれど、俺は不平を込めた声のトーンで「もう、やめようよ」と伝えたつもりだった。だって、せっかく世のため人のため、自分を犠牲《ぎせい》にしてまで働いているのに、どこの誰かも分からないような奴《やつ》らから罵《ののし》られるなんて、あまりにも割りが合わないではないか。

すると景子さんは、いつものように軽《かろ》やかな微笑《ほほえ》みを俺に向けた。

「心也くんは、気にしなくていいよ。大丈夫だから。ね?」

語尾《ごび》の「ね?」は、父に向けられたものだった。

それを受けた父は、やっぱり父らしく、厨房《ちゅうぼう》でニヤリと悪戯坊主《いたずらぼうず》みたいに笑うのだった。

「もちろん大丈夫だ。つーか、匿名でしか文句を言えねえようなチンケな連中に、俺の人生を変えられてたまるかってーの」

そんな感じで大人たちは「大丈夫だ」と言い張った。

でも、「偽善者」という三文字には、ある種の「毒」が含《ふく》まれていた。「毒」だから、それを浴《あ》びせられるたびに、俺の心はじくじくと膿《う》んで痛んだし、しかも、その「毒」は時間とともに薄れはしても、決して消えることがなかった。常に心のどこかに残り続けるのだ。とりわけ今回の落書きの「毒」は強烈だった。なにしろクラスのみんなに見られてしまったのだ。これまでのように電話や手紙を使って、こっそり個人的に攻撃《こうげき》されるのとはワケが違《ちが》う。

職員室に向かって歩きながら、俺は自分の足が地についていないことをはっきりと自覚していた。自分でも思いがけないくらいに動揺しているらしい。

渡り廊下を抜けて、隣の校舎の階段を上った。

職員室の引き戸は開いていた。

なかを覗《のぞ》くと、奥の窓際《まどぎわ》の席にヤジさんがいて、何かしらの書類に目を通しているようだった。

「おう、風間か、どうした?」

ドアのそばにいた体育の岡田《おかだ》先生が、俺に気づいて声をかけてくれた。
「あ、ええと、矢島《やじま》先生に、ちょっとお願いがあって……」
「そうか。おーい、矢島先生」
岡田先生の太い声の呼びかけに、ヤジさんが書類から顔を上げた。そして、すぐに俺の存在に気づいた。
「風間が用事があるそうですよ」
「おう、どうした？　入っていいぞ」
俺は小さく一礼をして、職員室のなかに入った。そして、ヤジさんの席まで行くと「えっと、シンナーってありますか？」と訊ねた。
「は？　シンナー？」
「はい」
「お前、シンナーなんて、何に使うんだ？」
怪訝《けげん》そうなヤジさんの顔に、俺は少し慌《あわ》ててしまった。
「えっ？　違いますよ。吸うわけじゃなくて――」
「馬鹿《ばか》。そんなこと、分かってるよ」
ヤジさんは吹《ふ》き出しながら言った。
「あ……、はい」
「で、何に使うんだ？」
「えっと、じつは――」
それから俺は、机の落書きについて、ありのままにしゃべった。ここでヤジさんに嘘《うそ》をついても仕方がないし、事実を伝えた方がシンナーを貸してもらえる確率も高いと思ったのだ。
俺の説明を聞き終えたヤジさんは、眉毛《まゆげ》をハの字にしてため息をついた。
「偽善者か……。なるほど。まあ、しかし、お前も大変だよな」
2 なるほど――って、何だよ？
この瞬間、これまで俺がヤジさんに抱いていた「好感」の絶対量が、一気に半減するのを感じた。
俺は、黙ってヤジさんを見下ろしていた。視線に苛立《いらだ》ちがこもってしまったかも知れない。でも、ヤジさんは気にする風でもなく、椅子をくるりと回して、こちらに背を向けると、斜め前の席にいた美術の恩田《おんだ》ひとみ先生に声をかけて、ガラス瓶《びん》に入ったシンナーを借りてくれた。
「雑巾はないけど、代わりにこれを使っていいぞ」
ヤジさんは机の引き出しからポケットティッシュを取り出すと、シンナーの瓶と一緒にこちらに差し出した。
「ありがとうございます」
あまり心を込めずに軽く頭を下げた俺は、さっさと職員室を後にした。
【心也は教室にもどり、自分の机の落書きを消しました。】
三時間目の国語の授業がはじまってしばらく経《た》つと、窓の外が急に暗くなってきた。見上げた空には黒くて低い雲が、まるで早送りのような速度で流れていた。
「今夜の台風、けっこう強いみたいだね」

板書を終えた国語の藤巻《ふじまき》さつき先生が、ちらりと窓の外を見て言った。大学を卒業して二年目という若さと、明るい性格のおかげで、生徒たちから友達のように慕《した》われている先生だ。

「俺、嵐《あらし》の前って、めっちゃ血が騒《さわ》ぐんだよな」

後方の席から青井の声が聞こえてきた。誰かが「俺も!」と言ったのを引き金に、教室がざわつきはじめた。

俺は、斜め前の華奢《きゃしゃ》な背中を見た。

夕花は机に覆《おお》いかぶさるようにしてノートを取っていた。台風の話題にざわつくクラスメイトとは、まったく別の世界にいるような背中だった。

無になろう、存在を消そう、誰にも気づかれないよう、息を止めたままでいよう——、そんな、淋《さび》しい静けさを夕花は常にまとっていた。うちの店のカウンター席で幸せそうに「こども飯」を食べているときとは、まるで別人のような存在感だ。

ふと、表情のとぼしい幸太《こうた》〔=夕花の弟〕の横顔が脳裏をよぎった。

食べているところをたまたま俺に見られて、やたらと恨《うら》めしそうに頬《ほお》を歪《ゆが》めた石村の顔も思い出す。

偽善者のムスコ——。

毒を孕《はら》んだ言葉。その落書き。

思いだしたら、俺の胃のなかで、嫌な熱がとぐろを巻きはじめた。

3この感じは、やっぱり「怒り」だよな——。

俺は確信した。というか、認めた。

認めたら、なぜか「怒り」の理由が明確になった。

偽善者のムスコ——、このムスコという三文字がやたらと腹立たしい意味を持つということに気づいたのだ。つまり、俺はただのムスコであって、偽善者と罵られたのは父だ。

父が、クラスメイトたちの前で吊《つ》るし上げられたのだ。

俺はゆっくりと息を吸い、そして、嫌な熱を孕んだ息を吐《は》き出した。

低い空を流れてゆく黒雲から、ぱらぱらと大粒《おおつぶ》の雨滴《うてき》が落ちはじめた。

窓から吹き込んでくる蒸《む》し暑い風。

暑いのに、俺の背中にはチリチリと鳥肌《とりはだ》が立っていた。

【落書きのことを問いただそうと、心也は隣のクラスの石村を訪ねますが、石村はおらず、かわりに石村の机にも落書きが油性ペンでされているのを見つけました。心也は誰もいなくなる放課後を待って、石村の机の落書きも消すことにしました。】

俺たちは、教室を出た。

そして、こっそりと隣の教室に入り込んだ。

泥棒《どろぼう》にでもなったかのような、妙な緊張感を覚えた俺が、ふと後ろを振り返ると、そこには③マンメンの笑みを浮《う》かべた夕花の顔があった。

「なんか、わくわくするね、こういうの」

もしかすると、いざというときに度胸があるのって、女子の方なのかも知れない。そんなことを考えながら、俺は石村の机の前に立った。

「えっ、これ……」

予想通り、夕花は息を飲んで俺を見た。

ビンボー野郎《やろう》

できれば夕花に見せたくなかった言葉。

俺にとっての「偽善者」と似たような「毒」を、夕花に感じさせてしまうかも知れない言葉だった。

でも、俺の心配は、どうやら当てが外れたらしい。

夕花の表情を見る限り、自らの胸を痛める「毒」よりも、むしろ、落書きされた者にたいする同情で胸を痛めているように見えたのだ。

「ここ、石村の席なんだ」

俺は、小声で言った。

「どうして――」

「俺には分からないけど……。とにかく、先生の見回りが来る前に終わらせないと」

俺は、今朝、自分の机の落書きを消したときのように、まずはティッシュにシンナーを染《し》み込ませた。そして、石村の机の落書きをごしごしとこすった。

「どうして、心也くんが消すの？」

その質問が、いちばん答えにくい。

「俺も、分かんねえ」

「もしかして、この落書き――」

「書いたの、俺じゃねえからな」

夕花には最後まで言わせず、言葉をかぶせた。しゃべりながらも、俺の手はせわしなく動いていた。

「俺さ、休み時間にここに来たんだよ。そしたら、こいつの机にも落書きがあることに気づいちゃって。だから、まあ、ついでみたいな感じかな」

俺の返事に、夕花は少しも納得《なっとく》していないようだった。

「じゃあ、どうして、放課後にこっそり消すの？」

「だって、みんながいるときに隣のクラスの俺が消しに来たら、まるっきり俺が書いたみたいじゃんか」

「あ、そっか」

「だろ？　よし。消えた」

落書きは、完璧《かんぺき》に消えていた。

「うん」

「台風で窓を開けられねえから、シンナーの匂《にお》いは残っちゃうかもしんねえけど」

「じゃあ、教室の出入り口の引き戸を、ふたつとも少し開けておく？」

「それ、いいね」

俺たちは、足音を忍《しの》ばせながら教室から出た。その際、引き戸を半開きにしておいて、ついでにもうひとつの引き戸も半開きにした。そして、急いで自分たちの教室へと戻った。それぞれの席の前に立ち、シンナーとティッシュを机の上に置く。

なんとか誰にも見られずにやり遂《と》げた俺は、「ふう」と息を吐いてから「任務完了《かんりょう》」と言って夕花を見た。

「なんか、冒険《ぼうけん》した気分だね」

わずかに頬を紅潮させた夕花が、両手をこちらに向けて挙げた。俺はその手に、自分の両手をパチンと合わせた。

ハイタッチだ。

「やったね」

「やったな」

小さく笑い合って、俺たちはそれぞれ自分の椅子に座った。

「ねえ、心也くん」

「ん？」

「先輩《せんぱい》（＝二人は同級生だが、二人の間では冗談《じょうだん》で夕花を『先輩』、心也を『部長』と呼ぶことがある）命令を発動させて、いい？」

「は？」

夕花が無邪気《むじゃき》な感じで目を細めた。

「ねえ、いい？」

「それは、内容によりけりだろ」

「わたし、やっぱり知りたいんだけど」

「何を？」

「昨日の昼休みに石村くんが来てからのこと」

俺は一瞬、考えた。話していいものか、あるいは、黙っておくべきか。

「わたし、同じ部活の先輩として、ちゃんと知っておきたいから」

「なんだよ、それ」

俺は、軽く吹き出してしまった。夕花もクスッと笑った。二人で笑ったら、張り詰《つ》めていた肩の力がするりと抜け落ちたような気がした。まあ、どっちにしろ夕花には、さっきの行動を知られているのだ。ある程度まではしゃべってもいいだろうと思った。

「じゃあ、教えるけど、俺からも部長命令な」

「え、なに？」

「さっき落書きを消したことも含めて、これからしゃべることは、すべて秘密にすること」

「うん、分かった」

頷《うなず》いた夕花の頬には微笑みの欠片《かけら》が残っていた。でも、その目は、優等生らしい誠実な光を放っていた。

それから俺は、昨日の昼休みからの一連の出来事をざっくりと話した。ただし、ひとつだけ、夕花にも伝えなかったことがある。それは、石村がうちの店でよく「こども飯」を食べているということだった。つまり、体育館の裏での俺と石村との会話についてだけ嘘をついたのだ。石村は、なぜか落書きの犯人を俺だと勝手に決めつ

けていたので、俺はきっぱり違うと主張した。そうしたら、今朝、俺の机にも落書きがあった、と。
「そっか。そんなことがあったんだね」
　夕花は、一応は納得した顔をしていた。
　でも、石村の机には「ビンボー野郎」、俺の机には「偽善者のムスコ」と落書きされていたのだ。かしこい夕花は、そのふたつの言葉から、俺と石村の関係性をある程度は連想しているに違いない。
「俺からしたら、とんだ濡《ぬ》れ衣《ぎぬ》だよ」
「濡れ衣を着せられたのに、こっそり落書きを消してあげたんだね」
「…………」
　俺は、夕花の言葉にどう返したものか考えた。正直、自分でも、どうして石村の机の落書きを消そうなどと思ったのか、よく分からないのだ。分かることといえば、俺の脳裏にはずっと石村の丸まった背中がちらついて離《はな》れないこと——、ただそれだけだ。
「心也くん、やっぱり優《やさ》しいよね」
「え——」
　やっぱり、ということは、もともとそう思ってくれていたということか？
「さすが、うちの部長さん」
「まあ、俺たちはひま部だからな、ひまつぶしにちょうどよかっただろ？」
「俺たち、じゃなくて、心也くん、一人でやろうとしてたじゃん」
「まあ、そうだけど……」
　夕花は、照れている俺を軽くからかっているようにも見えた。
「ねえ、心也くん」
「ん？」
「また、冒険みたいなことをするときは誘《さそ》ってね」
「は？　するかよ、そんなに」
「えー、そうなの？」
「当たり前だろ」
「なんか残念」
　言葉とは裏腹に夕花が小さく笑ったとき、窓ガラスに風雨が叩《たた》きつけられた。ザーッという雨滴の音と、窓が揺《ゆ》れるガタガタという音が、静かな教室にまとめて響《ひび》き渡った。
「あ、台風……」と、俺。
「帰らないとね」と、夕花。
　俺たちは頷き合って、急いで席を立った。
　校舎を出てからは、横殴《なぐ》りの雨に翻弄《ほんろう》され、俺たちは制服のズボンとスカートをそれぞれたっぷり濡らしながら、通学路の坂道を降りていった。
　突風《とっぷう》が吹くと、俺たちは声を出して笑った。
　二人とも髪《かみ》がぐしゃぐしゃになり、傘《かさ》がひっくり返った。役に立たなくなった傘は、あきらめて閉じて手に持った。
「きゃあ、シャワーみたい」
「さっそく冒険だな」
　大きめの声で俺が言うと、夕花は「あはは、ほんとだね」と笑う。

唇《くちびる》をいっぱいに左右に引いた、奥歯まで見えるほどの明るい笑み。幼い頃によく見ていた、夕花の本当の笑みだった。
「なんかさ」
「ん？」
「嵐も、悪くねえな」
「うん、嵐、楽しいっ」
不穏《ふおん》な黒い空を見上げながら、思い切り笑っている夕花。そのびしょ濡れの横顔を見ていたら、なぜだか、ふと、泣いているようにも見えて、俺は思わず名前を呼んでいた。
「夕花？」
「ん、なに？」
こっちを向いた夕花は笑っていた。ちゃんと。これまで見たことがないくらい、吹っ切れたような笑みを浮かべていたのだ。
「えっと——、なんか、気持ちいいな」
「うん。最高」
「だよな」
「もうね、なんか、全部がどうでもよくなっちゃいそうなくらい」
夕花の前髪と顎《あご》の先から、つるつるとしずくがしたたり落ちる。
全部がどうでもよくなっちゃいそうなくらい——。
俺は、夕花の言葉を胸のなかで繰《く》り返した。そして、頷いた。
「ほんと、ぜーんぶ、どうでもいいよな」
「あははは」
夕花が笑った。泣いているみたいに目を細めて。
正面から強い風が吹きつけてくる。大粒の雨滴が俺たちの顔をバチバチと叩いた。
「うわ、痛《い》てて」
「ひゃぁ」
そして、俺たちは、また笑う。
バケツをひっくり返したようなこの雨が、ビンボーも、偽善者も、きれいさっぱり洗い流してくれればいいのに——。
そう思ったとき、ようやく俺は気づいた。
4 なんだ、泣きたい気分なのって、俺じゃん。

夕花と別れた俺は、びしょ濡れのまま店に入った。
「ただいま」
言いながら店内を見回す。お客は一人もいなかった。さすがにこの天候では仕方がないだろう。よく見れば、すでに奥の客席のテーブルの上に暖簾《のれん》が置かれている。
「おう、おかえり。いよいよ嵐になって——、つーか、なんだ、お前、どうした？」
厨房から顔を覗かせた父が、頭からずぶ濡れの俺を見て吹き出した。
「傘、役に立たなかったから、使わなかった」
「あはは。なるほどな。しかし、ここまでの土砂降《どしゃぶ》りだと、逆にずぶ濡れになるのが気持ちよかっただろ？」
「うん」と素直《すなお》に頷いた俺は、あらためて店内を見てから訊《き》いた。

「景子さんは?」
「嵐になる前に帰ってもらったよ。どうせこの台風じゃ、お客も来《こ》ねえだろ」
「そっか」父と二人きりになれるのは都合がいい。「じゃあ、俺、ちょっと着替《きが》えてくるわ」
「おう、そうしろ」
「あ、俺さ、ちょっと腹減ってるんだけど」
本当は、さほど空腹ではなかったけれど、そう言った。
「そうか。じゃ、何か作っとくから、着替えたら降りてこいよ」
「うん」
「あ、ちなみに、何が食べたい?」
「うーん、麺類《めんるい》がいいかな」
「オッケー」
父が親指を立てたとき、店の窓に強風が吹きつけてガタガタと鳴った。
「心也も帰ってきたし、早々にシャッター降ろしとくか」
そう言って、父は、店の出入り口に向かった。
俺は、厨房の脇《わき》にある三和土《たたき》(=土間)で、濡れた靴《くつ》と靴下を脱《ぬ》いで家に上がった。そして、二階の自室に入り、濡れた身体《からだ》とカバンをタオルでよく拭《ふ》き、Tシャツとショートパンツに着替えた。
雨で冷やされた身体は、着替えたあとも少しひんやりとしていて、憂鬱《ゆううつ》な心とは裏腹にこざっぱりとしていた。
さてと——、
「ふう」
俺はひとつ息を吐いてから部屋を出た。
階段を降り、三和土でサンダルを履いて厨房へ。そのまま客席へと廻《まわ》り、調理をしている父と対面するカウンター席に腰掛けた。
ジュウジュウといい音を立てながら、父はフライパンを振っていた。
「すぐにできるからな」
「うん」
視線を手元に落として調理しているときの父の顔は、目尻《めじり》と口元が穏《おだ》やかで、どこか微笑んでいるようにも見える。
そういえば、俺がまだ夕花と二人で遊んでいた頃——つまり、母が生きていた頃——調理中の父の顔を見て、ストレートに訊いたことがある。「お父さんって、ご飯つくるの、好きなの?」と。すると父は、いっそう目を細めて俺の頭をごしごし撫《な》でながら、こう答えたのだった。「もちろん好きだよ。食べてくれた人が『美味《おい》しい』って言ってくれたら、もっともっと好きになっちゃうだろうな」
あの頃よりも、父の目尻のしわは深くなり、髪の毛には白いものが混じるようになった。④キンコツ隆々《りゅうりゅう》としていた身体も、ひとまわり小さくなった気がする。
「あらよっと」
わざと陽気な声を出しながら、父がフライパンの鍋肌《なべはだ》に醤油《しょうゆ》を回しかけた。
食欲をかき立てる、焦《こ》げた醤油のいい匂いが立ちのぼる。

思えば、毎日、毎日――、俺は、この人の作ったご飯を食べて育ったんだよな……。
父の目尻のしわを見ていたら、ふと、そんなことを思った。
「よおし、完成だ」
フライパンから皿に盛られたのは焼《やき》うどんだった。「こども飯」でリクエストの多い人気の裏メニューだ。
「ほれ」
「ありがと」
厨房から差し出された皿を受け取った。にんにくとバターと醤油の香りのする湯気が立ちのぼり、たっぷりのせた鰹節《かつおぶし》が生き物のように揺れ動いている。
「いただきます」
「おう」
俺が焼うどんを食べはじめると、父は「さてと」と言って、厨房の冷蔵庫から瓶ビールを出し、栓《せん》を抜いた。そして、グラスも手にして客席に出てきた。
父が座ったのは、俺のいるカウンター席の隣ではなく、背後にある四人席だった。
「くはぁ、明るい時間に飲むビールは最高だなぁ。台風さまさまだ」
陽気な父の声を背中で聞きながら、俺はしゃべり出すタイミングを計っていた。すると、思いがけず父の方からそのタイミングをくれたのだった。
「で、心也、お前、俺に何か言いたいことがあるんじゃねえのか？」
「え？」
不意をつかれた俺は、手にしていた箸《はし》を止めた。
「学校で何かあったのか？」
「…………」
直球で訊かれた俺が言葉を詰まらせていると、父はごくごくと喉《のど》を鳴らして、明るいままの声で続けた。
「いきなりびしょ濡れで帰ってきて、あんなに深刻な顔してんだもんなぁ。しかも、帰ってすぐに腹が減ったなんて言い出すのも珍《めずら》しいだろ？　さすがの俺でも、何かあったんだろうなって思うぞ」
「別に、深刻な顔なんて――」
言いながら背後を振り向いたら、
「してた、してた」
と父はからかうように笑う。
俺、そんなに深刻な顔をしてたのか――。
正直、自分としては心外だったけれど、そういえば、景子さんに言われたことがあった。学校から帰ってきたときの俺の顔を、毎日、父は観察しているのだと。
「まあ、別に、深刻ってほどのことじゃないんだけど」
俺は、後ろを振り返ったまま言った。
「そうか。それなら、それでいいけどな」
父はグラスをテーブルに置き、コツン、という乾《かわ》いた音を店内に響かせた。
チ、チ、チ、チ、チ……。

客席の壁《かべ》かけ時計が秒針の音を漂《ただよ》わせ、窓の隙間《すきま》からは雨音が忍び込んでくる。
　母がいなくなってから、この家に一気に増えた静けさ。父が陽気な人だからこそ、ふと黙った瞬間の静けさがいっそう深く感じられるのだと思う。
　外で突風が吹いて、店のシャッターがガタガタと大きな音を立てた。
「心也」
　父が俺の名を呼んだ。いつもと変わらぬ、野太くて明るい声色《こわいろ》で。
「え？」
「とりあえず、うどん、あったかいうちに食べちゃえよ」
「あ、うん」
　俺はカウンターに向き直り、止めていた箸を動かした。そして、食べながらふと気づいた。
　父は、わざと俺の後ろの席に座ってくれたのだ。
　少しでも俺がしゃべりやすくなるように。
「うめえか？」
「うん」
　それからしばらく父は黙ってビールを飲んでいた。
　俺も黙々と箸を動かした。
　そして、半分くらい食べたとき、なんとなく自然な感じで俺の口が動いてくれたのだった。
「あのさ」
と、焼うどんを見ながら言った。
「おう」
「うちの『こども飯』のことなんだけど」
「…………」
　背後の父は返事をしなかった。でも、ちゃんと耳を傾《かたむ》けてくれている気配は感じられた。
「そろそろ、やめない？」
　ああ、言っちゃったな——、そう思いながら焼うどんを頬張ったら、なんだか少しだけ味がぼやけた気がした。
　父は、少しのあいだ何も答えなかった。しかし、ふたたび店のシャッターがガタガタと音を立てたとき、いつもと変わらず野太くて、でも、いつもより少し穏やかな声で言った。
「学校で、何か言われたのか？」
　俺の脳裏に、あの汚い落書きの文字がちらついた。
「別に、言われたわけじゃないけど」
　嘘はついていない。言われたのではなくて、書かれたのだ。俺は心のなかで自分自身に屁理屈《へりくつ》を言っていた。すると、
「くくくく」
　と、父が笑い出した。
「なに？」
　俺は箸を手にしたまま、思わず後ろを振り向いた。
「ほんとお前って、昔から嘘が下手なのな」
「は？　嘘なんて——」

「まあ、いいけどよ」父は美味《うま》そうにビールをごくごく飲んで、「ちょっと想像してみろよ」と言った。

「想像？」

「ああ。『こども飯』をやめた俺と、その後の食堂をイメージしてみろって」

「………」

「しかも、自分から進んでやめたんじゃなくて、どこぞの部外者の言葉に屈《くっ》して『こども飯』サービスをあきらめた俺と、子どもたちが来なくなったこの食堂と、そうなった店に学校から帰ってくる自分のこともな」

　想像をしかけて、すぐにやめた。まじめに想像をするまでもない。というか、すでに胃のあたりが重くなっていたのだ。

　俺が、何も答えられずにいると、ふいに父はやわらかい目をした。

「なあ心也、死んだ母ちゃんは賢《かしこ》かっただろ？」

「え？」

「その母ちゃんが、言ってたんだ」

「………」

「人の幸せってのは、学歴や収入で決まるんじゃなくて、むしろ『自分の意思で判断しながら生きているかどうか』に左右されるんだって」

「………」

「あ、お前、その目は疑ってるな？」

「いや、べつに」

「いまの俺の言葉じゃなくて、本当に母ちゃんの言葉だからな。しかも、国連だか何だかがちゃんと調べたデータらしいぞ」

「分かったよ、それは」

「よし。てなわけで、死んだ母ちゃんの教えどおり、俺は自分の意思を尊重しながら生きる。やりたいようにやる」

　父はニヤリと笑って、ビールをあおった。

「………」

　なるほど、やっぱり俺の意見は流されるってことか。

　そう思ったら、言葉にならないもやもやが胸のなかで膨《ふく》らみはじめた。俺はふたたび父に背中を向けた。そして、黙って焼うどんを口に運んだ。少し冷めてしまった麺は、さっきよりも粘《ねば》ついていて、風味も落ちた気がした。それでも、かまわず食べ続けた。

　すると、背後で、また、コツン、という乾いた音がした。

　父がビールのグラスを置いたのだ。

「ちなみに、だけどな」

　穏やかな父の声を、俺は背中で撥《は》ね返そうとして無視をした。でも、父はかまわず言葉を続けた。

「心也が不幸になると、自動的に俺も不幸になっちまう」

「………」

「だから、心也が不幸になるんだったら、俺は『こども飯』をやめるよ」

「………」

「それが、やりたいようにやると決めている俺が、自分で決めた意思だ」

咀嚼《そしゃく》した（＝よく嚙《か》んだ）焼うどんを飲み込んだ。

店内がふたたび静かになって、時計の秒針と雨の音がやけに大きく聞こえはじめた。

なんだよ。マジかよ。やめるのかよ。

俺に、胃が重くなるような未来を想像させておいて、やめるのかよ――。

そもそも自分からやめて欲《ほ》しいと言ったのに、いざ父が賛成してくれたら、それにも不平を言いたくなって、胸の奥のもやもやがむしろ一気に膨張《ぼうちょう》してきた。正直、少し息苦しいほどだった。それでも、俺は、焼うどんを頬張った。そして、いつもよりしっかりと嚙んだ。背中に父の存在を感じると鼻の奥がツンとしてきそうだったから、必死に嚙むことに集中したのだ。

やがて、静かすぎる店のなかで、俺は焼うどんを完食した。

皿の上にそっと箸を置き、背中越《ご》しに言った。

「ごちそうさまでした」

少し、声がかすれてしまった。

「おう、美味かったか？」

母がいなくなってから、何度も、何度も、父と俺のあいだで交《か》わされてきた短い言葉のやりとり。

ちょっと腹が立つから、今日くらいはイレギュラーな返事にしてやれ、と俺は思った。

5「まずかった」

ぽつりと言ったら、背後で父が吹き出した。

「あはははは。心也、お前なぁ――」

「………」

「ほんと、死んだ母ちゃんによく似てるわ」

俺はあえて振り返らずに、空になった皿を見下ろしていた。

すると父が、ますます愉快《ゆかい》そうに続けた。

「母ちゃんも、お前も、嘘をつくのが下手すぎなんだよなぁ」

その言葉に肩の力が抜けて、フッと笑いそうになった瞬間、なぜか同時に鼻の奥が熱くなってしまって……、それから俺は、しばらくのあいだ後ろを振り向けなかった。

（森沢明夫『おいしくて泣くとき』）

問一　＝＝部①～④のカタカナを漢字に直しなさい。

問二　――部1「さすがにこたえた」とありますが、それはなぜですか。四十五字以上、六十字以内で説明しなさい。

問三　――部2「なるほど――って、何だよ？」とありますが、この時の心也の気持ちを、二十五字以上、四十字以内で説明しなさい。

問四　――部３「この感じは、やっぱり『怒り』だよな――」とありますが、心也はどのようなことに怒りを感じたのですか。三十五字以上、五十字以内で自分の言葉で説明しなさい。

問五　――部４「なんだ、泣きたい気分なのって、俺じゃん」とありますが、この時の心也の気持ちを、五十字以上、六十五字以内で説明しなさい。

問六　――部５「まずかった」とありますが、この時の心也の気持ちを、六十字以上、七十五字以内で説明しなさい。

★　問二～六は、句読点や記号も一字として数えます。

ＢＣ 算 数 （６０分）

答えはすべて 解 答 用 紙 にかき入れること。

【この冊子について】
1. 試験開始の合図があるまで、この冊子に手をふれてはいけません。
2. この冊子の 2～3 ページは白紙です。問題は 4～11 ページです。
3. 解答用紙は 2 枚(B,C)あり、冊子の中央にはさまっています。試験開始の合図後、取り出して解答してください。解答用紙Ｃの右上すみの三角形はよごれではありません。
4. 試験中に印刷のかすれ、よごれ等に気づいた場合は、静かに手を挙げて先生に知らせてください。

【解答上の注意】
1. 問題文中に特に断りのないかぎり、答えが分数になるときは、できるだけ約分して答えなさい。円周率が必要なときは 3.14 を用いなさい。
2. 必要ならば、「角柱、円柱の体積＝底面積×高さ」、「角すい、円すいの体積＝底面積×高さ÷3」を用いなさい。
3. 式や図や計算などは、他の場所や裏面などにかかないで、すべて解答用紙のその問題の場所にかきなさい。
4. 問題用紙を切り取ってはいけません。

【試験中の注意】 以下の内容は、各時間共通です。
1. 試験中は先生の指示に従ってください。
2. 試験中、机の中には何も入れないこと。荷物はイスの下に置いてください。
3. 先生に申し出ればコート・ジャンパー等の着用を許可します。
4. かぜ等の理由でハンカチやティッシュペーパーの使用を希望するときは、先生の許可を得てから使用してください。
5. 試験中に気持ちが悪くなったり、どうしてもトイレに行きたくなったりした場合は、静かに手を挙げて先生に知らせてください。
6. 試験中、机の上に置けるのは次のものだけです。これ以外の物品を置いてはいけません。
   - ・黒しんのえん筆またはシャープペンシル
   - ・消しゴム　・コンパス
   - ・直定規　・三角定規一組 (10cm程度の目盛り付き)
   - ・時計　・メガネ

   筆箱も机の上には置けませんので、カバンの中にしまってください。
7. **終了のチャイムが鳴り始めたら、ただちに筆記用具を置いてください。**
8. 答案を回収し終えるまで、手はひざの上に置いてください。

このページは白紙です。

このページは白紙です。

1 次の問いに答えなさい。

(1) 次の □ にあてはまる数を求めなさい。

$$2.02 \div \left(\frac{2}{3} - \square \div 2\frac{5}{8}\right) = 5.05 \times 2.8$$

(2) 次の計算の結果を 9 で割ったときの余りを求めなさい。

$$1234567 + 2345671 + 3456712 + 4567123 + 5671234$$

(3) 4 人の人がサイコロを 1 回ずつふるとき，目の出方は全部で $6 \times 6 \times 6 \times 6 = 1296$ 通りあります。この中で，4 つの出た目の数をすべてかけると 4 の倍数になる目の出方は何通りありますか。

(4) 図のような AB を直径とする円形の土地があり，柵《さく》で囲まれています。点 O はこの円の中心で，円の半径は 10m です。円の直径の一方の端の点 A から円周の半分の長さのロープでつながれた山羊《やぎ》が直径のもう一方の端の点 B にいます。柵で囲まれた円形の土地の外側で山羊が動ける範囲《はんい》が，図の ㋐，㋑，㋒ です。

① ㋑ の面積は，AB を直径とする円形の土地の面積の何倍ですか。

② 図の P の位置に山羊がいるとき，ロープの TP の部分の長さが 9.577m でした。角オの大きさを求めなさい。ただし，T は柵からロープがはなれる点です。

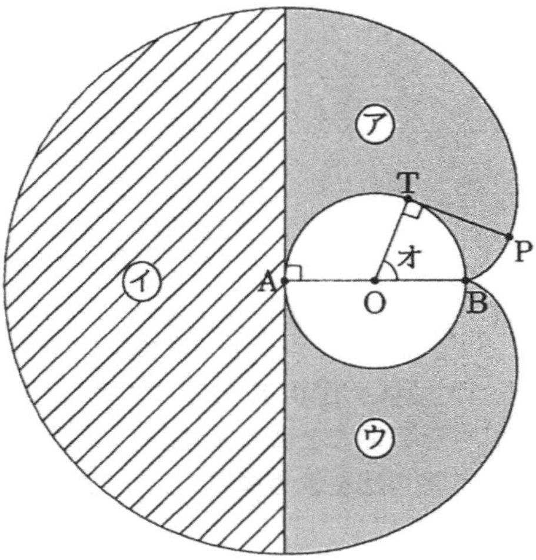

2 図1のように，底面の半径が 4cm で OA の長さが 8cm の，粘土《ねんど》でできた円すいがあります。この円すいを，底面に平行で等間隔《とうかんかく》な 3 つの平面で 4 つのブロックに切り分け，いちばん小さいブロックから大きい方へ順に a, b, c, d と呼ぶことにします。このとき，次の問いに答えなさい。

［図 1］

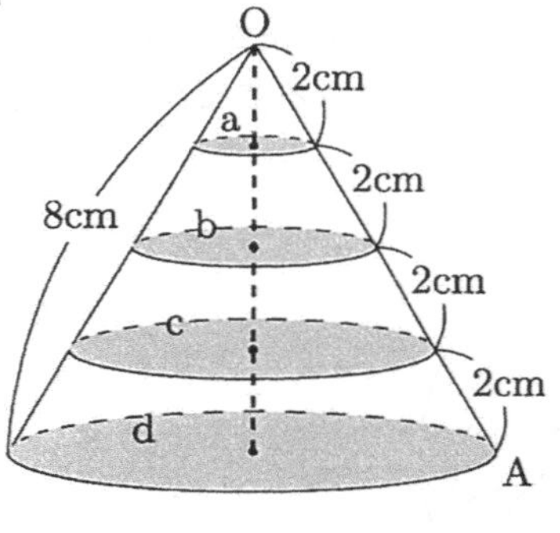

(1) ブロック b と d の体積の比，および，表面積の比を求めなさい。

(2) ブロック a, c を図 2 のように積み上げて立体を作り X と呼ぶことにします。同じように，ブロック b, d を積み上げて立体を作り Y と呼ぶことにします。
立体 X と Y の体積の比，および，表面積の比を求めなさい。

［図 2］

立体 X　　立体 Y

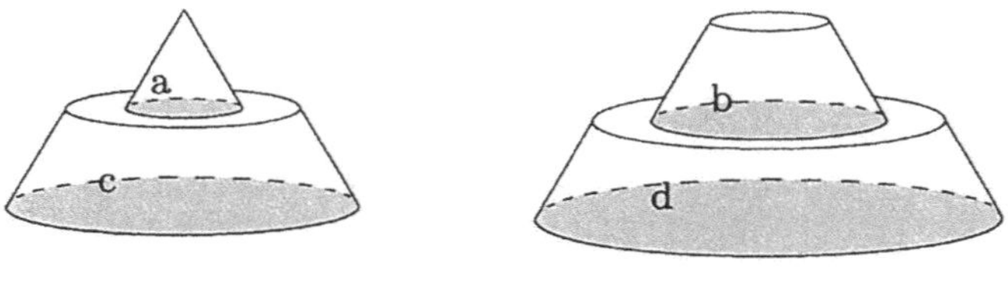

このページは白紙です。問題はまだ続きます。

3

開成《あけなり》君は，図１のような縦２マス，横７マスのマス目を用意し，マス目のいくつかを黒くぬりつぶして「暗号」を作ろうと考えました。そこで，次のようなルールを決め，何種類の暗号を作ることができるかを調べることにしました。

・黒くぬりつぶすマス目は，上下左右が隣《とな》り合わないようにする。

・読むときは，回したり裏返したりしない。

次の問いに答えなさい。

［図１］

	1	2	3	4	5	6	7
A							
B							

(1) 最大で何か所をぬりつぶすことができますか。その場合，暗号は何種類できますか。

(2) 14 個のマス目のなかで５か所だけをぬりつぶす場合を考えます。

(ア) 左から１列目と３列目のマス目をぬりつぶさないことにしてできる暗号をすべてかきなさい。黒くぬりつぶす部分は，次のページの図２のように斜線《しゃせん》を入れ，ぬりつぶす部分が分かるようにしなさい。また，解答らんはすべて使うとは限りません。使わない解答らんは，らん全体に大きく ✕ 印を入れて使わなかったことが分かるようにしなさい。

(イ) 左から３列目と５列目のマス目をぬりつぶさないことにしてできる暗号は何種類ありますか。

(ウ) 14 個のマス目のなかで５か所だけをぬりつぶす場合，暗号は全部で何種類できますか。

(3) 左から1列目だけ，左から1列目と2列目の2列だけ，… と使う列の数を増やしながら，暗号が何種類できるかを考えようと思います。ただし，1マスもぬりつぶさない場合も1種類と数えることにします。たとえば，一番左の1列だけで考えると，暗号は図2の3種類ができます。

［図2］

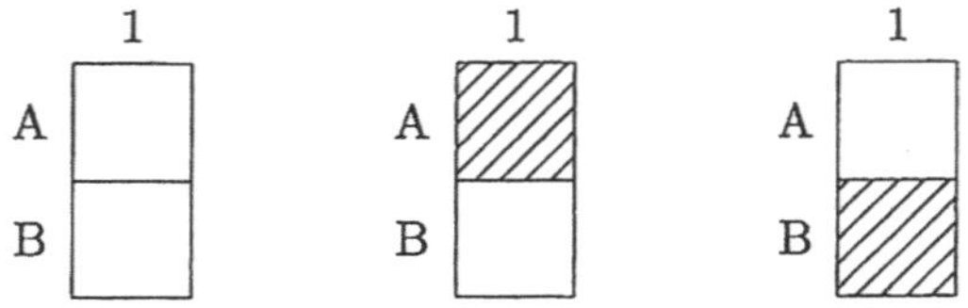

(ア) 左から2列だけを考えます。このときできる暗号のうち，1マスもぬりつぶさないもの以外をすべてかきなさい。解答らんはすべて使うとは限りません。使わない解答らんは，らん全体に大きく ✕ 印を入れて使わなかったことが分かるようにしなさい。

(イ) 左から1列目から3列目までの3列を考えます。このときできる暗号は何種類ありますか。

(ウ) 左から1列目から7列目までのマス目全部を使うとき，暗号は全部で何種類できますか。

4 開成《あけなり》君の時計はつねに正しい時刻より５分遅れた時刻を指します。この時計について，次の問いに答えなさい。

開成君の時計

正しい時刻を指す時計

(1) 開成君の時計の長針と正しい時刻を指す時計の短針が同じ位置にくる場合を考えます。正しい時刻で１時を過ぎたあと，初めてそのようになるのは何時何分ですか。正しい時刻で答えなさい。

正しい時刻を指す時計の短針と長針の間にできる角の大きさを a，開成君の時計の短針と長針の間にできる角の大きさを b という文字で表すことにします。ただし，短針と長針の間にできる角というのは，たとえば次の図のような例でいうと，短針と長針によってできる角ア，イのうち，角の大きさが 180° 以下である角アのほうを指すものとします。

(2) 正しい時刻で 1 時を過ぎたあと (1) の時刻までの間で，a と b が等しくなるのは何時何分ですか。正しい時刻で答えなさい。

(3) 正しい時刻で 1 時を過ぎたあと (1) の時刻までの間で，a が b の 2 倍になる時刻を A とし，(1) の時刻を過ぎてから初めて a が b の 2 倍になる時刻を B とします。時刻 A から時刻 B までの時間は何分何秒ですか。

E 理科（40分）

答えはすべて **解答用紙** に書き入れること。

【この冊子について】
1. 試験開始の合図があるまで、この冊子に手をふれてはいけません。
2. 問題は 2〜11 ページです。
3. 解答用紙は、冊子の中央にはさまっています。試験開始の合図後、取り出して解答してください。
4. 試験中に印刷のかすれやよごれ、ページのぬけや乱れ等に気づいた場合は、静かに手を挙げて先生に知らせてください。
5. 試験中、冊子がバラバラにならないように気をつけてください。

【試験中の注意】 以下の内容は、各時間共通です。
1. 試験中は先生の指示に従ってください。
2. 試験中、机の中には何も入れないこと。荷物はイスの下に置いてください。
3. 先生に申し出ればコート・ジャンパー等の着用を許可します。
4. かぜ等の理由でハンカチやティッシュペーパーの使用を希望するときは、先生の許可を得てから使用してください。
5. 試験中に気持ちが悪くなったり、どうしてもトイレに行きたくなったりした場合は、静かに手を挙げて先生に知らせてください。
6. 試験中、机の上に置けるのは次のものだけです。これ以外の物品を置いてはいけません。
   - ・黒しんのえん筆またはシャープペンシル
   - ・消しゴム　・コンパス
   - ・直定規　・三角定規一組（10cm程度の目盛り付き）
   - ・時計　・メガネ

   筆箱も机の上には置けませんので、カバンの中にしまってください。
7. **終了のチャイムが鳴り始めたら、ただちに筆記用具を置いてください。**
8. 答案を回収し終えるまで、手はひざの上に置いてください。

＃教英出版 編集部　注
編集の都合上、一部白紙ページは省略しています。

1　校庭や通学路など，身近なところにも多くの植物が生育しています。校庭の周囲を調べたところ，Aナズナ，シロツメクサ，カラスノエンドウを見つけました。これらを比較《ひかく》してみると，葉の形，B葉のつき方，C茎《くき》や根のつくり，花の構造など，いろいろな点に違《ちが》いがあることがわかります。

そこで，いくつかの植物の成長の様子を調べることにしました。アサガオ，ホウセンカ，ヘチマのD種をまいて育てたところ，数日後にいずれも２枚の葉（子葉）が広がりました。その後，E３枚目の葉が出ましたが，その葉は最初に出た２枚の葉とは形が異なっていました。また，それぞれの花を咲《さ》かせたところ，F花の構造にも違いがみられました。

以下の問いに答えなさい。なお，図の縮尺は，等しいとは限りません。

問１　下線部Aについて，（１）ナズナ，（２）シロツメクサ，（３）カラスノエンドウはどれですか。当てはまるものを次の**ア**～**エ**からそれぞれ１つずつ選び，記号で答えなさい。

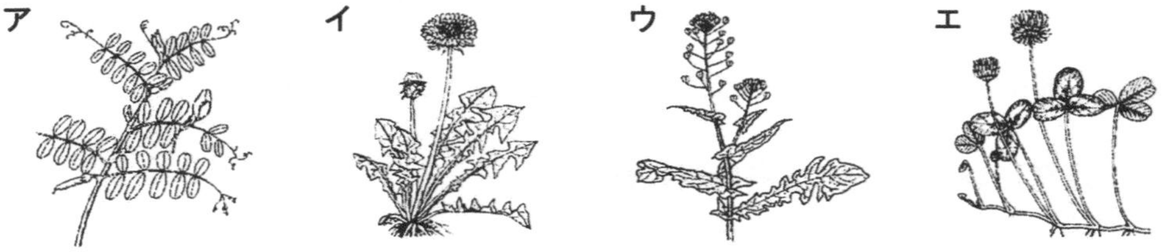

『新しい科学　１年　教師用指導書　研究編』（東京書籍）

問２　下線部Bに関連して，右の図はメマツヨイグサという植物の葉のつき方を上から見たものです。葉についている数字は，葉が出た順番を示しています。この図の葉は，どのような決まりでついているでしょうか。次の文の空欄《くうらん》に当てはまる数値を整数で答えなさい。

「時計回りに平均（　　　）°回転したところに次の葉をつける」

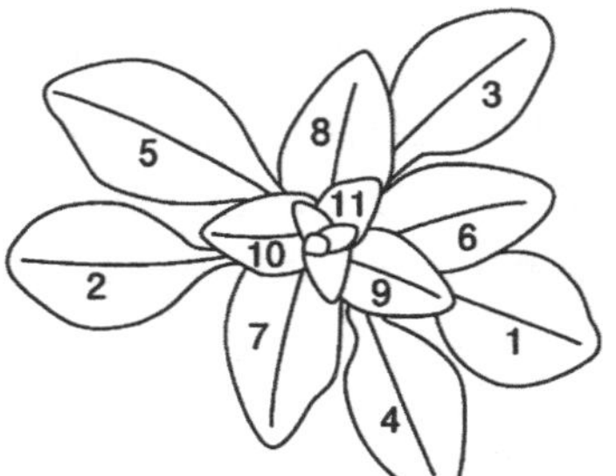

岩瀬徹・大野啓一 著『写真で見る植物用語』（全国農村教育協会）をもとに作成

問３　下線部Cに関連して，ホウセンカの茎の断面を表している図はどれですか。次の**ア**～**エ**から１つ選び，記号で答えなさい。ただし，図中の色の黒い部分は着色した水が通ったところです。

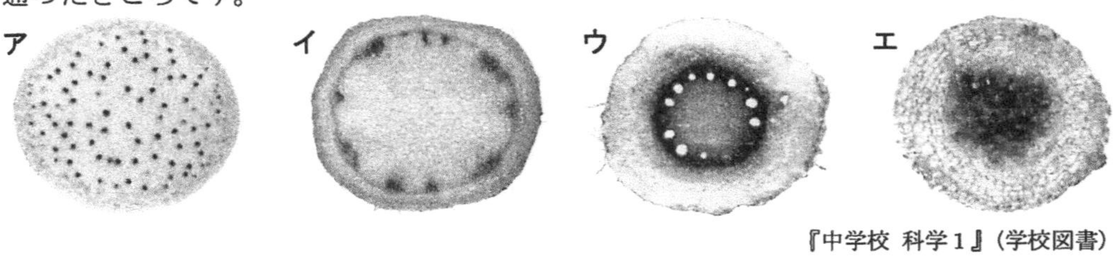

『中学校 科学１』（学校図書）

問4　下線部Dについて，一般《いっぱん》に，植物の種子が発芽するのに必要な条件は何ですか。当てはまるものを次の**ア**～**オ**から３つ選び，記号で答えなさい。

ア　日光　　**イ**　水　　**ウ**　肥料　　**エ**　空気　　**オ**　適当な温度

問5　下線部Eについて，以下の図は(1)アサガオ，(2)ホウセンカ，(3)ヘチマの子葉をスケッチしたものです。(1)～(3)に対応する「３枚目の葉」はどれですか。当てはまるものを下の**ア**～**エ**からそれぞれ１つずつ選び，記号で答えなさい。

(1)

(2)

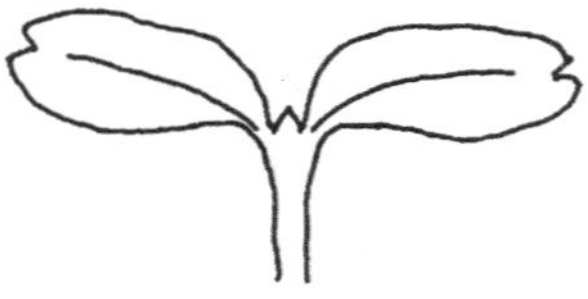

(3)

ア

イ

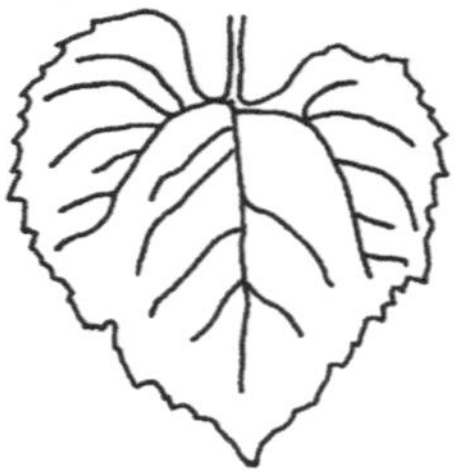

ウ

エ

問6　下線部Fについて，右の表は一つ一つの花の構造について簡単にまとめたものです。(1)アサガオ，(2)ホウセンカ，(3)ヘチマの花は，表の**ア**～**オ**のどれに当てはまりますか。当てはまるものをそれぞれ選び，記号で答えなさい。答えが複数ある場合は**すべて**選ぶこと。

	がく	花びら	おしべ	めしべ
ア	○	○	○	○
イ	×	○	○	○
ウ	○	○	×	○
エ	○	○	○	×
オ	×	×	○	○

○：あり　×：なし

問7　下線部Fに関連して，アサガオ，ホウセンカ，ヘチマは花粉を昆虫《こんちゅう》に運んでもらいます(虫媒花《ちゅうばいか》という)。花粉を風に運んでもらう花(風媒花《ふうばいか》)と比較したときに，虫媒花の特徴《とくちょう》として，**当てはまらない**ものはどれですか。次の**ア**～**エ**から１つ選び，記号で答えなさい。

ア　大量の花粉をつくるものが多い

イ　花粉の表面に毛や突起《とつき》があるものが多い

ウ　においやみつなどを出すものが多い

エ　目立つ色の花びらをもつものが多い

2 太郎《たろう》さんはゴムの性質を調べたところ，ゴムは加熱すると縮むことを知りました。そこで，バルーンアートで使う細長い風船を用いて以下のような実験を行いました。後の問いに答えなさい。ただし，割り切れない場合は小数第２位を四捨五入し，小数第１位まで答えなさい。

バルーンアートで使う風船に空気を入れると風船の一部が膨《ふく》らみ，風船全体は膨らみませんでした。風船に入れる空気の量を２倍にすると膨らんだ部分の長さが２倍になり，太さはほとんど変わりませんでした。さらに，膨らんでいない部分がなくなるまで風船に空気を入れても，膨らんだ部分の太さはほぼ変化しませんでした。膨らんでいない部分がなくなったところで空気を入れるのをやめました。空気を抜《ぬ》くと，しぼんだ風船の長さは48.6 cmでした。しぼんだ風船にドライヤーで温風をあてたところ，長さは36 cmになりました。その後，膨らんでいない部分がなくなるまで風船に空気を入れると長さが162 cmに，空気を抜くと再び48.6 cmになりました。続けて温風をあてると長さが36 cmに戻《もど》りました。以下の実験では，ドライヤーの温風をあてて36 cmに戻した後の風船を使いました。ただし，膨らんだ部分の太さはどこも同じで長さだけが変化するものとし，膨らんでいない部分の空気の体積は考えないものとします。また，空気を右端《はし》に移動させるときには，風船の膨らんだ部分がそのまま右へずれていくものとします。

風船の長さの半分まで空気を入れて膨らませました。残りの半分は膨らむことはなく，風船の長さは99 cmになりました(**図１**)。その後，空気を抜きました。

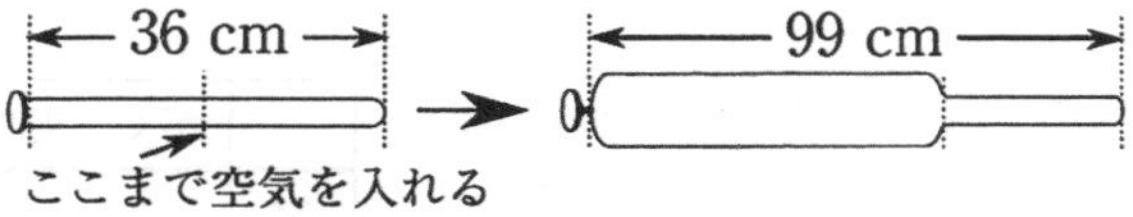

図１

問１　空気を抜いた後の風船の長さは何cmですか。

風船の長さの$\frac{2}{3}$まで空気を入れ，その半分を右端に移動させました(**図２**)。真ん中のしぼんでいる部分にだけドライヤーで温風をあててから空気をゆっくり抜きました。ただし，空気を抜くときにドライヤーをあてた部分は膨らむことはありませんでした。

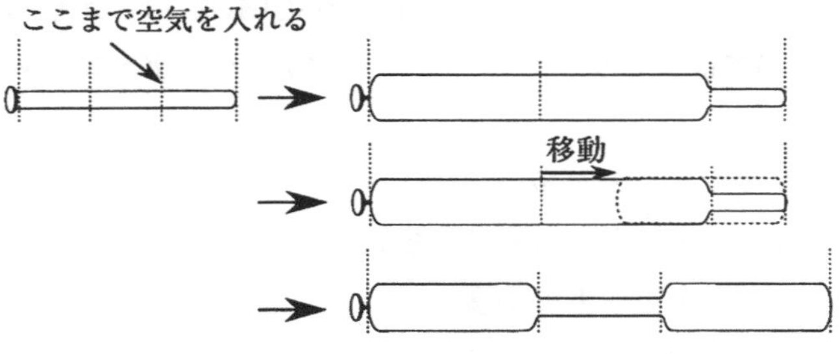

図２

問２　空気を右端に移動させた直後の風船の長さは何 cm ですか。

問３　空気を抜いた後の風船の長さは何 cm ですか。

空気を入れない風船と，膨らんでいない部分がなくなるまで空気を入れた風船をそれぞれ冷《れい》凍庫《とうこ》に入れ，充分《じゅうぶん》に時間を経過させました。その後，それぞれの風船を取り出し，室温になるまで待ちました。空気を入れた方の風船は空気を抜くと，長さが戻りきらず 51.6 cm になりましたが，ドライヤーで温風をあてると再び長さが 36 cm に戻りました。空気を入れなかった方の風船は冷凍庫から取り出しても長さは変化しませんでした。また，室温になってから空気を入れても，冷凍庫に入れる前の風船と変化の仕方は同じでした。

風船の長さの半分まで空気を入れ，風船を冷凍庫に入れて充分に時間を経過させました。その後，風船を取り出して室温になるまで待ち，空気を抜きました。

問４　空気を抜いた後の風船の長さは何 cm ですか。

風船の長さの $\frac{1}{3}$ まで空気を入れ，冷凍庫に入れて充分に時間を経過させました。その後，風船を取り出し，室温になってから風船の中の空気を右端に移動させました(**図３**)。最後に空気をゆっくり抜きました。空気を抜いているとき，風船は膨らむことはありませんでした。

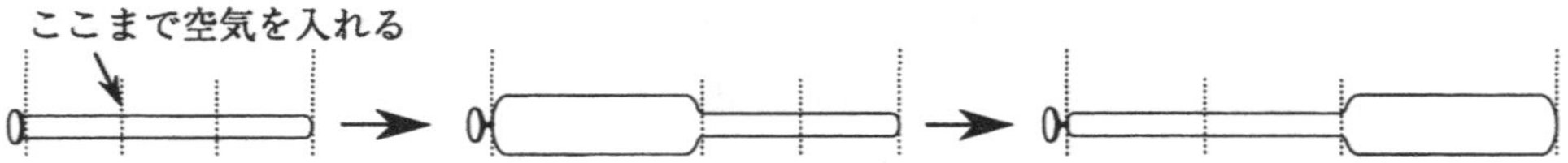

図３

問５　空気を抜いた後の風船の長さは何 cm ですか。

風船を２つ用意し，**Ａ**・**Ｂ**としました。**Ａ**の風船に空気を入れ，**Ｂ**の風船には**Ａ**の２倍の量の空気を入れました。**Ａ**の風船の空気を右端へ，**Ｂ**の風船の空気の半分を右端へそれぞれ移動させたところ，**Ａ**の風船の長さが 80.1 cm，**Ｂ**の風船の長さが 111.6 cm になりました(**図４**)。

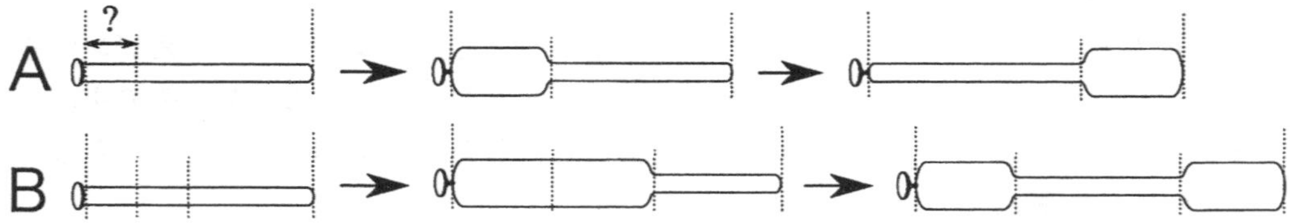

図４

問６　**Ａ**の風船で，初めに空気を入れた部分の長さは何 cm ですか。空気を入れる前の長さで答えなさい。

3 次の文章は1909年にノーベル化学賞を受賞したドイツの化学者オストワルドが，はじめて化学を学ぶ子どもたちに向けて1903年に書いた著書「化学の学校」の一節です(ただし，読みやすいように一部を変えています)。先生と生徒の会話文をとおして，化学という学問はあらゆる物質の学問であり，化学を学ぶことは森の中を散歩するように楽しいことだと教えています。後の問いに答えなさい。

生徒　それではいったい物質とは何ですか。

先生　それは一言では言えない。では君が実際物質というものを知らないのか，それともそれをうまく言えないのか，ひとつ試《ため》してみよう。これは何ですか。

生徒　砂糖だと思います。

先生　なぜそう思う？

生徒　そうですね。ビンの中の砂糖にそっくりだからです。ちょっとなめさせて下さい。──あ，これは砂糖です。甘《あま》い味がします。

先生　まだそのほかに①砂糖を識別する方法を知っていますか。

生徒　はい，指につけるとベトベトします。これも実際ベトベトします。

先生　実際に君が何かしら物質を手に渡《わた》されて，それが砂糖かどうかと聞かれたときには，いつもそういう方法で判定することができます。すなわちまず外観や味により，またさらに粘着性《ねんちゃくせい》によってそれを知るわけです。この識別のめじるしのことを，その物の性質と呼びます。わたしたちは砂糖をその性質によって知るのです。砂糖は一つの物質です。すなわちわたしたちは物質をその性質によって認識《にんしき》するのです。──ところで君は物質のもつすべての性質が物質の認識に役立つと思いますか。

生徒　そう思います。性質がわかっていれば──

先生　ではひとつみてみよう。砂糖にはただ一種しかないでしょうか？──そうではない。氷砂糖というものを知っているでしょう。あの大きな塊《かたまり》になっている砂糖。それから粉砂糖。あの白砂のような粉状のもの。どちらも砂糖です。というのは氷砂糖を乳《にゅう》鉢《ばち》の中で砕《くだ》くと粉砂糖ができるからです。

生徒　あ，なるほど，両方とも同じものなんですね！

先生　両者は「同一の物質」砂糖です。しかしその性質のうち一つは変わってしまいました。物体のもつ形も一つの性質です。これは勝手に変えることができます。しかし物質は依然《いぜん》として変わらずにいます。また分量についても同様です。たとえビンの中に砂糖がいっぱい入っていようが，あるいはほとんど空っぽであろうが，その中にあるものはいつも砂糖です。すなわち形と分量とは物質を認識すべき性質とはならないのです。──砂糖は温かいか，冷たいか？

生徒　わかりません。──どちらにでもなるんではありませんか！

先生　そうです。温かいとか冷たいとかは物質の認識に役立つ性質ではありません。

生徒　それはそうですね。考えてみると砂糖は大きくも小さくも，温かくも冷たくも自由にできますね。

先生　そうですね。それでようやくはっきりしましたね。物の性質の中には変えることのできないものがあります。砂糖が甘みをもつことや指にベトつくことは，いつも砂糖に見られることがらです。しかしその大きさや，形や，その温度は変えることができます。どんなものでも一定の物質は一定不変の性質をもっています。そしてどんなものでもこの一定不変の性質をもっているものには，その物質の名前があたえられます。このさい，その物質が温かくても冷たくても，大きくても小さくても，またその他どんな②可変の性質をもっていようと，それは関係しないのです。しばしば③物はその用《よう》途《と》や形によってその物質とは異なった名前がつけられていますが，そんな場合にもそれは一定の物質からできていると言います。

生徒　どうも全部はわかりません。

先生　これは何ですか。またあれは？

生徒　針とハサミです。

先生　それらは物質ですか？

生徒　よくわかりません。――どうも，物質じゃないようです。

先生　わかりにくいときには，いったいこの物は何からできているかと考えてみればよい。するとたいがい物質の名前が頭にうかびます。針とハサミは何からできていますか。

生徒　鉄です。では鉄は物質ですか。

先生　そうです。鉄のひとかけらはやはり鉄です。たとえ大きくても小さくても，冷たくても温かくても鉄にちがいありません。

生徒　それならば紙も物質であるはずです。それは本も紙からできていますから。木質も机を形成しているので物質です。そしてレンガも物質です。暖炉《だんろ》はレンガからできていますから。

先生　最初の二例は正しい。でも最後のはいけない。レンガは砕いてもなおレンガですか？そうではない。レンガという名前はある形をそなえたものにあたえられているもので物質ではあり得ない。ところでレンガは何から作りますか。

生徒　粘土《ねんど》から。

先生　粘土は物質ですか。

生徒　そうです――いや――やはりそうです。というのは粘土を砕いてもやはり粘土のままでいます。

先生　まったくその通り。④そのやり方で，当分のうちは疑問が起きても用が足ります。すなわち，まず何から物ができているかと考え，そして答えを得たならば，さらに砕いた場合にもそのままでいるかどうかを考える。そのとき何ら変わりがなければそれが物質なのです。

オストワルド 著／都築洋次郎 訳『化学の学校 上』（岩波書店）

問１　下線部①に関連して，別々の試験管にとった食塩水と炭酸水を識別するためにある方法で実験したところ，次のような**結果**になりました。ある方法とはどんな方法ですか。５文字以内で答えなさい。

結果

「片方の試験管の中には白い粒《つぶ》だけが残ったが，もう片方は何も残らず空《から》になった」

問２　下線部②について，ここで述べられている「可変の性質」の例として適当なものを，次の**ア～オ**から**すべて**選び，記号で答えなさい。

ア　20 ℃の水 100 cm^3 に溶《と》けるミョウバンの最大の重さ

イ　氷ができはじめる温度

ウ　砕いた氷砂糖のひとかけらの体積

エ　アンモニアのつんとするにおい

オ　窓ガラスの表面温度

問３　下線部③の例として「ドライアイス」があります。ドライアイスを温めると気体に変わります。この気体は，石灰水を白くにごらせる性質があります。「ドライアイス」を形成している物質の名前を答えなさい。

問４　下線部④のやり方によって物質と考えられるものを次の**ア～オ**から**すべて**選び，記号で答えなさい。

ア　ガラス　　**イ**　ペットボトル　　**ウ**　割りばし　　**エ**　コップ　　**オ**　銀

問５　この文章に登場する「先生」は，物質かどうか決めたいとき，まずどうすればいいと言っていますか。最も適当なものを次の**ア～エ**から１つ選び，記号で答えなさい。

ア　その物をどのように利用しているかを考える。

イ　その物が何からできているかを考える。

ウ　その物がどこでできたかを考える。

エ　その物がいつできたかを考える。

問６　この文章に登場する「先生」は，化学であつかう「物質」は何をもっていると言っていますか。文章中から７文字で抜《ぬ》き出しなさい。

4 次の文章**A**～**C**は，関東地方に住む太郎《たろう》さんが書いた日記です。これらの日記は，ある月の連続する３日間のものです。ただし，**A**～**C**の日記は日付順とは限りません。方位磁針の針は，常に正確に南北を指しているものとして，後の問いに答えなさい。

A　〇月※日

海辺では今日もここちよい南風が吹《ふ》いていました。この風が吹くしくみは，だいたい見当がついていました。前に①ビーカーに水を入れ，底の中心ではなく端《はし》の方を加熱する実験(**図１**)をやったことがあるからです。絵の具が少しずつ溶《と》けて水の動きがよく見えたのを覚えていました。そこで，昨日の夕方から今日の夕方まで，海水と砂浜《すなはま》の温度調べをしました。②結果は予想通りでした(**図２**)。

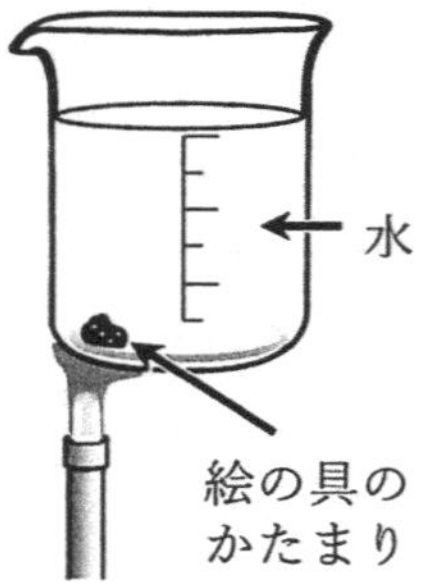

図１

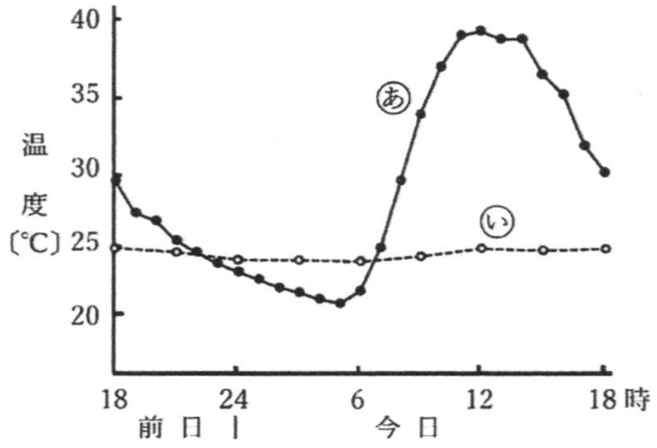

図２

B　〇月◇日

いつもの砂浜で影《かげ》のでき方を調べました。砂浜には方位磁針をもっていきました。家の前の道を進むと太陽が正面に見えました。交差点を１つ曲がると，それまで左右方向を指していた方位磁針の針は反時計回りに90°回転しました。そこからまっすぐ進んで砂浜まで行き，③自分の影が前方にできるように向きを変えると，方位磁針の針は再び左右方向を指し，右手の向きが北でした。

C　〇月△日

海辺でいつもより高い波を調べていると，雨が降ってきました。家に帰って雨に濡《ぬ》れていた洗濯物《せんたくもの》を，外でも雨のかからない場所に移動させました。午後５時ごろ，まだ雨は降り続いていましたが，洗濯物は少し乾《かわ》いていました。

問１　**A**の日記の下線部②について，**図２**で砂浜の温度を表すグラフは㋐と㋑のどちらですか。また，海水と砂浜の温度調べをしている間は，どのような空の様子だったと考えられますか。最も適当なものを次の**ア**～**エ**から１つ選び，記号で答えなさい。

ア　砂浜のグラフは㋐で，雲がなく晴れていた。

イ　砂浜のグラフは㋐で，雲におおわれていた。

ウ　砂浜のグラフは㋑で，雲がなく晴れていた。

エ　砂浜のグラフは㋑で，雲におおわれていた。

問２　**A**の日記について，下線部①の実験の様子と下線部②の結果を合わせて考えた時，海辺の風の吹き方として最も適当なものを次の**ア**～**エ**から１つ選び，記号で答えなさい。なお，陸風とは陸側から海側に向かって吹く風であり，海風とは海側から陸側に向かって吹く風のことです。

ア　昼間は陸風，夜間は海風で，昼間の風の方が夜間の風よりも強い。

イ　昼間は陸風，夜間は海風で，夜間の風の方が昼間の風よりも強い。

ウ　昼間は海風，夜間は陸風で，昼間の風の方が夜間の風よりも強い。

エ　昼間は海風，夜間は陸風で，夜間の風の方が昼間の風よりも強い。

問３　**B**の日記の下線部③について，このときの時刻として最も適当なものを次の**ア**～**ウ**から１つ選び，記号で答えなさい。

ア　8時　　**イ**　12時　　**ウ**　16時

問４　**B**の日記について，家を出て砂浜に向かうまでの道順として最も適当なものを次の**ア**～**エ**から１つ選び，記号で答えなさい。なお，家から砂浜までに曲がった交差点は１つしかなく，歩いた道はいずれもまっすぐでした。

ア　東に向かい，交差点を曲がって北に向かった。

イ　東に向かい，交差点を曲がって南に向かった。

ウ　西に向かい，交差点を曲がって北に向かった。

エ　西に向かい，交差点を曲がって南に向かった。

問５　**A**～**C**の３つの日記が書かれたのは何月ですか。最も適当なものを次の**ア**～**エ**から１つ選び，記号で答えなさい。

ア　3月　　**イ**　6月　　**ウ**　9月　　**エ**　12月

問6　空の様子を**表1**の天気マークで表すと，日記を書いた連続する３日間を含《ふく》む１週間の空の様子は，**表2**のとおりでした。**A〜C**の日記を日付順に並べ直したとき，１日目となるのは**月曜日**から**金曜日**のうち何曜日ですか。なお，空の様子は６時間ごとに示しています。

表1　空の様子と天気マーク

空の様子	雲がなく晴れている	雲におおわれている	雨が降っている
天気マーク	 		

表2　１週間の空の様子

曜日	**月**	**火**	**水**	**木**	**金**	**土**	**日**
6〜12時							
12〜18時							
18〜24時							

F 社 会（４０分）

答えはすべて 解 答 用 紙 に書き入れること。

【この冊子について】
1. 試験開始の合図があるまで、この冊子に手をふれてはいけません。
2. 問題は 2～18 ページです。
3. 解答用紙は、冊子の中央にはさまっています。試験開始の合図後、取り出して解答してください。
4. 試験中に印刷のかすれやよごれ、ページのぬけや乱れ等に気づいた場合は、静かに手を挙げて先生に知らせてください。
5. 試験中、冊子がバラバラにならないように気をつけてください。

【試験中の注意】 以下の内容は、各時間共通です。
1. 試験中は先生の指示に従ってください。
2. 試験中、机の中には何も入れないこと。荷物はイスの下に置いてください。
3. 先生に申し出ればコート・ジャンパー等の着用を許可します。
4. かぜ等の理由でハンカチやティッシュペーパーの使用を希望するときは、先生の許可を得てから使用してください。
5. 試験中に気持ちが悪くなったり、どうしてもトイレに行きたくなったりした場合は、静かに手を挙げて先生に知らせてください。
6. 試験中、机の上に置けるのは次のものだけです。これ以外の物品を置いてはいけません。
   - ・黒しんのえん筆またはシャープペンシル
   - ・消しゴム　・コンパス
   - ・直定規　・三角定規一組（10cm程度の目盛り付き）
   - ・時計　・メガネ

   筆箱も机の上には置けませんので、カバンの中にしまってください。
7. **終了のチャイムが鳴り始めたら、ただちに筆記用具を置いてください。**
8. 答案を回収し終えるまで、手はひざの上に置いてください。

＃教英出版 編集部　注
編集の都合上、一部白紙ページは省略しています。

1 次の文章は、日本での医学の歴史について述べたものです。これを読んで、あとの問いに答えなさい。

世界中どこの国でもそうですが、日本でも古代から疫病《えきびょう》に悩《なや》まされてきました。古代の日本で疫病がはやり、人々が苦しめられたことは、『古事記』やⓐ『日本書紀』などの書物にも記されています。

奈良時代も疫病がはやりました。とくに新羅《しらぎ》からの使節が来日したり、ⓑ遣唐使《けんとうし》が海外の人を連れて帰国すると、大宰府《だざいふ》のあたりで疫病が流行し始めました。ⓒ聖武《しょうむ》天皇はこれを心配して、お寺などでお経《きょう》を読ませたり、疫病に苦しむ人々に薬を給付したりしました。聖武天皇の皇后《こうごう》である（　1　）も、施薬院《せやくいん》という施設《しせつ》をつくり、貧しい病人のために薬を与《あた》えました。唐から来日したⓓ鑑真《がんじん》は仏教だけでなく医薬にもくわしく、珍《めずら》しい薬をたくさん持って来ました。聖武天皇の母の病が悪化したときも、鑑真がよばれて、治療《ちりょう》しています。

平安時代の人々は、病気は怨霊《おんりょう》や物《もの》の怪《け》のせいだと信じたため、病気になると医者よりもむしろ祈禱師《きとうし》がよばれました。祈禱師が呪文《じゅもん》を唱え、神仏に祈《いの》ることで病気を治そうとしたのです。たとえばⓔ藤原道長《ふじわらのみちなが》が胸の病の発作《ほっさ》で苦しんだときも、祈禱をしてもらうことで、病気を治そうとしました。

鎌倉《かまくら》時代には、『喫茶養生記《きっさようじょうき》』という書物があらわされました。これをあらわしたのは、宋《そう》で学び、日本にⓕ臨済《りんざい》宗を伝えた（　2　）です。この書では茶が医薬として優《すぐ》れた効能を持つことが述べられています。（　2　）は鎌倉幕府のⓖ３代将軍　源実朝《みなもとのさねとも》に茶を献上《けんじょう》して喜ばれています。

ⓗ室町《むろまち》時代には、竹田昌慶《しょうけい》という人が明《みん》に留学し、医学を学びました。彼《かれ》は明の皇后の難産をたすけ、皇帝《こうてい》からおおいに喜ばれました。帰国のときは多くの医書を持ち帰り、天皇の侍医《じい》として活躍《かつやく》しました。

戦国時代には、ポルトガル人によってⓘ鉄砲《てっぽう》が九州の種子島《たねがしま》に伝わり、その後キリスト教とともにヨーロッパの医学が日本に入ってきました。（　3　）氏が統治する豊後《ぶんご》の府内には、ポルトガル人によって洋式の病院もつくられ、外科《げか》手術も行われました。キリスト教宣教師は医術を布教の手段として利用したため、各地に医療《いりょう》施設がつくられていきました。

ⓙ江戸《えど》時代には幕府がいわゆる「鎖国《さこく》」政策をとりました。しかし、オランダとの交易は長崎でつづいており、オランダ商館にはオランダ人などが医者として来日したので、日本の医学はオランダ医学の影響《えいきょう》を受けました。人体解剖《かいぼう》も行われるようになり、ⓚ江戸の小塚《こづかっ》原刑場《ぱらけいじょう》で刑死体の解剖が行われたとき、杉田玄白《すぎたげんぱく》や前野良沢《まえのりょうたく》らはそれを見学し、人体内部のようすがオランダ語の解剖書と一致《いっち》していることに驚《おどろ》き、解剖書の翻訳《ほんやく》を決意しました。たいへん苦心しましたが、翻訳を『（　4　）』として出版することができました。

ドイツ人のシーボルトが長崎のオランダ商館の医者として来日すると、イギリスのジェンナーが開発した種痘《しゅとう》法を日本で実施しようとしました。種痘法とは天然痘《てんねんとう》の予防接種のことです。痘苗《とうびょう》をとりよせて接種しようとしましたが、長い航海により痘苗が古くなっていたため、うまくいきませんでした。しかしⓛシーボルトは長崎に私塾《しじゅく》をつくり、日本人の学生に医学を講義し、多くの人材を育てました。

また緒方洪庵《おがたこうあん》はⓜ大坂にⓝ適塾《てきじゅく》をつくり、多くの英才を育てました。緒方洪庵は医学書の翻訳につとめ、また大坂でコレラが大流行すると、その治療法を発表しました。緒方洪庵は幕府によばれて江戸にでて、幕府の最高の医官になりました。

ⓞ明治時代になると、北里柴三郎《きたざとしばさぶろう》はドイツに留学し、コッホの下《もと》で研究して、（　５　）菌《きん》の純粋培養《じゅんすいばいよう》に成功しました。これをもとに（　５　）という病気の治療や予防に貢献《こうけん》しました。北里柴三郎が帰国すると、伝染病《でんせんびょう》研究所を主宰《しゅさい》し、日本の細菌学の発展に大きく貢献しました。たとえば現在の千円札に描《えが》かれている（　６　）も伝染病研究所に入り、細菌学を研究しました。（　６　）はⓟ昭和時代の初め、アフリカで黄熱病の研究中に亡《な》くなりました。

他にも多くの日本人が海外の進んだ知識を積極的に学び、医学の分野で活躍しました。こうした先人たちの努力により、多くの病気が克服《こくふく》されていったのです。

問１　文章中の空らん（　１　）～（　６　）に入る最も適当な語句を**漢字**で答えなさい。

問２　下線部ⓐに関して、次の**〔資料１〕**は『日本書紀』に記されたある戦いについての記述をやさしいことばに改めたものです。**〔資料１〕**を読んで、下の問いに答えなさい。

〔資料１〕

十七日に敵将が来て城を囲んだ。唐の将軍は軍船百七十艘《そう》を率いて、（　　）江に陣《じん》をしいた。二十七日に日本の先着の水軍と、唐の水軍が戦った。日本軍は負けて退いた。唐軍は陣を固めて守った。二十八日、日本の諸将と百済《くだら》の王とは、そのときの戦況《せんきょう》などをよく見ないで、「われわれが先を争って攻《せ》めれば、敵はおのずから退くだろう」と共に語った。さらに日本軍が進んで唐軍を攻めた。すると唐軍は左右から船をはさんで攻撃《こうげき》した。たちまちに日本軍はやぶれた。水中に落ちておぼれて死ぬ者が多かった。船のへさきをめぐらすこともできなかった。

（１）**〔資料１〕**中の空らん（　　）に入る地名を**漢字**で答えなさい。

（2）**〔資料1〕**に記された戦いについて述べた文として正しいものを、次の**ア**～**エ**から一つ選び、記号で答えなさい。

ア　この戦いは、天武天皇のときにおきた。

イ　この戦いで、日本軍は唐軍の火薬兵器に苦しめられた。

ウ　日本は百済の復興をたすけるために出兵し、この戦いがおきた。

エ　この戦いについては、広開土王の碑《ひ》にも記されている。

問３　下線部ⓑに関して、遣唐使や唐にわたった人々について述べた文として**誤っているもの**を、次の**ア**～**エ**から一つ選び、記号で答えなさい。

ア　日本は第１回遣唐使として、小野妹子《おののいもこ》に国書を持たせて送り出した。

イ　阿倍仲麻呂《あべのなかまろ》は留学生として唐にわたったが、船が風波にあい帰国できなかった。

ウ　遣唐使船ははじめ北路をとったが、新羅との関係が悪化すると南路にかえた。

エ　菅原道真《すがわらのみちざね》の意見で、遣唐使の派遣は停止された。

問４　下線部ⓒに関して、聖武天皇が建てた東大寺には、正倉院という宝物庫があります。木材を井の字形に組み合わせる、正倉院の建築方法を**漢字**で答えなさい。

問５　下線部ⓓに関して、鑑真が現在の奈良市に建てた寺の名を**漢字**で答えなさい。

問６　下線部ⓔに関して、藤原道長とその子頼通《よりみち》の時代に摂関《せっかん》政治は全盛期《ぜんせいき》になりました。藤原頼通は平等院鳳凰堂《ほうおうどう》を建てたことで有名ですが、平等院鳳凰堂はどの市にありますか。現在の市名を**漢字**で答えなさい。

問７　下線部ⓕに関して、臨済宗の教えについて述べた文として最も適当なものを、次の**ア**～**エ**から一つ選び、記号で答えなさい。

ア　「南無阿弥陀仏《なむあみだぶつ》」という念仏を唱えれば、救われる。

イ　「南無妙法蓮華経《なむみょうほうれんげきょう》」という題目を唱えれば、救われる。

ウ　座禅《ざぜん》をすることで、自分の力で悟《さと》りを開くことができる。

エ　生きながら大日如来《にょらい》と一体化し、仏となることができる。

問８　下線部ⓖに関して、次の**〔資料２〕**は源実朝の母が御家人《ごけにん》たちを前に演説した内容を、やさしいことばに改めたものです。**〔資料２〕**を読んで、下の問いに答えなさい。

〔資料２〕

みな、心を一つにして聞きなさい。これが最後のことばです。亡《な》き頼朝殿《よりともどの》が朝敵を倒《たお》して鎌倉幕府を開いて以来、官位といい俸禄《ほうろく》といい、その恩は山岳《さんがく》よりも高く、大海よりも深いはずです。それは、どれだけ感謝してもしきれないほどでしょう。ところが今、逆臣の中傷により、いわれなき追討の命令をうけることになりました。名誉《めいよ》を重んじる者は、はやく逆臣を討《う》ち取《と》り、三代将軍がのこしたものを守りなさい。ただし京都側につこうと思う者は、ただちにこの場を立ち去りなさい。

（１）**〔資料２〕**の演説をした人物の名を**漢字**で答えなさい。

（２）その人物はなぜ**〔資料２〕**のような演説をしたのですか。その理由として正しいものを、次の**ア～エ**から一つ選び、記号で答えなさい。

ア　朝廷《ちょうてい》が京都に六波羅探題《ろくはらたんだい》を置いて、幕府を倒そうとしたため。

イ　後鳥羽《ごとば》上皇が幕府を倒そうとして、兵をあげたため。

ウ　後醍醐《ごだいご》天皇が幕府を倒そうとする計画をたてたため。

エ　源氏の流れをくむ新田義貞《にったよしさだ》が、鎌倉を攻めようとしたため。

問９　下線部ⓗに関して、室町時代の社会や文化について述べた文として**誤っているもの**を、次の**ア～エ**から一つ選び、記号で答えなさい。

ア　京都の西陣《にしじん》や九州の博多《はかた》では、綿織物の生産が盛《さか》んになった。

イ　土倉や酒屋が高い利子でお金を貸し、富をたくわえるようになった。

ウ　足利義満の保護をうけた観阿弥《かんあみ》・世阿弥《ぜあみ》父子が、能を大成した。

エ　足利義政は、京都の東山に銀閣という建物をたてた。

問10　下線部ⓘに関して、鉄砲は堺《さかい》や国友で大量に生産されるようになりました。堺は現在の大阪府にありますが、国友はどこにありますか。現在の都道府県名を**漢字**で答えなさい。

問11　下線部ⓙに関して、江戸時代の出来事《できごと》**a**～**c**を、古いほうから年代順に正しく配列したものを、下の**ア**～**カ**から一つ選び、記号で答えなさい。

a　幕府は営業を独占《どくせん》している株仲間に解散を命じた。

b　幕府は昌平坂《しょうへいざか》学問所で朱子学《しゅしがく》以外の学問を教えることを禁じた。

c　幕府は公事方御定書《くじかたおさだめがき》という裁判の基準となる法律を定めた。

ア　a→b→c　　**イ**　a→c→b　　**ウ**　b→a→c

エ　b→c→a　　**オ**　c→a→b　　**カ**　c→b→a

問12　下線部ⓚに関して、小塚原刑場は千住《せんじゅ》宿の近くにありました。千住宿は五街道《ごかいどう》のうち、どの街道の宿場町ですか。次の**ア**～**エ**から一つ選び、記号で答えなさい。

ア　東海道　　**イ**　中山道《なかせんどう》　　**ウ**　甲州《こうしゅう》街道　　**エ**　日光街道

問13　下線部ⓛに関して、シーボルトが長崎につくった私塾の名を、次の**ア**～**エ**から一つ選び、記号で答えなさい。

ア　松下村塾《しょうかそんじゅく》　　**イ**　咸宜園《かんぎえん》　　**ウ**　鳴滝塾《なるたきじゅく》　　**エ**　洗心洞《せんしんどう》

問14　下線部ⓜに関して、大坂は各地の年貢《ねんぐ》や特産物が集まり、商業の中心地として「天下の（　　）」とよばれました。空らん（　　）に入る適当なことばを**漢字**で答えなさい。

問15　下線部ⓝに関して、次の〔**資料３**〕は適塾で学んだある人物がそこでの生活ぶりを述べた文を、やさしいことばに改めたものです。〔**資料３**〕を読んで、下の問いに答えなさい。

〔**資料３**〕

> 私が熱病をわずらった時、兄の家来に、中津《なかつ》の蔵屋敷《くらやしき》から枕《まくら》を持ってこいと言ったが、「枕がない、どんなにさがしてもない」と言う。それでふと思いついた。これまで蔵屋敷に一年ばかりいたが、いまだかつて枕をしたことがない。というのは、ほとんど昼夜の区別はなく、日が暮れたからといって寝《ね》ようとも思わず、しきりに本を読んでいる。読書にくたびれて眠《ねむ》くなってくれば、机の上にうつ伏《ぶ》して眠るか、あるいは床《とこ》の間《ま》の床ぶちを枕にして眠るかで、本当に布団《ふとん》を敷《し》いて夜具をかけて枕をして寝るなどということは、ただの一度もしたことがない。

（１）〔**資料３**〕中の「私」とはだれのことですか。この人物の名を答えなさい。

（２）〔**資料３**〕中の「私」は「天は人の上に人を造らず、人の下に人を造らずと言えり」のことばを残しました。このことばが書かれている書物の名を答えなさい。

問16　下線部ⓞに関して、明治時代の出来事について述べた文として**誤っているもの**を、次の**ア**～**エ**から一つ選び、記号で答えなさい。

ア　日本はポーツマス条約を結んで、南樺太《みなみからふと》をロシア領、千島列島を日本領とした。

イ　日露《にちろ》戦争で東郷平八郎《とうごうへいはちろう》ひきいる艦隊《かんたい》は、ロシアのバルチック艦隊をやぶった。

ウ　外務大臣の陸奥宗光《むつむねみつ》が、イギリスとの間で領事裁判権の撤廃《てっぱい》に成功した。

エ　日清《にっしん》戦争の講和として下関《しものせき》条約が結ばれ、清は朝鮮《ちょうせん》の独立を認めた。

問17　下線部ⓟに関して、昭和時代、海軍の青年将校などが首相官邸《かんてい》をおそい、犬養毅《いぬかいつよし》首相を暗殺する事件がおきました。この事件名を答えなさい。

2 みなさんが幼いころの出来事から、社会について考えてみましょう。次の**文章１**～**３**を読んで、あとの問いに答えなさい。

> **文章１**
>
> みなさんの多くが生まれた2009年の干支《えと》（十二支）は丑年《うしどし》、2010年は寅年《とらどし》でした。12年でひと回りしており、2021年と2022年の干支と同じです。干支は年を表すのに使われるだけでなく、月や日、方位を表す際にも使われることがあります。経線を子午線とよぶのも干支に由来しています。下の**図１**の直線は日本列島の周辺の経線・緯線《いせん》を示しています。経度・緯度は２度ごとの偶数《ぐうすう》です。また、**図２**は**図１**の範囲《はんい》について地図帳のさくいんのように示したものです。

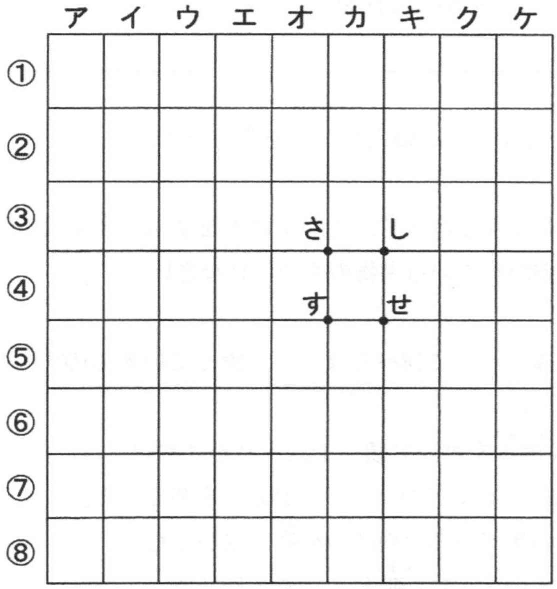

図１

＊＊＊さくいん＊＊＊
□おおさか　大阪・・・・・・・・・・・・・・エ⑥
・おおすみはんとう　大隅半島・・・・イ⑧
・［１］しょとう　［１］諸島・・・・・・・・ウ⑤
・しもきたはんとう　下北半島・・・・キ③
・しれとこみさき　知床岬・・・・・・・・・ケ①
□とうきょう　東京・・・・・・・・・［　２　］
□なごや　名古屋・・・・・・・・・・・・・オ⑥
・［３］はんとう　［３］半島・・・・・・・オ⑤
□ふくおか　福岡・・・・・・・・・・・・・・イ⑦
□わっかない　稚内・・・・・・・・・・・・・キ①

※□は都市。いくつかの地名を出題のために抜《ぬ》き出《だ》したものであり、五十音順に並んでいる。

図２

問１　歴史的な事件などの名称《めいしょう》に、おこった年の干支が使われることもあります。干支が使われている例として最も適当なものを、次の**ア**～**エ**から一つ選び、記号で答えなさい。

ア　10世紀半ばに関東地方の武将が中央政府に対しておこした反乱。
イ　足利義政のあとつぎ争いをきっかけに、九州と東国を除く地域でおこった戦乱。
ウ　明治維新期《いしんき》に明治新政府軍と旧江戸幕府軍の間でおこった戦い。
エ　西郷隆盛《たかもり》を中心とする、鹿児島の士族らによっておこされた反乱。

問２　2021年と2022年の干支を組み合わせた「丑寅」が示す方位を、次の**ア〜エ**から一つ選び、記号で答えなさい。

ア　北東　　**イ**　南東　　**ウ**　南西　　**エ**　北西

問３　日本標準時子午線はどの経度帯にあるか、**図１**の**ア〜ケ**から一つ選び、記号で答えなさい。なお、図中の直線のいずれとも一致していません。

問４　四国の最も多くの面積を占《し》めるのはどの緯度帯であるか、**図１**の**①〜⑧**から一つ選び、番号で答えなさい。

問５　**図２**の空らん［１］・［３］に当てはまる地名を答えなさい。解答は**ひらがな**でも**漢字**でも構いません。

問６　**図２**の空らん［　２　］に当てはまる記号を、**図２**のさくいんの他の地名の例にならって答えなさい。

問７　**図３**は、**図１**中の点**さ〜せ**のいずれかの周辺を示したものです。**図３**の**Ａ**付近は、かつては琵琶《びわ》湖《こ》に次ぐ面積の大きな湖でした。次の問いに答えなさい。

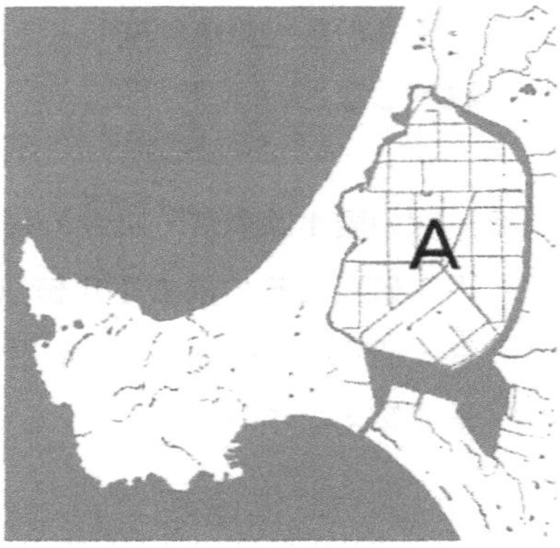

（地理院地図より）

図３

（１）**図３**は、**図１**中の点**さ〜せ**のどの周辺に位置しているか、一つ選び、記号で答えなさい。

（２）この湖の面積は、人工的な陸地化によって減少しました。どのようなことを主な目的として湖を陸地化したのか、説明しなさい。

（３）この湖を陸地化した方法を表す語句を答えなさい。

（４）この地域が含《ふく》まれる都道府県名を答えなさい。

問８　**図１**の範囲に関連して述べた文として正しいものを次の**ア～エ**から**すべて**選び、記号で答えなさい。なお、すべて誤っている場合には**オ**と答えなさい。

ア　この図の範囲には日本の東の端《はし》は含まれていない。

イ　この図の範囲には朝鮮半島が含まれる。

ウ　この図の範囲には日本海と太平洋は含まれるが、オホーツク海は含まれていない。

エ　この図の範囲には東北地方太平洋沖地震《じしん》（東日本大震災）の震源地が含まれている。

文章２

気候に関する平年値は過去30年間の平均値で表されます。10年ごとに更新《こうしん》されており、2021年５月からは新しい平年値が使われています。その前の更新は10年前の2011年でした。

2011年には東日本大震災が発生したことにより、国内外の社会・経済に大きな影響がありました。

問９　平年値に関連して、次の問いに答えなさい。

（１）各月の平均気温に関して、新しい平年値にはどのような変化があったと推測できるか、説明しなさい。

（２）次の**表１**は東京・仙台《せんだい》・宮崎のいずれかの地点における、現在使われている平年値（新平年値）とその前の平年値（旧平年値）の月ごとの気温（℃）をまとめたものです。東京・仙台それぞれの新・旧平年値に当てはまるものを、下の**ア～カ**から一つずつ選び、記号で答えなさい。

表１

	１月	２月	３月	４月	５月	６月	７月	８月	９月	10月	11月	12月	年平均
ア	2.0	2.4	5.5	10.7	15.6	19.2	22.9	24.4	21.2	15.7	9.8	4.5	12.8
イ	1.6	2.0	4.9	10.3	15.0	18.5	22.2	24.2	20.7	15.2	9.4	4.5	12.4
ウ	5.2	5.7	8.7	13.9	18.2	21.4	25.0	26.4	22.8	17.5	12.1	7.6	15.4
エ	5.4	6.1	9.4	14.3	18.8	21.9	25.7	26.9	23.3	18.0	12.5	7.7	15.8
オ	7.8	8.9	12.1	16.4	20.3	23.2	27.3	27.6	24.7	20.0	14.7	9.7	17.7
カ	7.5	8.6	11.9	16.1	19.9	23.1	27.3	27.2	24.4	19.4	14.3	9.6	17.4

（『日本国勢図《ず》会《え》』2020/21年版、2021/22年版より）

問10　東日本大震災の前後で、日本および国際社会におけるエネルギー政策とそれをとりまく状況には変化がありました。次の問いに答えなさい。

（１）次にあげる20世紀後半の**ア**～**ウ**の出来事を、古いほうから年代順に並《なら》べ替《か》え、記号で答えなさい。

ア　チェルノブイリ原子力発電所事故が発生した。

イ　「京都議定書」が採択《さいたく》された。

ウ　日本における一次エネルギー供給で、初めて石油が石炭を上回った。

（２）次の文章の空らん（　**た**　）～（　**つ**　）の組み合わせとして正しいものを、下の**ア**～**カ**から一つ選び、記号で答えなさい。

日本政府は2018年７月に「第５次エネルギー基本計画」を定め、2050年の長期目標として「温室効果ガスの80％削減《さくげん》」を掲《かか》げている。この具体的な目標は、2030年までに国内の電力を（　**た**　）で56％、再生可能エネルギーで22～24％、（　**ち**　）で20～22％というエネルギー構成を作り上げる計画である。また、エネルギー効率を高め（　**つ**　）を徹底《てってい》する方針も示されている。

	ア	**イ**	**ウ**	**エ**	**オ**	**カ**
た	火力	火力	水力	水力	原子力	原子力
ち	原子力	水力	火力	原子力	火力	水力
つ	省エネルギー	エネルギー備蓄《びちく》	省エネルギー	エネルギー備蓄	省エネルギー	エネルギー備蓄

文章３

2012年には東京スカイツリーが完成、開業しました。2022年の今年は10周年を迎えます。東京スカイツリーの高さは634ｍですが、下の**図４**は山頂の標高が634ｍの弥彦《やひこ》山周辺（新潟県）の５万分の１地形図（原寸）の一部です。

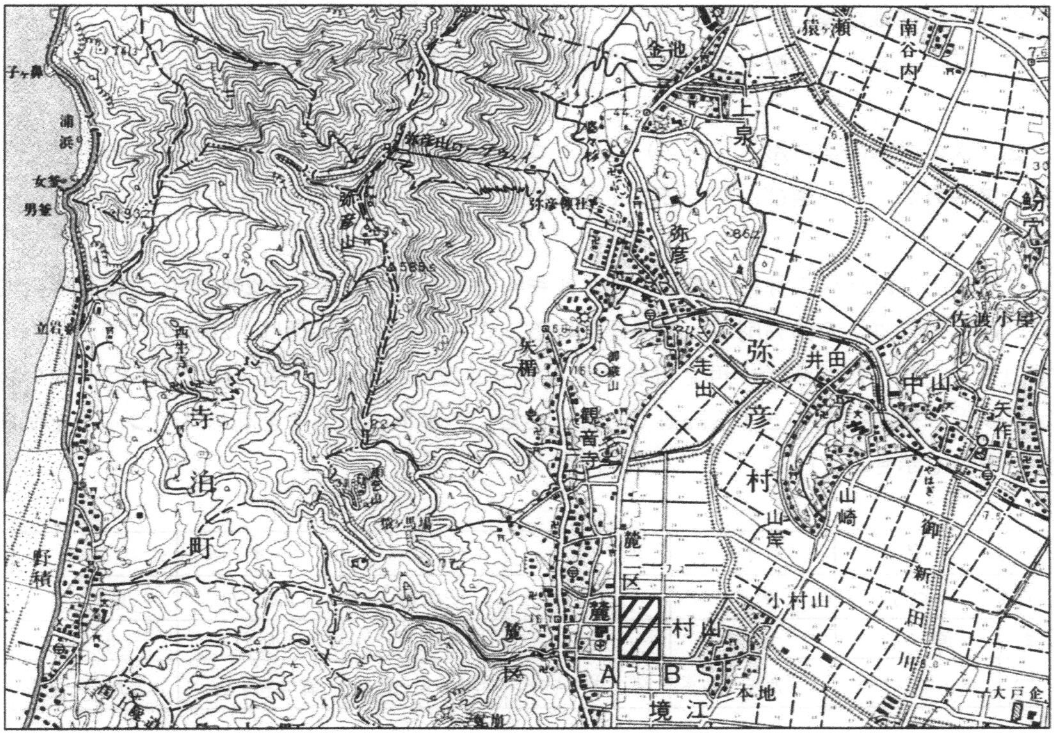

※地形図は2003年発行のもので現在の市町村と異なる部分がある。

図４

問11　**図４**から読み取れる情報として正しいものを、次の**ア**～**エ**から一つ選び、記号で答えなさい。

ア　弥彦山ロープウェイの山頂駅と山麓《さんろく》駅の標高差は約200ｍある。

イ　弥彦山の山頂（634ｍの地点）は自動車の通行が可能な道路が通っている。

ウ　弥彦村役場の最寄《もより》駅は弥彦駅である。

エ　図中の観音寺付近には温泉の記号がみられる。

問12　**図４**中に ▨ で示した範囲の面積に最も近いものを、次の**ア**～**エ**から一つ選び、記号で答えなさい。なお、図中の**Ａ**－**Ｂ**の地図上の長さは約0.5㎝です。

ア　3 ha　　**イ**　6 ha　　**ウ**　12ha　　**エ**　25ha

問13　弥彦村からは隣接《りんせつ》する燕《つばめ》市へ通勤する人々も多くいます。燕市の地場産業に最も関係の深いものを、次の**ア**～**エ**から一つ選び、記号で答えなさい。

ア　アルミ製品　　**イ**　金属洋食器　　**ウ**　漆器《しっき》　　**エ**　和紙

問14　弥彦村はモンゴルのエルデネ村と友好都市となっていますが、新潟県の他の市町村でも姉妹《しまい》（友好）都市提携《ていけい》を行っている例は多くみられます。次にあげる都市と姉妹（友好）都市Ⅰ～Ⅲと、提携の動機・きっかけ等A～Cとの組み合わせとして正しいものを、下の**ア**～**カ**から一つ選び、記号で答えなさい。

都市と姉妹（友好）都市

Ⅰ　妙高《みょうこう》市－ツェルマット（スイス）

Ⅱ　佐渡《さど》市－洋県《ようけん》（中国）

Ⅲ　新潟市－ウラジオストク（ロシア）

提携の動機・きっかけ等

A　トキの借り入れを機会に交流が始まった。

B　観光やスキーを中心とした町づくりという点で類似《るいじ》していた。

C　この市にある港から友好都市に戦後初の観光船が就航した。

	ア	**イ**	**ウ**	**エ**	**オ**	**カ**
Ⅰ	A	A	B	B	C	C
Ⅱ	B	C	A	C	A	B
Ⅲ	C	B	C	A	B	A

3　次の文章を読んで、あとの問いに答えなさい。

国際社会は、国境を越《こ》えた課題への取り組みを進めています。たとえば2021年の①G7、G20、②OECDの会議では、多国籍企業《たこくせききぎょう》に対する課税が議論されました。③工場などの製造拠点《きょてん》を置かずに各国に事業を展開することのできる巨大《きょだい》IT企業に対する課税は、一国で対応することの難しい問題です。

どの国も、④自国の租税《そぜい》のあり方は自国が定めます。逆に言えば、⑤政府の権力が及《およ》ぶ地理的な範囲はあくまでその国の内部に限定されているため、他の国に籍を置く企業に課税することはできません。また、他の国の租税のあり方について干渉《かんしょう》することもできません。そして⑥国際連合も世界各国から税を徴収《ちょうしゅう》する権力を持っているわけではありません。

したがって国際的な課税は、世界各国が共通のルールを作って対応することが求められる課題と言えそうです。同様に、気候変動をはじめとした⑦国際社会全体の問題についても、現状認識《にんしき》や進むべき方向性を確認《かくにん》しながら、足並みを揃《そろ》えていく必要があるでしょう。

現在世界中の市民、企業、政府などで取り組みが進められている⑧SDGsも、「持続可能な開発」という考え方に基《もと》づいて作られた目標の集まりです。ただし、SDGsは2030年までの目標ということになっています。それではその先、国際社会はどのような考え方に基づいて様々な問題解決に取り組んでいくことになるのでしょうか。動向に注目しつつ、私たちも考えていきましょう。

問１　下線部①に関して、次の問いに答えなさい。

（１）G7に含まれる国を、次の**ア**～**エ**から一つ選び、記号で答えなさい。

ア　オーストラリア　　**イ**　カナダ　　**ウ**　韓国《かんこく》　　**エ**　ロシア

（２）いわゆるサミットとして先進国（主要国）の首脳会議が初めて開かれたのは1975年です。この年に最も近い時期におこった国際的な出来事を、次の**ア**～**エ**から一つ選び、記号で答えなさい。

ア　アジア通貨危機　　**イ**　キューバ危機

ウ　リーマンショック　　**エ**　第一次オイルショック

問２　下線部②に関して、1948年に設立されたOEECが1961年に改組され、OECDとなりました。これを踏《ふ》まえて、次の問いに答えなさい。

（１）OEECは米ソの対立が深まる中で設立された機関でした。そんな中、日本は国際社会へ復帰していくこととなります。1948年以降に日本が結んだ次の条約**ａ～ｃ**を、古いほうから年代順に正しく配列したものを、下の**ア～カ**から一つ選び、記号で答えなさい。

ａ　日韓基本条約　　**ｂ**　日中平和友好条約　　**ｃ**　日米安全保障条約

ア　ａ→ｂ→ｃ　　**イ**　ａ→ｃ→ｂ　　**ウ**　ｂ→ａ→ｃ

エ　ｂ→ｃ→ａ　　**オ**　ｃ→ａ→ｂ　　**カ**　ｃ→ｂ→ａ

（２）OECDの日本語名を**漢字８字**で答えなさい。

（３）日本は1964年にOECDに加盟しました。1960年代の日本の動きとして正しいものを、次の**ア～エ**から一つ選び、記号で答えなさい。

ア　国民所得倍増計画が発表された。　　**イ**　自衛隊が発足《ほっそく》した。

ウ　沖縄が日本に返還《へんかん》された。　　**エ**　国際連合に加盟した。

（４）1960年代ごろから、日本では公害が社会問題となっていました。1960年代以降の、公害や環境《かんきょう》問題をめぐる日本の動きについて述べた文として正しいものを、次の**ア～エ**から一つ選び、記号で答えなさい。

ア　1967年には公害対策基本法が廃止《はいし》され、環境基本法が制定された。

イ　1970年の「公害国会」では、いくつかの公害対策に関する法律が制定された。

ウ　1971年には環境庁が環境省に格上げされた。

エ　大阪空港公害訴訟《そしょう》で原告側が主張した環境権は、最高裁判決で認められた。

（５）四大公害病の一つとして、水俣病《みなまたびょう》があげられます。これについて述べた次の文章中の空らん【　Ａ　】・【　Ｂ　】に当てはまる語句を**漢字**で答えなさい。

水俣病は企業の工場排水《はいすい》に含まれるメチル【　Ａ　】が原因で、【　Ｂ　】県水俣市の周辺で発生しました。2017年には、【　Ａ　】の適正な管理や、排出を減らすことを目指した「【　Ａ　】に関する水俣条約」が発効しました。

問３　下線部③に関して、次の問いに答えなさい。

（１）巨大IT企業のうち代表的な四つの企業は、それらの頭《かしら》文字《もじ》を取って「GAFA」と総称されています。このうち、「G」が指す企業の名前を**カタカナ**で答えなさい。

（２）こうした課税は一般的《いっぱんてき》に何とよばれていますか。解答らんに当てはまるように、**カタカナ４字**の語句を答えなさい。

問４　下線部④に関して、日本において注目される税として消費税があげられます。次の問いに答えなさい。

（１）消費税が導入されたのは1989年です。その後の1990年代における国際社会及び日本国内の出来事として**誤っているもの**を、次の**ア**～**エ**から一つ選び、記号で答えなさい。

ア　阪神《はんしん》・淡路《あわじ》大震災がおこった。　　**イ**　PKO協力法が制定された。

ウ　アメリカ同時多発テロがおこった。　　**エ**　EU（欧州《おうしゅう》連合）が発足した。

（２）2019年、増税分を社会保障関係費に充《あ》てることを目的に、消費税が10%に引き上げられました。そして次の**図１**は、令和３年度一般会計予算の歳出《さいしゅつ》を表した円グラフです。社会保障関係費を表している項目《こうもく》を、**図１**中の**ア**～**エ**から一つ選び、記号で答えなさい。

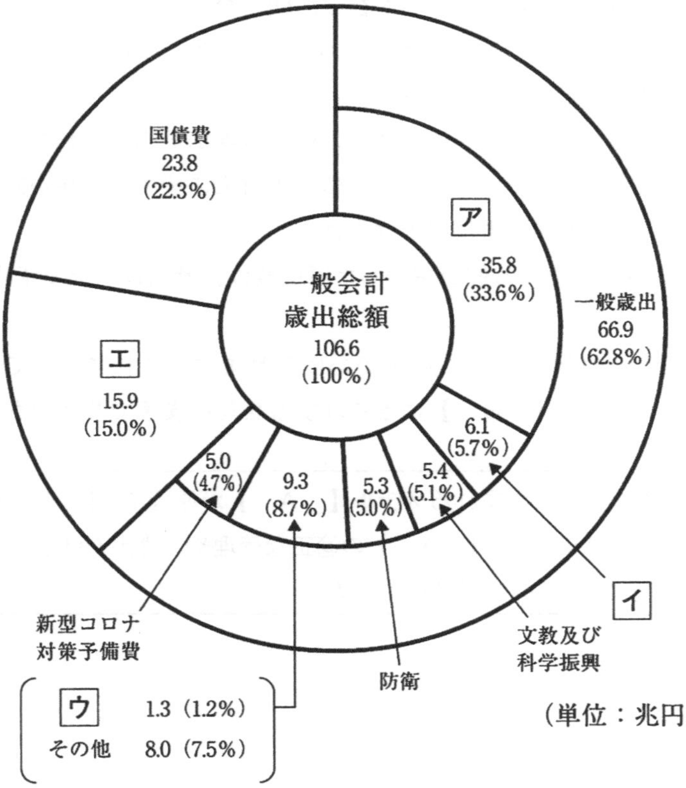

（単位：兆円。財務省HPより）

図１

問５　下線部⑤に関して、日本の政治制度について述べた文として正しいものを、次の**ア**～**エ**から一つ選び、記号で答えなさい。

ア　内閣は参議院の解散を決めることができる。

イ　各省庁は予算案を作成し、国会に提出することができる。

ウ　国会は内閣総理大臣を指名することができる。

エ　裁判所は内閣不信任案を決議することができる。

問６　下線部⑥に関して、国際連合について述べた文として正しいものを、次の**ア**～**エ**から一つ選び、記号で答えなさい。

ア　1951年にサンフランシスコ講和会議で国連憲章が採択され、国連が発足した。

イ　本部はスイスのジュネーブに置かれている。

ウ　安全保障理事会の決議は、15か国がすべて賛成した場合にのみ成立する。

エ　2021年４月時点での加盟国は193か国であった。

問７　下線部⑦に関して、次の問いに答えなさい。

（１）次の文章中の空らん【　C　】・【　D　】に当てはまる語句を**漢字**で答えなさい。

> 第二次世界大戦の反省を踏まえ、人権保障が国際平和の基礎《きそ》になるとの考えに基づき、国際社会における人権保障の基準を示すものとして【　C　】が作成され、1948年に国連総会で採択されました。そしてこの内容を条約化して、各国に対する法的拘束力《こうそくりょく》を持たせるために作成されたのが、1966年に国連総会で採択された【　D　】です。

（２）日本国憲法前文では、国際社会と日本との関係について、次のように書かれています。空らん【　E　】・【　F　】に当てはまる語句を答えなさい。

> われらは、平和を維持し、専制《せんせい》と隷従《れいじゅう》、【　E　】と偏狭《へんきょう》を地上から永遠に除去しようと努めてゐ《い》る国際社会において、名誉《めいよ》ある地位を占めたいと思ふ《う》。われらは、全世界の国民が、ひとしく恐怖《きょうふ》と【　F　】から免《まぬ》かれ、平和のうちに生存する権利を有することを確認する。

問８　下線部⑧に関して、SDGsで掲げられる目標の一つに、「ジェンダー平等を実現しよう」というものがあります。日本でも、男女共同参画社会の実現に向けての取り組みが進められています。その中で、今日、「アンコンシャス・バイアス（無意識の思《おも》い込《こ》み）」の問題が指摘《してき》されています。

以下の〔**資料**〕にある下線部の言動の背景には、母親に対するどのようなアンコンシャス・バイアスがあると考えられるでしょうか。解答らんに合わせて書きなさい。

〔**資料**〕

アンコンシャス・バイアスは誰《だれ》にでもあって、あること自体が問題というわけではありません。過去の経験や、見聞きしたことに影響を受けて、自然に培《つちか》われていくため、アンコンシャス・バイアスそのものに良《よ》し悪《あ》しはありません。しかし、アンコンシャス・バイアスに気づかずにいると、そこから生まれた言動が、知らず知らずのうちに、相手を傷つけたり、キャリアに影響をおよぼしたり、自分自身の可能性を狭《せば》めてしまう等、様々な影響があるため、注意が必要です。

…（中略）…単身赴任《ふにん》の母親に対して「え？母親なのに単身赴任？お子さん、かわいそうね…」といった言動が、母親や、家族を傷つけることがあるかもしれません。

（男女共同参画局「共同参画」2021年５月号より）

2022(R4) 開成中
教英出版

問三

40

25

問四

35

50

問五

65

50

問六

60

75

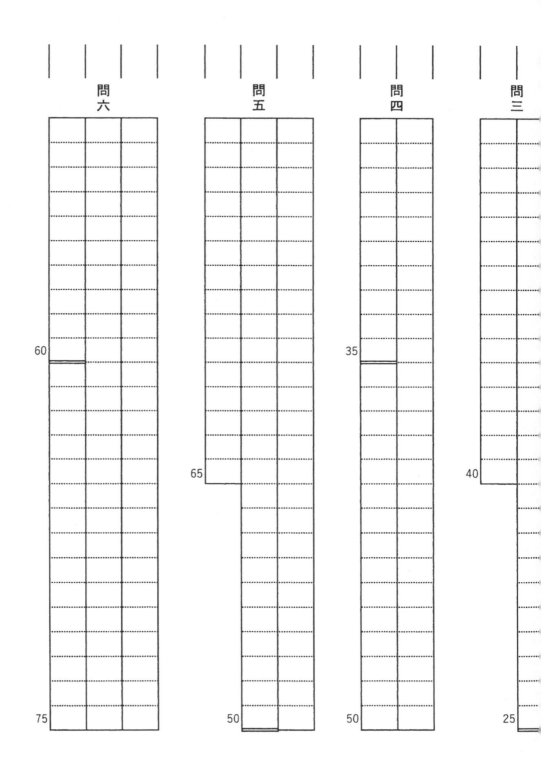

※85点満点
（配点非公表）

B 算 数 22

解 答 用 紙

受験番号	氏　　　名

（注意）　式や図や計算などは，他の場所や裏面などにかかないで，すべて解答用紙のその問題の場所にかきなさい。

1 (1) (2)

(1)	
(2)	

(3)

(3)	通り

(4)

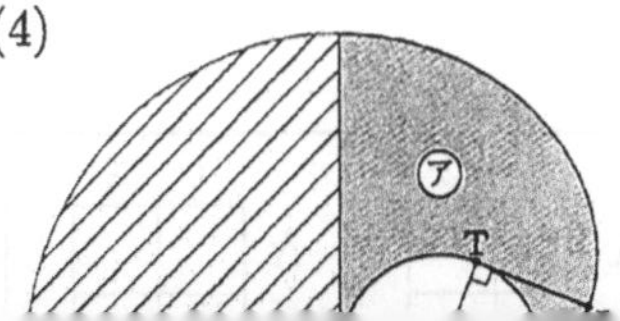

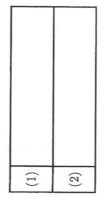

C 算　数 22

解 答 用 紙

受験番号	氏　　名

（注意）　式や図や計算などは，他の場所や裏面などにかかないで，すべて解答用紙のその問題の場所にかきなさい。

3

(1)

か所	種類

(2)

		1	2	3	4	5	6	7
(ア)	A							
	B							

	1	2	3	4	5	6	7
A							
B							

	1	2	3	4	5	6	7
A							
B							

	1	2	3	4	5	6	7
A							
B							

	1	2	3	4	5	6	7
A							
B							

	1	2	3	4	5	6	7
A							
B							

(イ)	種類
(ウ)	種類

(3)

		1	2		1	2		1	2		1	2		1	2		1	2
(ア)	A			A			A			A			A			A		

E 理　科 22

解答用紙

※70点満点
（配点非公表）

受験番号	氏　　名

1

問 1			問 2	問 3	問 4		
(1)	(2)	(3)					

問 5			問 6			問 7
(1)	(2)	(3)	(1)	(2)	(3)	

2

問 1	問 2	問 3

【解答

F 社　会 22

解 答 用 紙

※70点満点
（配点非公表）

受験番号	氏　名

1

問1　1 　　皇后　2 　　3

　　4 　　5 　　6

問2 (1) 　　江　(2) 　問3 　問4

問5 　問6 　　市　問7

問8 (1) 　(2) 　問9 　問10 　問11

問12 　問13 　問14

問15 (1) 　(2) 　問16 　問17

2

問1 　問2 　問3 　問4

【解答

問7 (1) (2)

(3) (4) 問8

問9 (1)

(2)

東京		仙台	
新	旧	新	旧

問10 (1) → → (2)

問11 問12 問13 問14

3

問1 (1) (2) 問2 (1) (2)

(3) (4) (5) A B 県

問3 (1) (2) 課税 問4 (1) (2)

問5 問6 問7 (1) C D

(2) E F

問8 母親は というアンコンシャス・バイアス

cm	cm	cm

3

問 1	問 2	問 3

問 4	問 5	問 6

4

問 1	問 2	問 3	問 4	問 5	問 6
					曜日

【解

(イ)	種類
(ウ)	種類

4

(1)	時	分
(2)	時	分
(3)	分	秒

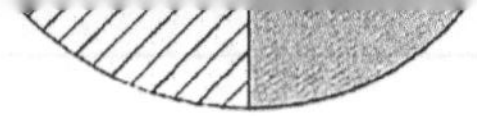

(4)	①	倍
	②	度

2

(1)	体積の比	:
	表面積の比	:

(2)	体積の比	:
	表面積の比	:

A

国語

22

解答用紙

受験番号

氏名

※85点満点
（配点非公表）

問一

①

②

③

④

問二

45

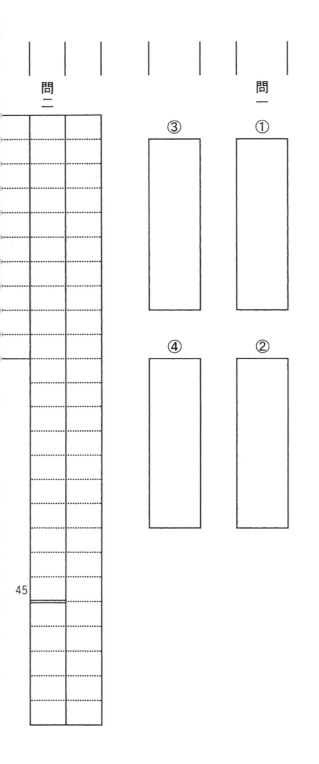

令和３年度　開成中学校

Ａ 国 語 （５０分）

答えはすべて 解答用紙 に書き入れること。

【この冊子について】

1. 試験開始の合図があるまで、この冊子に手をふれてはいけません。
2. 問題は2～14ページです。
3. 解答用紙は、冊子の中央にはさまっています。試験開始の合図後、取り出して解答してください。
4. 試験中に印刷のかすれやよごれ、ページのぬけや乱れ等に気づいた場合は、静かに手を挙げて先生に知らせてください。
5. 試験中、冊子がバラバラにならないように気をつけてください。

【試験中の注意】 以下の内容は、各時間共通です。

1. 試験中は先生の指示にしたがってください。
2. 試験中、机の中には何も入れないこと。荷物はイスの下に置いてください。
3. 先生に申し出ればコート・ジャンパー等の着用を許可します。
4. かぜ等の理由でハンカチやティッシュペーパーの使用を希望するときは、先生の許可を得てから使用してください。
5. 試験中に気持ちが悪くなったり、どうしてもトイレに行きたくなったりした場合は、静かに手を挙げて先生に知らせてください。
6. 試験中、机の上に置けるのは、次のものだけです。これ以外の物品を置いてはいけません。
   - 黒しんのえん筆またはシャープペンシル
   - 消しゴム　・コンパス
   - 直定規　・三角定規一組（10ｃｍ程度の目盛り付き）
   - 時計　・メガネ

   筆箱も机の上には置けませんので、カバンの中にしまってください。
7. **終了のチャイムが鳴り始めたら、ただちに筆記用具を置いてください。**
8. 答案を回収し終えるまで、手はひざの上に置いてください。

＃教英出版 編集部　注
編集の都合上、一部白紙ページは省略しています。

一　**次の文章を読んで、あとの問いに答えなさい。**

今度の遠足は蔵王《ざおう》で、拓也《たくや》は初めて汽車に乗れるのでうれしかった。けれど、遠足の日が近づくにつれて、心配になってきたことがひとつある。

前々から遠足にはいて行くズックを買ってくれるように頼《たの》んでおいたのに、明日が遠足だという今日になっても、まだ買ってもらえなかった。

遠足の前日は朝から雨だった。はずれたといの間から落ちてくる雨水が、軒下《のきした》の古だるに当たって、ビチャビチャ音をたてるのを聞きながら、拓也は朝飯を食った。

ゆうべも母親によく頼んでおいたけれど、母親は①［　　］返事ばかりで、買ってやるとも、買ってやらないとも、言わなかった。

父親は朝飯をすませると、いろりでいっぷくをつけた。拓也はズックのことで、何か言うのではないかと、ときどき目のはしで見るのだが、ゆるゆるとたばこの青いけむりが上がっているだけで、いつもと少しも変わらなかった。ズックと、のどまで出かかったが、みそ汁《しる》といっしょに飲みこんで、母親の方をにらんだ。母親はセカセカと後かたづけを始めている。拓也は急いでご飯をかきこんだ。

土間で拓也が長ぐつをはいていると、そのわきにペチャンコになった貧相《ひんそう》なズックがあった。②きのうまで履《は》いていた物なのに、もう何年もどこかでほこりにまみれていた、きたない物に見えた。

母親も土間におりてきて、かけてあったカッパを着た。今日じゅうに町に行って、買ってきてもらわないことには間に合わないので、拓也は片方のズックを、つまむように持ち上げて、もう一度ねだった。

「かあちゃん、ほれ見でみろ。俺《おれ》のズック」

母親はゴワゴワのカッパを着て、髪《かみ》の毛をうるさそうに後ろになでつけた。母親がふり返ったところで、拓也は小指からかかとの方に向かって、大きく穴のあいているズックを、おおげさに開いて見せた。

「バクバクだ。こんじゃ遠足にはいていかんにェ。あしただぜ、遠足」

「ん、……」

わかったのかどうか、母親はあやしい返事をして戸を開けた。

「絶対買ってな」

と、もうひとこと言おうとして、拓也も外に出た。

雨はあいかわらず降っていて、その中をカッパをすっぽり着こんだ母親が歩いていた。かさを開いていると、和子《かずこ》の母親の山本先生も家から出て来た。拓也の母親は三度もおじぎをした。山本先生は薄茶《うすちゃ》のかさをさして、クリーム色のスラックスをはいていた。黒いゴムガッパは、とろとろにぬれながら山の方に曲がって行った。

拓也のすぐわきで、はずれたといからこぼれる水が、古だるに当たって四方に散っていた。そっとかさをさし出して、雨水をうけてみた。そして、ボンボンボンという不規則なかさに当たる水の音を聞きながら、右と左にだんだんわかれていく二人をながめていた。

夕方になると、西の方にある飯豊山《いいでさん》の上の空が、少しずつ明るくなってきた。拓也はその空を見てあしたは晴れるだろうと思った。

夜になっても、父親も母親も新しいズックのことはなにも言わなかった。

新しいズックは、家のどこにもないようだった。

拓也は腹がへっていたけれど、夕飯を食わなかった。食ってやるもんか、そんな気持ちでだまっていると、

「食いたくなけりゃ、食わなけりゃいい」

と、父親がどなった。

拓也はくやしくなって、ふとんを頭からかぶって、そのまま眠《ねむ》ってしまった。

つぎの日は、遠足だということと、腹がへったのとで、いつもよりだいぶ早く目がさめてしまった。拓也は何回も寝返《ねがえ》りをうちながら、腹がへったのをがまんして、ホオジロの鳴くのを聞いていた。

「起きて用意すろは」

と、母親が戸の向こうから声をかけた。

「晴れたかァ」

ホオジロが鳴くので、晴れているのはわかっているけれど、きいてみた。

「日本晴れだ。早ぐ起きてご飯食えは」
いもの煮《に》えている、うまそうな匂《にお》いがした。
起きてきた拓也を見て、母親が言った。
「これなら、今日一日ぐらい、はけるべェ」
見ると、ズックは洗ってあって、穴のあいた片方のズックが、白い糸でぬってあった。
「もうちょいで乾《かわ》ぐは」
母親は、ズックの口を火にかざして乾かしていた。
「ケェー、ぬったんかァ」
「もうすぐ、米売ったら新しいの買ってやっから」
「うん……」
洗ったあとが黄色くしまになって、きばんでいる線が、拓也にはボロくさくていやだったけれど、しかたないと思ってうけとった。ボロはボロだけど、前のズックよりはよっぽどましだし、なんだかうれしい気がして、母親に何か言いたくなった。土間におろして、そろえながら、
③A「ちょっとカッコ悪《わり》いなァ」
と言って、笑ってみせた。
「なんもカッコ悪いことがあるもんか」
背中の方から聞こえてきた母親の言葉のおわりが、かすかに震《ふる》えているようだった。拓也は、③B言わなければよかった、と後悔《こうかい》した。
学校に集まると、和子はだれよりもしゃれた洋服を着て帽子《ぼうし》をかぶり、ズックもピンクの新しい物をはいていた。いつにもまして、はなやいだ雰囲気《ふんいき》が和子にはあった。
拓也は和子にだけは、ぬってあるズックを知られたくないと思った。とくに、汽車に乗って、向かい合って座席にすわったときなど、二人のズックがおたがいに並んで、ぬってある白い糸が見つかってしまいそうで、気が気ではなかった。拓也は気づかれないように少しずつ足を交差させ、ぬってある方のズックに片方をのせてかくした。

けれど、初めて乗った汽車がゴトンと揺《ゆ》れて、スピードをあげ、トンネルや鉄橋や町の家並みが、つぎつぎに現れる窓の外をながめているうちに、それもいつしか忘れてしまった。

九月は川遊びのできる最後の月だった。十月もやらないことはないが、水が少しずつ冷たくなってくるし、そのころは、山に栗《くり》が落ちたり、きのこが出てきたりするので、だんだん山の方に行くようになる。

川での遊び場は、大滝《おおたき》の川原ときまっていて、行くとだれかかれか必ずいた。

川にそった道路を、川下に十五分ばかり行くと発電所がある。その下がゆっくりとカーブしているのだが、りんご畑を過ぎて、土手を降りると、大きな玉石《たまいし》がごろごろしている川原に出る。川原には水たまりがあったり、小さな川が別れて、シャラシャラ流れていたりで、いたるところ絶好の遊び場だった。

遠足のつぎの日、拓也が川原の土手に立って見ると、いたのはめずらしく和子ひとりだった。川原は一昨日《おととい》の雨で増水して、水たまりの形が少し変わっていた。なかでも川原のまんなかにある大きな水たまりは、まだ本流とつながっていた。そこで和子は、白いスカートのすそをパンツにはさみこんで、ひざまで水に入っていた。増水したつぎの日は、ハヤやナマズが水たまりに流れてきて、そのままそこに巣くっていることがよくあるので、拓也は和子が何か見つけたなと思って、土手を一気にかけおりた。

やっぱり水たまりには大きなナマズが一匹《いっぴき》入っていた。

拓也は水たまりの流れ口から、本流に逃《に》げられないように、よもぎを引きぬいてきて、流れ口に山ほどつんだ。その上に石をのせておけば、水はすき間から逃げていくが、ナマズは逃げ出せなくなる。そうしておいて、水の入口《いりぐち》の方から少しずつ追っていく。

「どー、どどどど。どー、どどどど」

と、口をとがらせながら足で底を踏《ふ》んでナマズを追いたてた。和子は拓也が作ったインスタントのやなの前でまちかまえた。

ナマズは一番深いところに沈《しず》んでいて、なかなか動かなかった。やっとのっそり動いて浮《う》いてきたかと思うと、すぐにくるりと向きを変えて濁《にご》った底にかくれてしまった。

「早く早く」

と、和子がせかした。

「さわぐな、警戒《けいかい》すんべな」

拓也は見えなくなった底を、やみくもに足でかきまわした。それでもナマズは出てこなかった。

「だめだ。濁り過ぎで、どごさいるかさっぱりわがんね。おさまるまで、ちっと中止だ」

拓也は、半ズボンを両手で上に引っぱり上げながら水をこいで、水たまりの外に出た。

「拓ちゃんはだめだ。今度私《わたし》がやる。交代」

そう言うと、拓也の前の玉石の上を裸足《はだし》でポンポンと飛んで、和子は水の入口のところに行った。

「裸足じゃ爪《つめ》はがすぞ」

「だいじょうぶ、だいじょうぶ」

「なんでズックはかねんだ」

「んだって、まだ新しいもん」

和子は玉石の上で、だんだん澄《す》んでくる水底《みなそこ》に目をはしらせた。

拓也は新しいもんと言われて、忘れていた自分のズックを思い出した。頭だけちょっと下げて見てみると、乾いた玉石はぬってもらった右足のズックの方だけ、中にたまった水が流れ出て、黒くぬれていた。それを見るとなんとなく、もう水に入る気がしなくなった。

和子が向こうから水の中に入ったので、拓也は出口の方にのろのろと歩いた。さっきやなを作ったときは気がつかなかったが、水たまりの水が川に合流するわきの、大きな玉石の上に、きのう遠足にはいてきたピンクのズックがきちんとそろえて置いてあった。

和子のズックを見ているうちに、拓也は半分酔《よ》ったような気持ちで、やなを通りこし、何となく玉石に近づいた。そして、これも、さわってみようなどと少しも思っていないのに、右側のズックを手にしてながめた。

ながめている自分に気がつくと、今度は、はっきりと、このズックをぬらしてやりたいという気持ちがおこった。拓也はゆっくりとしゃがんで、かかとの上をそっとつまみながら水面に浮かべてみた。拓也はなかなかしみてこないズックの中をじっと見つめていた。

「なにすんのよ」

という言葉といっしょに、背中に水が飛んできた。

背中がヒヤッとして立ち上がったはずみに、手はズックをはなしてしまった。二人は同時にアッと叫《さけ》んだ。手からはなれたズックは、川に流されて二回、三回まわったかと思うと、本流の流れにのって川下の方に、どんどん流され始めたからだ。

拓也は走った。走りながら、まわりに棒きれがないかと、ズックと交互《こうご》に川原を見わたした。しかし、役にたちそうなものは何も落ちていなかった。拓也は岸に押《お》し戻《もど》されることを願いながら、玉石の間をすりぬけたり、砂に足をとられたりしながら、ズックを追いかけた。

川は、ところどころ早瀬《はやせ》になって白いしぶきを上げ、ズックをもて遊ぶように速く遅《おそ》く流した。岸から、だんだんとはなれていく。

拓也はねこやなぎやすすきのやぶになっている川原の端《はし》まで走っていた。そこから土手に上がり、なおも走った。

土手はどんどん高くせり上がって、りんご畑の端になると、そこからは雑木《ぞうき》の山で、川はがけの下に見えなくなった。ズックは沈んでしまったのか、がけの下を流れて行ってしまったのか、見つからなかった。拓也は肩《かた》で息をしながら、がけの下で砕《くだ》けている白いあわを、しばらくにらみつけた。

「ちくしょう」

ひょろひょろした女郎花《おみなえし》の花をペシッとおって、そこにたたきつけてから、しかたなく引き返した。

川原の土手にもどると、すぐ下の玉石に和子はすわっていて、片方のズックに人差し指を入れ、くるくるまわしていた。拓也はそれを見ると、どうにでもなれという、やけっぱちな気持ちになった。

「ズックどうしたァ」

和子が立ち上がった。

「流れて行った」

「アーア。きのうと今日しかはいていないのに無くしちゃった。きっとしかられるなァ」

「かんべん。んでも、流そうとして流したんじゃないぞ」

「いたずらしていたからよ」

そう言われると、拓也は何も言うことができなかった。ただ、和子の顔をずっとにらんでいた。視線をさけてしまえば、とんでもない悪者にされてしまいそうで、そうしていることが、拓也にすれば、自分を守る最後の術《すべ》だった。

「私、帰る」

和子は片足だけズックをはいて、裸足の方を近くの玉石にのせながら、ピョコタン、ピョコタンと歩き出した。小さな玉石のある川べりを歩いていくから、土手の上から見ていると、川の中に和子は見える。川面《かわも》をなでて川風が吹《ふ》くと、風の通った道が小さく波だって、キラキラと夕陽《ゆうひ》をあびて光った。その中を小さなハヤがときどきはねて、パチャンと落ちる音がさびしく聞こえた。

拓也は、どろどろによごれてしまった自分のズックを見て、流そうとして流したんじゃないぞ、と口の中でつぶやいた。そして、土手をかけ降りて、和子に追いついた。

「流そうとして流したんじゃないぞ。絶対に流そうとして流したんじゃないぞ」

拓也は同じことをくりかえした。

「わかってるわよ」

「おぶってってやる」

拓也はくるりと背を向けた。

「いいわよ、はずかしい」

「はずかしくとも、おぶってってやる」

「いやだよ」

「いいから早ぐ」

和子は拓也の勢いにまけて、首に手をまわした。拓也はよろけながら土手をのぼった。

「また買ってもらわなくちゃ」

和子が背中で言った。

りんご畑を過ぎたころから、拓也の手はしだいにしびれてきた。何度もしょい上げながら、ピンクのズックを川に浮かべたときのことを思い出していた。

おこられることはしかたがないけれど、少しでもねたましい気持ちが自分にあったことを、知られるのではないかと思うと、拓也は自分が悲しかった。そして、ねたんだ気持ちがズックを流したんだと言われることが恐《おそ》ろしかった。

「ほんとうに、流そうとして流したんじゃないぞ」

あえぎながら拓也はつぶやいた。汗《あせ》だくだった。足はガクガクしていまにもつぶれそうだった。

「もう降ろしてよ。歩いて行くから」

拓也は聞こえてないように、のろのろと進んだ。

「降ろして」

背中で和子がさわいだので、拓也はよろめいた。その拍子《ひょうし》に、ぬってあった方のズックに力がかかって、プツンとぬい目がほどけて、白い糸が出てきた。

つぶれるもんか、と、しびれた腕《うで》に力を入れた。それでもズリズリ和子はさがってくる。気持ちとはうらはらに、とうとう拓也はつぶれた。

前を和子が歩いていく。じゃり道に裸足の右足をそっと置くようにして、一歩ずつ進む。④口ぎたなくののしられたり、悪口を言われたほうが、どれくらい気がかるくなるかしれやしない。それなのに、和子はなにも言わなかった。

うつむいて歩く拓也の目に映るのは、ズックのない右足だけだった。素足《すあし》がとがった小石を踏むと、ズックをはいた方の足が、あわてて先に出る。そしてしっかりと和子をささえた。そのたびに、拓也はズキンと胸が痛くなる。ひたいから流れてくる汗が冷たかった。ピンク色のズックが片方だけになると、前にもまして、残った片方がきれいに見えた。

「和ちゃん」

「……」

「和ちゃん」

拓也は和子の前に走り出て、糸のほどけたズックをぬいだ。

「ボロだげんと、はけば痛ぐない」

面と向かった拓也は、和子の顔をじっと見た。和子のひたいにも汗がにじんでいる。先の少し上がりぎみの目もとに、小さなほくろがある。口もとがすねたように、まんなかでつぼまった。⑤今まで何度も見てきた顔なのに、ひとつひとつが、拓也の知っていた和子とはちがっているように思えた。

ススキの穂《ほ》がさっとなびくと、吹いてきた風が和子の表情を運んできたように、顔がやわらかくふくらんだ。

「うん」

ピンクのズックと拓也のズックは、和子を交互に運んで行く。

流そうとして流したのではないけれど、流してしまったのは自分なんだ。どんな理由をつけたところで、片方のズックはもうないのだ。どんなに、ため息をついたところで、その事実からは逃げられはしない。

拓也は、わざと裸《はだか》の足に力を入れて歩いてみる。

痛みは、体を通りぬけていった。

（最上一平「糸」による）

問一　――部①は「いいかげんな返事、はっきりしない返事」を意味する言葉です。【　】に入る漢字一字を答えなさい。

問二　――部②「きのうまで履いていた物なのに、もう何年もどこかでほこりにまみれていた、きたない物に見えた」とありますが、そのように見えたのはなぜですか。五十字以上、七十字以内で説明しなさい。

問三　――部③B「言わなければよかった」とありますが、――部③A「『ちょっとカッコ悪いなァ』と言って、笑ってみせた」からここまでの拓也の心情の変化を、「後悔した。」につながるように、五十字以上、七十字以内で説明しなさい。

問四　――部④「口ぎたなくののしられたり、悪口を言われたほうが、どれくらい気がかるくなるかしれやしない」とありますが、拓也の気の重さがわかる、ひと続きの二文を、これより前からさがし、はじめの五字を抜《ぬ》き出しなさい。

問五　――部⑤「今まで何度も見てきた顔なのに、ひとつひとつが、拓也の知っていた和子とはちがっているように思えた」とありますが、拓也がそう感じたのはなぜだと考えられますか。五十五字以上、七十五字以内で説明しなさい。

★　問二～問五は、句読点や記号も一字として数えます。

二

次の文章を読んで、あとの問いに答えなさい。

著作権に関係する弊社の都合により本文は省略いたします。

教英出版編集部

著作権に関係する弊社の都合により
本文は省略いたします。

教英出版編集部

（山田玲司『非属の才能』光文社新書による）

問一　＝部1～3のカタカナを漢字に直しなさい。

問二　――部①「定置網にはまり、そのなかでうさぎ跳びをしながら、出る杭に嫉妬している」とありますが、どういうことですか。「に嫉妬しているということ。」につながるように、四十字以上、六十字以内でわかりやすく説明しなさい。

問三　――部②「どうしても向かってしまいがちなのが、『かつて大量に魚が捕れた漁場』だろう」とありますが、どうして「かつて大量に魚が捕れた漁場」に向かってしまうのか、三十字以上、五十字以内で説明しなさい。

★　問二、問三は、句読点や記号も一字として数えます。

このページより後ろは白紙です。

2021(R3) 開成中
K 教英出版

ＢＣ 算数（６０分）

答えはすべて 解答用紙 にかき入れること。

【この冊子について】

1. 試験開始の合図があるまで、この冊子に手をふれてはいけません。
2. 問題は 2～7 ページです。
3. 解答用紙は 2 枚(B,C)あり、冊子の中央にはさまっています。試験開始の合図後、取り出して解答してください。解答用紙Cの右上すみの三角形はよごれではありません。
4. 試験中に印刷のかすれ、よごれ等に気づいた場合は、静かに手を挙げて先生に知らせてください。

【解答上の注意】

1. 問題文中に特に断りのないかぎり、答えが分数になるときは、できるだけ約分して答えなさい。円周率が必要なときは **3.14** を用いなさい。
2. 必要ならば、「角柱、円柱の体積＝底面積×高さ」、「角すい、円すいの体積＝底面積×高さ÷3」を用いなさい。
3. 式や図や計算などは、他の場所や裏面などにかかないで、すべて解答用紙のその問題の場所にかきなさい。
4. 問題用紙を切り取ってはいけません。

【試験中の注意】 以下の内容は、各時間共通です。

1. 試験中は先生の指示に従ってください。
2. 試験中、机の中には何も入れないこと。荷物はイスの下に置いてください。
3. 先生に申し出ればコート・ジャンパー等の着用を許可します。
4. かぜ等の理由でハンカチやティッシュペーパーの使用を希望するときは、先生の許可を得てから使用してください。
5. 試験中に気持ちが悪くなったり、どうしてもトイレに行きたくなったりした場合は、静かに手を挙げて先生に知らせてください。
6. 試験中、机の上に置けるのは、次のものだけです。これ以外の物品を置いてはいけません。
   - ・黒しんのえん筆またはシャープペンシル
   - ・消しゴム　・コンパス
   - ・直定規　・三角定規一組（10ｃｍ程度の目盛り付き）
   - ・時計　・メガネ

   筆箱も机の上には置けませんので、カバンの中にしまってください。
7. **終了のチャイムが鳴り始めたら、ただちに筆記用具を置いてください。**
8. 答案を回収し終えるまで、手はひざの上に置いてください。

＃教英出版 編集部　注
編集の都合上、一部白紙ページは省略しています。

1 次の問いに答えなさい。

(1) 2021 年 2 月 1 日は月曜日です。現在の暦《こよみ》のルールが続いたとき，2121 年 2 月 1 日は何曜日ですか。
ただし，現在の暦において，一年が 366 日となるうるう年は，
・ 4 の倍数であるが 100 の倍数でない年は，うるう年である
・ 100 の倍数であるが 400 の倍数でない年は，うるう年ではない
・ 400 の倍数である年は，うるう年である
であり，うるう年でない年は一年を 365 日とする，というルールになっています。

(2) 三角形の頂点を通る何本かの直線によって，その三角形が何個の部分に分けられるかについて考えます。ただし，3 本以上の直線が三角形の内部の 1 点で交わることはないものとします。
図のように，三角形の各頂点から向かい合う辺に，直線をそれぞれ 2 本，2 本，3 本引いたとき，元の三角形は 24 個の部分に分けられます。
では，三角形の各頂点から向かい合う辺に，直線をそれぞれ 2 本，3 本，100 本引いたとき，元の三角形は何個の部分に分けられますか。

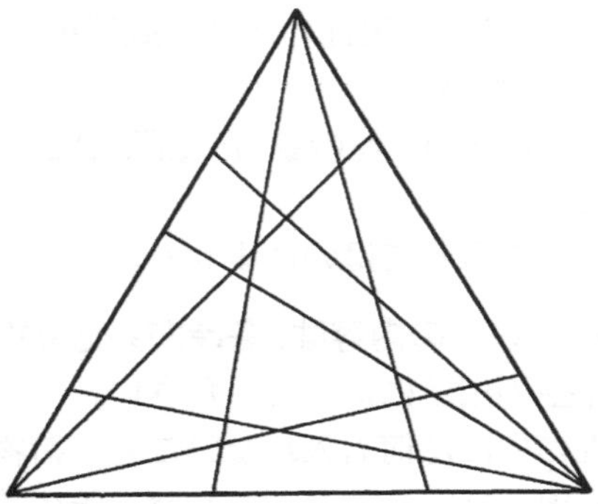

(3) 面積が 6 cm^2 の正六角形 ABCDEF があります。図のように，P，Q，R をそれぞれ辺 AB，CD，EF の真ん中の点とします。三角形 PQR の面積を求めなさい。

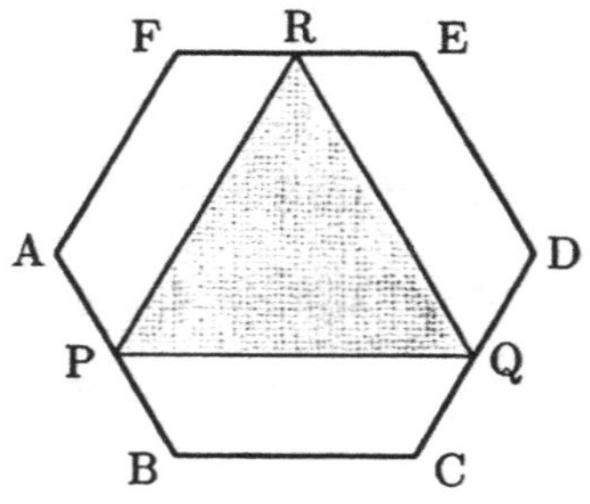

(4) $\dfrac{1}{9998}$ を小数で表すとき，小数第 48 位の数，小数第 56 位の数，小数第 96 位の数をそれぞれ求めなさい。

2 三角すいの体積は，(底面積) × (高さ) ÷ 3 により求めることができます。
1 辺の長さが 6 cm の立方体の平行な 4 本の辺をそれぞれ 6 等分し，図のように記号を付けました。
以下の問いに答えなさい。

(1) 4 点 き，G，a，g を頂点とする三角すいの体積を求めなさい。

(2) 4 点 き，ウ，G，a を頂点とする三角すいの体積を求めなさい。

(3) 4 点 い，オ，C，g を頂点とする三角すいの体積を求めなさい。

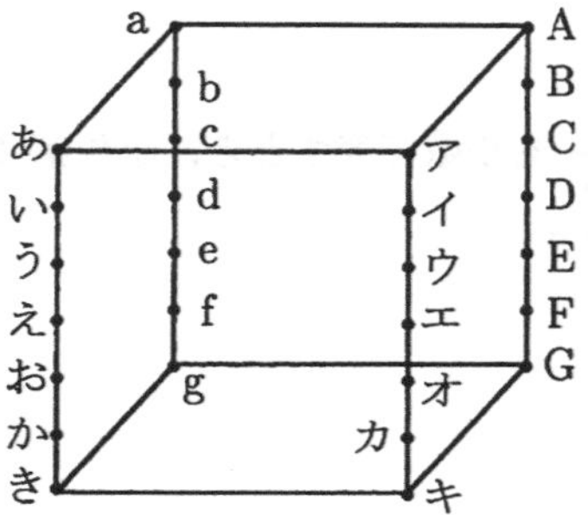

このページは白紙です。問題はまだ続きます。

3

[1] と [0] のいずれかが書かれたカードがたくさんあります。
はじめにA君とB君は同じ枚数のカードを手札として横一列に並べています。審判《しんぱん》には [0] のカードが1枚渡《わた》されていて,「スコアスペース」にはカードがありません。
次のような「操作」を考えます。

> A君とB君はそれぞれ手札の右はしのカード1枚を出し，審判は最後に渡されたカードのうち1枚(はじめは [0] のカード)を出します。これら合計3枚のカードを次のように移します。
>
> ・3枚とも [0] の場合は,
> 「スコアスペース」に [0] のカード1枚を置き，審判に [0] のカード2枚を渡します。
> ・2枚が [0] で1枚が [1] の場合は,
> 「スコアスペース」に [1] のカード1枚を置き，審判に [0] のカード2枚を渡します。
> ・1枚が [0] で2枚が [1] の場合は,
> 「スコアスペース」に [0] のカード1枚を置き，審判に [1] のカード2枚を渡します。
> ・3枚とも [1] の場合は,
> 「スコアスペース」に [1] のカード1枚を置き，審判に [1] のカード2枚を渡します。
>
> ただし,「スコアスペース」には古いカードが右に，新しいカードが左になるように置いていきます。

A君，B君，審判は，A君とB君の手札がなくなるまで上の「操作」を繰《く》り返《かえ》します。
審判に最後に渡されたカードが [1] 2枚ならばA君の勝ちです。
審判に最後に渡されたカードが [0] 2枚ならばB君の勝ちです。
いずれの場合も「スコアスペース」に置かれている [1] のカードの枚数を，勝者の得点とします。

例えば，下の図のように，はじめの手札が3枚ずつであるとして，A君の手札が [0] [0] [1] でB君の手札が [1] [0] [1] のとき，最終的に「スコアスペース」には [1] [1] [0] が置かれて，審判に最後に渡されたカードが [0] 2枚なので，B君の勝ちで得点は2点になります。

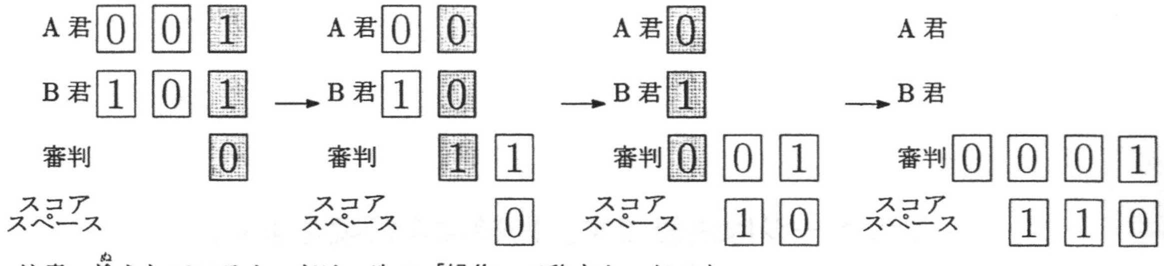

注意：塗《ぬ》られているカードは，次の「操作」で移すカードです。

(1) はじめの手札が 4 枚ずつであるとします。
A 君の手札が $\boxed{0}$ $\boxed{1}$ $\boxed{0}$ $\boxed{1}$ で B 君の手札が $\boxed{0}$ $\boxed{0}$ $\boxed{0}$ $\boxed{0}$ のとき，最終的に「スコアスペース」に置かれているカードを答えなさい。

(2) はじめの手札が 6 枚ずつであるとします。
A 君の手札が $\boxed{0}$ $\boxed{0}$ $\boxed{1}$ $\boxed{0}$ $\boxed{0}$ $\boxed{1}$ で B 君の手札が $\boxed{0}$ $\boxed{1}$ $\boxed{0}$ $\boxed{0}$ $\boxed{0}$ $\boxed{1}$ のとき，最終的に「スコアスペース」に置かれているカードを答えなさい。

(3) はじめの手札が 6 枚ずつであるとします。
A 君の手札が $\boxed{0}$ $\boxed{0}$ $\boxed{1}$ $\boxed{0}$ $\boxed{0}$ $\boxed{1}$ のとき，B 君が勝ちで得点が 6 点になるには， B 君はどのような手札であればよいでしょうか（答えは一通りしかありません)。

(4) はじめの手札が 6 枚ずつであるとします。
A 君の手札が $\boxed{0}$ $\boxed{0}$ $\boxed{1}$ $\boxed{0}$ $\boxed{0}$ $\boxed{1}$ のとき，B 君が勝ちで得点が 1 点になるには， B 君はどのような手札であればよいでしょうか。すべて答えなさい。ただし，解答らんはすべて使うとは限りません。

(5) はじめの手札が 6 枚ずつであるとします。
A 君の手札が $\boxed{0}$ $\boxed{0}$ $\boxed{1}$ $\boxed{0}$ $\boxed{0}$ $\boxed{1}$ のとき，B 君が勝ちで得点が 2 点になるような B 君の手札は何通りありますか。

E 理 科（４０分）

答えはすべて 解 答 用 紙 に書き入れること。

【この冊子について】

1. 試験開始の合図があるまで、この冊子に手をふれてはいけません。
2. この冊子の 2～3 ページは白紙です。問題は 4～15 ページです。
3. 解答用紙は、冊子の中央にはさまっています。試験開始の合図後、取り出して解答してください。
4. 試験中に印刷のかすれやよごれ、ページのぬけや乱れ等に気づいた場合は、静かに手を挙げて先生に知らせてください。
5. 試験中、冊子がバラバラにならないように気をつけてください。

【試験中の注意】 以下の内容は、各時間共通です。

1. 試験中は先生の指示に従ってください。
2. 試験中、机の中には何も入れないこと。荷物はイスの下に置いてください。
3. 先生に申し出ればコート・ジャンパー等の着用を許可します。
4. かぜ等の理由でハンカチやティッシュペーパーの使用を希望するときは、先生の許可を得てから使用してください。
5. 試験中に気持ちが悪くなったり、どうしてもトイレに行きたくなったりした場合は、静かに手を挙げて先生に知らせてください。
6. 試験中、机の上に置けるのは、次のものだけです。これ以外の物品を置いてはいけません。
   - ・黒しんのえん筆またはシャープペンシル
   - ・消しゴム　・コンパス
   - ・直定規　・三角定規一組（10ｃｍ程度の目盛り付き）
   - ・時計　・メガネ

   筆箱も机の上には置けませんので、カバンの中にしまってください。
7. **終了のチャイムが鳴り始めたら、ただちに筆記用具を置いてください。**
8. 答案を回収し終えるまで、手はひざの上に置いてください。

このページは白紙です。

このページは白紙です。

1

I　次にあげる**ア～オ**の水よう液について，以下の問いに答えなさい。

ア　アンモニア水　　**イ**　塩酸　　**ウ**　水酸化ナトリウム水よう液

エ　食塩水　　**オ**　炭酸水

問１　においをかぐとき，どのようにすればよいですか。簡潔に答えなさい。

問２　においをかいだとき，においのするものはどれですか。においのするものを**ア～オ**の水よう液の中から**すべて**選び，記号で答えなさい。

問３　赤色リトマス紙につけると，リトマス紙の色が赤から青になるものはどれですか。**ア～オ**の水よう液の中から**すべて**選び，記号で答えなさい。

問４　**イ～オ**の水よう液にアルミニウムを入れるとアルミニウムがとけるものはどれですか。とけるものを**イ～オ**の水よう液の中から**すべて**選び，記号で答えなさい。

問５　**エ**と**オ**の水よう液をそれぞれ沸《ふつ》とうさせて，さらにしばらく加熱し続けました。その後，残った液体を冷やして，その中に石灰水《せつかいすい》を入れました。結果の組み合わせとして適当なものを，次の**a～d**の中から１つ選び，記号で答えなさい。

	a	b	c	d
エ 食塩水	白くにごる	白くにごる	変化なし	変化なし
オ 炭酸水	白くにごる	変化なし	白くにごる	変化なし

2021(R3) 開成中

Ⅱ　図１のメスシリンダーは液体をはかりとる器具で，読みとった体積（目盛りの数値）とメスシリンダーから流し出した液体の体積が同じになるようにつくられています。そのため，取り扱《あつか》う際には，容積が変化してしまう可能性のある使い方は避《さ》けなければなりません。以上のことをふまえて以下の問いに答えなさい。なお，以下で用いるメスシリンダーはすべて図１と同じものとし，液体はすべて水よう液とします。

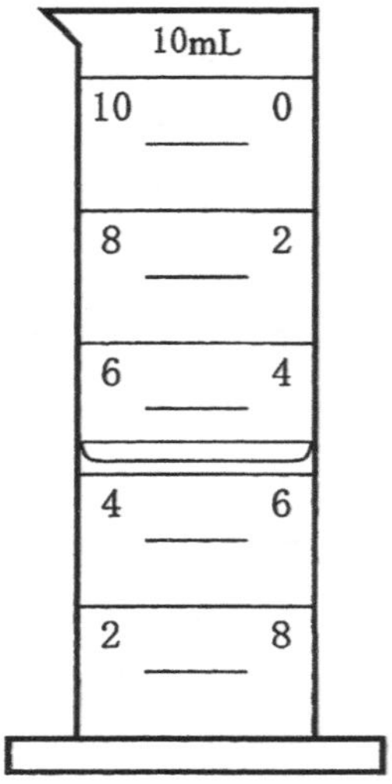

図１

問６　水よう液を入れたメスシリンダーが図１のようになっているとき，体積は何 mL と読めますか。読みとった数値を答えなさい。

問７　メスシリンダーを洗って乾《かわ》かす方法として最も適当なものを次のア～エの中から１つ選び，記号で答えなさい。

ア　中の液体を流し，そこへ水を入れては捨てる作業を何回か繰《く》り返し，そのまま放置して乾かした。

イ　中の液体を流し，そこへ水を入れては捨てる作業を何回か繰り返し，乾燥機《かんそうき》で加熱して乾かした。

ウ　水と硬《かた》いブラシを用いて，中をよく洗い，そこへ水を入れては捨てる作業を何回か繰り返し，そのまま放置して乾かした。

エ　水と洗剤《せんざい》と硬いブラシを用いて，中をよく洗い，そこへ水を入れては捨てる作業を何回か繰り返し，乾燥機で加熱して乾かした。

問８　メスシリンダーＡで液体を正確に 10mL はかりとり，別の乾いたメスシリンダーＢに移しました。このときメスシリンダーＢの示す体積を読むとどうなっていますか。次のア～エの中から１つ選び，記号で答えなさい。

ア　10mL より少ない　　　イ　10mL ちょうど

ウ　10mL より多い　　　エ　10mL より少ないときも多いときもある

問９　２つのメスシリンダーに，それぞれ正確に体積を読みとったまま液体が入っています。その２つの液体を，読みとった体積で混ぜ合わせているものはどれですか。最も適当なものを**ア**～**エ**の中から１つ選び，記号で答えなさい。なお，下の図は**ア**～**エ**の文に対応する模式図です。

ア　スポイトを用いてメスシリンダーからビーカーに移し，もう一方もスポイトを用いてビーカーに移して混ぜた。

イ　メスシリンダーに，もう一方のメスシリンダーから直接移して混ぜた。

ウ　メスシリンダーから直接移す方法で，同じビーカーに２つとも移して混ぜた。

エ　２つのメスシリンダーからそれぞれ別のビーカーに直接移した後，同じビーカーに２つとも移して混ぜた。

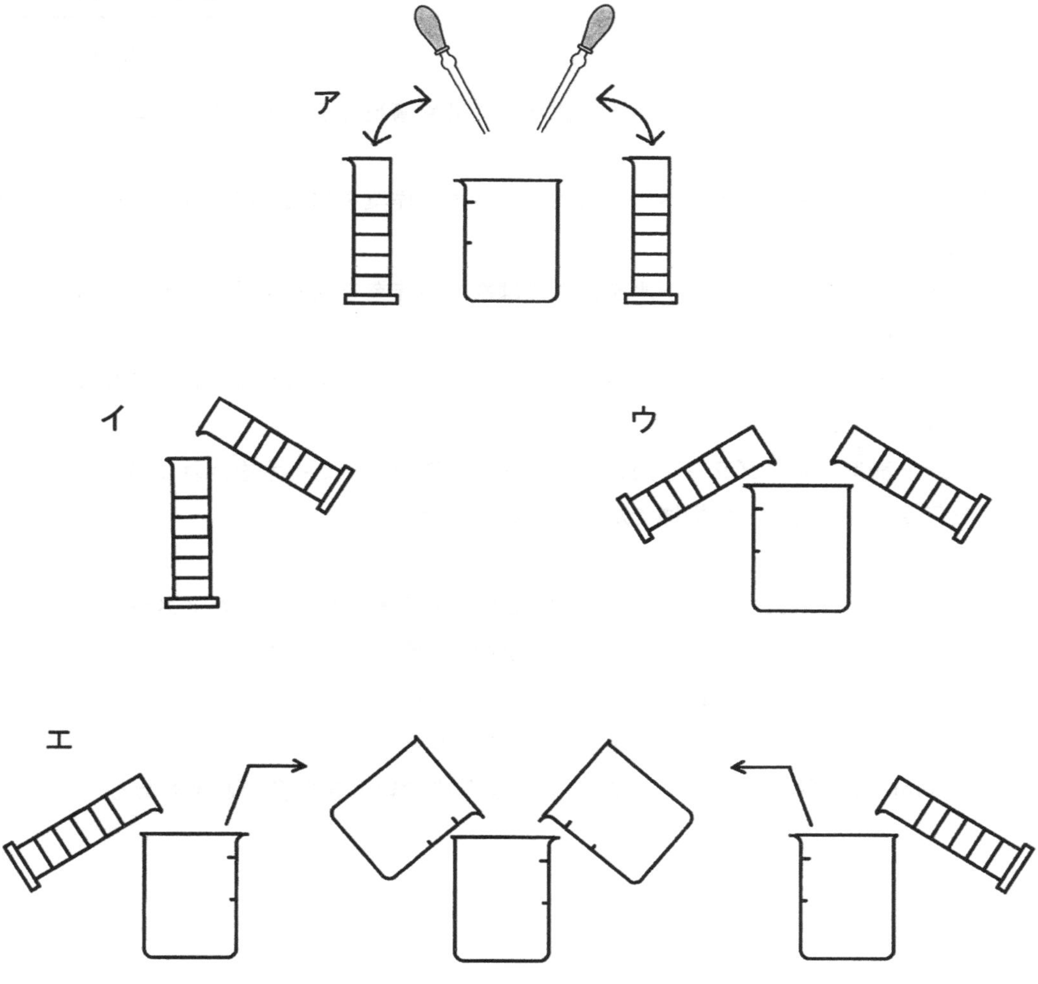

2

Ⅰ **図1**は太陽と地球と月の位置関係を示したもので，3つの天体は常に同じ平面上にあるものとします。この図で地球は反時計回りに自転しているものとします。ある日，東京で，左半分が光っている月がちょうど真南に見えました。以下の問いに答えなさい。

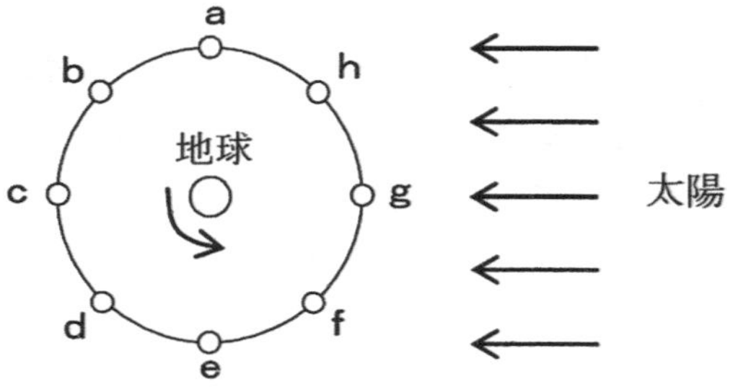

図1

問1　この時の月の位置として最も適当な場所を**図1**の**a**～**h**の中から1つ選び，記号で答えなさい。

問2　この時の時刻として最も近いものを次の**ア**～**エ**の中から1つ選び，記号で答えなさい。

ア　6時　　**イ**　12時　　**ウ**　18時　　**エ**　24時

問3　東京での太陽の南中高度（太陽が真南に来た時の地平線からの角度）は夏至《げし》の日に最も高くなり，冬至《とうじ》の日に最も低くなります。このようになるのは地球の自転軸《じてんじく》が傾《かたむ》いているためです。それでは，東京で見る満月の南中高度はどうなるでしょうか。以下に示す日にそれぞれ満月になったとして，最も適当なものを次の**ア**～**オ**の中から1つ選び，記号で答えなさい。

ア　春分の日に最も高くなり，秋分の日に最も低くなる。
イ　秋分の日に最も高くなり，春分の日に最も低くなる。
ウ　夏至の日に最も高くなり，冬至の日に最も低くなる。
エ　冬至の日に最も高くなり，夏至の日に最も低くなる。
オ　1年を通じて変わらない。

Ⅱ　**図２**に示されるように，両側が崖《がけ》になっている狭《せま》い谷川に沿って 200m ほどの間隔《かんかく》で**Ａ**，**Ｂ**，**Ｃ**の３地点があり，この谷川の上流には盆地《ぼんち》が広がっています。太郎《たろう》，次郎《じろう》，三郎《さぶろう》の３人は，非常に激しい雨が降り続いた時の**Ｂ**地点での水位の変化を調べました。普段《ふだん》に比べ水位は非常に高くなっていましたが，**図３**の時刻**ア**に急激に低下し，その後**図３**のように変化したことがわかりました。また，**Ａ**地点では**Ｂ**地点とほぼ同じパターンで水位が変化していましたが，**Ｃ**地点では**Ｂ**地点と明らかに異なるパターンで水位が変化していました。このことに関する次の会話文を読んで，以下の問いに答えなさい。

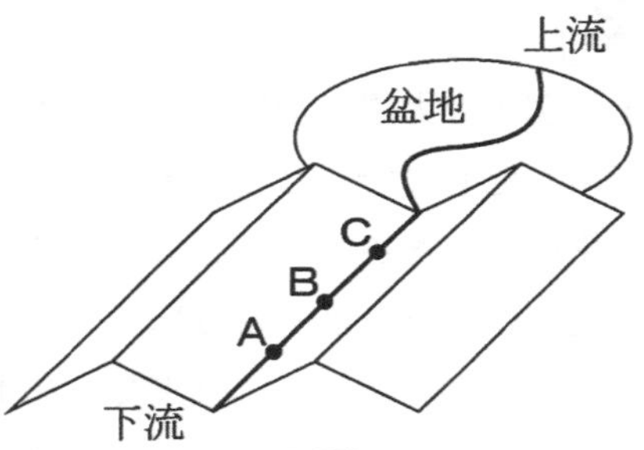

図２

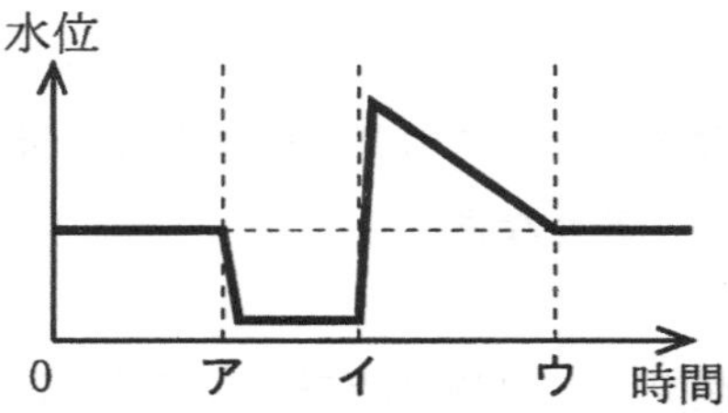

図３　Ｂ地点

三郎：「川の水位が１時間ほどの間に急に下がったり上がったりするのは不思議だね。雨が止《や》んだりしたのかと思ったけど，調べたらこの期間の雨の降り方は，ほぼ一定だったらしい。」

次郎：「何か理由があるはずだよね。確認《かくにん》したけどダムの放流などもなかったらしいよ。」

太郎：「時刻**ア**に**Ｂ**地点の川の水位が急に下がったのは，上流の盆地から谷川に流入する水が減少したと考えれば説明できるよね。たとえば，上流の盆地で堤防《ていぼう》が決壊《けっかい》したと考えれば説明できると思う。」

三郎：「なるほど。」

次郎：「時刻**ア**に**Ｂ**地点の川の水位が急に下がったのは，**Ｂ**地点と（　**ａ**　）地点の間で（　**ｂ**　）などが発生し，川が（　**ｃ**　）と考えても説明できると思うな。」

三郎：「２つの仮説が出たね。それでは，時刻**イ**に**Ｂ**地点の川の水位が急に上昇《じょうしょう》するのは，それぞれの仮説で，どのように説明できるのだろう？」

太郎：「うーん，困ったな。ぼくの堤防決壊仮説では，ちょっと説明できないかもしれない。堤防を大急ぎで修理しても，こんなに急には水位の上昇は起こらないだろうな。」

次郎：「僕《ぼく》の仮説だと，時刻**イ**に（　**ｄ**　）と考えれば，急激な水位の上昇も説明できると思う。」

三郎：「なるほど。次郎君の仮説だとうまく説明できるね。」

太郎：「残念だけど僕の仮説では説明できないことがあったね。僕も次郎君の仮説に賛成だ。」

問4　会話文の空欄《くうらん》（　a　）～（　d　）にあてはまる適当な語句や文を答えなさい。なお，（　a　）には「A」または「C」が入り，（　d　）には「土砂《どしゃ》」という言葉を含《ふく》む10～20字の文が入るものとします。

問5　C地点におけるこの川の水位の変化は，B地点とは明らかに異なるパターンでした。次郎君の仮説に基《もと》づくと，どのようになっていたと考えられますか。時刻**ア**～時刻**ウ**の期間について，各時刻から図中の点を1つずつ選んで線で結び，その変化の大まかな様子を示しなさい。なお，時刻**ア**までと時刻**ウ**からは，**図4**の太線のようになっていたものとします。

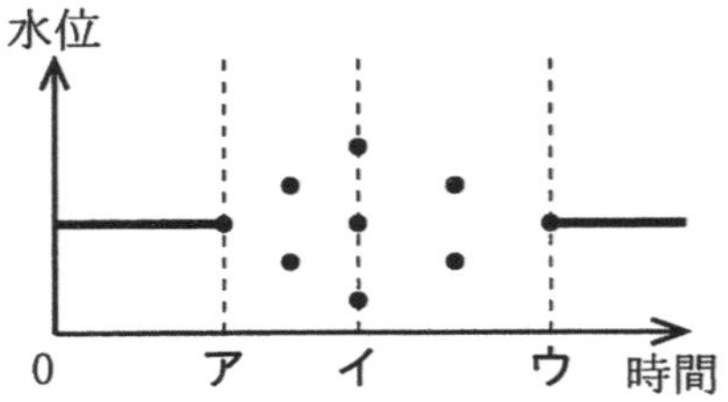

図4　C地点

問6　次の文の（　　）に当てはまる語句を**漢字5文字**で答えなさい。

1時間に50mmを超《こ》えるような激しい雨が数時間以上続くのは積乱雲が同じ場所で次々と発生し同じ方向に移動してゆく場合が多いですが，このような場所を（　　）と呼ぶことが近年，新聞やテレビなどで多くなってきました。

3 次の文章を読み，以下の問いに答えなさい。

太郎君は，いろいろな生物を観察して，ある生物が別の生物にとてもよく似ていることがあることに気がつきました。似ている理由には，いろいろな場合があるようだったので，詳《くわ》しく調べてみました。

問１　表１の①～③の生物Ａと生物Ｂの組み合わせにおいて，生物Ａが生物Ｂに似ていることにより，生物Ａにどのような利益があると考えられますか。最もよく当てはまると思われるものを下の**ア～ウ**の中からそれぞれ１つずつ選び，記号で答えなさい。

表１

	①	②	③
生物Ａ	ナナフシ ※1 	ハナカマキリ ※2 	ホソヒラタアブ ※1 
生物Ｂ	植物の葉や枝 	ランの花 	セグロアシナガバチ ※1 

（なお，虫や植物の縮尺は均等ではありません）

※１：川邊透『昆虫探検図鑑1600』（全国農村教育協会）2014 より
※２：安佐動物公園（http://www. asazoo. jp/event/eventlist/3880. php）より

ア　他の生物に見つかりにくくなり，他の生物を捕《つか》まえて食べることが簡単になる。
イ　他の生物に見つかりにくくなり，他の生物に捕まって食べられてしまうことを避けやすくなる。
ウ　他の生物に見つかりやすくなるが，危険な生物と誤解させることによって，食べられてしまうことを避けやすくなる。

太郎君は，ある湖に生息する魚Aに興味を持ちました。この魚Aは，親が自分の巣に卵を産みます。卵を産んだ後も，親は巣を離《はな》れず，ふ化した稚魚《ちぎょ》（子供の魚）を食べようと襲《おそ》ってくる魚Bを追《お》い払《はら》うなど，稚魚を守る行動をします。

太郎君は，魚Aの稚魚は白黒の模様をしており，巣の周囲にいる巻貝Cの模様とよく似ていることに気がつきました。このことにどのような意味があるのか調べてみようと思いました。

問2　太郎君は魚Aの巣内と巣外（巣のすぐ近く）で，稚魚に似ている巻貝Cと，稚魚には似ていない巻貝Dの数を数えてみました。その結果を巻貝の種類ごとに巣内と巣外の比率（割合）としてまとめたものが**図1**です。以下の**ア**～**エ**の中で，**図1**の結果を最もよく説明しているものを1つ選び，記号で答えなさい。ただし巣ができる前は，巻貝C，巻貝Dともにそれぞれかたよりなく分布していました。また，調べた面積は巣内と巣外でほぼ同じであるとします。

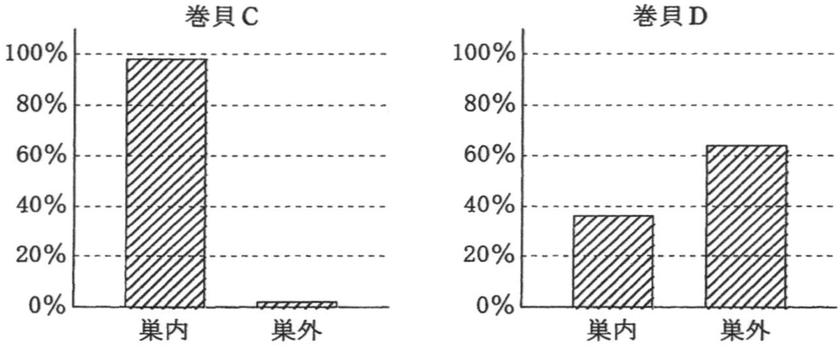

図1

ア　魚Aの親魚は巻貝Cも巻貝Dも巣内に運んだ。

イ　魚Aの親魚は巻貝Cも巻貝Dも巣外に運んだ。

ウ　魚Aの親魚は巻貝Cを巣内に運び，巻貝Dは巣外に運んだ。

エ　魚Aの親魚は巻貝Cを巣外に運び，巻貝Dは巣内に運んだ。

問3　太郎君は「稚魚は巻貝Cに似ていることによって魚Bに襲われにくくなっている」という予想をたてました。この予想が正しいことを確かめるには，**図1**の状態からどのように変化させる実験を行い，どのような結果が得られればよいですか。次の**ア**～**エ**の中から1つ選び，記号で答えなさい。ただし，魚Bは巻貝を食べないものとします。

ア　巣内の巻貝Cを巣外に人工的に移動させると，稚魚が生き残る割合が低くなる。

イ　巣外の巻貝Cを巣内に人工的に移動させると，稚魚が生き残る割合が低くなる。

ウ　巣内の巻貝Dを巣外に人工的に移動させると，稚魚が生き残る割合が低くなる。

エ　巣外の巻貝Dを巣内に人工的に移動させると，稚魚が生き残る割合が高くなる。

問３で答えた実験を行っても，実際には稚魚が生き残る割合は変わりませんでした。不思議に思った太郎君は，巣の親魚の行動をよく観察してみたところ，**問３**で答えた実験の前と後で，親魚が魚Ｂを追い払う回数が変化することに気がつきました。

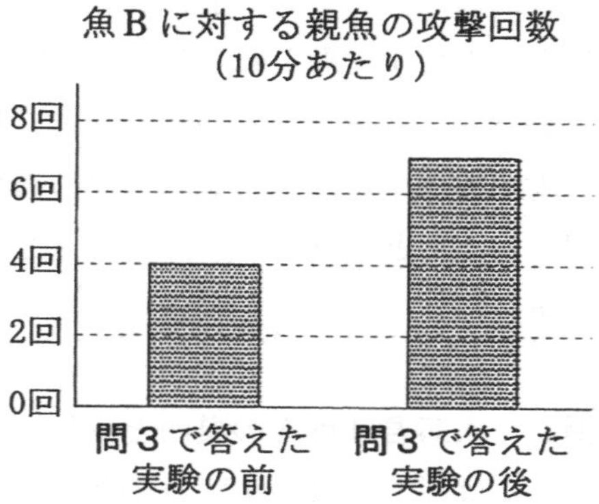

図２

問４　これらの結果からいえることを示した以下の文章の［　１　］～［　４　］には，次の **a**～**e** のいずれかの選択肢《せんたくし》が入ります。選択肢の組み合わせとして最も適当なものを以下の**ア**～**ク**の中から１つ選び，記号で答えなさい。

a　巻貝Ｃ　　**b**　巻貝Ｄ　　**c**　魚Ａの親魚
d　魚Ａの稚魚　　**e**　魚Ｂ

巣内の［　１　］の数が少ないと，［　１　］に似ている［　２　］が［　３　］に見つかりやすくなる。その結果，［　４　］が［　３　］を追い払う行動が増える。

	［１］	［２］	［３］	［４］
ア	a	c	d	e
イ	a	c	e	d
ウ	a	d	c	e
エ	a	d	e	c
オ	b	c	d	e
カ	b	c	e	d
キ	b	d	c	e
ク	b	d	e	c

問５　以下の（１），（２）に，**下線部**（～～～）および**図２**をもとにして答えなさい。

（１）　魚Ａの親魚が，魚Ａの稚魚に似ている巻貝Ｃを運ぶことで，直接利益を得ている生物はどれですか。**問４**の **a**～**e** の中から１つ選び，記号で答えなさい。

（２）　（１）で答えた生物には，どのような利益がありますか。20字以内で答えなさい。

4 以下の問いに答えなさい。数値が割りきれない場合は小数第２位を四捨五入して，小数第１位まで答えなさい。

問１ 長さが 84cm の太さが一定でないバットを糸を使ってつるし，水平にすることを考えます。**図１**のようにするには 540g の力が，**図２**のようにするには 180g の力が必要でした。**図３**のように，糸１本だけでバットをつるすにはバットの左端《ひだりはし》から何 cm のところをつるせばよいですか。また，このとき糸を支える重さは何 g ですか。

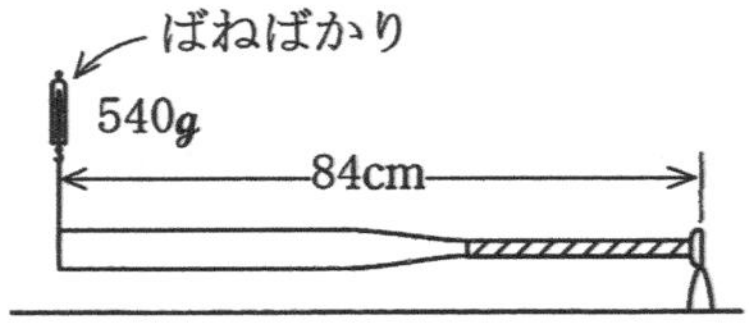

図１

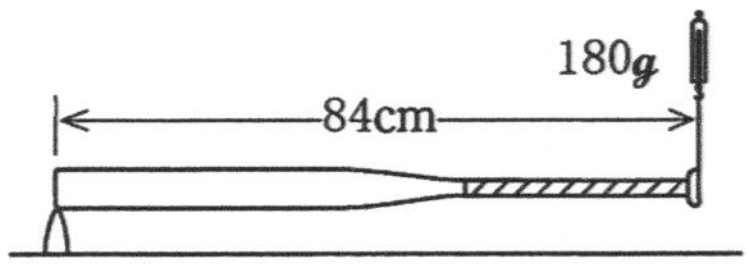

図２

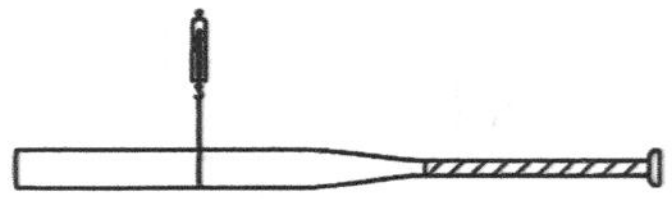

図３

ものをその一点で支えることができるとき，その点を「重心」といいます。例えば，**図３**で糸を支えている位置（ばねばかりの位置）はバットの重心の真上になります。

一見複雑で重心の位置がわからないように見えるものも，様々な方法で調べることができます。その方法の１つに，「そのものを適当な部分に分け，その部分ごとの重心を考えることで，全体の重心を求める」というものがあります。重さが無視できるほど軽く，曲がらない真《ま》っ直《す》ぐな棒をつかい，この方法で，いろいろなものの重心の位置を考えてみましょう。

問２ 重さ 10g のおもり 10 個を**図４**のように 10cm の棒２本に取り付け，それを棒の外側の端が揃《そろ》うように 30cm の棒につり下げます。すべての棒が水平に保たれているとき，**図４**中の［ア］，［イ］の長さはそれぞれ何 cm でしょうか。

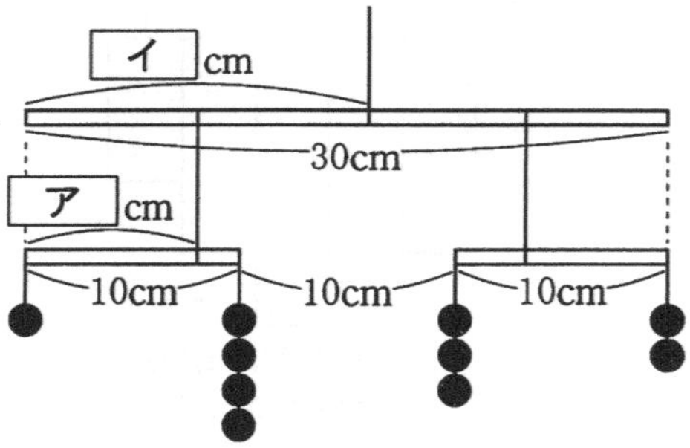

図４

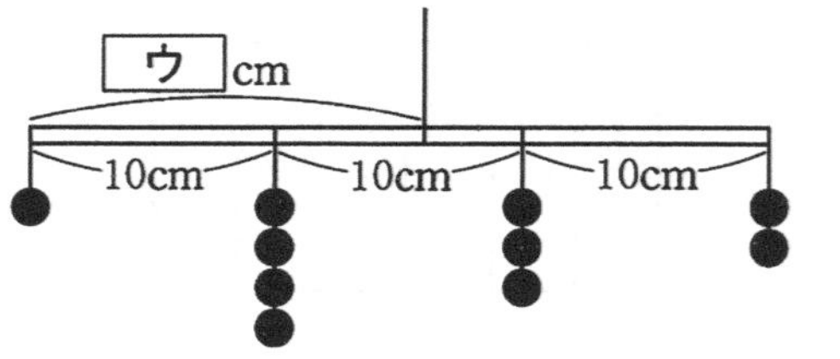

図５

実は**図５**のように10gのおもり10個を30cmの棒に取り付けたとき，棒に糸をつけて水平に保てる［ウ］の長さは［イ］の長さに等しくなります。このように，一見複雑で重心の位置がわかりにくいものも，うまく分けてその部分ごとに重心を求めることで，全体の重心を求めることができます。

厚さが一定の変形しない板（横80cm × 縦50cm）から**図６**のような形を切り取りました。**図７**は切り取られて残った部分を表しています。なお，板の大きさがわかりやすいように，縦横10cmごとに破線が描《えが》かれています。また，板をつるしている糸はすべて同じ長さであるとします。

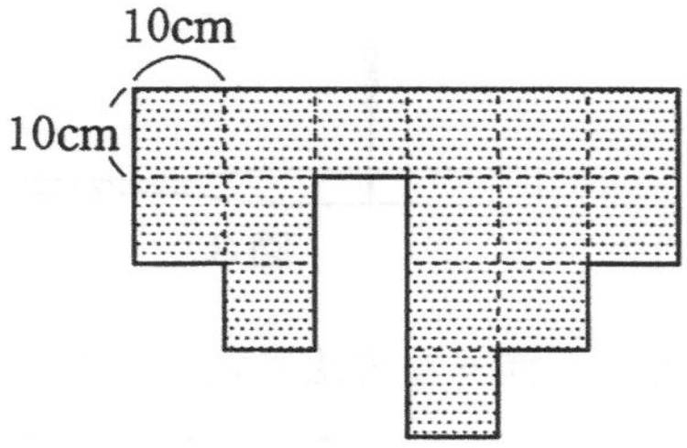

図６

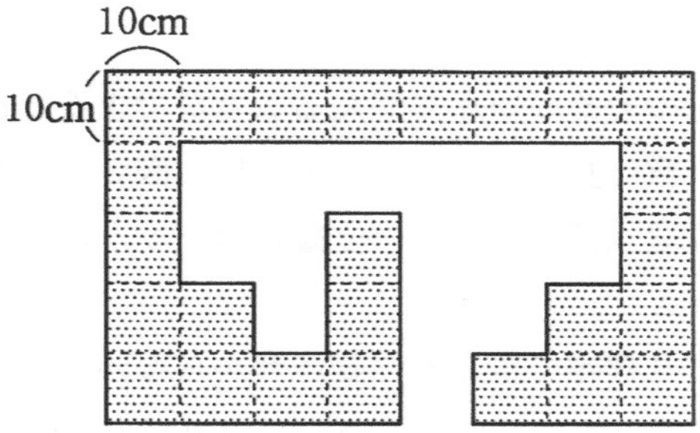

図７

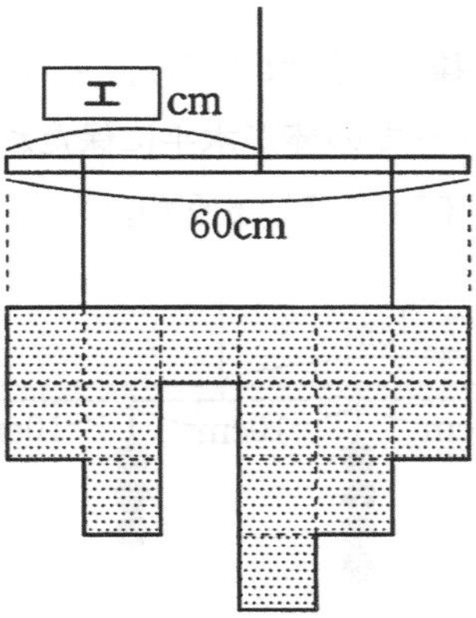

図８

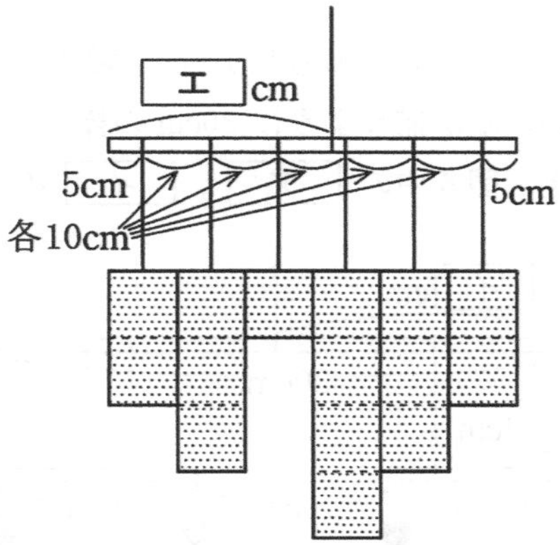

10cmごとに縦に切り
それぞれをつるす

図９

問３　切り取った板を**図８**のように 60cm の棒に，両端《りようたん》の位置が揃うように取り付けました。このとき，棒が水平に保たれるためには，図中の［ エ ］の長さをいくらにすればよいでしょうか。なお，板を**図９**のように 10cm ごとに切って棒に取り付けても，棒を水平に保つために支える位置は同じになります。

問４　切り取られて残った部分を**図10**のように 80cm の棒に，両端の位置が揃うように取り付けました。このとき，棒が水平に保たれるためには，図中の［ オ ］の長さをいくらにすればよいでしょうか。なお，切り取られる前の板の重心は，板の中心になります。

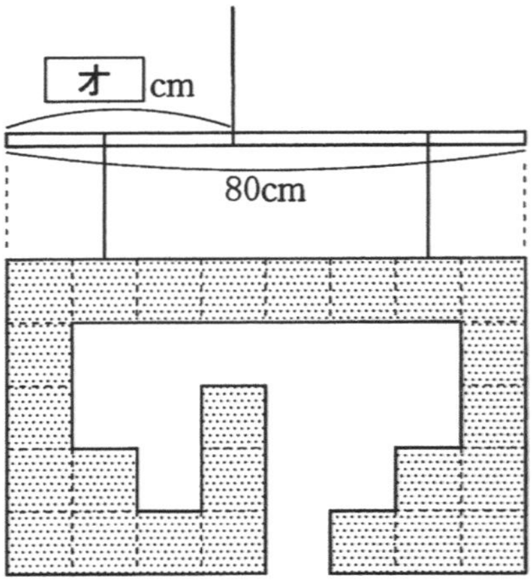

図10

問５　**図11**のように厚さが一定の半径 30cm の円形の板から半径 10cm の円形の板が切り取られて残った部分があります。この板を図のように 60cm の棒に，２つの円の中心を結んだ線と棒が平行になるように，板が棒の幅《はば》にちょうどおさまるように取り付けました。このとき，棒が水平に保たれるためには，図中の［ カ ］の長さをいくらにすればよいでしょうか。

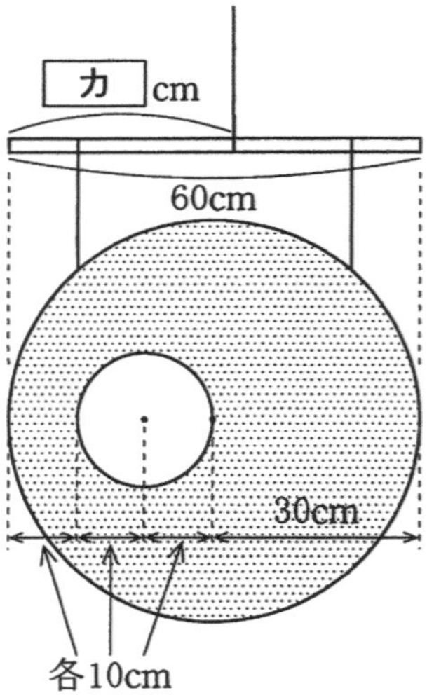

図11

F 社 会 （４０分）

答えはすべて 解答用紙 に書き入れること。

【この冊子について】
1. 試験開始の合図があるまで、この冊子に手をふれてはいけません。
2. この冊子の２ページは白紙です。問題は３～24ページです。
3. 解答用紙は、冊子の中央にはさまっています。試験開始の合図後、取り出して解答してください。
4. 試験中に印刷のかすれやよごれ、ページのぬけや乱れ等に気づいた場合は、静かに手を挙げて先生に知らせてください。
5. 試験中、冊子がバラバラにならないように気をつけてください。

【試験中の注意】 以下の内容は、各時間共通です。
1. 試験中は先生の指示に従ってください。
2. 試験中、机の中には何も入れないこと。荷物はイスの下に置いてください。
3. 先生に申し出ればコート・ジャンパー等の着用を許可します。
4. かぜ等の理由でハンカチやティッシュペーパーの使用を希望するときは、先生の許可を得てから使用してください。
5. 試験中に気持ちが悪くなったり、どうしてもトイレに行きたくなったりした場合は、静かに手を挙げて先生に知らせてください。
6. 試験中、机の上に置けるのは、次のものだけです。これ以外の物品を置いてはいけません。
   - 黒しんのえん筆またはシャープペンシル
   - 消しゴム　・コンパス
   - 直定規　・三角定規一組（10ｃｍ程度の目盛り付き）
   - 時計　・メガネ

   筆箱も机の上には置けませんので、カバンの中にしまってください。
7. **終了のチャイムが鳴り始めたら、ただちに筆記用具を置いてください。**
8. 答案を回収し終えるまで、手はひざの上に置いてください。

＃教英出版 編集部　注
編集の都合上、一部白紙ページは省略しています。

このページは白紙です。

1　次の文章は、奈良・鎌倉・江戸時代の東海道について述べたものです。これを読んで、あとの問いに答えなさい。

律令《りつりょう》による支配が行われるようになると、都から地方に国司が派遣《はけん》され、ⓐ地方からは租税《そぜい》が都に納められるようになります。ⓑ国司が地方を統治する拠点《きょてん》を国府といい、都から各国の国府へとのびる道は官道とよばれました。官道のなかでも東海道は都と東国を結ぶ重要な幹線でした。

源頼朝《みなもとのよりとも》は、ⓒ鎌倉幕府をつくりあげていく過程のなかで、東海道の再整備を進めました。東国に新たに生まれた武家の都鎌倉と、政治の中心である京都をつなぐ東海道が、重要になると考えたからです。その後、ⓓ東海道は多くの人や物が往来し、東西の政治的交流をうながす大動脈としての役割を果たすようになりました。

徳川家康《とくがわいえやす》は、江戸の日本橋を起点とした五街道という新たな交通体系の整備に取り組みました。東海道は、京都の三条大橋まで53の宿場が設けられました。ⓔ参勤交代が制度として定められると、大名行列が東海道を行きかうようになります。ⓕ「鎖国《さこく》」が完成した後も、外国人の行列が東海道を通行することもありました。江戸時代も後半になると、庶《しょ》民《みん》の旅もさかんになり、ⓖ東海道の名所風景は浮世絵にも描《えが》かれました。

問１　下線部ⓐに関して、右の資料は地方から都に租税を納めたときに荷札として用いられた木簡（一部改変）です。次の問いに答えなさい。

①資料の空らん〔　　〕にあてはまる租税の名称《めいしょう》を**漢字**で答えなさい。

②資料から読み取れることを述べた文として**誤っているもの**を、次の**ア**～**エ**から一つ選び、記号で答えなさい。

ア　この租税は東海道を使って運ばれた。

イ　この租税を納めたときの都は平城京だった。

ウ　この租税は戸主がとりまとめて納入した。

エ　この租税は土地の広さを基準に課税された。

（表）伊豆国田方郡棄妾郷瀬埼里戸主茜部真弓〔　　〕荒堅魚《かつお》

十一斤十両　六連一丸

（裏）天平七年*十月　*西暦の七三五年にあたる。

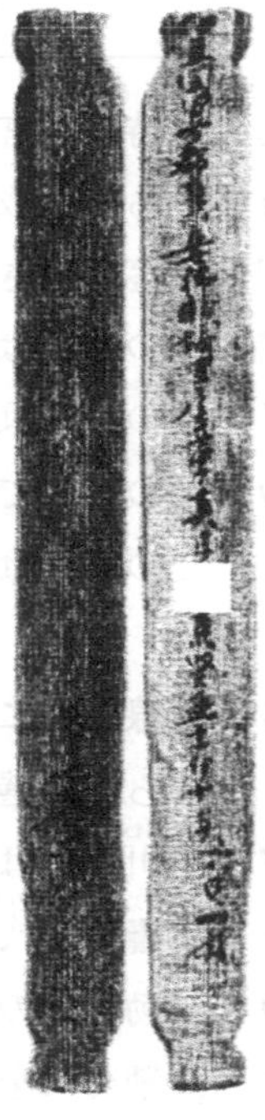

（奈良文化財研究所所蔵）

問２　下線部ⓑに関して、聖武天皇《しょうむてんのう》のときに国府の近くに建立《こんりゅう》された寺院の名称を**漢字**で答えなさい。

問３　下線部ⓒに関して、源頼朝が鎌倉幕府をつくりあげていく過程を述べた文**ａ**～**ｃ**を、古いほうから年代順に正しく配列したものを、下の**ア**～**カ**から一つ選び、記号で答えなさい。

ａ　源頼朝が朝廷《ちょうてい》から守護と地頭を任命する権利を認められた。

ｂ　源義経《みなもとのよしつね》をかくまったとして源頼朝は奥州《おうしゅう》藤原氏を滅ぼした。

ｃ　源頼朝が朝廷から征夷《せいい》大将軍に任じられた。

ア　ａ→ｂ→ｃ	**イ**　ａ→ｃ→ｂ	**ウ**　ｂ→ａ→ｃ
エ　ｂ→ｃ→ａ	**オ**　ｃ→ａ→ｂ	**カ**　ｃ→ｂ→ａ

問４　下線部ⓓに関して、次の資料は執権北条泰時《しっけんほうじょうやすとき》が京都にいた弟の重時《しげとき》にあてて書き送った手紙の一部（部分要約）です。下の問いに答えなさい。

> この式目は、とくに根拠《こんきょ》とした文章があるわけではなく、ただ道理の指し示すところを記したものです。あらかじめ御成敗《ごせいばい》のありかたを定めて、人の身分の高下にかかわらず、かたよりなく裁定されるように、これらの条文を定めました。もっぱら武家の人々へのはからいのためばかりのものです。これによって、律令の掟《おきて》は少しも改まるべきものではありません。京都の人々が非難を加えることがあれば、私の意をくんで説明して下さい。

①弟の重時が長官をつとめていた鎌倉幕府の機関を答えなさい。

②資料から読み取れることを述べた文として**誤っているもの**を、次の**ア**～**エ**から一つ選び、記号で答えなさい。

ア　この手紙は承久《じょうきゅう》の乱の後に書かれたものである。

イ　この式目は律令の規定の影響《えいきょう》を受けてつくられた。

ウ　この手紙で北条泰時は朝廷の政治を尊重する姿勢をとっている。

エ　この式目は武士の裁判の基準となる法律としてつくられた。

問５　下線部ⓔに関して、参勤交代について述べた文として**誤っているもの**を、次の**ア**～**エ**から一つ選び、記号で答えなさい。

ア　徳川家光《とくがわいえみつ》は武家諸法度《ぶけしょはっと》を改め、参勤交代を制度として定めた。

イ　親藩《しんぱん》や譜代《ふだい》の大名は、参勤交代の負担を免除《めんじょ》された。

ウ　参勤交代の行列の人数などは、大名ごとに決められていた。

エ　参勤交代を行う際、大名は弓・槍《やり》・鉄砲《てっぽう》などの武器を持参した。

問6　下線部ⓕに関して、「鎖国」のもとで東海道を通行した外国人の行列について述べた文として**誤っているもの**を、次の**ア**～**エ**から一つ選び、記号で答えなさい。

ア　将軍がかわったときに、朝鮮《ちょうせん》から通信使とよばれる使節団が東海道を通行して江戸に向かった。

イ　将軍や琉球《りゅうきゅう》国王がかわったときに、琉球からの使節団が東海道を通行して江戸に向かった。

ウ　中国人の商人団は、東海道を通行して江戸に向かい、中国皇帝《こうてい》からの国書を将軍に渡《わた》した。

エ　オランダ商館長一行は、貿易を認められているお礼を将軍に伝えるため、東海道を通行して江戸に向かった。

問7　下線部ⓖに関して、右の資料は「東海道五十三次」のうち日米修好通商条約で開港が定められた宿場町を描いた作品（一部改変）です。次の問いに答えなさい。

①「東海道五十三次」の作者を**漢字**で答えなさい。

②資料に描かれている宿場町を**漢字**で答えなさい。

（国立国会図書館所蔵）

2 近代における大都市の人口は、社会や経済の動向などを反映して変化しました。次の表は、東京市と大阪市の人口の変化を示したものです。また、下の**A**～**D**は、この表をてがかりに、生徒が疑問に感じたことを書いた文です。これらについて、あとの問いに答えなさい。

年 （西暦）	東京市の人口 （千人）	大阪市の人口 （千人）
1889	1,390	476
1893	1,214	483
1898	1,440	821
1903	1,819	996
1908	2,186	1,227
1913	2,050	1,396
1918	2,347	1,642

年 （西暦）	東京市の人口 （千人）	大阪市の人口 （千人）
1920	2,173	1,253
1925	1,996	2,115
1930	2,071	2,454
1935	5,876	2,990
1940	6,779	3,252
1945	2,777	1,103

注(1)『日本帝国《ていこく》統計年鑑《ねんかん》』、国勢調査の結果などをもとに作成した。
(2)単位未満は四捨五入した。
(3)東京市は1932年に市の範囲《はんい》を拡大した。都制施行《しこう》後の1945年は旧東京市の数字である。
(4)大阪市は1897年と1925年に市の範囲を拡大した。

A 1889年から1918年までの期間をみると、大阪のほうが東京より、人口が急増しているのはなぜだろう。
B 1920年から1925年までの期間をみると、大阪では人口が急増したが、東京では人口が減少したのはなぜだろう。
C 1930年から1940年までの期間をみると、東京のほうが大阪より、人口が急増しているのはなぜだろう。
D 1940年から1945年までの期間をみると、東京・大阪ともに人口が急減したのはなぜだろう。

問1　つとむ君は、**A**と**C**の疑問について、それぞれの期間がどのような時期であったかを確認《かくにん》し、日本経済の特徴《とくちょう》を考えたうえで、解答を次のように表にまとめてみました。これについて、下の問いに答えなさい。

	Aの疑問	Cの疑問
時　期	明治時代後半から（　1　）が終わるまでの時期	1931年に（　2　）がおこり、1937年に始まる（　3　）が長期化した時期
日本経済の特徴	（　X　）	（　Y　）
疑問に対する解答	大阪では（　a　）がさかんで、大工場が数多く操業していたため、東京よりも人口が急増した。	東京では（　b　）を生産する工場が発展したため、（　a　）がさかんな大阪を人口増加で上回った。

①空らん（　1　）～（　3　）にあてはまる戦争の名称を**漢字**で答えなさい。

②空らん（　X　）と（　Y　）にあてはまる文を、次の**ア～オ**からそれぞれ選び、記号で答えなさい。

ア　工業生産の中心は繊維《せんい》産業だった。

イ　国が運営する官営工場が工業生産の中心を占《し》めた。

ウ　産業構造が軽工業中心から重化学工業中心へと変化した。

エ　重化学工業の製品の輸出が急増した。

オ　石炭から石油へのエネルギーの転換《てんかん》が急速に進んだ。

③空らん（　a　）と（　b　）にあてはまる語句を、次の**ア～カ**からそれぞれ選び、記号で答えなさい。

ア　製糸業　　**イ**　紡績《ぼうせき》業　　**ウ**　造船業

エ　民需《みんじゅ》品　　**オ**　軍需《ぐんじゅ》品　　**カ**　輸出品

問２　ゆきお君は、Ｂの疑問の解答を次のように文章にまとめてみました。これについて、下の問いに答えなさい。

大阪は都市化が進み、市の範囲も広がったことで人口が急増したが、 東京は〔　　　〕で多くの被災者《ひさいしゃ》を出したため人口が減少した。

①下線部の都市化にあてはまる動きとして**誤っているもの**を、次の**ア**～**エ**から一つ選び、記号で答えなさい。

ア　都市では電灯が一般《いっぱん》家庭にも普及《ふきゅう》した。

イ　都市と郊外《こうがい》を結ぶ高速道路の建設が進んだ。

ウ　都市ではラジオ放送が開始された。

エ　都市では市電やバスなどの交通機関が発達した。

②空らん〔　　　〕にあてはまる語句を答えなさい。

問３　としひこ君は、Ｄの疑問の解答を３つの要因に整理し、次のようにメモにまとめてみました。これについて、空らん（　Ｘ　）～（　Ｚ　）にあてはまる適切な語句を、それぞれ答えなさい。

・男性で（　Ｘ　）される人が増えた。 ・（　Ｙ　）を避《さ》けるため、（　Ｚ　）する人が増えた。 ・（　Ｙ　）で死亡する人が増えた。

3 開太《かいた》君・成也《せいや》君・先生による次の会話文を読んで、あとの問いに答えなさい。

開太：2020年9月に、日本の内閣総理大臣が〔　A　〕から〔　B　〕へと交代し、ⓐ新内閣が誕生しました。旧政権は、戦前もふくめて歴代最長政権だったそうです。

成也：それまでの歴代最長政権は、だれが総理のときだったんでしょう？

先生：連続在職日数では、ⓑ1964年11月から1972年7月までの佐藤栄作《さとうえいさく》政権が、最長記録だった。この記録は、2020年8月に更新《こうしん》されたんだ。

成也：「連続在職日数では」と断るということは、それ以外の記録があるのですか？

先生：通算在職日数では、戦前に総理を務めたⓒ桂太郎《かつらたろう》の三度の在職期間の合計、2886日が最長記録だったんだ。この記録も、2019年11月に更新されたけどね。

開太：2020年9月に辞任した総理も、二度目の政権だったんですよね。

先生：よく知っているね。

開太：海外では、長期政権はめずらしいのでしょうか？　たとえばアメリカでは？

先生：アメリカ合衆国の大統領の場合は分かりやすい。〔　　　　ⓓ　　　　〕

開太：2020年の大統領選挙で、大統領候補として勝利した〔　C　〕にも、そのルールが適用されるわけですね。

成也：ⓔ大統領選挙のルールは複雑だったけど、任期のルールは分かりやすいな。

開太：ヨーロッパの国々では、長期政権はめずらしいのでしょうか？

先生：ⓕドイツ首相《しゅしょう》やフランス大統領が10年以上連続して在職した例は、戦後にもあるよ。最近では、2005年にドイツで始まった〔　D　〕政権が長期政権だね。ただ現在、フランス大統領の連続在職の上限は10年ちょうどに変更されたんだ。

開太：日本の政治制度は、イギリスに似ているのですよね？

成也：ということは、内閣不信任決議や衆議院解散もあるのですか？

先生：欧米《おうべい》には議会が上院と下院に分かれている国が多いけど、イギリスには下院解散や内閣不信任決議の制度があるので、その点は日本に似ている。もっとも、解散のルールは2011年に変更されたから、日本とはだいぶちがう制度になったけどね。

成也：どのように変わったのでしょう？

先生：変更前はいつでも下院を解散できたけど、変更後、任期満了《まんりょう》前の解散には、内閣不信任決議案の可決か、総議員の3分の2以上の賛成が必要になったんだ。

開太：へー。じゃあ、〔　　　　ⓖ　　　　〕

先生：そうだね。ⓗイギリスの下院の選挙制度は完全小選挙区制だから二大政党が強いけど、片方の政党だけで3分の2を確保するのは難しいだろうからね。

開太：話をもどすと、イギリスでは長期政権がめずらしいのですか？

先生：おお、そうだった。10年以上連続して在職した首相も、戦後だけで2人います。

問１　会話文中の空らん〔　Ａ　〕～〔　Ｄ　〕にあてはまる人名を答えなさい。ただし、日本人の場合は**フルネーム**で答えなさい。

問２　下線部ⓐに関して、次の問いに答えなさい。

①2020年9月に新たな内閣総理大臣を指名した国会について、この会は、憲法に定められたどの会にあてはまりますか。次の**ア**～**エ**から一つ選び、記号で答えなさい。

ア　緊急《きんきゅう》集会　　　　**イ**　常会（通常国会）

ウ　特別会（特別国会）　　**エ**　臨時会（臨時国会）

②2020年9月に内閣総理大臣は交代し、新たな内閣が誕生しました。一方で、財務大臣など複数の大臣職には、前内閣と同じ人物が引き続き就任しました。財務大臣の決定方法について述べた文として正しいものを、次の**ア**～**エ**から一つ選び、記号で答えなさい。

ア　国民による直接選挙で、財務大臣に選出される。

イ　国会議員による直接選挙で、財務大臣に選出される。

ウ　財務省の官僚《かんりょう》の長によって、財務大臣に任命される。

エ　内閣総理大臣によって、財務大臣に任命される。

問３　下線部ⓑに関して、次の問いに答えなさい。

①1964年11月から1972年7月の出来事を、次の**ア**～**エ**から一つ選び、記号で答えなさい。

ア　いざなぎ景気が始まった。　　**イ**　大戦景気が始まった。

ウ　特需《とくじゅ》景気が始まった。　　**エ**　バブル景気が始まった。

②次の文章中の空らん〔　Ｘ　〕・〔　Ｙ　〕にあてはまる言葉の組み合わせとして正しいものを、下の**ア**～**エ**から一つ選び、記号で答えなさい。

> 1971年8月にドル・ショック（ニクソン・ショック）が起きるまで、円とドルは〔　Ｘ　〕相場制で、二つの通貨の交換比率は現在よりも〔　Ｙ　〕でした。

ア　Ｘ―固定、Ｙ―円高　　**イ**　Ｘ―固定、Ｙ―円安

ウ　Ｘ―変動、Ｙ―円高　　**エ**　Ｘ―変動、Ｙ―円安

問４　下線部ⓒの桂太郎に関して、次の問いに答えなさい。

①桂太郎の出身県は、彼《かれ》より前に内閣総理大臣を務めた伊藤博文《いとうひろぶみ》や山県有朋《やまがたありとも》と同じです。また、2020年9月に辞職した内閣総理大臣や佐藤栄作も、同じ県の選挙区から衆議院議員に選出されています。この県を、次の**ア**～**エ**から一つ選び、記号で答えなさい。

ア　鹿児島県　　**イ**　奈良県　　**ウ**　福島県　　**エ**　山口県

②桂太郎の三度の在職期間は**【表】**の通りです。**【表】**中の**X**～**Z**と、**【語群】A**～**C**の組み合わせとして正しいものを、下の**ア**～**カ**から一つ選び、記号で答えなさい。

【表】

	期　間	出　来　事
第一次	1901年 6月～1906年 1月	〔　X　〕
第二次	1908年 7月～1911年 8月	〔　Y　〕
第三次	1912年12月～1913年 2月	〔　Z　〕

【語群】　**A**　韓国併合《かんこくへいごう》　**B**　大正政変　**C**　日露《にちろ》戦争

ア　X―A、Y―B、Z―C　　**イ**　X―A、Y―C、Z―B
ウ　X―B、Y―A、Z―C　　**エ**　X―B、Y―C、Z―A
オ　X―C、Y―A、Z―B　　**カ**　X―C、Y―B、Z―A

問５　会話文中のⓓには、次の文章が入ります。これに関して、下の問いに答えなさい。

アメリカ合衆国の大統領は任期〔　X　〕年で、現在の制度では〔　Y　〕期までしか続けられない。副大統領から昇格《しょうかく》する例外や、過去の例外を考慮《こうりょ》しなければね。

①文章中の空らん〔　X　〕にあてはまる数を答えなさい。

②文章中の空らん〔　Y　〕にあてはまる数を答えなさい。

問６　下線部ⓔに関して、アメリカ大統領選挙の制度を説明した次の文章を読んで、選挙の勝敗について、下の**ア～ウ**から正しい文を**すべて**選び、記号で答えなさい。一つもない場合には「なし」と答えなさい。

　アメリカ大統領選挙では、まず州の人口に応じて選挙人が割り当てられます。11月に各州の有権者は、大統領候補の一人に投票します。その票は州ごとに集計され、票数に応じて、候補がその州の選挙人を獲得《かくとく》します。ほとんどの州では、得票数の最も多かった候補が、その州の選挙人全員を獲得します。

　12月に全米の選挙人が集まって投票を行い、そこで過半数の票を獲得した候補が大統領になります。

ア　12月の投票で、全米の選挙人の過半数が投票した候補が、大統領選挙において敗れる可能性がある。

イ　11月の投票で、全米の合計得票数の過半数を獲得した候補が、大統領選挙において敗れる可能性がある。

ウ　11月の投票で、全米の過半数の州で得票数1位となった候補が、大統領選挙において敗れる可能性がある。

問7　下線部ⓕに関して、ドイツとフランスの政治制度が、それぞれ「議院内閣制」か「大統領制」かを考えます。それぞれの意味は、次の通りです。

・議院内閣制　―　議会（特に下院）の信任にもとづいて内閣が成立する制度。首相が下院によって選ばれ、内閣を形成し、行政に関わる。

・大統領制　　―　国家元首としての大統領が国民から選ばれ、議会から独立して行政に関わる制度。

次の文章中の空らん〔　ア　〕～〔　ウ　〕には、それぞれ「議院内閣制」あるいは「大統領制」のいずれかの言葉が入ります。「議院内閣制」の言葉が入るものを、**ア～ウ**から**すべて**選び、記号で答えなさい。一つもない場合には「なし」と答えなさい。

ドイツの政治制度は、一般的に〔　**ア**　〕に分類されます。国家元首の大統領は、下院議員と各州代表で構成される連邦《れんぽう》会議での選挙によって選出されますが、その権限は形式的・儀礼的《ぎれいてき》な首相任命や下院解散にとどまります。一方、首相は下院議員によって選出され、大統領から任命され、内閣を形成し、行政に関わります。実質的には、首相が下院の解散権を持ち、下院が内閣不信任決議権を持ちます。 フランスの政治制度は、一般的に〔　**イ**　〕に分類されます。国家元首の大統領は国民による選挙によって選出され、その大統領が首相の任命権や下院の解散権を名実ともに持つからです。大統領に任命された首相が内閣を形成し、行政に関わります。一方で、下院が内閣不信任決議権を持つこともあり、大統領の所属政党とは異なる場合でさえ下院の多数派の政党から首相を選ぶ伝統もあります。この伝統には〔　**ウ**　〕の要素がみられます。

問8　会話文中のⓖに関して、前後の会話の流れからⓖに入ると判断できる文を、次の**ア～ウ**から**すべて**選び、記号で答えなさい。一つもない場合には「なし」と答えなさい。

ア　選挙に有利な状況《じょうきょう》を見こした解散は、変更前よりも減りそうですね。

イ　下院議員が任期満了にいたることは、変更前よりも減りそうですね。

ウ　内閣不信任決議が可決される回数は、変更前よりも減りそうですね。

問９　下線部ⓗに関して、次の【表】は、2019年6月のイギリス下院選挙（定数650）における獲得議席数1位から4位までの政党について、2015年・2017年・2019年の選挙結果を並べて示したものです。各年の政党の数字は、左側の数が獲得議席数、カッコ内の数が得票率（%）を示します。（得票率とは、国内すべての票のうち、その政党の候補者が獲得した票の割合を意味します。）たとえば、2015年の下院選挙における保守党の獲得議席数は331、得票率は36.9%でした。

この結果を見ると、3回の選挙とも、得票率では自由民主党を下回るスコットランド国民党は、獲得議席数では自由民主党を上回っています。なぜこのような逆転現象が起きるのでしょうか。下の【解説】の〔　　　　X　　　　〕にあてはまる内容を、空らんに合う形で述べなさい。

【表】

	2015年	2017年	2019年
保守党	331（36.9）	318（42.4）	365（43.6）
労働党	232（30.4）	262（40.0）	202（32.1）
スコットランド国民党	56（ 4.7）	35（ 3.0）	48（ 3.9）
自由民主党	8（ 7.9）	12（ 7.4）	11（11.5）

（高安健将『議院内閣制』、HOUSE OF COMMONS LIBRARY「General Election 2019」により作成）

【解説】

小選挙区制においては、国内全体の得票率が二大政党から大きく引きはなされている政党であっても、〔　　　　X　　　　〕政党であれば一定の議席を獲得できる可能性があります。スコットランド国民党も、そのような政党であると推測することができます。

4　様々な自然環境《かんきょう》について述べた[A]～[C]の文章を読んで、あとの問いに答えなさい。

[A]

日本は、ⓐ地震《じしん》、噴火《ふんか》、洪水《こうずい》など世界的にも災害が多く発生する地域とされています。ⓑ日本海溝《かいこう》や南海トラフなどで大きな地震が起きると津波《つなみ》が発生することもあり、古文書にも多くの災害の記録が残されています。また、ⓒ季節風や台風、梅雨前線などの影響によってたびたび大雨に見《み》舞《ま》われています。こうした自然災害が発生した際には、気象庁によるⓓ速報や警報など様々な情報が発信されています。

近年では、過去の記録を防災に役立てる動きもあります。国土地理院では、2019年にⓔ自然災害伝承碑《ひ》という新しい地図記号を追加しました。

問1　文章中の下線部ⓐについて、次の**A**～**C**は1990年～2019年の顕著《けんちょ》な災害を発生させた地震・噴火・洪水のいずれかの分布を示したものです。**A**～**C**と災害の種類との正しい組み合わせを、下の**ア**～**カ**から一つ選び、記号で答えなさい。

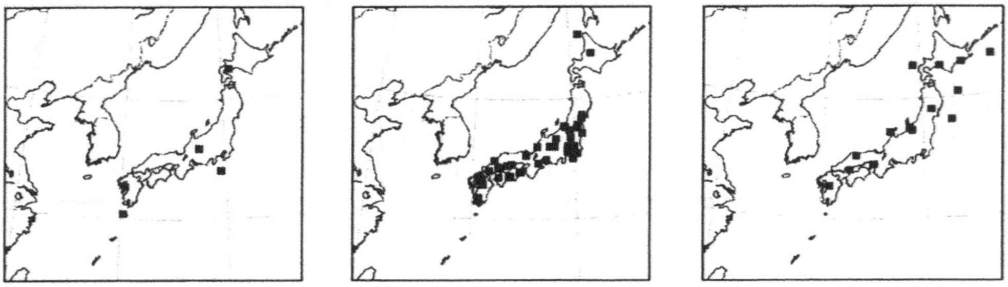

A　　　　B　　　　C

注：地震は震央の位置を示している。
気象庁HP「気象庁が名称を定めた気象・地震・火山現象一覧」により作成

	ア	イ	ウ	エ	オ	カ
地震	A	A	B	B	C	C
噴火	B	C	A	C	A	B
洪水	C	B	C	A	B	A

問２　文章中の下線部ⓑについて、下の**ア〜エ**は**〈図１〉**中の**Ａ〜Ｄ**の線のいずれかにおける海底の断面図です。**Ａ**と**Ｃ**における断面図として正しいものを、下の**ア〜エ**からそれぞれ選び、記号で答えなさい。

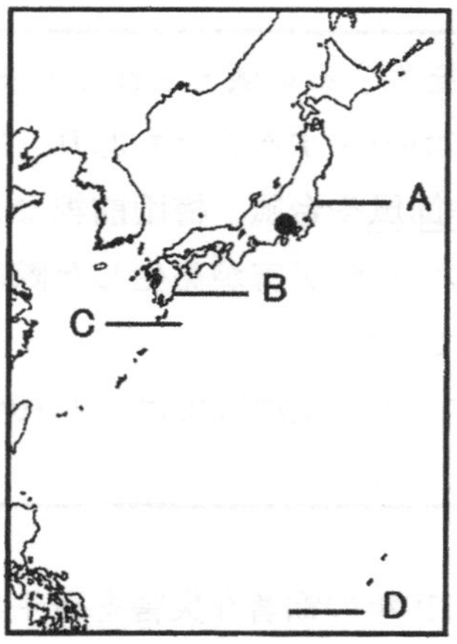

〈図１〉

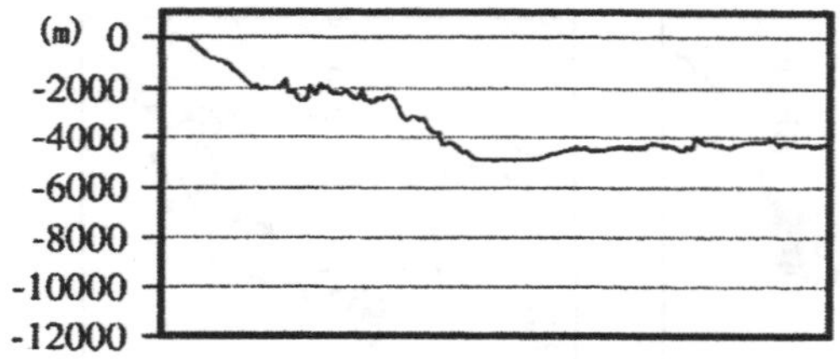

ア

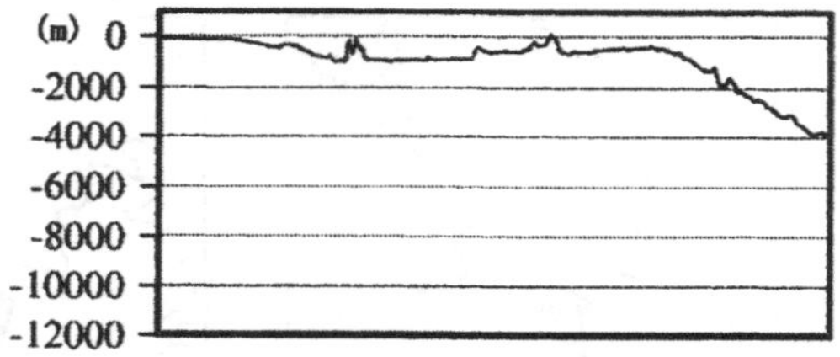

イ

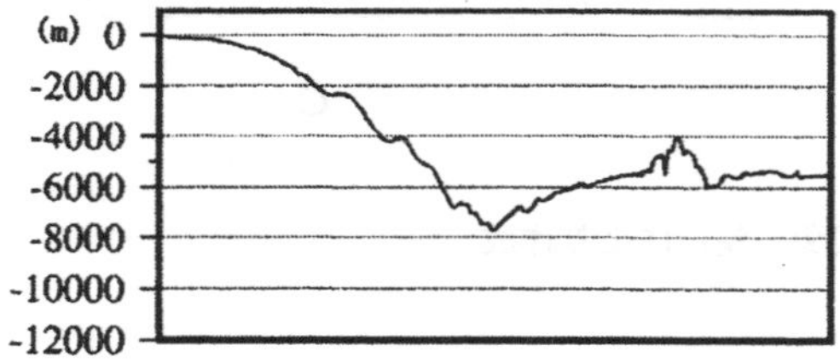

ウ

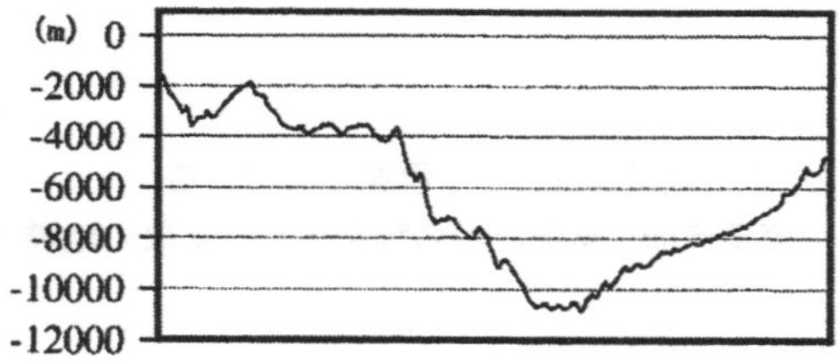

エ

注：すべて図の左側が西、右側が東である。
UCSD「SRTM15+」をもとに作成

問3　文章中の下線部ⓒについて、**問2**の〈**図1**〉中の●付近における７月ごろの季節風の向きを、次の**ア**～**エ**から一つ選び、記号で答えなさい。

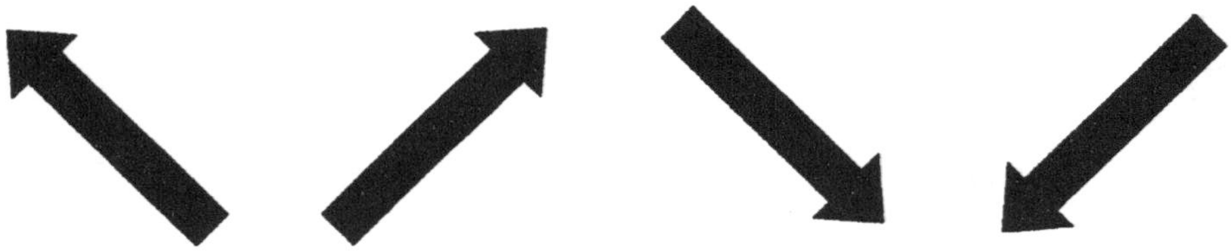

ア　　　　**イ**　　　　**ウ**　　　　**エ**

問4　文章中の下線部ⓓについて、災害が発生する危険があるときに気象庁が発表する情報があります。その情報について述べた文として**誤っているもの**を、次の**ア**～**エ**から一つ選び、記号で答えなさい。

ア　火山活動によって地域に重大な被害を及《およ》ぼす噴火が発生、または切迫《せっぱく》していると予想されるときに噴火警報を発表する。

イ　１時間以内に最大震度が５弱以上の地震が発生すると予想された場合に、緊急地震速報を発表する。

ウ　台風や集中豪雨《ごうう》などにより数十年に一度の降水量となる大雨が予想される場合に、大雨特別警報を発表する。

エ　河川《かせん》の水位が氾濫《はんらん》危険水位を超《こ》え、いつ氾濫してもおかしくない状態の場合に氾濫危険情報を発表する。

問5　文章中の下線部ⓔについて、**〈図２〉**中の★周辺の地形図が**〈図３〉**です。この地図中にある自然災害伝承碑はどのような災害に対して置かれたものですか。最も適切なものを、下の**ア**～**エ**から一つ選び、記号で答えなさい。

〈図２〉

図３中のこの記号が自然災害伝承碑です。

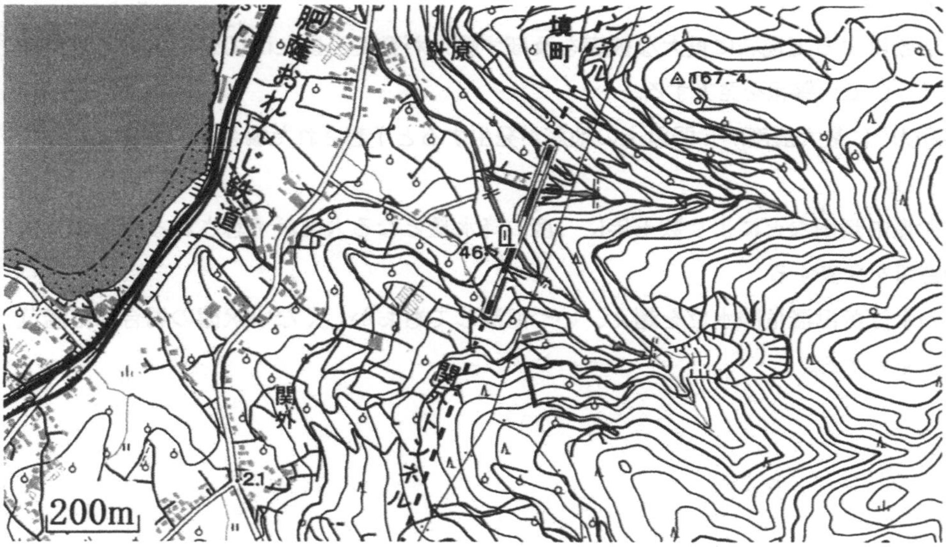

〈図３〉国土地理院HP「地理院地図」を一部改変

ア　地震によって発生した津波が到達《とうたつ》した。
イ　大雨による土砂崩《どしゃくず》れの被害があった。
ウ　やませによる不作で、飢饉《ききん》が起こった。
エ　洪水による浸水《しんすい》被害が大きかった。

［Ｂ］

離島《りとう》では自然環境と生活の関係がより深いものになることがあります。伊豆《いず》諸島の八丈島《はちじょうじま》では西南日本や中国からの船舶が（　　　　）に流されて漂着《ひょうちゃく》し、八丈島の文化に影響を与《あた》えたともいわれています。また、右の〈表１〉は八丈島における発電量の内訳を示したものです。これを見ると、八丈島では再生可能エネルギーとⓕ火力発電を併用《へいよう》していることがわかります。特に需要《じゅよう》の少ない時期は火力発電の割合を小さくしています。

八丈島は温泉にも恵《めぐ》まれ、豊かな自然をいかしたⓖ観光開発を行い、国内外からのⓗ観光客も呼《よ》び込《こ》むようになりました。

〈表１〉八丈島の電力需給（平成25年）

需要

最大需要	………… 10,000kW
最小需要	………… 3,500kW

供給

火力発電（ディーゼル）	………… 11,100kW
X	………… 3,300kW
風力発電	………… 500kW
合計	………… 14,900kW

東京都環境局『https://www.kankyo.metro.tokyo.lg.jp/climate/renewable_energy/tousyo_renew/2_1.files/shiryou4dennryokukyoukyuu.pdf』による

問６　文章中の空らん（　　　　）にあてはまる海流の名称を**漢字**で答えなさい。

問７　〈表１〉中のXにあたる発電方式の名称を**漢字**で答えなさい。

問８　文章中の下線部ⓕについて、右の〈図４〉中のＡ～Ｃは日本の主な火力発電所、原子力発電所、主な水力発電所の分布を示したものです。〈図４〉中のＡ～Ｃの組み合わせとして正しいものを、下の**ア～カ**から一つ選び、記号で答えなさい。

注：原子力発電所は、点検などにより運転を停止しているものをふくむ。廃炉《はいろ》となった発電所はふくまない。

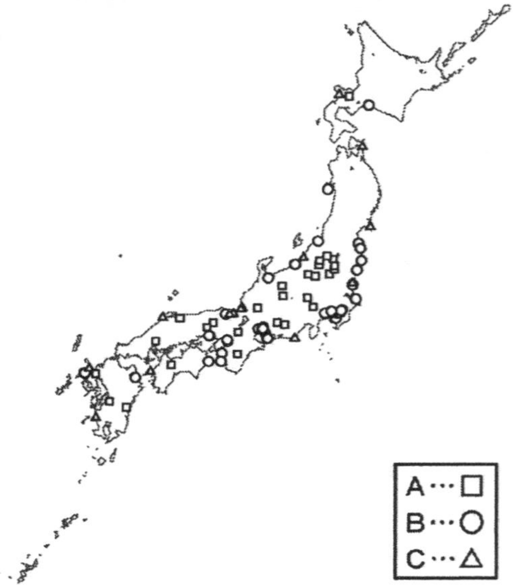

〈図４〉

『日本国勢図会《ずえ》2020/21年版』、
資源エネルギー庁『電気事業便覧2018』により作成

	ア	イ	ウ	エ	オ	カ
火力発電所	Ａ	Ａ	Ｂ	Ｂ	Ｃ	Ｃ
原子力発電所	Ｂ	Ｃ	Ａ	Ｃ	Ａ	Ｂ
水力発電所	Ｃ	Ｂ	Ｃ	Ａ	Ｂ	Ａ

問９　文章中の下線部ⓖについて、次の枠内《わくない》に示したような観光の形態を何といいますか。**カタカナ**で答えなさい。

農山漁村地域に宿泊《しゅくはく》して、農業・林業・漁業体験やその地域の自然・文化に触《ふ》れ、地元の人々との交流を楽しむ旅。

問10　文章中の下線部ⓗについて、次の**〈グラフ１〉**は2000年、2010年、2018年の訪日観光客数のうち、アメリカ合衆国・韓国・タイからの観光客の割合を示したものです。**ａ～ｃ**を古いほうから年代順に正しく配列したものを、下の**ア～カ**から一つ選び、記号で答えなさい。

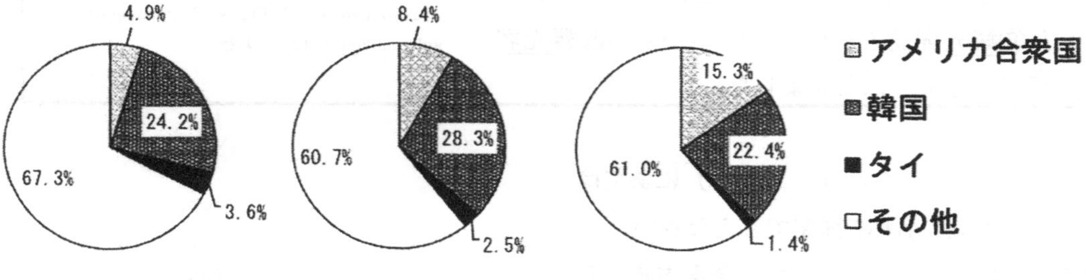

ａ　　　ｂ　　　ｃ

〈グラフ１〉　　　日本政府観光局HP「日本の観光統計」により作成

ア　ａ→ｂ→ｃ　　**イ**　ａ→ｃ→ｂ　　**ウ**　ｂ→ａ→ｃ

エ　ｂ→ｃ→ａ　　**オ**　ｃ→ａ→ｂ　　**カ**　ｃ→ｂ→ａ

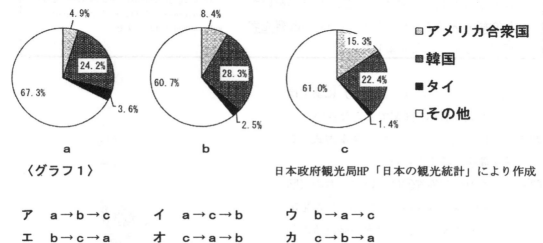

［C］

多様な自然環境は農業などの産業にも大きく関わってきます。北海道の十勝《とかち》地方では、稲作《いなさく》に不向きなこともあって大規模な畑作や酪農《らくのう》が行われています。また、ⓘ十勝地方の１戸あたりの耕地面積は日本の平均のおよそ20倍あり、畑ではⓙ小麦やⓚビート、ばれいしょ、ⓛ大豆などの豆類、ⓜとうもろこしなど様々な作物が栽培《さいばい》されています。一方で、北海道の石狩《いしかり》地方では、泥炭地《でいたんち》の客土によって稲作が可能になりました。この２地域では土壌《どじょう》やⓝ気候の違いなどの影響を受けて作られる作物に違いが生まれています。

問11　文章中の下線部ⓘについて、十勝地方の農家１戸あたりの耕地面積として最も近いものを、次の**ア**～**キ**から一つ選び、記号で答えなさい。

ア　2.5ha　　**イ**　4ha　　**ウ**　15ha　　**エ**　85ha

オ　100a　　**カ**　4500a　　**キ**　10000a

問12　文章中の下線部ⓙについて、日本における小麦の状況について述べた文として正しいものを、次の**ア**～**エ**から一つ選び、記号で答えなさい。

ア　終戦直後から輸入量が増加し、高度経済成長期には食の多様化が進んだ。

イ　1991年に輸入が自由化されたため、国内の農家は高品質化を進めて安価な外国産との差別化を図《はか》った。

ウ　1995年にミニマムアクセスが設定されて以降、毎年一定量の小麦が輸入された。

エ　現在の主な輸入先はカナダが半分を占め、残りがアメリカ合衆国やオーストラリアなどとなっている。

問13　文章中の下線部ⓚについて、ビートは砂糖の原料の一つで、日本で生産されている砂糖の原料の多くを占めています。次の**〈表２〉**は2017年の日本国内における精製糖生産量で上位７つの都道府県を示したもので、**〈表２〉**中の**A**～**C**は大阪府、沖縄県、北海道のいずれかです。精製糖とは、粗《そ》糖から不純物を取り除いた砂糖で、上白糖やグラニュー糖、ざらめ糖などがあり、精製糖生産量には輸入した原料から精製したものをふくみます。

〈表２〉中の**A**～**C**の組み合わせとして正しいものを、下の**ア**～**カ**から一つ選び、記号で答えなさい。

〈表２〉精製糖生産量の多い都道府県と国内生産量に占める割合（%）

A	36%
千葉県	15%
愛知県	13%
B	6%
東京都	5%
C	0.4%
鹿児島県	0.2%

経済産業省資料「平成30（2018）年工業統計表　製造品に関する統計表」により作成

	ア	イ	ウ	エ	オ	カ
大阪府	A	A	B	B	C	C
沖縄県	B	C	A	C	A	B
北海道	C	B	C	A	B	A

問14　文章中の下線部ⓛについて、大豆油は食用油として多く利用されています。また、大豆油と並んで、**〈イラスト〉**に示した植物の果実からとれる食用油があります。これに関して下の問いに答えなさい。

〈イラスト〉『データブック　オブ・ザ・ワールド』2020年版より

① **〈イラスト〉**に示した植物の果実からとれる食用油の名称を**3字**で答えなさい。

② **〈イラスト〉**の作物の栽培による環境問題があります。そこで別の作物から油をとることも検討されていますが、それで問題が解決するわけではありません。次の**〈グラフ2〉**から考えられる、その解決しない問題とは何か説明しなさい。

〈グラフ2〉いくつかの食用油に関する農地1haあたりの収量（トン/ha）

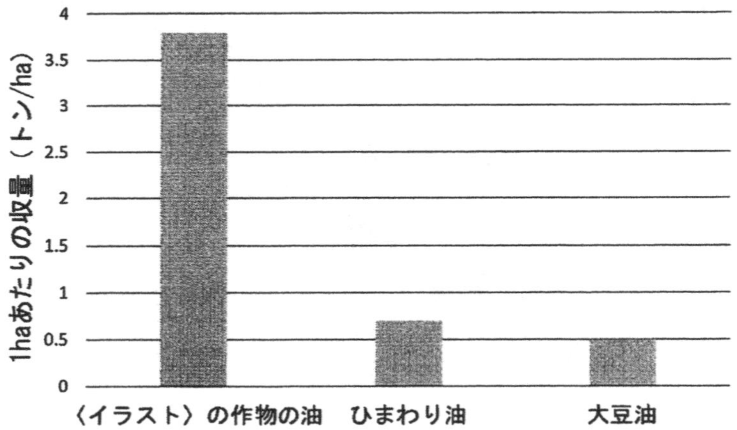

WWF資料「https://www.wwf.or.jp/activities/data/20180516_forest01.pdf」により作成

問15　文章中の下線部ⓜについて、とうもろこしはエネルギー資源としての需要が高まっています。また、薪《まき》や牛フンなど伝統的な燃料も化石燃料の代替《だいたい》として見直されています。このような生物に由来するエネルギーのことを何といいますか。**カタカナ**で答えなさい。

問16　文章中の下線部ⓝについて、次の**〈表３〉**中の**ア**～**エ**は下の**〈図５〉**に●で示したいくつかの地域における各月の気温と降水量の平年値です。旭川《あさひかわ》と網走《あばしり》にあたるものを、下の**ア**～**エ**からそれぞれ選び、記号で答えなさい。

〈表３〉上段：月平均気温（℃）　　下段：月降水量（mm）

地点	1月	2月	3月	4月	5月	6月	7月	8月	9月	10月	11月	12月
ア	-2.6	-2.1	1.4	7.2	11.9	15.8	19.7	22.0	18.3	12.2	5.7	0.0
	77.2	59.3	59.3	70.1	83.6	72.9	130.3	153.8	152.5	100.0	108.2	84.7
イ	-3.6	-3.1	0.6	7.1	12.4	16.7	20.5	22.3	18.1	11.8	4.9	-0.9
	113.6	94.0	77.8	56.8	53.1	46.8	81.0	123.8	135.2	108.7	104.1	111.7
ウ	-7.5	-6.5	-1.8	5.6	11.8	16.5	20.2	21.1	15.9	9.2	1.9	-4.3
	69.6	51.3	54.0	47.6	64.8	63.6	108.7	133.5	130.9	104.3	117.2	96.6
エ	-5.5	-6.0	-1.9	4.4	9.4	13.1	17.1	19.6	16.3	10.6	3.7	-2.4
	54.5	36.0	43.5	52.1	61.6	53.5	87.4	101.0	108.2	70.3	60.0	59.4
釧路《くしろ》	-5.4	-4.7	-0.9	3.7	8.1	11.7	15.3	18.0	16.0	10.6	4.3	-1.9
	43.2	22.6	58.2	75.8	111.9	107.7	127.7	130.8	155.6	94.6	64.0	50.8

気象庁HP「地点別データ・グラフ(世界の天候データツール(Climate View月統計値))」により作成

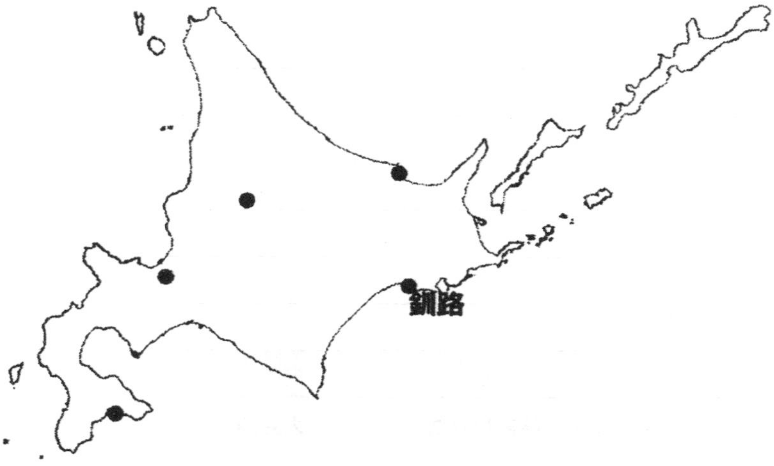

〈図５〉

問五

二

問一

1

2

3

問二

に嫉妬しているということ。

25

問三

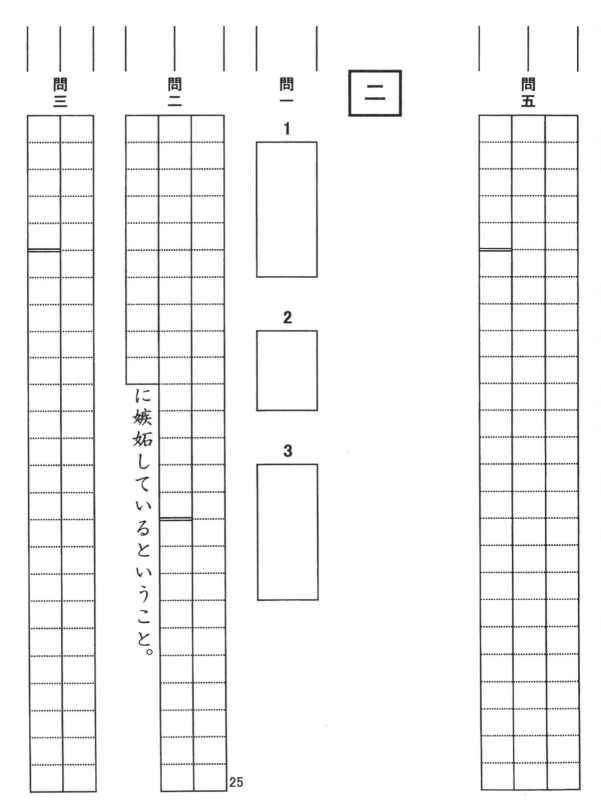

B 算 数 21

解 答 用 紙

受験番号	氏名

※85点満点
(配点非公表)

(注意) 式や図や計算などは，他の場所や裏面などにかかないで，すべて解答用紙のその問題の場所にかきなさい。

1

(1)

(1)	曜日

(2)

(2)	個

C 算　数 21

解 答 用 紙

受験番号	氏　　名

（注意）　式や図や計算などは，他の場所や裏面などにかかないで，すべて解答用紙のその問題の場所にかきなさい。

2

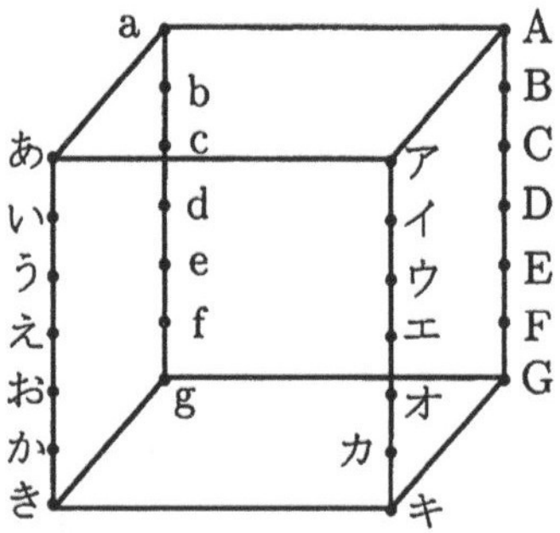

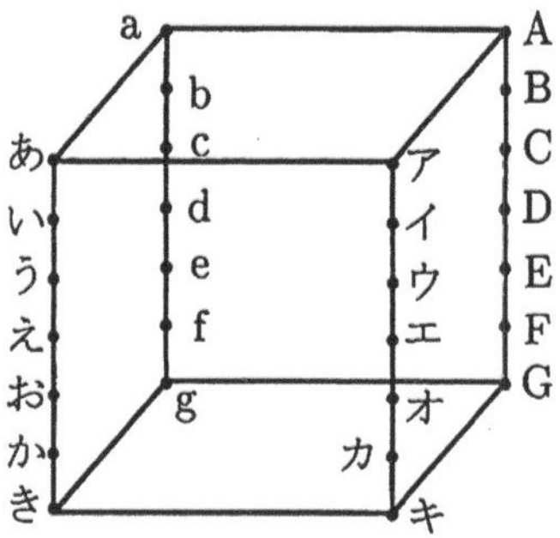

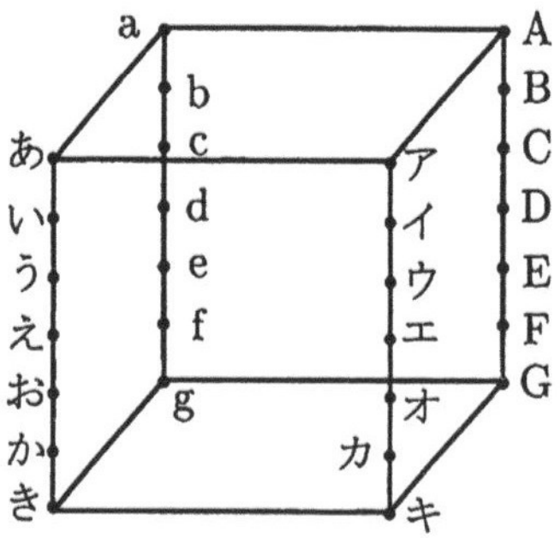

(1)	cm^3
(2)	cm^3
(3)	

E 理 科 21

解 答 用 紙

受験番号	氏　　名

※70点満点
(配点非公表)

1

問1	

問2	問3	問4	問5

問6	問7	問8	問9
mL			

2

問1	問2	問3	問4		
			(a)	(b)	(c)

【解答

F 社　会 21

解 答 用 紙

受験番号	氏　　名

※70点満点
（配点非公表）

1

問1 ①　　②　　問2

問3　　問4 ①　　②　　問5

問6　　問7 ①　　②

2

問1 ① 1　　2　　3

② X　　Y　　③ a　　b

問2 ①　　②　　問3 X　　Y　　Z

【解答

C

D

問2 ①

②

問3 ①

②

問4 ①

②

問5 ①

②

問6

問7

問8

問9 政党

4

問1

問2 A

C

問3

問4

問5

問6

問7 発電

問8

問9

問10

問11

問12

問13

問14 ① 油

問14 ②

問15

問16 旭川

網走

4

3

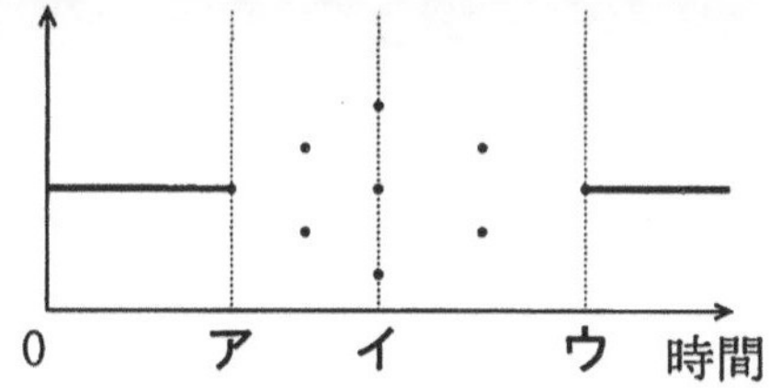

(d) 20

問6

3

問1			問2	問3	問4
①	②	③			

問5	問5（2）
（1）	

4

問1		問2	
左端から　cm	重さ　g	ア　cm	イ　cm

問3	問4	問5
エ　cm	オ　cm	カ　cm

3

(1)	
(2)	
(3)	
(4)	
(5)	通り

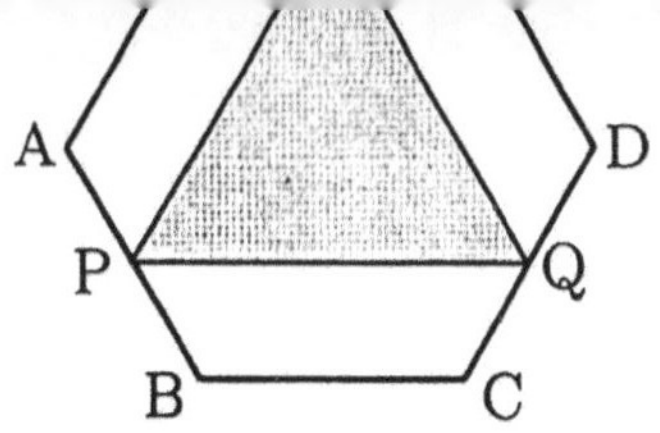

(3)	cm^2

(4)

(4)	48位	
	56位	
	96位	

A 国語

21

解答用紙

受験番号

氏　名

※85点満点
(配点非公表)

一

問一

問二

25

問三

後悔した。

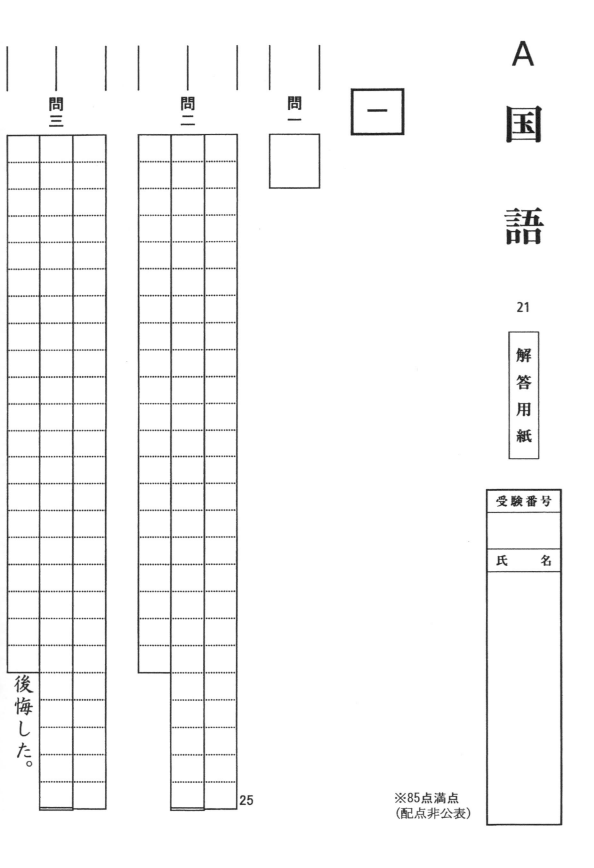

令和２年度　開成中学校

Ａ 国　語（５０分）

答えはすべて 解答用紙 に書き入れること。

【この冊子について】

1. 試験開始の合図があるまで、この冊子に手をふれてはいけません。
2. この冊子は、2～3 ページが白紙です。問題は 4～11 ページです。
3. 解答用紙は、冊子の中央にはさまっています。試験開始の合図後、取り出して解答してください。
4. 試験中に印刷のかすれやよごれ、ページのぬけや乱れ等に気づいた場合は、静かに手を挙げて先生に知らせてください。
5. 試験中、冊子がバラバラにならないように気をつけてください。

【試験中の注意】 以下の内容は、各時間共通です。

1. 試験中は先生の指示にしたがってください。
2. 試験中、机の中には何も入れないこと。荷物はイスの下に置いてください。
3. 先生に申し出ればコート・ジャンパー等の着用を許可します。
4. かぜ等の理由でハンカチやティッシュペーパーの使用を希望するときは、先生の許可を得てから使用してください。
5. 試験中に気持ちが悪くなったり、どうしてもトイレに行きたくなったりした場合は、静かに手を挙げて先生に知らせてください。
6. 試験中､机の上に置けるのは､次のものだけです。これ以外の物品を置いてはいけません。
   ・黒しんのえん筆またはシャープペンシル
   ・消しゴム　・コンパス
   ・直定規　・三角定規一組（10cm 程度の目盛り付き）
   ・時計　・メガネ
   筆箱も机の上には置けませんので、カバンの中にしまってください。
7. **終了のチャイムが鳴り始めたら、ただちに筆記用具を置いてください。**
8. 答案を回収し終えるまで、手はひざの上に置いてください。

このページは白紙です。

このページは白紙です。

一　次の文章を読んで、後の問に答えなさい。なお、文章中の「(=　)」は、その直前の言葉の説明です。

——めぐって頭良かったの？

ママの言葉を聞いたミイ姉が、からかうように訊《き》いた時、

——頭良かったんだよ、この子。図書館に連れてっても、あんたと龍《りゅう》はすぐ飽《あ》きちゃったけど、めぐだけはずうっと本読んでたんだから。

と、ママは言った。

——マジで？

——字を覚えたのだって、三人の中で、一番早かった。

——マジか。

——やっとあたしからパパ似が生まれたって、思ったんだけど。

——今こいつ、本なんか全然読まないじゃん。

——どこでどうなっちゃったのか。

ママとミイ姉がげらげら笑うのを聞いていた。

どこでどうなっちゃったのか。ふたりの会話を聞いていて、めぐ美《み》はうっすらと、本が愉《たの》しかった頃《ころ》のことを思い出した。せいぜい小学校の低学年くらいのことだったが、十二歳《さい》のめぐ美にとっては、ものすごく遠い昔に思えた。自宅マンションの隣《となり》に、公共の図書館があって、たびたび訪《おとず》れた。職員による読み聞かせの回が楽しみだった。

絵本に慣れた彼女《かのじょ》に、次のステップはごく自然に訪れた。本棚《ほんだな》を眺《なが》め、華《はな》やかな文字の、わくわくしそうな題名の、その背に指をひっかけた。膝《ひざ》の上でそっと開くと知らない世界が広がった。

だけども次へのステップを、彼女は逃《のが》してしまうのだ。本を読んでいると、ミイ姉に「ネクラ」とか「キモい」と言われたり、読んでいた本を取り上げられて隠《かく》されたりしたせいだとも言えるが、それだけでなく、めぐ美自身が性格を変えたかった。

小学三年生の新しいクラスで、1同じ班になった「ひなっち」という子と仲良くなった。運動神経抜群《ばつぐん》で、男子より足が速いひなっ

ちは、本など読まなかった。休み時間を告げるチャイムが鳴ると、真っ先に教室から飛び出してゆくような子だった。ドロケイでも脱走《だっそう》ゲームでもいつも大活躍《だいかつやく》のひなっちは、クラスの人気者だったから、そんな彼女に声をかけられて、嬉《うれ》しかった。

ひなっち、めぐ、と呼び合うようになった頃、めぐ美も彼女と同じく「人気者」というポジションの、端《はし》っこにいた。ひとりで本を読むのは寂《さび》しいこと、実際寂しくなくても、寂しそうに見られることだという考えを、めぐ美は自分に植えつけた。低学年の頃の自分は、大人数でわあっと盛り上がるノリには気後《きおく》れした。だけど、ひなっちに引っ張られて遊んでいるうちに、友達は自然と増えていったし、盛り上がることも楽しめるようになってきた。めぐ美は鬼《おに》ごっこやドロケイで活躍したし、友達から、友達の多い子だと思われるようになったら、学校が楽しくなった。その自信は、本からでは、得られないものだった。

ひなっちとめぐの間にカナが入り込《こ》んだのはいつ頃だったろうと思う。カナは当時の彼女のグループ内で色々と揉《も》めて、輪から飛び出し、なんとなくひなっちとめぐ美と三人で行動するようになったのだ。三人という関係性を巧《たく》みに操《あやつ》れるほど成熟していない九歳の少女たちは、愛憎《あいぞう》帯びた幼稚《ようち》なパワーゲームを始めるのが常だが、めぐ美とひなっちもカナを取り合うようになり、やがてめぐ美が勝ったのである。小学校四年生になると、めぐ美はほぼカナとふたり組で過ごすようになった。

そして、そのまま、今もカナとめぐ美は2「親友」だ。

長い付き合いだから、カナの口癖《くちぐせ》が「でも」だというのは知っている。誰《だれ》かが目立つと「でも」と必ず否定せずにはいられないカナの、あまりに大きな自尊心を、めぐ美は間近で見続けてきた。「でも」を言いたい相手は、髪型《かみがた》を変えた同級生の時も、朝会で挨拶《あいさつ》をする上級生の時も、テレビに出ているアイドルの時も、ティーン雑誌のモデルの時もある。

3カナの自尊心の強さを、めぐ美は見て見ぬふりをする。実際、なんでも強気で向き合っていくカナの「でも」には、説得力があるようにも思った。

（中略）

ふだん三時間目の音楽は、専門の三好《みよし》先生が音楽室で受け持つのだけれど、今日は、合奏会で演奏する『ブラジル』の担当楽器を決めるのが主題だったから、四時間目の学級会とつなげて、三組の教室で話し合うことになっていた。

合奏会は、毎年三学期に開かれ、六年生が卒業前に在校生に「音楽のプレゼント」をするというのがコンセプトだ。クラスごとに別の曲を演奏する。三好先生が、各組の個性に合った曲を選んでくれるのだが、三組は「明るくて、個性的なメンバーが溢《あふ》れているから」という理由で、『ブラジル』という曲を演奏すると決まっていた。始業式の日に題名だけ聞かされ、ネットの動画などで聴《き》くことができたら聴いておいてと言われたが、それきりめぐ美は忘れていた。だけど先週、三好先生がCDで流してくれたのを初めて聴いて、いっぺんで好きになった。知ってる！　知ってる！　めぐ美は近い席の子たちと言い合った。どこかで聴いたことがある、軽快なリズムが、終わった夏を思わせた。ブラジルは暑い国なんだろう。時おり聞こえた打楽器のリズムが楽しげで、胸が弾《はず》んで、自然と体がリズムを刻みたくなる。

　楽器の説明で、めぐ美は「打楽器」に惹《ひ》かれた。小太鼓《こだいこ》、マラカス、タンバリンから選べるという説明だったので、マラカスがいいな、と思った。

　それなのに、

「めぐ〜、何にする？」

遠くの席から大きな声でカナに訊《たず》ねられた時、マラカスと言えなかった。やりたい楽器をもう決めているなんて、張り切りすぎている気がしたからだ。

「えー、決めらんない、てか、なんでもいい」

4 かったるそうな声で返すと、

「一緒《いっしょ》にアコーディオンにしない？」

カナがさらに大きな声でめぐ美を誘《さそ》う。

「アコーディオン？」

「やろうよー、めぐ」

カナは周囲を牽制《けんせい》するように言う。

「やろ、やろ、ね。はーい、決まり。センセ、センセ、うちら、アコーディオンね、アコーディオン」

カナが勝手に藤岡《ふじおか》（＝担任の先生）に言うのを聞いていた。

「他にはいない？　今の時点で八人を超《こ》えていなければ、ふたりは決定ね」

藤岡がアコーディオンと書かれた文字の下に、見村《みむら》、前田《まえだ》、と名前を書く。流れるように、全《すべ》てが決められてゆく。

するとカナの隣の席の武市陽太《たけいちようた》が、唐突《とうとつ》に手を挙げて、

「おれ、マラカスやる！」

勝手に立候補した。

「武市さん、順番に訊いていきますからね。ちょっと待っていてください」

藤岡が制止し、周りがくすくす笑った。

「武市、マラカス似合いすぎ！」

カナは武市を冷やかしてから、

「まやまやー、リッチー、アコーディオンに立候補しなよー」

と、席の離《はな》れたリッチーとまやまやにも声をかける。彼女はいつもこうだ。教室の中で信じられないくらい傍若無人《ぼうじゃくぶじん》に振《ふ》る舞《ま》う。同じように自己中心的に振る舞っていても、カナは威圧《いあつ》感を与《あた》え、武市は面白《おもしろ》がられる。違《ちが》いはあれど、ふたりは心のままに振る舞っていて、藤岡は、武市にはちゃんと注意するくせに、カナの振る舞いには見て見ぬふりをすることが多いとめぐ美は思った。

立候補やらじゃんけんやら、一部の楽器にはオーディションもあって、ようやく全員の楽器が決まった時には、四時間目が終わろうとしていた。武市は最初の希望通りマラカスを仕留めていた。武市なんかと並んでマラカスをやるよりは、アコーディオンのほうがましだったとめぐ美は思った。

「はい！　では、もうあんまり時間がないけど、皆《みな》さん、パートごとに分かれてリーダーを決めてください」

藤岡が言い、それぞれの場所を割り振られる。アコーディオン組は、カナの机の周りに集まることになった。

「やった！　めぐー！」

カナがめぐ美に抱《だ》きつく。

アコーディオンのメンバーは女子六名、男子二名。カナがリーダーをやりたがるのかと思ったが、打楽器のじゃんけんに負けてアコーディオンになった小磯利久雄《こいそりくお》が、カナに推薦《すいせん》されて——実態は、押《お》しつけられたようなものだったが——リーダーを引き受けていた。

「ほらほら、リーダー、仕切ってよ」

カナに言われ、小磯が頬《ほお》を少し上気させながら、楽譜《がくふ》のプリントを皆に配る。

「リーダー、爪《つめ》きれいじゃね？」

突然《とつぜん》カナが小磯の手を取って言うと、小磯が赤くなってその手をひっ込めた。最近カナはよく小磯をからかう。からかわれるたび、小磯がまやまやの様子を窺《うかが》うことに、めぐ美は気づいていた。そのまやまやはといえば、カナと小磯のじゃれ合いには無関心なふりで、楽譜の上に右手の指をぱらぱらっと弾ませて、鍵盤《けんばん》を叩《たた》く真似《まね》をしているのだ。

「じゃ、えーと、明日から楽器使って合わせるんで、各自でテキトウにやっておいてください」

「どこまでー？」

カナに問われて、

「えーと」

小磯は楽譜を見て迷っている。

自分で訊いておいて、

「最後までやっちゃお、こんなの」

カナが決定する。ダンススクールに通うカナは、そのレッスンが本格化するまでピアノを習っていた。簡単な楽譜なのかもしれない。

「では、最後までやっといてくださーい」

小磯が雑に言い、それに対して不満が出ることもなく、皆「はーい」と言い合いながら、楽譜をしまった。

チャイムが響《ひび》く中、カナが「リーダー、よろしくねー」と、小磯の背中をポンッと叩いた。小磯は迷惑《めいわく》そうに無視している。

夏休みに、塾《じゅく》の講習で忙《いそが》しいまやまやを除いた三人で、遊びに行った。その帰り道にカナが小磯を好きだと打ち明けた。しかしそれはもう、皆が忘れなければならないことだった。ほぼ同じタイミングで、小磯がまやまやに告白していたのだ。

小磯は、クラスの男子の中でもリーダー的な存在で、一部の女子から「かっこいい」と言われているほどには顔も整っているし、背も高い。だけど、スマホのトークアプリでのまやまやとの会話を保存《スクショ》して仲間たちに送信するという、信じられないバカをしたせいで、今や彼《かれ》の人気はダダ下がりである。

めぐ美も、誰からともなく回ってきた小磯の保存画面を見た。小磯の告白を、じらしながらも完全に拒否《きょひ》はしない意外なぶりっこぶり——そのぶりっこぶりが小磯を勘《かん》違いさせたようだが——を発揮しているまやまやは、女子どうしで遊んでいる時の彼女と違うキャラだった。

まやまや、終わったなー。

カナがまやまやに何か仕掛《しか》ける気だったら、めぐ美はそれにノろうと思っていた。そもそも、まやまやが小磯とトークアプリでつながっていることも、めぐ美は知らなかった。カナも知らなかったはずだ。これはもう、吊《つ》るし上げるしかない。あるいは集団無視かな。まやまやのやったことは、それに相当する裏切りだ。

しかし、新学期に四人また顔を合わせた時、5カナは意外にもまやまやに優《やさ》しかった。自分から「小磯に告られたってマジ？」と訊き、まやまやが恥《は》ずかしそうに頷《うなず》いたら、手を叩いて爆笑《ばくしょう》した。

カナが小磯を「私服がダサい」とか「よく見ると猿顔《さるがお》」などと言ってばかにするようになったのはその頃からだ。

（朝比奈あすか『君たちは今が世界《すべて》』ＫＡＤＯＫＡＷＡより）

問一 ――1「同じ班になった『ひなっち』という子と仲良くなった」とありますが、めぐ美は、ひなっちと出会ったことで、どのように変わりましたか。説明しなさい。

問二 ――2「親友」にカギ括弧《かっこ》がついていることで、どのような意味になっていますか。「～という意味ではなく、～という意味。」の形で答えなさい。

問三 ――3「カナの自尊心の強さを、めぐ美は見て見ぬふりをする。実際、なんでも強気で向き合っていくカナの『でも』には、説得力があるようにも思った」とありますが、この部分から読み取れる、めぐ美のカナに対する思いを説明しなさい。

問四 ――4「かったるそうな声で返すと」とありますが、なぜめぐ美は「かったるそうな声」を出したのですか。説明しなさい。

問五 ――5「カナは意外にもまやまやに優しかった」とありますが、なぜカナはまやまやを攻撃《こうげき》しなかったのですか。説明しなさい。

二　次の文章を読んで、後の問に答えなさい。

「蛍《ほたる》の光」は日本の卒業式などで明治時代からうたわれてきたなじみの①ショウカだ。原曲はスコットランド民謡《みんよう》だが、冒頭《ぼうとう》の歌詞「蛍の光、窓の雪」は、中国の故事に②ユライしている。

今から千六百年ほどまえの東晋《とうしん》代のこと。車胤《しゃいん》（?〜四〇一年?）は幼いころから学問が好きだったが、家は灯油を買う金にもこと欠くほど貧しかったので、夏がくると練り絹の嚢《ふくろ》に数十匹《ぴき》のホタルを入れて灯《あか》りにし、夜を日についで書物を読んだ。孫康《そんこう》（生没年不詳《せいぼつねんふしょう》）もまた貧しく、冬は雪明りをたよりに夜ふけまで勉学にいそしんだ。苦学したかいがあって、成人したふたりは③コウカンにまで出世した。困難にくじけず学問に励《はげ》む大切さをしめす手本として、古来、中国の読書人たちが好んだ④ビダンである。「蛍雪《けいせつ》の⑤コウ」という⑥セイゴもここから生まれた。

しかしそのいっぽうで、この故事には懐疑的《かいぎてき》な人も少なからずいた。ことに怪《あや》しまれたのがホタルの光である。清《しん》朝の名君・康熙帝《こうきてい》は、『康熙字典《こうきじてん》』や『古今図書集成《ここんとしょしゅうせい》』を編纂《へんさん》させるほど学問熱心な皇帝《こうてい》で、みずからも万巻の書を読んだが、古典のなかには眉唾物《まゆつばもの》もあるのではないか、たとえばホタルの光なんかで本が読めるものだろうかと疑いを抱《いだ》いてもいた。

そこであるとき、⑦ソッキンに百匹あまりのホタルを捕《と》ってこさせ、実際に絹の嚢に入れて試《ため》してみたところ、文字を判読することすらできなかったので、車胤の故事は嘘《うそ》っぱちであると断じた。宣教師を身近におき、西洋の幾何学《きかがく》や医学、天文学、音楽までを貪欲《どんよく》に吸収した1康熙帝らしい実証的な態度である。（中略）

しかし皮肉なことに、事実は逆だったようだ。天体観測の邪魔《じゃま》になるほど光があふれている現代になって、あえてホタルの光で本を読む実験をした人が少なからずいる。彼らの報告によれば、「読める」（見える）のだ。たとえば大型で強い光を放つタイワンマドボタルを使った実験では、二十匹程度ですでになんとか文字が判読できたという。百匹でも読めなかったという康熙帝が使ったのは、北京《ぺきん》の紫禁城《しきんじょう》周辺に生息する光の弱い種類のホタルだったのだろうか。

「蛍の光」の故事があながち嘘でないことは証明されたが、だからといって車胤のとった方法が賞賛に値《あたい》するかはべつの話だ。読めるかいなかはともかく、ホタルを光源にした読書が非現実的であることに、人びとはとっくに気づいていた。2こんな笑い話がある。

ある日、孫康が車胤の家を尋《たず》ねた。留守だったので、門番に「車胤殿《どの》はどちらへ」と聞くと、答えていう。
「へえ、主人は早朝から草むらに蛍を捕りに出ておりまして」
後日、今度は車胤が孫康の家を訪ねると、庭のまんなかに孫康が心配そうな面持《おもも》ちで立ち尽《つ》くしている。
「おや、机にも向かわず外でぼんやりしておいでとは。こんなに天気のいい日に、なにか気がかりでもおありですか」
「それなんですよ。どうやら今晩は雪が降りそうになくて」

（明《みん》・馮夢龍《ふうぼうりょう》『笑府《しょうふ》』）

（瀬川千秋『中国　虫の奇聞録』による）

問一　文中の①～⑦の**カタカナ**を漢字に直しなさい。ハネ・トメなど丁寧《ていねい》でない場合は減点されることもあります。

問二　――1「康熙帝らしい実証的な態度」とありますが、それはどのような態度ですか。説明しなさい。

問三　――2「こんな笑い話がある」とありますが、この話はどのような点が笑い話なのですか。説明しなさい。

ＢＣ 算数 （６０分）

答えはすべて 解 答 用 紙 にかき入れること。

【この冊子について】
1. 試験開始の合図があるまで、この冊子に手をふれてはいけません。
2. この冊子は、2～3 ページが白紙です。問題は 4～11 ページです。
3. 解答用紙は 2 枚(B,C)あり、冊子の中央にはさまっています。試験開始の合図後、取り出して解答してください。解答用紙Cの右上すみの三角形はよごれではありません。
4. 試験中に印刷のかすれ、よごれ等に気づいた場合は、静かに手を挙げて先生に知らせてください。

【解答上の注意】
1. 問題文中にとくに断りのないかぎり、答えが分数になるときは、できるだけ約分して答えなさい。円周率が必要なときは 3.14 を用いなさい。
2. 必要ならば、「角柱、円柱の体積＝底面積×高さ」、「角すい、円すいの体積＝底面積×高さ÷3」を用いなさい。
3. 式や図や計算などは、他の場所や裏面などにかかないで、すべて解答用紙のその問題の場所にかきなさい。
4. 問題用紙を切り取ってはいけません。

【試験中の注意】 以下の内容は、各時間共通です。
1. 試験中は先生の指示に従ってください。
2. 試験中、机の中には何も入れないこと。荷物はイスの下に置いてください。
3. 先生に申し出ればコート・ジャンパー等の着用を許可します。
4. かぜ等の理由でハンカチやティッシュペーパーの使用を希望するときは、先生の許可を得てから使用してください。
5. 試験中に気持ちが悪くなったり、どうしてもトイレに行きたくなったりした場合は、静かに手を挙げて先生に知らせてください。
6. 試験中、机の上に置けるのは、次のものだけです。これ以外の物品を置いてはいけません。
   ・黒しんのえん筆またはシャープペンシル
   ・消しゴム　・コンパス
   ・直定規　・三角定規一組（10cm 程度の目盛り付き）
   ・時計　・メガネ

   筆箱も机の上には置けませんので、カバンの中にしまってください。
7. **終了のチャイムが鳴り始めたら、ただちに筆記用具を置いてください。**
8. 答案を回収し終えるまで、手はひざの上に置いてください。

このページは白紙です。

このページは白紙です。

1 まっすぐ進む2つのロボットAとBがあります。2つのロボットは，下のような指示が書かれた5枚のカードをそれぞれもっていて，カードがセットされた順にスタート地点から1分間ずつその指示に従って進みます。

カード①： 毎分30cm で進みなさい。（このカードは2枚あります）
カード②： 1分間停止しなさい。
カード③： 毎分45cm で進みなさい。
カード④： 毎分60cm で進みなさい。

例えば，カードが①，①，②，③，④の順にセットされた場合，スタートから2分間で60cm 進み，そこで1分間停止し，その後1分間で45cm 進み，その後1分間で60cm 進みます。このようなロボットの進み方をカードの番号を用いて ＜11234＞ と表すことにします。

いま，2つのロボットAとBを同じ方向に進めたとき，AとBの間の距離《きょり》をグラフにしたところ下の図のようになりました。このとき，ロボットAの進み方として考えられるものをすべて答えなさい。ただし解答らんはすべて使うとは限りません。

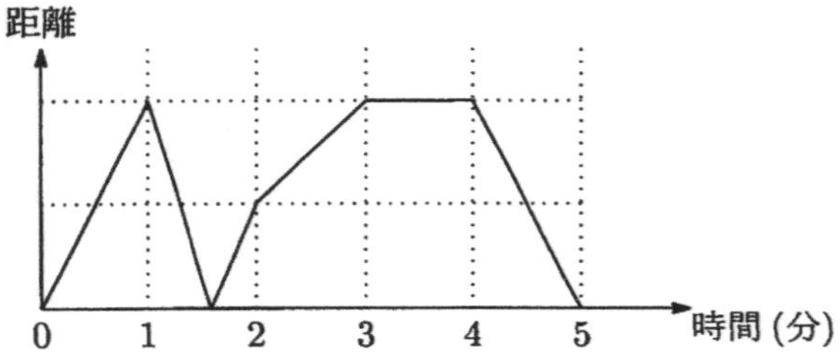

このページは白紙です。問題はまだ続きます。

2

平面上に，点 A を中心とする半径 10m の円 X と半径 20m の円 Y があり，円 X の周上を動く点 B と円 Y の周上を動く点 C があります。点 B は円 X の周上を一定の速さで反時計回りに進み，1 時間で一周します。そして，点 C は円 Y の周上を一定の速さで反時計回りに進み，3 時間で一周します。

また，点 P があり，点 P は，次の［移動 1］，［移動 2］，［移動 3］ができます。

［移動 1］：点 A を通る直線上を 1 時間に 50m の速さで 12 分間進む。
［移動 2］：円 X の周上を点 B と一緒《いっしょ》に進む。
［移動 3］：円 Y の周上を点 C と一緒に進む。

現在，3 点 A ,B ,C は図のように 1 列に並んでいて，点 P は点 A と重なっています。

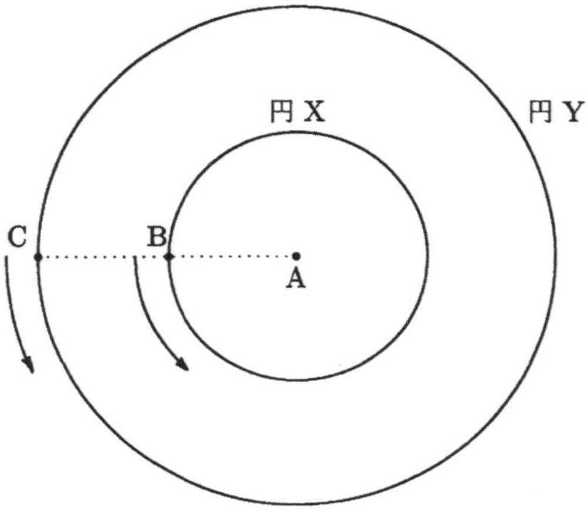

このあと，点 P が点 A から移動して，以下のようにして点 A に戻《もど》ってくることを考えます。

点 P の動き

① ［移動 1］で点 A から点 B に移る。
② ［移動 2］で点 B と一緒に 8 分間進む。
③ ［移動 1］で点 B から点 C に移る。
④ ［移動 3］で点 C と一緒に何分間か進む。
⑤ ［移動 1］で点 C から点 B に移る。
⑥ ［移動 2］で点 B と一緒に 8 分間進む。
⑦ ［移動 1］で点 B から点 A に移る。

点 P が上の動きを最後までできるように，①の移動の開始時と，④の移動の時間を調節します。

(1) ①の移動を開始してから③の移動で点 C に到着《とうちゃく》するまでの点 P の動きは下の図のようになります。解答らんの図に，①の移動開始時の点 B と点 C のおよその位置をそれぞれわかるように書きこみなさい。

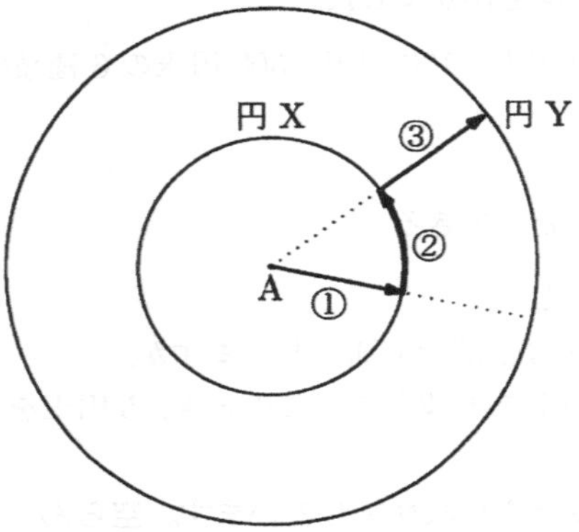

(2) ①の移動の開始時を現在から最短で何分後にすれば，③の移動までで点 P が点 C に到着することができますか。

(3) ①の移動を開始してから⑦の移動で点 A に戻るまでに，点 P の動く道のりは最短で何 m ですか。四捨五入して小数第 1 位まで求めなさい。

3

あるクラスで，生徒全員から決まった金額を集めることになりました。そこで，学級委員の太郎君と花子さんは集めやすくするために次のようなルールを作りました。

ルール１　使えるお金は１円玉，５円玉，10円玉，50円玉，100円玉，500円玉の６種類の硬貨《こうか》とする。

ルール２　おつりの無いように持ってくる。

ルール３　硬貨は，１人につき10枚まで持ってくることができる。

(1)　クラスの生徒40人から28円ずつ集めることにしました。

(ア)　ルールに合うように28円を持ってくる方法は全部で何通りありますか。

(イ)　集まったお金のうち，１円玉を数えたら165枚ありました。このとき，５円玉を１枚も持ってこなかった生徒は何人ですか。

(2)　このルールについて，太郎君と花子さんは次のようなやり取りをしています。空らん①～⑧にあてはまる数を答えなさい。

太郎　「集める硬貨が多くなり過ぎないようなルールを決めたけど，このルールだと集められない金額ってあるよね。」

花子　「たしかにそうね。例えば389円を用意するとしたら，**ルール１**と**ルール２**を守れば，最低でも［①］枚の硬貨が必要だから，**ルール３**を守れないわね。」

太郎　「このような金額ってどれくらいあるのかな。」

花子　「そのうち一番低い金額は［②］円だとわかるけど，たくさんありそうね。」

太郎　「49円までの金額を用意するのに必要な最低枚数の表を作ってみたよ。」

最低枚数 (枚)	金額 (円)	何通りか (通り)
1	1, 5, 10	3
2	2, 6, 11, 15, 20	5
3	3, 7, 12, 16, 21, 25, 30	7
4	4, 8, 13, 17, 22, 26, 31, 35, 40	9
5	⋮	③
6	⋮	④
7	⋮	⑤
8	⋮	⑥
9	49	1

花子　「なるほど，この情報と50円玉，100円玉，500円玉の組み合わせを考えると，**ルール１**と**ルール２**を守れば，**ルール３**を守れないものは，300円までの金額では［⑦］通りあり，1000円までの金額では［⑧］通りあるわね。」

太郎　「次に集めるときはルールを考え直してみないといけないね。」

このページは白紙です。問題はまだ続きます。

4

（図 1）のように，1 辺の長さが 5m の立方体の小屋 ABCDEFGH があります。

小屋の側面 ABFE には［窓穴 1］が，小屋の上面 EFGH には［窓穴 2］があり，外の光が入るようになっています。そして，この小屋の展開図は（図 2）のようになっています。

晴天の日のある時刻においてこの小屋の床面 ABCD で日のあたっている部分は，次のページにある（図 3）の斜線《しゃせん》部分でした。このとき，小屋の中で他の面の日のあたっている部分を解答用紙の展開図に斜線を用いて示しなさい。

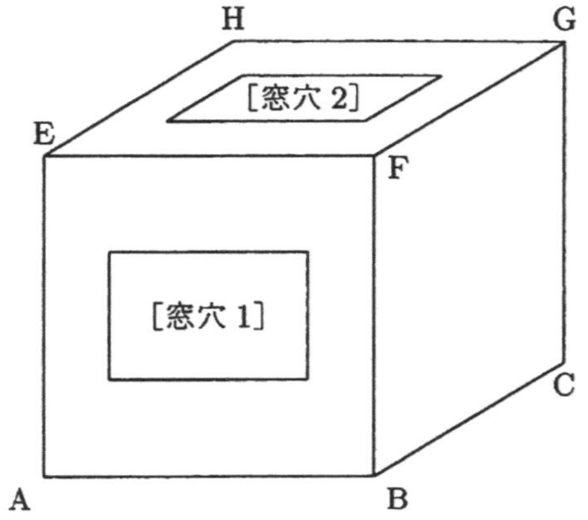

（図 1）

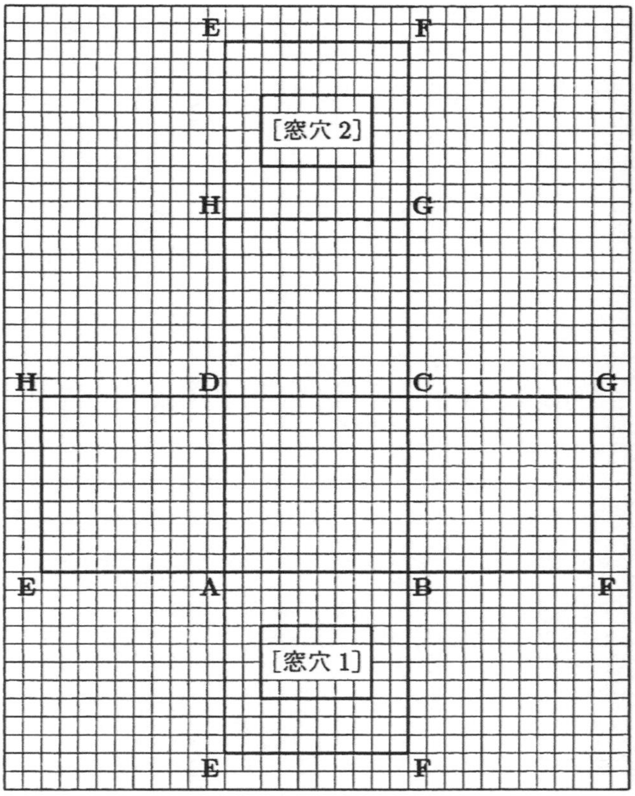

（図 2）

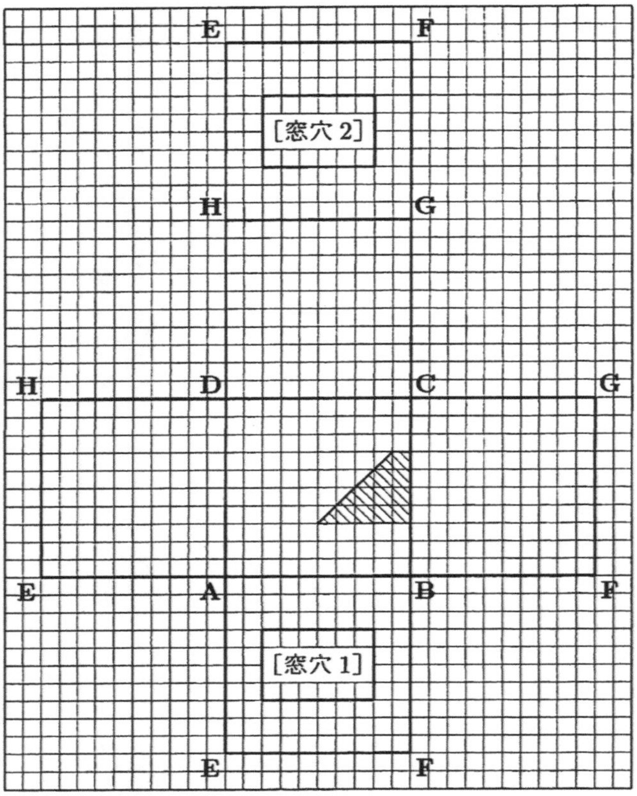

（図 3）

E 理 科 （40分）

答えはすべて 解答用紙 に書き入れること。

【この冊子について】
1. 試験開始の合図があるまで、この冊子に手をふれてはいけません。
2. この冊子は、2～3 ページが白紙です。問題は 4～13 ページです。
3. 解答用紙は、冊子の中央にはさまっています。試験開始の合図後、取り出して解答してください。
4. 試験中に印刷のかすれやよごれ、ページのぬけや乱れ等に気づいた場合は、静かに手を挙げて先生に知らせてください。
5. 試験中、冊子がバラバラにならないように気をつけてください。

【試験中の注意】 以下の内容は、各時間共通です。
1. 試験中は先生の指示に従ってください。
2. 試験中、机の中には何も入れないこと。荷物はイスの下に置いてください。
3. 先生に申し出ればコート・ジャンパー等の着用を許可します。
4. かぜ等の理由でハンカチやティッシュペーパーの使用を希望するときは、先生の許可を得てから使用してください。
5. 試験中に気持ちが悪くなったり、どうしてもトイレに行きたくなったりした場合は、静かに手を挙げて先生に知らせてください。
6. 試験中、机の上に置けるのは、次のものだけです。これ以外の物品を置いてはいけません。
   ・黒しんのえん筆またはシャープペンシル
   ・消しゴム　・コンパス
   ・直定規　・三角定規一組（10cm 程度の目盛り付き）
   ・時計　・メガネ
   筆箱も机の上には置けませんので、カバンの中にしまってください。
7. **終了のチャイムが鳴り始めたら、ただちに筆記用具を置いてください。**
8. 答案を回収し終えるまで、手はひざの上に置いてください。

＃教英出版 編集部　注
編集の都合上、2～3ページは省略しています。

1　**図１**は，地球の公転のようすを示した図で，**図２**は棒を板に垂直に立ててつくった実験道具です。これらを見て，以下の問いに答えなさい。

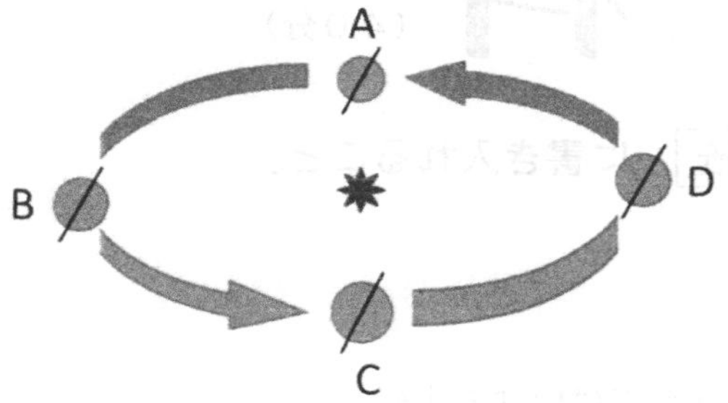

図１

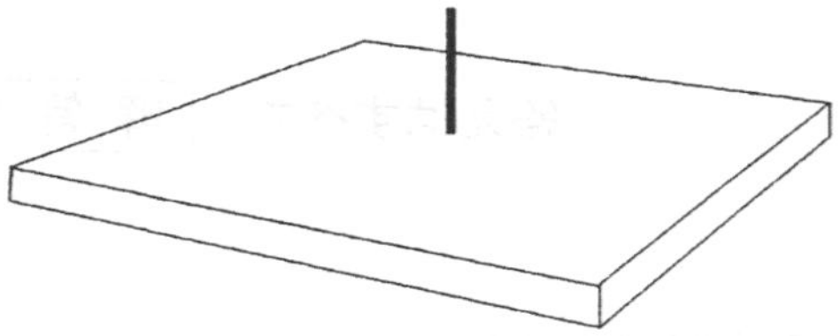

図２

問１　**図１**の中で，５月５日の地球はどの位置にありますか。あてはまるものを，次の**ア**～**エ**の中から一つ選び，記号で答えなさい。

ア　AとBの間　　**イ**　BとCの間　　**ウ**　CとDの間　　**エ**　DとAの間

問２　次の(1)～(3)の日に日本で**図２**の道具を水平な地面に置いて，棒の先たんのかげの位置を板に描《えが》いたとき，どのようになりますか。それぞれもっとも近いものを右の図の**ア**～**カ**の中から一つずつ選び，記号で答えなさい。

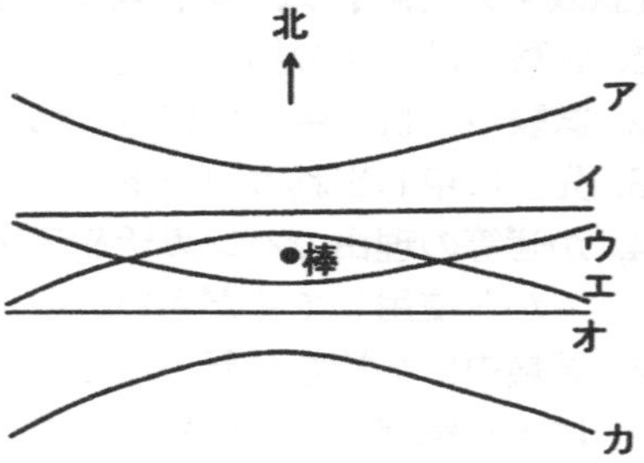

(1)　２月１日　　(2)　５月５日　　(3)　９月 23 日

問３　**写真１**は日本で西の空の広はん囲を長時間にわたって撮《と》ったもので，時間とともに星が動いているようすがわかります。星も太陽も自分で動いているわけではなく，地球の自転によって動いて見えるので，その動き方はほぼ同じになります。写真の中で５月５日の太陽と同じ経路を動く星としてもっとも近いものを，**ア**～**ウ**の中から一つ選び，記号で答えなさい。

写真１

問4　図3のように，水平なゆかに垂直に立つうすいかべに囲まれ，真北に向いた窓だけがある部屋があります。この部屋で5月5日に真北に向いた窓から太陽の光が直接差しこむかどうかを観察したとき，どのようになりますか。あてはまるものを，次のア～エの中から一つ選び，記号で答えなさい。ただし，この部屋は日本にあり，太陽は雲や建物などにさえぎられることはないものとします。

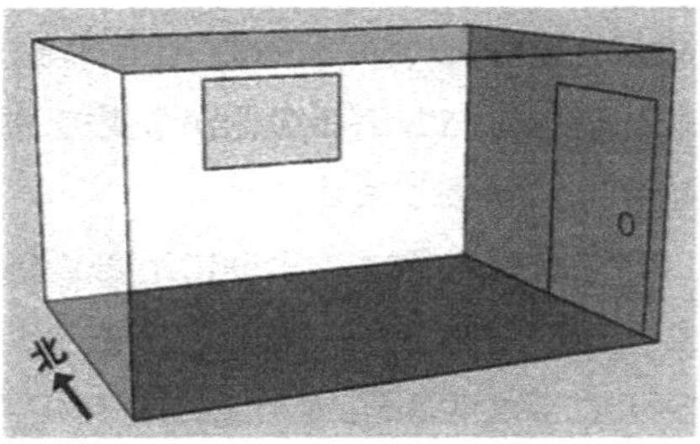

図3

ア　差しこむことはない。　　イ　朝と夕方のみ差しこむ。

ウ　昼前後だけ差しこむ。　　エ　1日中差しこむ。

図2の道具では，同じ時刻でも季節によって太陽のかげができる向きが異なるので，日時計としては使いづらくなっています。一方，写真2は，ある場所に設置された日時計の写真で，ななめになっている棒は地球の自転軸《じく》と平行になっています。そうすることで，太陽による棒のかげが，同じ時刻ならば季節によらずほぼ同じ方角にできるようになっています。写真2の棒は地面に対して垂直な方向から63度ほどかたむいています。

また，写真3には，写真2の日時計の台座にある時刻を示す目盛が示されています。真北にある目盛がXII（ローマ数字の12）ではなく，XI（11）になっています。

写真2

写真3

問5　写真2の棒の先たんの方向の延長上あたりに見られる星の名前を答えなさい。

問6　写真2および写真3から，この日時計が設置されているのは日本のどの地域だと考えられますか。あてはまるものを，次のア～オの中から一つ選び，記号で答えなさい。

ア　札幌《さっぽろ》　イ　名古屋《なごや》　ウ　淡路《あわじ》島　エ　小笠原《おがさわら》父島　オ　沖縄《おきなわ》本島

2 手回し発電機とはモーターに手回しハンドルを付けたもので，以下では，手回し発電機のハンドルの回転方向を，**ハンドルの側から見て**「時計回り」，「反時計回り」と表します。

はじめに，**図1**のように手回し発電機**G1**（以下では**G1**と表します）と豆電球を接続します。ハンドルを時計回りに手で回転させると豆電球が点灯します。このとき，電流は黒いたんしから出て豆電球を通過して白いたんしに入ります。

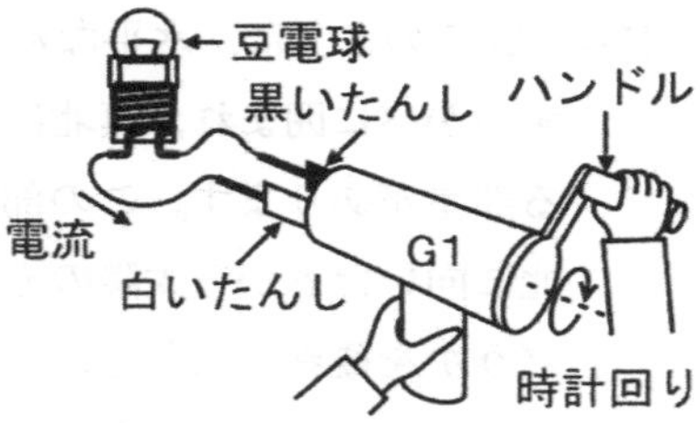

図1

次に，**図2**のように**G1**のハンドルにはさわらずに，かん電池を接続すると，ハンドルは時計回りに回転します。

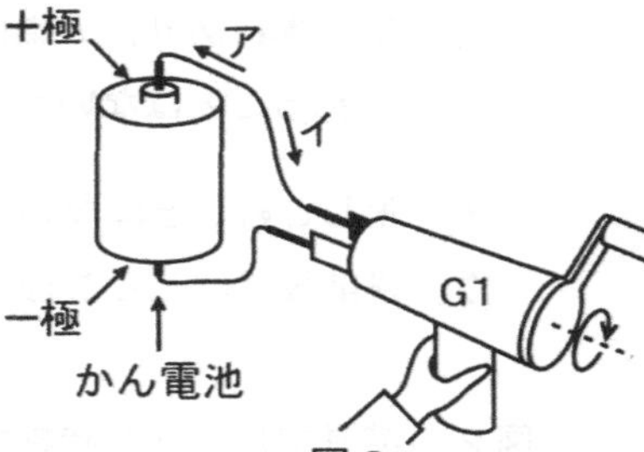

図2

問1 **図2**のとき，導線に流れる電流の向きは，**ア**，**イ**のどちらになりますか。正しいものを一つ選び，記号で答えなさい。

次に，電流の向きとハンドルの回転方向が**G1**と同じになる手回し発電機**G2**（以下では**G2**と表します）を用いて，**図3**のように接続し，**G2**のハンドルにはさわらずに，**G1**のハンドルを時計回りに手で回転させます。

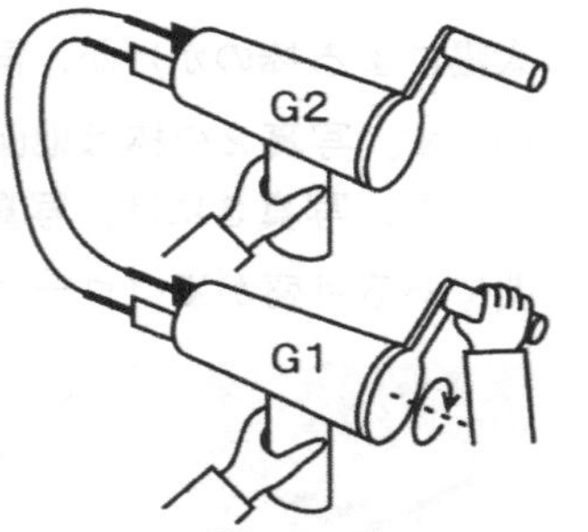

図3

問2 **図3**のとき，**G2**のハンドルはどのようになりますか。正しいものを，次の**ア**～**ウ**の中から一つ選び，記号で答えなさい。

ア 回転しない。　　**イ** 時計回りに回転する。　　**ウ** 反時計回りに回転する。

次に，**図4**のようにかん電池，コンデンサー，**G1**，スイッチ**S1**，スイッチ**S2**（以下では**S1**，**S2**と表します）を接続します。**S2**を開いた状態で**S1**だけを閉じてしばらく放置すると，コンデンサーに電気がたまります。続いて，<u>①**S1**を開いてから**S2**を閉じる</u>とコンデンサーにたまった電気が流れるので，**G1**のハンドルから手をはなしておくと時計回りに回転し始めます。そして，だんだん回転がおそくなって，しばらくすると止まります。

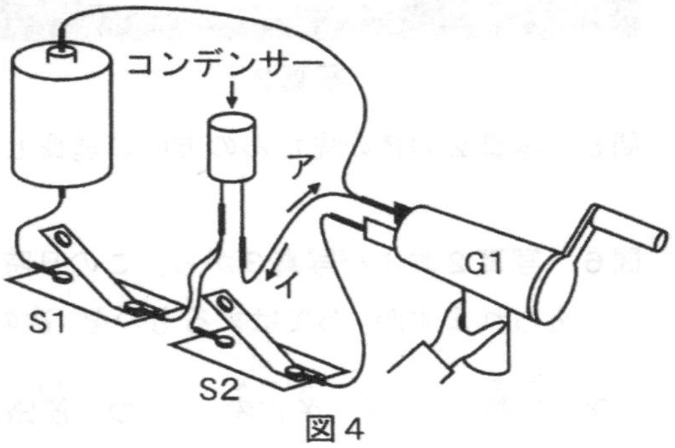

図4

問３　**図４**において**下線部①**の直後，コンデンサーとG1の回路に流れる電流の向きは，**ア**，**イ**のどちらになりますか。正しいものを一つ選び，記号で答えなさい。

次に，**図５**のようにかん電池，コンデンサー，G1，G2，スイッチS3（以下ではS3と表します）を接続します。G1，G2のハンドルにはさわらずにS3を閉じると，G1，G2のハンドルはどちらも時計回りに回転し始めます。しばらくすると，コンデンサーに電気がたまり，コンデンサーには電流が流れなくなり，②G1のハンドルの回転だけが止まります。

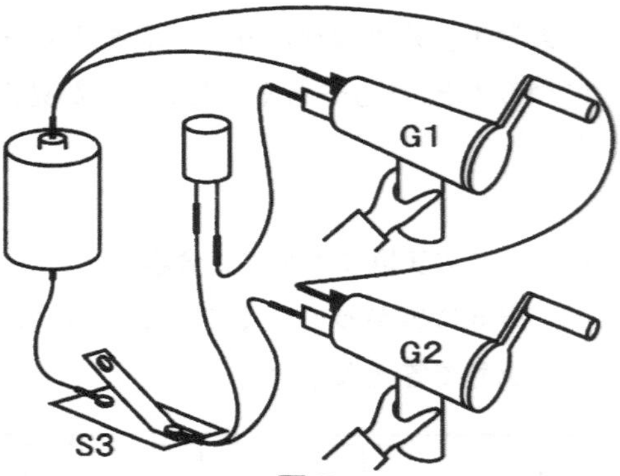

図５

問４　**図５**において**下線部②**の後にS3を開いた直後，G1，G2のハンドルはそれぞれどちら向きに回転しますか。正しいものを，表の**ア**～**エ**の中から一つ選び，記号で答えなさい。

	G１	G２
ア	時計回り	時計回り
イ	時計回り	反時計回り
ウ	反時計回り	時計回り
エ	反時計回り	反時計回り

最後に，**図６**のようにG1とコンデンサーを接続し，G1のハンドルを時計回りにしばらくの間手で回転させ，③ハンドルから手をはなします。

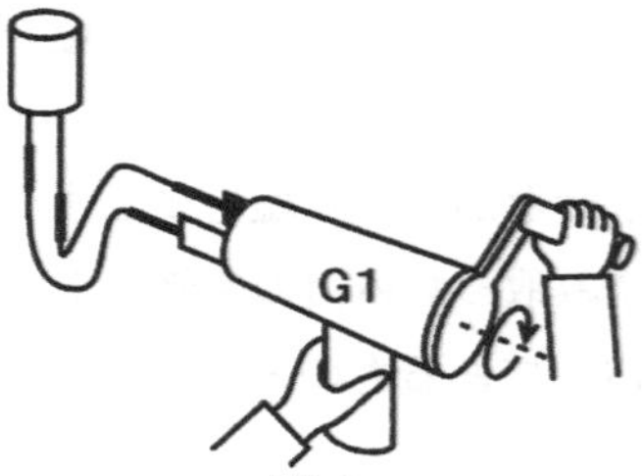

図６

問５　**図６**において**下線部③**の直後，G1のハンドルはどのようになりますか。正しいものを，次の**ア**～**オ**の中から一つ選び，記号で答えなさい。

ア　すぐに回転が止まり，そのまま回転しない。
イ　すぐに反時計回りに回転し始め，だんだん回転が速くなる。
ウ　すぐに反時計回りに回転し始めるが，だんだん回転がおそくなる。
エ　時計回りに回転し続け，だんだん回転が速くなる。
オ　時計回りに回転し続けるが，だんだん回転がおそくなる。

3 お湯につけたティーバッグから紅茶の成分がとけ出すようすに興味を持ち，食塩と水を用いて，固体が水にとけるようすを２種類の実験を通して調べることにしました。

［実験１］茶葉の代わりに食塩をティーバッグに入れて，ビーカーに入れた水の中に静かにつるすと，「もやもやしたもの」が見えて，食塩が水中にとけ出すようすが観察されました。

問１　この実験において，食塩が水にとけ出すときの「もやもやしたもの」は，水中のどの方向に広がっていくでしょうか。もっとも近いものを，次の**ア**～**エ**の中から一つ選び，記号で答えなさい。

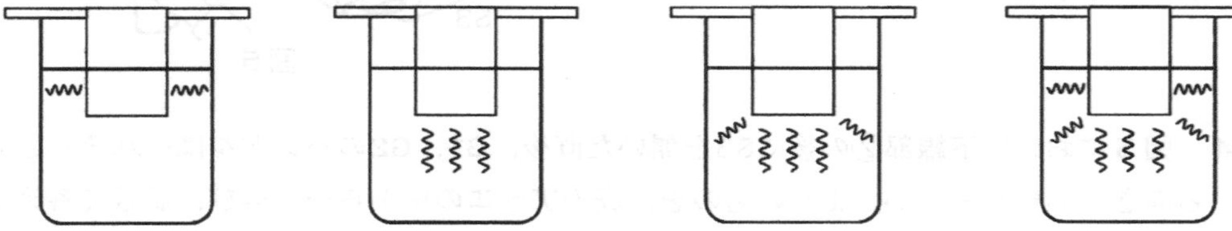

ア　　**イ**　　**ウ**　　**エ**

問２　食塩水は中性であるため，リトマス紙の色を変化させません。赤色リトマス紙を青色に変化させる水よう液を，次の**ア**～**オ**の中から**すべて選び**，記号で答えなさい。

ア　砂糖水　**イ**　うすいアンモニア水　**ウ**　石灰《かい》水　**エ**　炭酸水　**オ**　うすい塩酸

［実験２］水にとける食塩の重さや，できた水よう液の体積をくわしく調べることにしました。200 mL のメスシリンダーの中に 25 ℃ の水 100.0 mL を入れて，ガラス棒でよくかきまぜながら，食塩を少しずつ加えていきました。加えた食塩の重さと，メスシリンダーで読み取った体積の関係は下の表のようになりました。ただし，水の体積 1.0 mL の重さは 1.0 g であるものとします。

状態	①	②	③	④	⑤	⑥	⑦
食塩の重さ (g)	0.0	2.0	5.0	10.0	30.0	36.0	60.0
メスシリンダーで読み取った体積 (mL)	100.0	100.4	101.6	103.6	111.6	114.0	125.0

（体積の値は，メスシリンダーの最小目盛の 10 分の 1 まで読み取っています。）

状態⑥になったとき，よくかき混ぜても固体の食塩がとけきれずにわずかに残りました。そこで，このときに加えた食塩の重さを，水 100.0 mL にとける限界の重さとみなしました。

問３　状態⑥から状態⑦にかけては，とけきれなくなった固体の食塩の体積分メスシリンダーで読み取った体積が増えています。ここから，固体の食塩の体積 1.0cm³ の重さは何 g とわかりますか。割り切れない場合は，四捨五入して小数第一位まで求めなさい。

問４　状態⑤の食塩水を加熱して 40.0g の水を蒸発させた後，水よう液を 25℃ にしたとすると，とけきれなくなって残る固体の食塩は何 g ですか。割り切れない場合は，四捨五入して小数第一位まで求めなさい。

問５　［実験２］の結果について，横軸《じく》に「水に加えた食塩の重さ」を，縦軸に「メスシリンダーで読み取った体積の『状態①』からの増加分」をとって，グラフを作るとどのような形になりますか。もっとも近いものを，次の**ア**～**エ**の中から一つ選び，記号で答えなさい。なお，グラフにおける点線（‐‐‐‐‐‐‐‐‐‐）は直線を表しています。

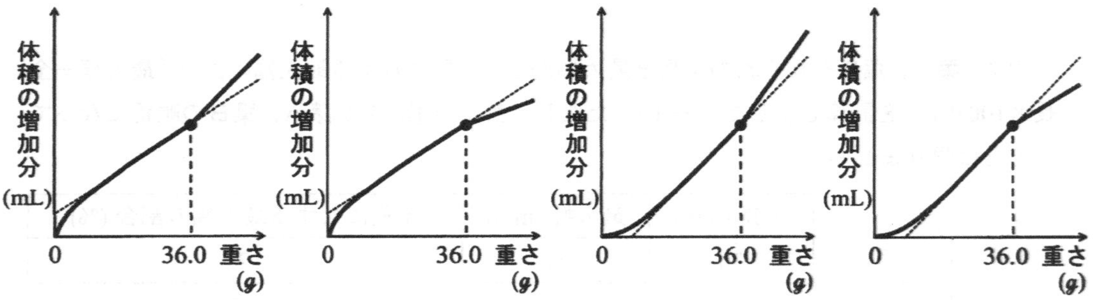

ア　　　イ　　　ウ　　　エ

問６　以上の［実験１］と［実験２］の結果から確認できることや考えられることとして，正しいものを，次の**ア**～**オ**の中から**すべて選び**，記号で答えなさい。

ア　食塩が水にとけていくとき，水よう液の体積は増えていく。

イ　水に食塩を加えてとかすと，できた水よう液の体積は，とかす前の水の体積と食塩の体積の和よりも小さくなる。

ウ　水に食塩を加えてとかすと，できた水よう液の重さは，とかす前の水の重さと食塩の重さの和よりも小さくなる。

エ　食塩は水の温度を上げても，水にとける重さはほとんど変わらない。

オ　状態①から状態⑥に向かって，食塩水の体積 1.0mL の重さは増えていく。

4 図１に示した葉Ａと葉Ｂの形を比べることにしました。

はじめに，図２に示した測定方法にしたがって，縦方向を長さ，横方向を幅《はば》として測り，平面部の形を調べました。ここでは，平面部の縦方向の長さの最大値を全長とよび，横方向の幅の最大値を最大幅とよびます。

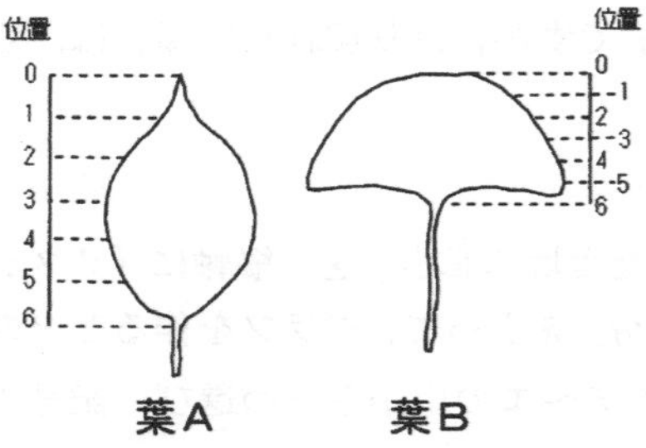

実物との比率は葉Ａ，葉Ｂで異なります

図１

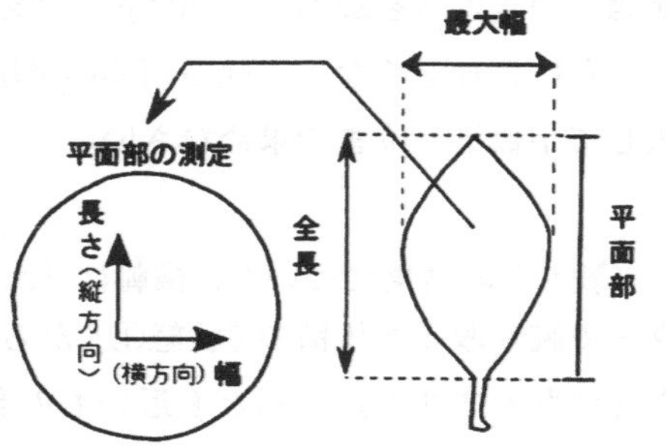

図２

次に，葉Ａ，葉Ｂそれぞれの全長と最大幅から，全長に対する最大幅の割合「最大幅÷全長×100(%)」を計算しました（表１）。ただし，表１の①，②が葉Ａ，葉Ｂの順番になっているとは限りません。

	全長 (mm)	最大幅 (mm)	全長に対する最大幅の割合 (%)
①	30	51	170
②	102	56	55

表１

さらに，葉の先たん部を位置０として，全長を６等分した位置０～６の各位置（図１）の幅を調べました。図３のグラフは葉Ａと葉Ｂそれぞれについて，横軸《じく》に位置をとり，縦軸に「最大幅に対するその位置での幅の割合 (%)」をとって点で表し，それを直線で結んで作りました。

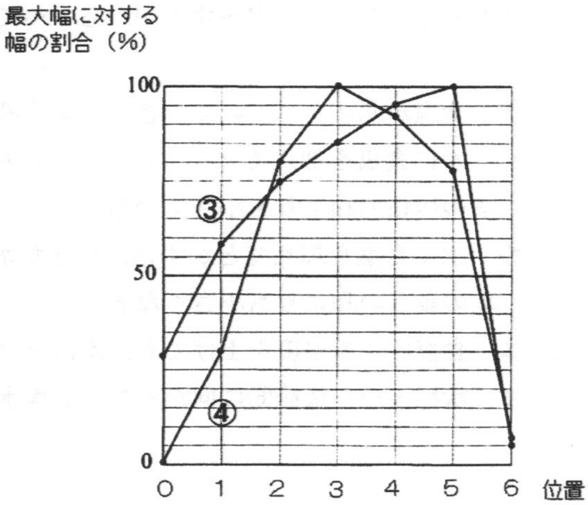

図３

問１　**表１**の①・②と**図３**の③・④からそれぞれ**葉Ａ**のものを選んだ組み合わせを，次の**ア〜エ**の中から一つ選び，記号で答えなさい。

	表１の値	**図３のグラフ**
ア	①	③
イ	①	④
ウ	②	③
エ	②	④

次に，**図４**に示した**葉Ｃ**の形を調べることにしました。葉の全長を６等分した位置０〜６の各部分について，「最大幅に対する幅の割合 (%)」が**表２**に示されています。

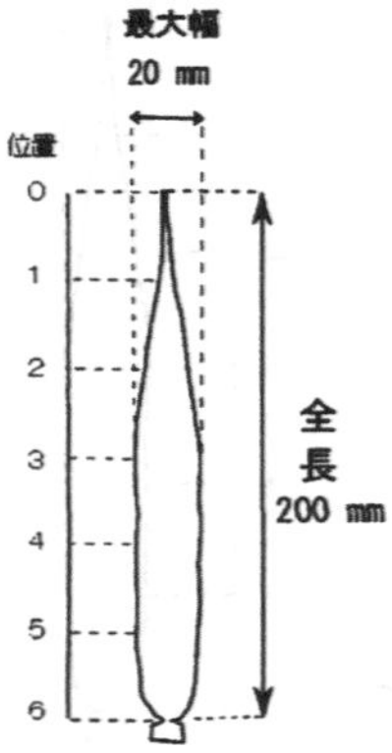

葉Ｃ

図４

	図４の最大幅 20mm に対する幅の割合 (%)
位置０	0
位置１	25
位置２	75
位置３	100
位置４	100
位置５	100
位置６	25

表２

問２　**葉Ｃ**の位置０〜６での幅の値を**表２**から計算し，右の**例１**にならい，値を解答らんに点で書き入れ，各点を直線で結びなさい。

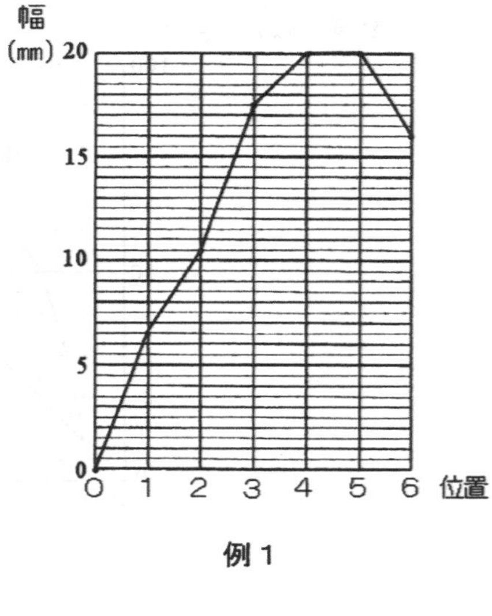

例１

次に，**図５**のように**葉Ｃ**が成長して全長 20 mm の幼葉《ようよう》から全長 200 mm の成葉《せいよう》になるときの形の変化を調べました。ここでいう幼葉とは成長中の葉で，成葉とは大きくなって成長をやめた葉です。

成長によって葉の全長が変化するそれぞれの段階で，葉の全長を 6 等分して位置０～６とします（**図５**）。葉の縦方向の成長は，位置０～６のそれぞれの間かくが同じ割合で広がるようにおこるものとします。ここで位置１について，「成葉の幅に対する幼葉の幅の割合(%)」を各成長段階で調べます。**図６**は横軸を全長とし，縦軸を「成葉の幅に対する幼葉の幅の割合(%)」として，成長とともに位置１の幅がどのように変化していくかを示したものです。位置２も同様にして調べ，その結果も**図６**に重ねて示しています。

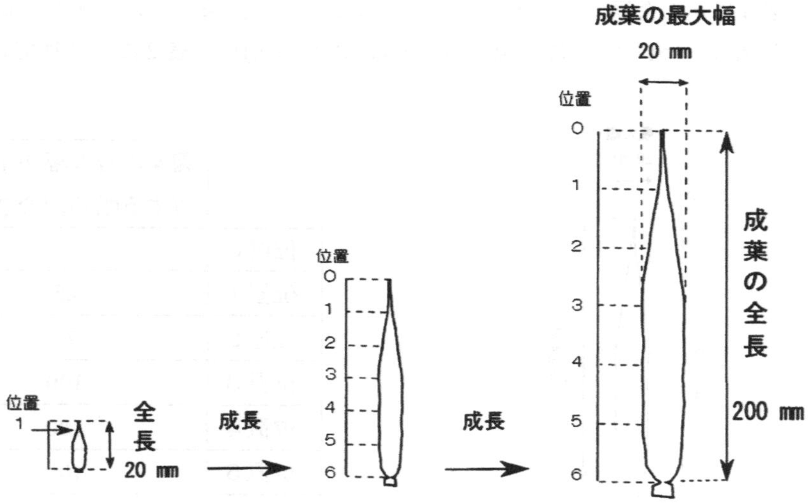

図５

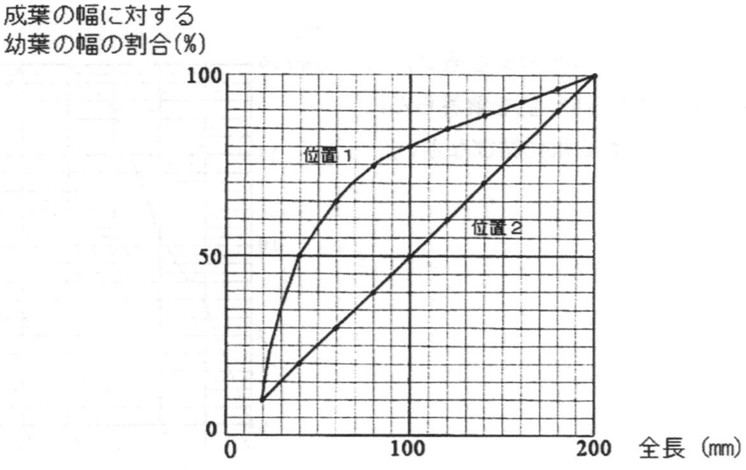

図６

問3　葉の全長が 20mm，40mm，100mm のとき，位置１，位置２での幅の値を**表２**，**図６**をもとに計算し，右の**例２**にならい，値を解答らんに点で書き入れなさい。それぞれの点の右側に 20mm は**カ**，40mm は**キ**，100mm は**ク**と記入すること。

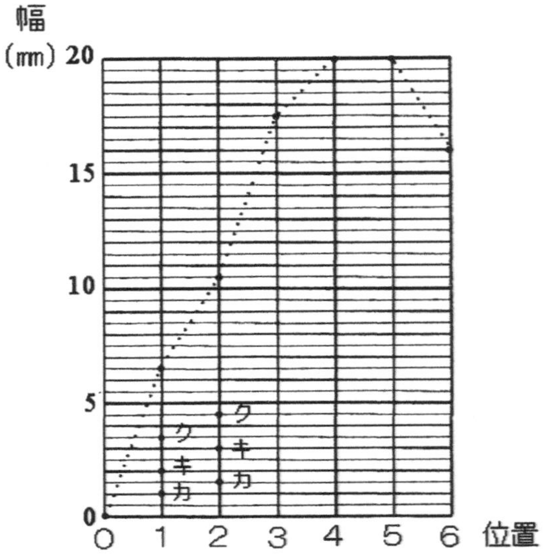

例２

問４　幅の増加量が位置２より位置１で多い期間を，次の**ア**～**ウ**の中から一つ選び，記号で答えなさい。

ア　葉の全長が 20mm から 40mm まで成長する期間

イ　葉の全長が 40mm から 100mm まで成長する期間

ウ　葉の全長が 100mm から 200mm まで成長する期間

問５　葉の①全長が 20mm から 40mm まで成長する期間と，②全長が 100mm から 200mm まで成長する期間では，ともに葉の全長は２倍になります。**問３**の位置１の結果をもとに考えると，**下線部①，②**のそれぞれの期間について，**葉C**の先たん（位置０～１）の長さと幅の比率はどうなりますか。もっとも近いものを，下の**ア**～**ウ**の中からそれぞれ一つずつ選び，記号で答えなさい。ただし，下図は長さと幅の比率を表したものであり，成長前後の長さの変化量を正確に表したものではありません。

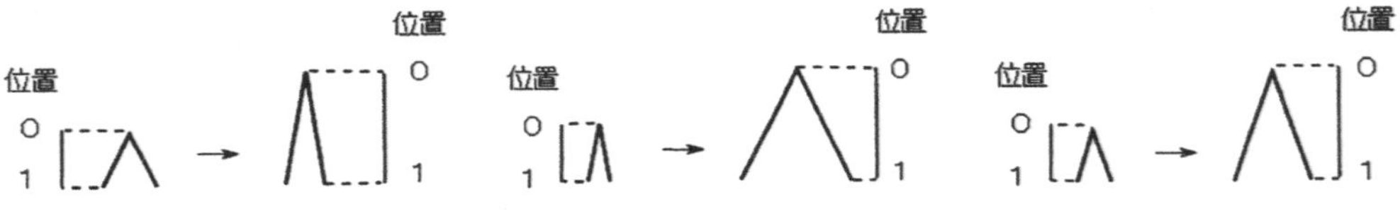

ア　長さに比べて幅の比率が小さくなる。

イ　長さに比べて幅の比率が大きくなる。

ウ　長さと幅の比率は変わらない。

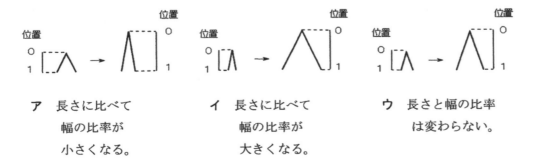

F 社 会 （４０分）

答えはすべて 解答用紙 に書き入れること。

【この冊子について】
1. 試験開始の合図があるまで、この冊子に手をふれてはいけません。
2. この冊子は、2～4 ページが白紙です。問題は 5～22 ページです。
3. 解答用紙は、冊子の中央にはさまっています。試験開始の合図後、取り出して解答してください。
4. 試験中に印刷のかすれやよごれ、ページのぬけや乱れ等に気づいた場合は、静かに手を挙げて先生に知らせてください。
5. 試験中、冊子がバラバラにならないように気をつけてください。

【試験中の注意】 以下の内容は、各時間共通です。
1. 試験中は先生の指示に従ってください。
2. 試験中、机の中には何も入れないこと。荷物はイスの下に置いてください。
3. 先生に申し出ればコート・ジャンパー等の着用を許可します。
4. かぜ等の理由でハンカチやティッシュペーパーの使用を希望するときは、先生の許可を得てから使用してください。
5. 試験中に気持ちが悪くなったり、どうしてもトイレに行きたくなったりした場合は、静かに手を挙げて先生に知らせてください。
6. 試験中、机の上に置けるのは、次のものだけです。これ以外の物品を置いてはいけません。
   ・黒しんのえん筆またはシャープペンシル
   ・消しゴム　・コンパス
   ・直定規　・三角定規一組（10cm 程度の目盛り付き）
   ・時計　・メガネ
   筆箱も机の上には置けませんので、カバンの中にしまってください。
7. **終了のチャイムが鳴り始めたら、ただちに筆記用具を置いてください。**
8. 答案を回収し終えるまで、手はひざの上に置いてください。

＃教英出版 編集部　注
編集の都合上、2～3ページは省略しています。

1　次の文章を読み、あとの問いに答えなさい。

日本の国会、内閣、裁判所の役割や、たがいの関係について考えてみましょう。「全国民を代表する選挙された議員」（日本国憲法第43条）の集まる国会は、主権者である国民の意思を反映する「唯一《ゆいいつ》の立法機関」（第41条）とされています。たとえば2019年10月に①消費税率が10%へ引き上げられましたが、この税率の変更《へんこう》も、国会での消費税法の改正などを通じて行われました。

また今回の増税によって得られる②税収の使い道として、子育て、教育、介護《かいご》、年金といった政策にあてられることが発表されており、そのいくつかはすでに実行に移されています。こうした③予算案の作成や政策の実行は内閣および行政機関の役割であり、④内閣は国会の信任によって成立しています。したがって、間接的ではありますが、行政も国民の意思の下《もと》にあると言えるでしょう。

ただし国会の定めた法律や内閣の実行する政策が憲法に反した内容であってはなりません。そのチェックをするのが違憲審査権《いけんしんさけん》を持つ⑤裁判所です。たとえば、2018年７月には公職選挙法が改正され、2019年７月にはそれに基《もと》づいて⑥参議院選挙が行われました。この選挙においても「一票の格差」が生じており、これは日本国憲法第14条などに反するのではないかという訴訟《そしょう》が起こされています。この点について、もし裁判所が違憲判決を下せば、国会や内閣には対応が求められるでしょう。

以上のことから、日本の政治制度は、人々の意思を反映させながら物事を決定・実行していく仕組みと、その決定・実行の内容に歯止めをかける仕組みの両方を兼《か》ね備《そな》えているという説明ができそうです。そしてどちらの側面も⑦日本国憲法に示されています。視点を定めて日本国憲法を読み直してみると、新たに気づくことがあるかもしれません。

問１　下線部①に関連して、消費税率10%への引き上げが行われる中で、酒類・外食を除く飲食料品と、定期購読契約《こうどくけいやく》が締結《ていけつ》された週２回以上発行される新聞については８%のままとされています。このような、一部の商品にかけられる低い税率を何といいますか。**漢字４字**で答えなさい。

問２　下線部②に関連して、以下の問いに答えなさい。

（１）国の歳出《さいしゅつ》において、大きな割合を占《し》めるのが社会保障関係費です。社会保障制度と最も関連が深いものを、次のア～エから一つ選び、記号で答えなさい。

ア　法の下《もと》の平等　　**イ**　思想・良心の自由　　**ウ**　職業選択《せんたく》の自由　　**エ**　生存権

（２）社会保障は４つの部門に分かれていますが、老齢《ろうれい》年金が含《ふく》まれる部門として正しいものを、次の**ア**～**エ**から一つ選び、記号で答えなさい。

ア　社会保険　　**イ**　公的扶助《ふじょ》　　**ウ**　社会福祉《ふくし》　　**エ**　公衆衛生

問３　下線部③に関連して、以下の問いに答えなさい。

（１）次の文は、予算の成立過程における衆議院の優越《ゆうえつ》について述べたものです。この文中の空欄《くうらん》（　Ａ　）（　Ｂ　）にあてはまる言葉の組み合わせとして正しいものを、下の**ア**～**エ**から一つ選び、記号で答えなさい。

> 参議院が衆議院の議決を受け取った後（　Ａ　）日以内に議決しない場合、もしくは衆議院と参議院で異なった議決をした後の両院協議会でも不一致《ふいっち》の場合、衆議院の（　Ｂ　）、予算が成立する。

ア　Ａ　30　Ｂ　議決をそのまま国会の議決とし
イ　Ａ　30　Ｂ　出席議員の３分の２以上の賛成で再可決されれば
ウ　Ａ　60　Ｂ　議決をそのまま国会の議決とし
エ　Ａ　60　Ｂ　出席議員の３分の２以上の賛成で再可決されれば

（２）日本の国の予算は税収や公債金《こうさいきん》を主な財源としていますが、国際連合の予算は各国からの分担金を財源としています。次の表は、各国の分担金の割合による順位を示したものです。日本にあてはまるものを、表中の**ア**～**エ**から一つ選び、記号で答えなさい。

順位（2019～2021年）	国名	2016～2018年の分担率（%）	2019～2021年の分担率（%）
1	**ア**	22.000	22.000
2	**イ**	7.921	12.005
3	**ウ**	9.680	8.564
4	**エ**	6.389	6.090
5	英国	4.463	4.567
6	フランス	4.859	4.427

（外務省ウェブサイト「日本の財政貢献《こうけん》」による）

問４　下線部④に関連して、以下の問いに答えなさい。

（１）内閣は国会の信任によって成立しており、また「国会に対し連帯して責任を負ふ《う》」（日本国憲法第66条第３項《こう》）とされています。国会と内閣の関係についての、こうした制度を何といいますか。**漢字５字**で答えなさい。

（２）次の文は、衆議院が内閣不信任案を可決した後の動きについて述べたものです。この文中の空欄（　C　）（　D　）にあてはまる言葉の組み合わせとして正しいものを、下の**ア～エ**から一つ選び、記号で答えなさい。

衆議院が内閣不信任案を可決した場合、（　C　）日以内に衆議院が解散されない限り、内閣は総辞職をしなければならない。衆議院が解散された場合、選挙が行われ、その選挙の日から30日以内に（　D　）が開かれる。そこで新たに内閣総理大臣が指名される。

ア　C　10　　D　臨時国会
イ　C　10　　D　特別国会
ウ　C　40　　D　臨時国会
エ　C　40　　D　特別国会

（３）国会と内閣についての日本国憲法の規定を述べた文として**誤っているもの**を、次の**ア～エ**から一つ選び、記号で答えなさい。

ア　内閣は、参議院の緊急《きんきゅう》集会の開催《かいさい》を求めることができる。
イ　内閣が条約を締結《ていけつ》する場合、国会による承認《しょうにん》が必要である。
ウ　内閣総理大臣は、衆議院議員の中から指名される。
エ　国務大臣は、国会に出席して議案について説明することができる。

問５　下線部⑤に関連して、国会および内閣が裁判所を抑制《よくせい》するための制度を述べた文として正しいものを、次の**ア～エ**から一つ選び、記号で答えなさい。

ア　最高裁判所の長官は国会が任命する。
イ　最高裁判所の長官以外の裁判官は内閣が任命する。
ウ　下級裁判所の裁判官は国会が指名も任命も行う。
エ　内閣は弾劾《だんがい》裁判によって裁判官を罷免《ひめん》することができる。

問６　下線部⑥に関連して、以下の問いに答えなさい。

（１）次の文は、参議院選挙の制度について述べたものです。この文中の空欄（　E　）～（　G　）にあてはまる言葉の組み合わせとして正しいものを、下の**ア**～**ク**から一つ選び、記号で答えなさい。

> 選挙権は18歳以上の国民が持ち、被《ひ》選挙権は（　E　）歳以上の国民が持つ。選挙区選挙は一部の合区を除いて都道府県ごとに行われる。比例代表選挙は（　F　）で行われるが、2019年７月の参院選では初めて（　G　）が取り入れられた。

ア	E	25	F	拘束名簿式《こうそくめいぼ》	G	一人別枠《べつわく》方式
イ	E	25	F	拘束名簿式	G	特別枠
ウ	E	25	F	非拘束名簿式	G	一人別枠方式
エ	E	25	F	非拘束名簿式	G	特別枠
オ	E	30	F	拘束名簿式	G	一人別枠方式
カ	E	30	F	拘束名簿式	G	特別枠
キ	E	30	F	非拘束名簿式	G	一人別枠方式
ク	E	30	F	非拘束名簿式	G	特別枠

（２）次のページに掲《かか》げる二つの表は、最近行われた２回の参議院選挙での「一票の格差」を計算したものです。「一票の格差」の意味をふまえた上で、これらの表から読み取れることとして正しいものを、次の**ア**～**エ**から一つ選び、記号で答えなさい。なお、表中の「格差」は、「議員一人あたりの有権者数」について、最も少ない選挙区を１としたときの比率を表しています。

ア　どちらの選挙でも、宮城県における一票は福井県における一票の約３倍の価値があった。

イ　選挙当日の有権者数が増えた神奈川県は、福井県との「一票の格差」が拡大した。

ウ　埼玉県の選挙当日の有権者数に変化がなかったとしたら、議員定数は減ったと推測できる。

エ　議員一人あたりの有権者数が減った選挙区はすべて、福井県との「一票の格差」も縮小した。

〔2016（平成28）年７月10日執行《しっこう》　第24回参議院議員通常選挙〕

	選挙区	選挙当日の有権者数	議員定数	議員一人あたりの有権者数	格差
1	埼玉県	6,069,018	6	1,011,503	3.08
2	新潟県	1,959,714	2	979,857	2.98
3	宮城県	1,947,737	2	973,869	2.96
4	神奈川県	7,577,073	8	947,134	2.88
	⋮				
42	香川県	834,059	2	417,030	1.27
43	山梨県	705,769	2	352,885	1.07
44	佐賀県	693,811	2	346,906	1.06
45	福井県	657,443	2	328,722	1.00

〔2019（令和元）年７月21日執行　第25回参議院議員通常選挙〕

	選挙区	選挙当日の有権者数	議員定数	議員一人あたりの有権者数	格差
1	宮城県	1,942,518	2	971,259	3.00
2	新潟県	1,919,522	2	959,761	2.97
3	神奈川県	7,651,249	8	956,406	2.96
4	東京都	11,396,789	12	949,732	2.94
	⋮				
42	和歌山県	816,550	2	408,275	1.26
43	山梨県	693,775	2	346,888	1.07
44	佐賀県	683,956	2	341,978	1.06
45	福井県	646,976	2	323,488	1.00

（参議院ウェブサイト「参議院議員選挙制度の変遷《へんせん》」、総務省ウェブサイト「平成28年７月10日執行 参議院議員通常選挙 速報結果」「令和元年７月21日執行 参議院議員通常選挙 速報結果」による）

問7　下線部⑦に関連して、以下の問いに答えなさい。

（1）次の文H～Kのうち、日本国憲法の内容として適切な文の組み合わせを、下の**ア**～**エ**から一つ選び、記号で答えなさい。

H　天皇は国の元首として、統治権を総攬《そうらん》する。

I　天皇は内閣の助言と承認に基づいて国事行為《こうい》を行う。

J　国民は臣民として、法律の範囲内《はんいない》において居住および移転の自由を有する。

K　国民は法律の定めるところにより、その能力に応じて等しく教育を受ける権利を有する。

ア　HとJ　　**イ**　HとK　　**ウ**　IとJ　　**エ**　IとK

（2）日本国憲法の次の条文は、憲法改正の手続きについて述べたものです。この文中の空欄（　L　）～（　N　）にあてはまる言葉の組み合わせとして正しいものを、下の**ア**～**ク**から一つ選び、記号で答えなさい。

> **第96条**　この憲法の改正は、各議院の（　L　）の（　M　）の賛成で、国会が、これを発議《はつぎ》し、国民に提案してその承認を経なければならない。この承認には、特別の（　N　）又は…（中略）…において、その過半数の賛成を必要とする。

ア　L　出席議員　M　3分の2以上　N　国民投票
イ　L　出席議員　M　3分の2以上　N　国民審査
ウ　L　出席議員　M　過半数　N　国民投票
エ　L　出席議員　M　過半数　N　国民審査
オ　L　総議員　M　3分の2以上　N　国民投票
カ　L　総議員　M　3分の2以上　N　国民審査
キ　L　総議員　M　過半数　N　国民投票
ク　L　総議員　M　過半数　N　国民審査

（3）日本国憲法の次の条文中の空欄（　O　）（　P　）にあてはまる言葉を**漢字**で書きなさい。

> **第41条**　国会は、国権の（　O　）であつて、国の唯一の立法機関である。

> **第98条**　この憲法は、国の（　P　）であつて、その条規に反する法律、命令、詔勅《しょうちょく》及び国務に関するその他の行為の全部又は一部は、その効力を有しない。

2 次の文章を読み、あとの問いに答えなさい。

日本は島国で、四方を囲む海が自然の防壁《ぼうへき》となって日本を守ってきました。そのため歴史的にみても日本が外国に攻撃《こうげき》されることはほとんどなく、また近代以前に日本が外国と戦争をすることは少なかったといえます。しかし日本と他の国との戦争が全くなかったわけではありません。

「日本」という国の名前がまだなく「倭《わ》」と呼ばれていた時代、朝鮮《ちょうせん》半島の北部にあった高句麗《こうくり》という国の王の功績を記した石碑《せきひ》には、４世紀の末に高句麗と倭国が戦ったという記述があります。また中国の歴史書には、５世紀後半に倭国の武という王が中国に使いを送り、高句麗との戦いに有利になるような官職を与《あた》えてほしいと願い出ていたことが記されています。この倭国王の武は、稲荷山古墳《いなりやまこふん》で発見された鉄剣《てっけん》に①「ワカタケル大王」と記された人物と同じであると考えられています。このように倭国が朝鮮半島に進出する際に高句麗など朝鮮半島の国々と対立し、戦うことがあったことがわかるのです。

倭国が朝鮮半島の政治に深く関《かか》わっていたため、外国との大きな戦いにいどんだことがありました。②倭国と友好関係にあった朝鮮半島の百済《くだら》が滅亡《めつぼう》すると、その救援《きゅうえん》のために③中大兄皇子《なかのおおえのおうじ》は大軍を朝鮮半島に派遣《はけん》することを決定し、海上で倭国は唐《とう》（中国）・新羅《しらぎ》（朝鮮半島）の連合軍と戦ったのです。この663年の白村江《はくそんこう》の戦いに敗北した倭国は、以後朝鮮半島から手を引き、内政の充実《じゅうじつ》に専念することとなります。やがて唐《とう》の律令《りつりょう》制度を導入して税制や官僚《かんりょう》組織などが整った中央集権的な国家が完成し、その前後の時期、「倭」にかわって「日本」の国号が、「大王」にかわって「天皇」の称号《しょうごう》が確立されました。唐の都の長安にならった平城京に都が置かれていた④奈良時代は、この律令制度が最もよく機能し広まった時代でした。外交面でも、⑤日本は唐と友好関係を保ち、しばしば遣唐使が派遣されて中国の進んだ文化がもたらされました。

唐が衰《おとろ》えると遣唐使は派遣されなくなりましたが、日本と中国・朝鮮との間では民間の貿易や僧侶《そうりょ》などの往来が活発で、おおむね平和な時代が続きました。近代になるまで日本が外国と戦争したことはほとんどなかったのですが、例外がありました。鎌倉時代のモンゴルの襲来《しゅうらい》（元寇《げんこう》）と豊臣秀吉《とよとみひでよし》による朝鮮出兵です。

13世紀にモンゴルはユーラシア大陸に大帝国《だいていこく》を築き、中国に君臨したフビライは朝鮮半島の高麗《こうらい》を従え、日本にも服属を要求してきました。日本がこれを拒絶《きょぜつ》すると⑥文永の役《えき》（1274年）と弘安《こうあん》の役（1281年）の二度にわたって北九州に攻《せ》め込んできましたが、退《たい》却《きゃく》しました。

また豊臣秀吉は⑦日本国内の統一を果たすと対外進出の野望をあらわにし、⑧1592年と1597年の二度にわたって朝鮮に攻め込んでいきましたが、日本軍は苦戦し、秀吉の死を機に撤退《てったい》しました。

このような例外的な出来事はありましたが、島国である日本は対外戦争をほとんど経験することなく、⑨鎖国《さこく》体制が確立された江戸時代においても日本が国際的な紛争《ふんそう》にまきこまれることはほとんどありませんでした。しかし19世紀になると外国船が日本に接近し、日本の鎖国体制を揺《ゆ》るがすようになりました。その頃《ころ》は国内でも百姓一揆《ひゃくしょういっき》や（　⑩　）が多く起こり、1838年、⑪水戸藩主《はんしゅ》だった徳川斉昭《とくがわなりあき》は幕府に意見書を提出した際に、日本が直面している状況《じょうきょう》を⑫「内憂外患《ないゆうがいかん》」（国内の問題と国外からもたらされる問題が同時に起こること）と表現しています。そして（　⑬　）年にペリーが浦賀《うらが》に来航し、その翌年に日本は日米和親条約を結んで開国しました。やがて⑭日米修好通商条約が結ばれて貿易が開始されると、日本国内で尊王攘夷《そんのうじょうい》の思想（天皇のもとに結束して外国勢力を打ちはらうという考え）が強まりました。そして（　⑮　）の二つの藩はイギリスなどの外国と戦争をしましたが敗北し、攘夷をやめ、幕府を倒《たお》して天皇を中心とする新しい国家をつくることを目指しました。こうして明治新政府が成立し、「会議を開いてみなの意見を聞いて国の政治を行っていく」「これまでの攘夷などのよくない風潮を改める」「新しい知識を世界に求め大いに国を繁栄《はんえい》させる」などの⑯基本方針を明らかにしました。⑰欧米《おうべい》諸国と友好関係を保ち、進んだ海外の技術や文化を取り入れて⑱急速な近代化を推《お》し進《すす》めていきました。

軍事力を強化した日本は、国外、特に朝鮮や中国への進出を本格化させ、それが軍事衝突《しょうとつ》に発展したり、第三国との戦争に発展することにもなりました。19世紀末から20世紀前半の時代は、日本にとってまさに対外戦争の時代といってもよいでしょう。

朝鮮の支配権をめぐって日清《にっしん》戦争が起こり、日本は勝利して⑲下関条約を結びました。また満州（中国東北地方）の支配権をめぐって⑳日露《にちろ》戦争が起こり、戦いは日本に有利に進みましたが、両国とも戦いを続ける国力は限界に達し、㉑日露間で講和条約が結ばれました。

ヨーロッパで第一次世界大戦が始まると、これを対外進出のよい機会と考えた日本は、1914年に（　㉒　）に対し宣戦布告し、この大戦に参戦しました。第一次世界大戦の戦いは1918年末に終結しました。アメリカ大統領は㉓講和の方針として民族自決の原則（民族が自分たちの意思に基づいて自分の国のあり方を決定し、他国の干渉《かんしょう》を認めないとする考え）を主張し、国際的に大きな反響《はんきょう》を呼びましたが、1919年６月に結ばれたベルサイユ講和条約では必ずしもその理想は生かされず、戦勝国の利害が反映された内容となりました。日本の中国進出に有利な内容が条約にもりこまれたのもその一例といえましょう。㉔第一次世界大戦を契機《けいき》に日本は農業国から工業国に成長し、大正年間に国民の生活・文化の水準が向上し、大正デモクラシーと呼ばれる民主主義的な考え方が広まっていきました。

昭和になって日本が満州事変・日中戦争・太平洋戦争へと突《つ》き進んでいく過程は、軍国主義が深まり国際社会から孤立《こりつ》して対外戦争を拡大していった過程と考えられますので、

これらの時期（1931〜1945年）を一括《いっかつ》して㉕「十五年戦争」の時代ということがあります。

1945年８月、日本は（　㉖　）宣言を受諾《じゅだく》し、無条件降伏《こうふく》しました。そして連合国軍の占領《せんりょう》下で民主化を進め、1947年には新しい憲法が施行《しこう》され、日本は、戦争のための軍隊を持たない平和主義の国として復興していくことになります。1951年にサンフランシスコで講和会議が開かれ、日本は連合国諸国と㉗講和条約（平和条約）を結んで独立を回復することになりました。

問１　下線部①に関する説明として**誤っているもの**を、次の**ア**〜**エ**から一つ選び、記号で答えなさい。

ア　「ワカタケル大王」の活躍《かつやく》した５世紀中頃には、奈良県や大阪府に巨大《きょだい》な前方後《ぜんぽうこう》円墳《えんふん》が造営され、中でも堺市《さかいし》の大山《だいせん》古墳は日本最大の大きさである。

イ　「ワカタケル大王」の名を刻んだ鉄刀が熊本県の古墳からも出土しており、大和《やまと》朝廷《ちょうてい》の大王が関東から北九州に至る範囲の地方豪族《ごうぞく》を従えていたことがわかる。

ウ　中国の歴史書は、「ワカタケル大王」が神の言葉を伝えるという霊的《れいてき》な力を発揮して約30の国を従えていたことを伝えている。

エ　「ワカタケル大王」が活躍した５世紀、大陸から移り住んだ渡来人《とらいじん》によって土木工事・金属加工・養蚕・織物などの進んだ技術が日本にもたらされた。

問２　下線部②について、６世紀半ばに百済王から倭の大王に仏教が伝えられましたが、その仏教の導入に積極的だった古代豪族蘇我《そが》氏によって建立《こんりゅう》された、日本で最初の本格的な仏教寺院の名を、次の**ア**〜**エ**から一つ選び、記号で答えなさい。

ア　法隆寺《ほうりゅうじ》　　**イ**　興福寺　　**ウ**　東大寺　　**エ**　飛鳥寺《あすかでら》

問３　下線部③の人物は、後に即位《そくい》して天皇となりました。この天皇の名を、次の**ア**〜**エ**から一つ選び、記号で答えなさい。

ア　天智《てんじ》天皇　　**イ**　天武天皇　　**ウ**　推古天皇　　**エ**　文武天皇

問４　下線部④に関する説明として正しいものを、次の**ア**〜**エ**から一つ選び、記号で答えなさい。

ア　農民は収穫《しゅうかく》した稲《いね》の約３％を国に納める調という税を負担した。

イ　地方の有力な豪族が朝廷から国司に任命され、地方の政治や軍事を任された。

ウ　平城京は碁盤目《ごばんめ》状に道路で区切られ、朝廷の役所の正門からまっすぐ南に朱雀大路《すざくおおじ》がのびていた。

エ　農民男子の一部は兵役《へいえき》についたが、居住地から遠く離《はな》れた地に配属されることはなかった。

問５　下線部⑤に関して、遣唐船によって日本から唐に渡《わた》った人物、あるいは唐から日本に渡ってきた人物として**誤っているもの**を、次の**ア～オ**から**二つ**選び、記号で答えなさい。

ア　行基　**イ**　鑑真《がんじん》　**ウ**　阿倍仲麻呂《あべのなかまろ》　**エ**　最澄《さいちょう》　**オ**　菅原道真《すがわらのみちざね》

問６　下線部⑥に関する説明として**誤っているもの**を、次の**ア～エ**から一つ選び、記号で答えなさい。

ア　文永の役・弘安の役のいずれの戦いについても、御家人《ごけにん》を指揮した鎌倉幕府の執権《しっけん》は北条時宗《ほうじょうときむね》であった。

イ　元寇のあった時代にはまだ火薬が発明されておらず、モンゴル軍が日本軍との戦闘《せんとう》で火薬を使った兵器を用いることはなかった。

ウ　文永の役の後、鎌倉幕府は博多湾《はかたわん》に沿って防塁《ぼうるい》（石塁）を築いていたので、弘安の役ではモンゴル軍の侵攻《しんこう》を防ぐのに役立った。

エ　肥後国（熊本県）の御家人竹崎季長《たけざきすえなが》は、自分のモンゴルとの戦いぶりや鎌倉幕府から恩賞を獲得《かくとく》した経緯《けいい》などを絵巻物に描《えが》かせた。

問７　下線部⑦に関する説明として正しいものを、次の**ア～エ**から一つ選び、記号で答えなさい。

ア　豊臣秀吉は安土に壮大《そうだい》な城を築いて、全国を統治する本拠地《ほんきょち》とした。

イ　豊臣秀吉は平定した国々に検地を命じたが、その際、地域によって異なる長さや面積などの単位が用いられた。

ウ　豊臣秀吉は朝廷から征夷大将軍《せいいたいしょうぐん》に任命されて、諸大名を従える地位についた。

エ　豊臣秀吉は小田原の北条氏を滅《ほろ》ぼすと、徳川家康の領地を関東に移した。

問８　下線部⑧に関する説明として正しいものを、次の**ア～エ**から一つ選び、記号で答えなさい。

ア　豊臣秀吉は、朝鮮半島に日本軍を派遣する基地とするため、長崎を直轄地《ちょっかつち》にして軍備を整えた。

イ　豊臣秀吉の朝鮮出兵は、日本と朝鮮の両国の戦いであり、明《みん》（中国）が介入《かいにゅう》することはなかった。

ウ　豊臣秀吉の朝鮮出兵の際に日本に連行された朝鮮の職人らによって、有田《ありた》焼や薩摩《さつま》焼の生産が始まった。

エ　豊臣秀吉の朝鮮出兵によって、江戸時代を通じて日本と朝鮮の国交は回復しなかった。

問９　下線部⑨に関する説明として正しいものを、次の**ア～エ**から一つ選び、記号で答えなさい。

ア　徳川家康は、キリスト教の禁教令を発した後、日本人の海外渡航《とこう》も禁止した。

イ　徳川家光は、島原の乱が鎮圧《ちんあつ》された後、ポルトガル船の来航を禁止した。

ウ　鎖国後もオランダ・中国・朝鮮の船は長崎港に来航して貿易が行われた。

エ　江戸時代を通じて、蝦夷地《えぞち》（北海道）は幕府の直轄地とされ、幕府の任命した奉《ぶ》行《ぎょう》によってアイヌの人々との交易が行われた。

問10　空欄⑩には、都市などで民衆が豪商の家屋などを破壊《はかい》する行為を意味する語が入ります。その語を答えなさい。

問11　下線部⑪の水戸藩主と尾張《おわり》・紀伊《きい》藩主をあわせて御三家といいますが、このような徳川氏一門の大名を、譜代《ふだい》や外様《とざま》に対して何というか、答えなさい。

問12　下線部⑫の「内憂」に該当する事件として、大坂（大阪）の町で引き起こされた反乱があります。この反乱を起こした幕府の元役人の名を答えなさい。

問13　空欄⑬に入る西暦《せいれき》年を**算用数字**で答えなさい。

問14　下線部⑭に関する説明として正しいものを、次の**ア～エ**から一つ選び、記号で答えなさい。

ア　貿易が開始されると、日本国内どこでも外国人の旅行や営業活動が自由となり、日本人との間でトラブルが頻繁《ひんぱん》に起こった。

イ　貿易が開始されると、日本に大量の生糸《きいと》が輸入されて国内の生糸の値段が下がり、養蚕をしていた日本の農民が打撃を受けた。

ウ　貿易品にかけられる関税を日本が自由に決める権限がなく、貿易相手国と協議しなければならなかった。

エ　日本国内で外国人が関わった事件を裁くときにも、日本の法律や規則に従って裁かれた。

問15　空欄⑮に入る藩の名を、次の**ア～オ**から**二つ**選び、記号で答えなさい。

ア　薩摩藩　　**イ**　土佐藩　　**ウ**　長州藩　　**エ**　会津《あいづ》藩　　**オ**　佐賀藩

問16　下線部⑯を何というか、答えなさい。

問17　下線部⑰に関して、諸外国との友好親善と視察のため、1871年に日本を出発した政府使節団について述べた文として正しいものを、次の**ア**～**エ**から一つ選び、記号で答えなさい。

ア　この使節団の大使は岩倉具視《いわくらともみ》で、その他、薩摩藩出身の西郷隆盛《さいごうたかもり》や佐賀藩出身の大隈重信《おおくましげのぶ》などが副使として随行《ずいこう》した。

イ　この使節団は太平洋を渡って最初にアメリカを訪問して大歓迎《だいかんげい》を受け、そこで不平等条約を改正することに成功した。

ウ　この使節団には国の費用で派遣される女子留学生が含まれており、その中には後に日本の女子教育に貢献した津田梅子がいた。

エ　この使節団が日本から太平洋を渡ってアメリカに向かう際に、咸臨丸《かんりんまる》が護衛艦《ごえいかん》として随行した。

問18　下線部⑱に関して、明治時代はじめの頃の近代化政策について述べた文として正しいものを、次の**ア**～**エ**から一つ選び、記号で答えなさい。

ア　1872（明治５）年12月３日を1873（明治６）年１月１日とすることで、太陽暦への切りかえがなされた。

イ　学制が定められ、全国に５万以上の小学校の校舎が建設され、児童の就学率もほぼ100％に達した。

ウ　群馬県の富岡《とみおか》に官営の製糸工場を建設し、イギリス人コンドルの指導のもと最新式の機械で生糸が生産された。

エ　国家財政安定のために地租《ちそ》改正を行ったが、それに反対する農民が西南戦争を起こしたので地租税率を引き下げた。

問19　下線部⑲に関して、下関条約について述べた文として正しいものを、次の**ア**～**エ**から一つ選び、記号で答えなさい。

ア　この条約で日本は多額の賠償金《ばいしょうきん》を手に入れ、その一部は八幡《やはた》製鉄所の建設費として使われた。

イ　この条約で日本は台湾《たいわん》をいったんは自国の領土にしたが、三国干渉によって清に返《へん》還《かん》した。

ウ　この条約で日本は朝鮮半島を自国の領土にし、朝鮮総督《そうとく》を置いて支配するようになった。

エ　この条約に調印した日本側の代表は、内閣総理大臣伊藤博文《いとうひろぶみ》と外務大臣小村寿太郎《こむらじゅたろう》であった。

問20　下線部⑳に関して、日露戦争の戦いの中にいる弟を歌った「君死にたまふ《もう》ことなかれ」という詩を発表した文学者の名を、次のア～エから一つ選び、記号で答えなさい。

ア　正岡子規《まさおかしき》　イ　与謝野晶子《よさのあきこ》　ウ　樋口一葉《ひぐちいちよう》　エ　石川啄木《いしかわたくぼく》

問21　下線部㉑に関して、この講和条約が結ばれた場所がある国の名を答えなさい。

問22　空欄㉒に入る国の名を答えなさい。

問23　下線部㉓に関して、この民族自決の理念に共鳴した朝鮮の人々が日本からの独立を求める運動を起こしましたが、大韓民国《だいかんみんこく》では今日《こんにち》それを記念する祝日が設けられています。その祝日は何月何日か答えなさい。

問24　下線部㉔に関して、大正期の社会や文化について述べた文として**誤っているもの**を、次のア～エから一つ選び、記号で答えなさい。

ア　第一次世界大戦中の日本では海運業や造船業が発展し、それによってにわかに大金持ちになった人々は「船成金」と呼ばれた。

イ　子供向けの文芸雑誌『赤い鳥』が出版され、芥川龍之介《あくたがわりゅうのすけ》の「蜘蛛《くも》の糸」などが掲《けい》載《さい》された。

ウ　全国水平社の創立大会で「人の世に熱あれ、人間に光あれ」という宣言文が読み上げられた。

エ　普通《ふつう》選挙の実現を求める国民運動が高まり、平民宰相《さいしょう》とよばれた原敬《はらたかし》の内閣により普通選挙法が成立した。

問25　下線部㉕に関して、この時期に起こった次の３つの出来事を、年代順に並べ、記号で答えなさい。

A　高橋是清大蔵《たかはしこれきよおおくら》大臣など政府要人が暗殺される二・二六事件が起こった。

B　日本が国際連盟から脱退《だったい》した。

C　アメリカが自国の石油を日本に輸出することを禁止した。

問26　空欄㉖に入る語を答えなさい。

問27　下線部㉗に関して、この講和条約について述べた文として**誤っているもの**を、次のア～エから一つ選び、記号で答えなさい。

ア　ソ連は講和会議に出席したが、講和条約には調印しなかった。

イ　講和条約調印と同日に日米安全保障条約が調印され、日本国内に米軍基地が置かれることになった。

ウ　講和条約で日本は南樺太《みなみからふと》と千島列島の主権を放棄《ほうき》した。

エ　講和条約の調印によって日本の国連加盟が約束され、翌年には正式に日本の国連加盟が実現した。

3 水に関する、次の問いに答えなさい。

問１　地球上に存在する水のうち、97.4％は海水で、陸にある水（陸水）は2.6％に過ぎません。**＜表１＞**は、陸水量の内訳を示したものです。表中の**Ａ〜Ｃ**の組み合わせとして正しいものを次の**ア〜カ**から一つ選び、記号で答えなさい。

＜表１＞　陸水量の内訳

Ａ	76.4　％
Ｂ	22.8　％
Ｃ	0.59 ％
その他	0.21 ％

（『理科年表 2019』による）

ア　**Ａ**　湖水・河川《かせん》水　**Ｂ**　地下水　**Ｃ**　氷河
イ　**Ａ**　湖水・河川水　**Ｂ**　氷河　**Ｃ**　地下水
ウ　**Ａ**　地下水　**Ｂ**　湖水・河川水　**Ｃ**　氷河
エ　**Ａ**　地下水　**Ｂ**　氷河　**Ｃ**　湖水・河川水
オ　**Ａ**　氷河　**Ｂ**　湖水・河川水　**Ｃ**　地下水
カ　**Ａ**　氷河　**Ｂ**　地下水　**Ｃ**　湖水・河川水

問２　**＜図１＞**は、1975年と2015年の、日本における水使用量とその内訳を示したものです。

＜図１＞　全国の水使用量

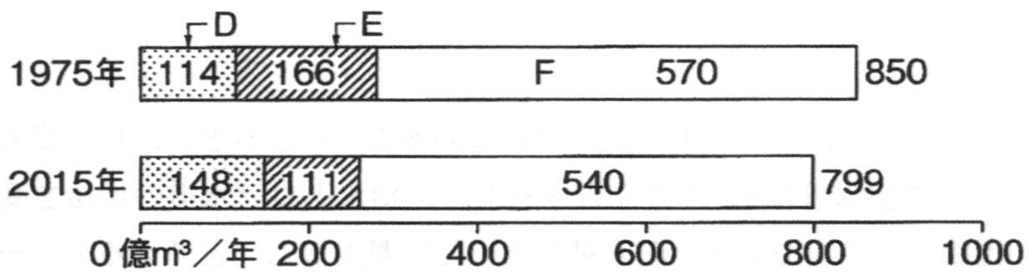

（『日本国勢図会《ずえ》 2019／20年版』による）

（1）図中の**D**～**F**にあてはまるものを、それぞれ「○○用水」のように、解答欄の形式に従って**漢字**で答えなさい。

（2）2015年における**E**の使用量が1975年より減少しているおもな理由として正しいものを、次の**ア**～**エ**から一つ選び、記号で答えなさい。

ア　2015年における水の再利用率が、1975年より高くなった。

イ　2015年における日本の人口が、1975年より少なくなった。

ウ　2015年における**E**の産業の出荷《しゅっか》額が、1975年より少なくなった。

エ　2015年は各地で降水量が少なく、深刻な水不足が起こっていた。

問3　次の**G**～**J**の都市に関する、以下の問いに答えなさい。

G：東京	H：金沢	I：長野	J：尾鷲《おわせ》

（1）解答用紙の地図中の「**G**」を例として、**H**～**J**の位置を書《か》き込《こ》んで示しなさい。

（2）**G**～**J**の都市を、年平均降水量の多い順に並べかえ、記号で答えなさい。

問4　次のページの**＜図２＞**は、東京都江戸川区が発行している「江戸川区水害ハザードマップ」の一部です。図中の［　　K　　］にあてはまる内容を答えなさい。

問5　洪水《こうずい》の防止や水道水の安定供給などを目的として、日本各地にダムが建設されています。解答用紙の図は、国土地理院発行２万５千分の１地形図「米の川」の一部です。もし、図中に ━━━ で示したようなダムが完成し満水となった場合、水没《すいぼつ》が予想される範囲を、 のように示しなさい。

問6　東京都水道局のウェブサイト「東京の水道の概要《がいよう》」によると、2017年度の東京都における一日平均配水量は約422万立方メートル、給水人口（水道の供給を受けている人の数）は約1344万人でした。配水量と水の使用量が等しいと考えると、一人あたり一日に約何リットルの水を使ったことになるか、小数第一位を四捨五入して答えなさい。

＜図２＞

想定最大規模の巨大台風や大雨で、荒川と江戸川が氾濫《はんらん》したら・・・
高潮が発生したら・・・

どうなる？

● 地球温暖化の影響で、今までに経験したことがないような巨大台風や大雨などにより、洪水や高潮による大規模な水害が世界各地で発生しています。

多くの地域が　K　の江戸川区は
ほとんどの地域が浸水《しんすい》します。

＼江戸川区だけ？／
荒川洪水・江戸川洪水・高潮浸水想定区域図（想定最大規模）

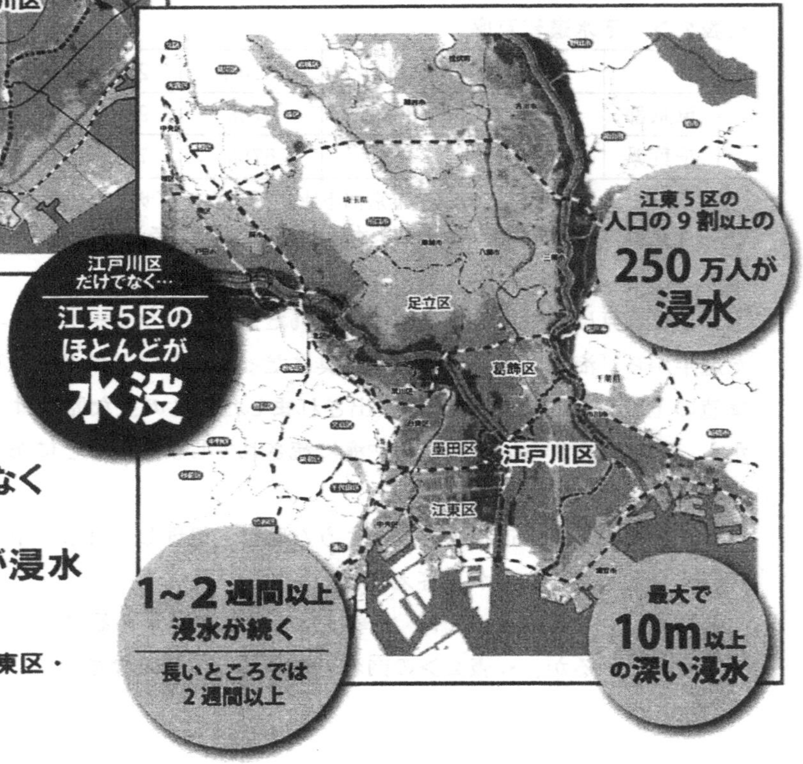

江戸川区だけでなく
江東５区※は
ほとんどの地域が浸水
します。

※江戸川区・墨田《すみだ》区・江東区・
足立区・葛飾《かつしか》区

問７　下水道について、次の文章や資料を読んで、以下の問いに答えなさい。

下水排除《はいじょ》の二つの方式

下水の排除の方法には、汚水《おすい》と雨水を同じ管で集めて流す合流式と、汚水と雨水を別々の管で流す分流式の二つの方法があります。

【分流式】　汚水 → 汚水専用の排水設備 → 下水道管 → 下水処理場 → 川・海

雨水 → 雨水専用の排水設備 → 側溝《そっこう》・地下浸透《しんとう》 → 川・海

【合流式】　汚水 ↘
下水道管 → 下水処理場 → 川・海
雨水 ↗

（松戸市のウェブサイト「下水道のしくみ」による）

千葉県松戸市では、大部分の地域で分流式の下水道が整備されています。
一方、東京都では、大部分の地域で合流式の下水道が整備されています。
＜表２＞は、東京都と千葉県の下水道普及率《ふきゅうりつ》を示したものです。

＜表２＞　下水道普及率

	1975年	1990年	2000年	2017年
東京都	55%	88%	97%	99.5%
千葉県	13%	40%	57%	74.2%

（『データでみる県勢 2019』、東京都下水道局のウェブサイト「数字でみる東京の下水道」、千葉県のウェブサイト「公共下水道の紹介《しょうかい》」による）

2019年８月にお台場海浜《かいひん》公園で行われたオープンウォータースイミングの大会に出場した選手から「海水がトイレのような臭《くさ》さだった」という声が上がり、検査したところ、基準値の上限を上回る大腸菌《だいちょうきん》が検出されました。この主な原因は、東京の合流式の下水道から、処理しきれない下水が川や海に流されてしまったことにあると考えられています。

（１）合流式の下水道では、どのような時に、処理しきれない下水が川や海に流されてしまうと考えられるか、答えなさい。

（２）東京都ではなぜ、（１）で挙げたような欠点がある合流式の下水道が整備されたと考えられるか、＜表２＞の内容も参考にして答えなさい。

問五

二

問一

①

②

③

④

⑤

⑥

⑦

問二

問三

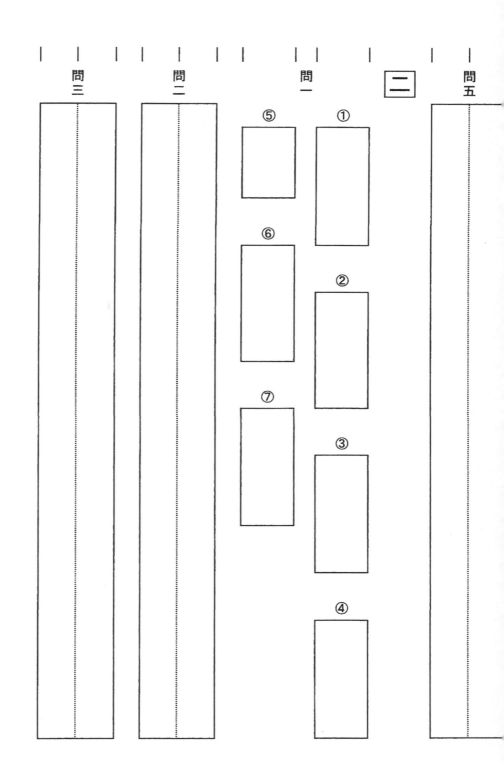

問三

問二

問一

①

三

問五

B 算　数 20

解答用紙

受験番号	氏　　　名

※85点満点
(配点非公表)

(注意)　式や図や計算などは，他の場所や裏面などにかかないで，すべて解答用紙のその問題の場所にかきなさい。

1

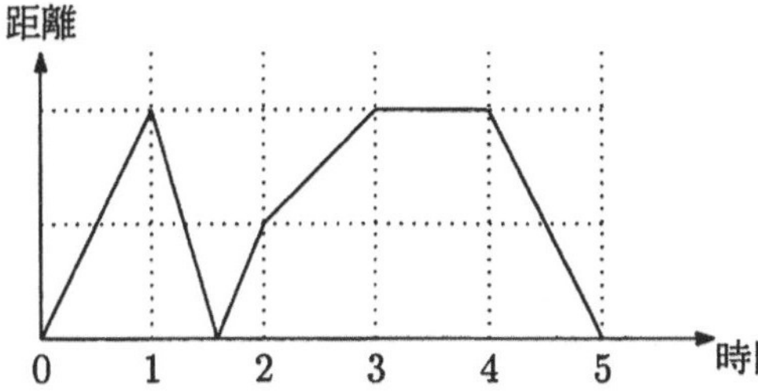

<　　　　>	<　　　　>
<　　　　>	<　　　　>
<　　　　>	<　　　　>

【解答

C 算　数 20

解 答 用 紙

受験番号	氏　名

（注意）　式や図や計算などは，他の場所や裏面などにかかないで，すべて解答用紙のその問題の場所にかきなさい。

3

最低枚数	金額	何通りか
1	1, 5, 10	3
2	2, 6, 11, 15, 20	5
3	3, 7, 12, 16, 21, 25, 30	7
4	4, 8, 13, 17, 22, 26, 31, 35, 40	9
5		③
6		④
7		⑤
8		⑥
9	49	1

(1)	(ア)　　通り		(イ)　　人	
	①	②		

E 理　科 20

解 答 用 紙

受験番号	氏　　名

※70点満点
（配点非公表）

1

問1	問2			問3
	(1)	(2)	(3)	
問4	問5			問6

2

問1	問2	問3	問4	問5

【解答

F 社会 20

解答用紙

受験番号	氏　名

※70点満点
（配点非公表）

1

問1
問2 (1) (2)
問3 (1) (2)
問4 (1)
問4 (2) (3)
問5
問6 (1) (2)
問7 (1) (2) (3) O P

2

問1 問2 問3 問4 問5 問6
問7 問8 問9 問10 問11
問12 問13 年 問14 問15

【解答

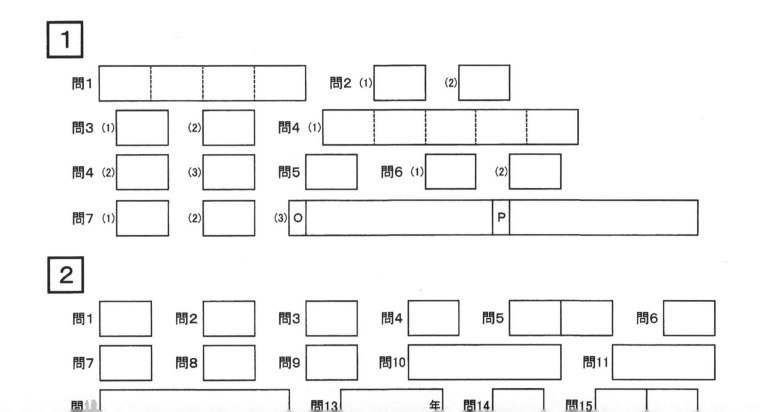

問21

問22

問23 月 日

問24

問25 → →

問26

問27

3

問1

問2 (1) D 用水 E 用水 F 用水 (2)

問3 (1)

問3 (2) → → →

問4

問5

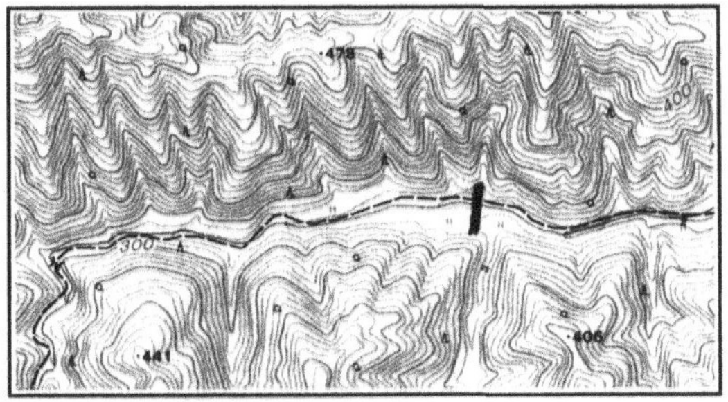

問6

約 リットル

問7 (1)

(2)

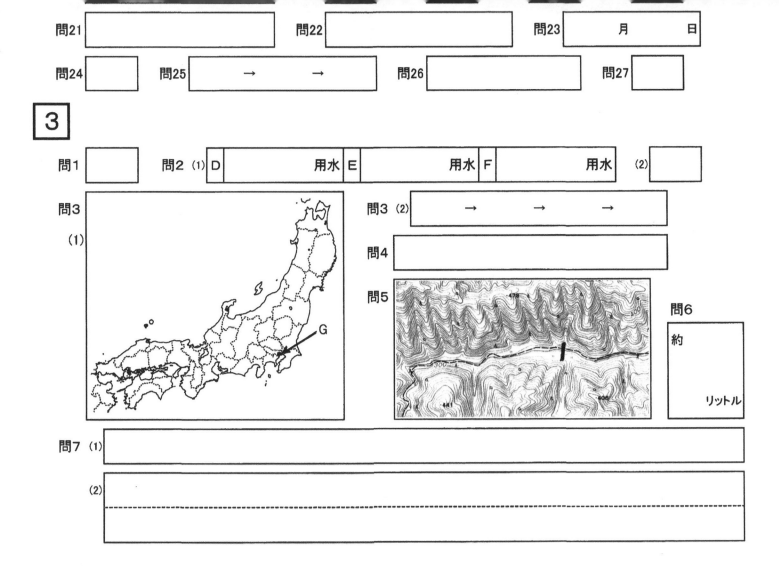

3

問1	問2	問3	問4
		g	g

問5	問6

4

問1	問4	問5	
		①	②

問2・問3

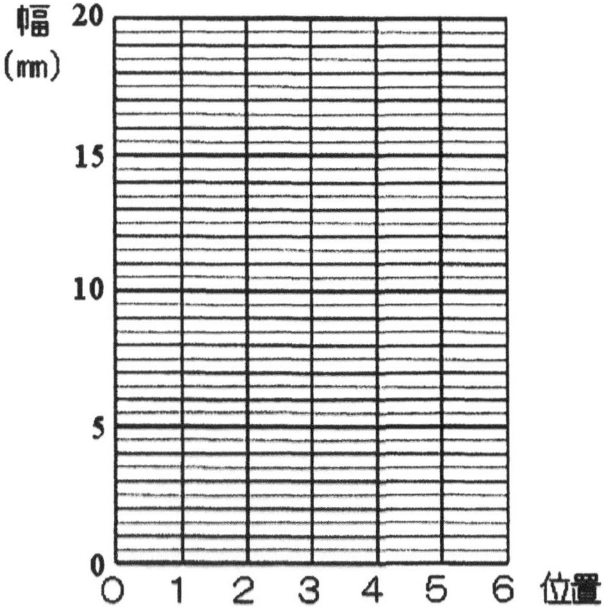

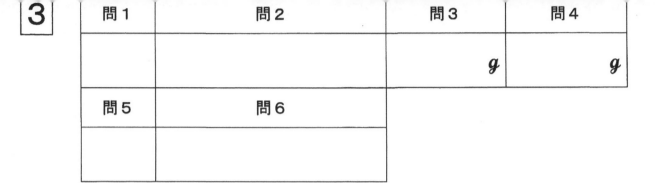

	⑤	⑥
	⑦	⑧

4

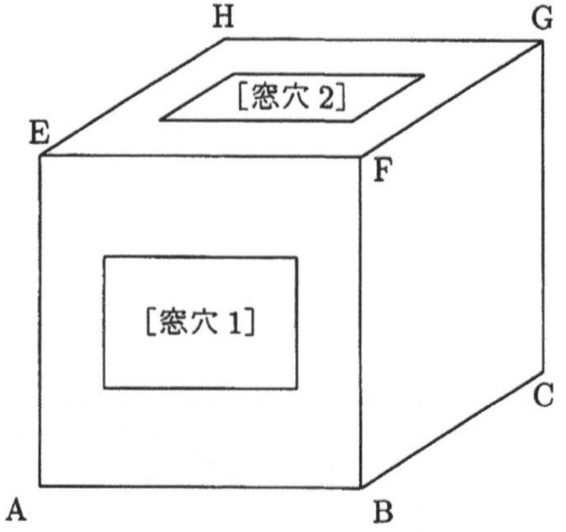

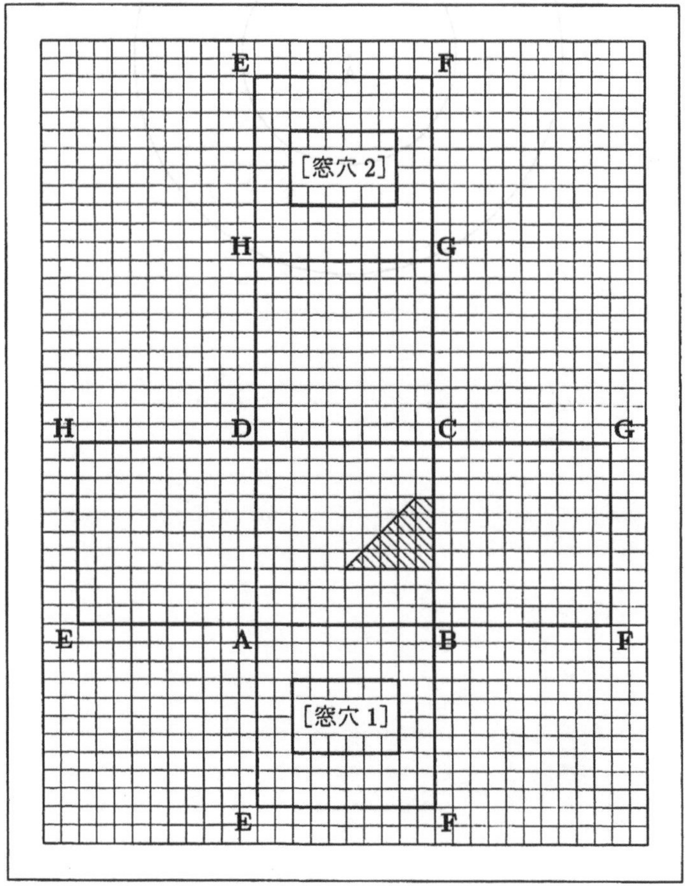

2

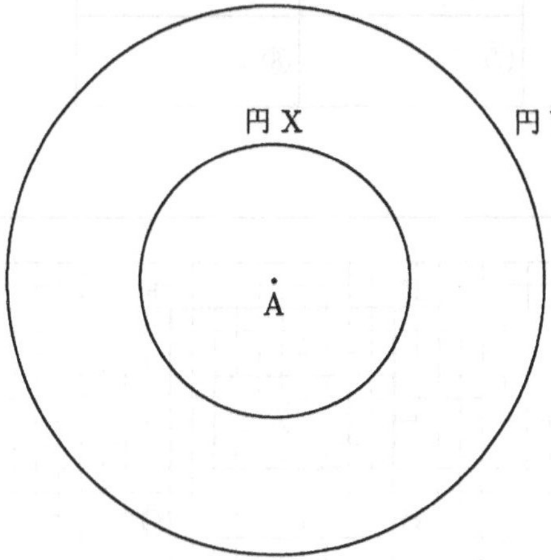

(1)	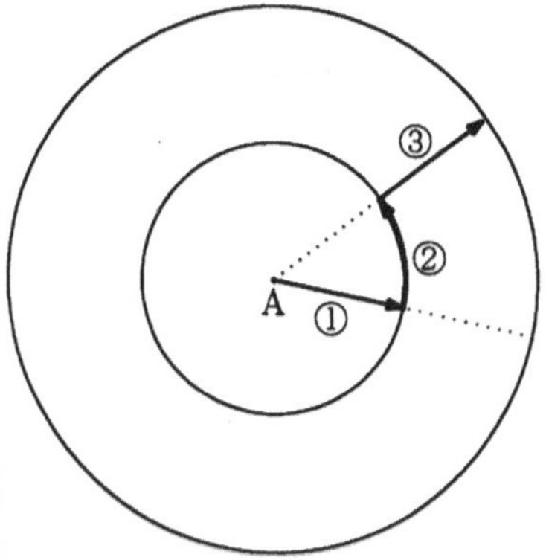
(2)	分後
(3)	m

A

国語

20

解答用紙

受験番号

氏名

※85点満点
(配点非公表)

一

問一

問二

問三

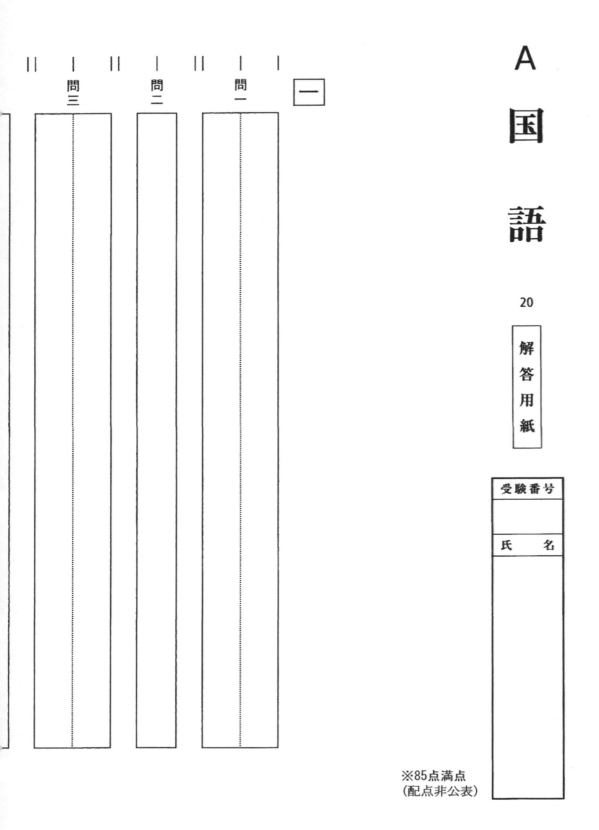

平成31年度　開成中学校

A 国 語 （50分）

答えはすべて 解答用紙 に書き入れること。

【この冊子について】

1. 試験開始の合図があるまで、この冊子に手をふれてはいけません。
2. この冊子は、初めに3ページ白紙があります。問題は1～8ページです。
3. 解答用紙は、冊子の中央にはさまっています。試験開始の合図後、取り出して解答してください。
4. 試験中に印刷のかすれやよごれ、ページのぬけや乱れ等に気づいた場合は、静かに手を挙げて先生に知らせてください。
5. 試験中、冊子がバラバラにならないように気をつけてください。

【試験中の注意】 以下の内容は、各時間共通です。

1. 試験中は先生の指示に従ってください。
2. 試験中、机の中には何も入れないこと。荷物はイスの下に置いてください。
3. 先生に申し出ればコート・ジャンパー等の着用を許可します。
4. かぜ等の理由でハンカチやティッシュペーパーの使用を希望するときは、先生の許可を得てから使用してください。
5. 試験中に気持ちが悪くなったり、どうしてもトイレに行きたくなったりした場合は、静かに手を挙げて先生に知らせてください。
6. 試験中、机の上に置けるのは、次のものだけです。これ以外の物品を置いてはいけません。
   - ・黒しんのえん筆またはシャープペンシル
   - ・消しゴム　・コンパス
   - ・直定規　・三角定規一組（10cm程度の目盛り付き）
   - ・時計　・メガネ

   筆箱も机の上には置けませんので、カバンの中にしまってください。
7. **終了のチャイムが鳴り始めたら、ただちに筆記用具を置いてください。**
8. 答案を回収し終えるまで、手はひざの上に置いてください。

＃教英出版 編集部　注
編集の都合上、一部白紙ページは省略しています。

このページは白紙です。

一 次の文章を読み、後の問いに答えなさい。ただし、【 】は省略した部分の説明、〔＝ 〕は出題者による注です。

【小学三年生の茜《あかね》は、お母さんといっしょに大きな街から引っ越《こ》してきて、今は忠志《ただし》おじさんと泰子《やすこ》おばさんの家に住んでいます。茜は小学校では英語を習っていませんが、いとこの澄香《すみか》ちゃんが英語を教えてくれていました。英語にすると、自分の身の回りの色々なものが「別のものに見えてくる」と茜は感じています。】

このあたりに住んでいるピープル〔＝人〕たちはお互《たが》いに知り合いで、新入りの茜たちのことを同じピープルとは思っていない。最初は親切でも、しばらくここに住むとわかると、とたんに警戒《けいかい》する目つきになる。泰子おばさんもそうだ。母ちゃんが「しばらくお世話になります」と言ったときには、「ずっといていいんだよ」と笑ってくれたのに、泰子おばさんの「ずっと」は十日間ぐらいだった。最近は茜が、おはよう、おやすみなさい、とあいさつしても、返事をしてくれない。「いただきます」のときは、①たんぼを荒《あ》らすカラスを見る目つきになる。母ちゃんにわざと聞こえるように忠志おじさんに言う。いつまでいる気だろうね。あんた、きちんと食費をもらってよね。

英語だと、おばさんは、アント。ありんこだ。〔＝「おばさん」も「あり」も、英語では「アント」〕

澄香ちゃんが英語を教えてくれなくなったのも、きっとアントのせいだ。澄香ちゃんが最後に教えてくれた英語は「パラサイト〔＝寄生虫。ほかの動物にくっついて生きる虫〕」。茜たちのことだそうだ。いまでは茜は、澄香ちゃんの部屋のイラスト英和辞典という本をこっそり持ち出して新しい英語を覚えている。

スタディ。ブック。ペンシル。フレンド。ファミリー。ペアレンツ。〔＝勉強。本。えんぴつ。友だち。家族。両親。〕

母ちゃんは母ちゃんで、最近はすぐにカラスみたいなカーカー声をあげる。仕事がなかなか見つからないからだ。いままで住んでいた街では医療《いりょう》事務の仕事をしていたのだが、「近くの大きな病院がなくなっちゃった。私が子どもの頃《ころ》より田舎《いなか》になってる。事務どころか、医療がない」なんて言ってる。

勝手《かって》なことゆーなよ。だったらなんでここに来たんだよ。茜は来たくて、このビレッジ〔＝村〕に来たわけじゃない。学校の友だちと別れなくちゃならないことが決まったとき、悲しくて何日も泣いたのに。いまだって毎日寄せ書きを取り出して眺《なが》めているのに。

茜は気に入らなかった。澄香ちゃんはマイタウン〔＝私の街〕というけど、どこから見てもビレッジなここが。母ちやんといっしょに寝《ね》ている物置《ものおき》の隣《となり》の狭《せま》くて湿《しめ》ったタタミがぶかぶかした部屋が。窓を開けるときまって流れてくる鶏《にわとり》小屋の臭《にお》いが。どこを見てもイネしかない風景が。一学年が二クラスしかない小学校が。転校したとたん夏休みになって遊ぶ相手がいない長い長い長い夏休みが。

　ビレッジは嫌《きら》いだ。空以外は、みんな嫌いだ。消えてしまえばいい。

　母ちゃんは言う。「もう少し我慢《がまん》してよ。仕事が見つからないと家も探せないの。生活できないもの」

　②生活なんか嫌いだ。茜はライフがしたい。

　茜は石を拾ってたんぼにぽこぽこ投げこんだ。大人は勝手だ。だから茜も勝手にやることにした。今日の茜はただの冒険《ぼうけん》をしているわけじゃない。大冒険だ。ホーム・ゴーをしてきたのだ。日本語でいうと家出。

　行き先は海。それしか決めていない。道の先のどこかに海があるはずだった。去年死んだ、忠志おじさんの家のばぁばが元気だったころ、ここから海へ遊びに行ったことを茜は覚えている。父ちゃんもいっしょだった。まだ泳げなくて浮《う》き輪《わ》にしがみついていた茜を、海岸にいる母ちゃんたちがガシャポン人形に見えるぐらい海の先の先まで連れていってくれた。

　海に着いたら、海を見るのだ。

　彼女《かのじょ》は海を見る。英語でいうと、シー・シー・シー。

　ここを好きになれないのは、きっと海がないからだ。

　茜が二カ月前まで住んでいた街には、海があった。マンションの窓を開ければ、いつも海が見えた。運がいいときにはコンビナートのすき間から船も見えた。色はブルーというより灰色だったけれど、きれいな灰色だった。茜にとって海は、いつもそこにあるものだった。空や酸素や壁紙《かべがみ》みたいに。

　さぁ、急ごう。シー・シー・シー。

【茜は海を目指して歩いていく途中《とちゅう》、森島陽太《もりしまはるた》君という男の子に出会います。茜は森島君のことを、英語で「森」という意味の「フォレスト」と呼び、いっしょに海を目指します。途中で雨が降ったので、二人は道ばたで雨宿りをし、それからまた先へ進むことにしました。】

　坂を下ると道が広くなって、両側に建物が増えてきた。ここじゃだめだ。もっと見晴らしのいいところに行けば虹《にじ》が見えるかもしれない。茜は正面の緑の帯に見える細長い林を指さした。

「あっちに行って虹をさがそう」

「海はいいの?」

「虹は海にかかるんだよ」

雨が降ってくるまで、ずっと茜とフォレストの前を歩いていた二人の影《かげ》は、いまは真横をついてくる。いつのまにか影はずいぶん長くなっていた。

緑の帯が近づくと、かすかな音が聞こえてきた。

ざわざわざわ。

ざわざわざわざわ。

茜は鼻をひくつかせる。波の音に聞こえたのだけれど、海の匂《にお》いがしない。茜がよく知っている海はガソリンの匂いがするのだ。

緑の帯に見えた背の低い林の中に入ると、わかめと干し魚をミックスジュースにしたような匂いが強くなった。林の向こうがきらきら光っている。茜は光に向かって駆《か》けだした。

「海だ」

「海だ」

海にはあまり人がいなかった。サーファーをしているピープルが少し。釣《つ》りをしているピープルがもっと少し。泳いでいるピープルは、いない。

海はブルーじゃなかった。茜の街の海の灰色でもない。オレンジ色に光っていた。

まぶしい。茜は片手を目の上にあてて波を見つめた。両手で双眼鏡《そうがんきょう》みたく輪っかをつくって空との境目を眺めた。

うん、海だ。

元気だったか、海。

靴《くつ》と靴下を脱《ぬ》いで海に入った。フォレストも後ろからついてきた。

何度も何度も波を追いかけて走り、同じ回数だけ波に追いかけられて砂浜《すなはま》に戻《もど》った。それから傘《かさ》とゴミ袋《ぶくろ》で魚とりをした。一匹《いっぴき》もつかまらないうちに、海からオレンジ色が消えて、魚臭《くさ》い見渡《みわた》すかぎりの濁《にご》った水だけが残った。

空も急に暗くなった。暗くなったとたん、茜の頭に灯《あかり》がともった。現実という名前のその灯が、茜の薄《うす》もやみたいな夢と冒険を容赦《ようしゃ》なく照らし出した。③現実の光をまともにあてられたら、それはどれもこれも、役立たずのがらくたのおもちゃだった。

　家出はむりだ。一人でどこかに泊《と》まるなんてできっこない。フォレストがいっしょでももちろんおなじ。母ちゃんにガトリング砲《ほう》みたいなお説教を食《く》らうだろうけど、やっぱり帰るしかない。

【茜は帰ろうと思っていましたが、そこへ男性が現れます。茜はその人のことを、「大きな男」という意味の「ビッグマン」と呼びます。ビッグマンは茜とフォレストを家に帰そうとします。しかし、フォレストがいやがったので、自分の住むブルーのシートでできた家に二人を泊めてくれました。夜中になって、茜は目を覚ましました。】

　毛布を抜《ぬ》け出して、外へ顔を出してみた。

　星は見えなかった。

　そのかわり月が出ていた。ビッグマンの家を囲んだ木々の先に、海が見えた。その上に月が出ているのだ。

　英語でいうと、月はムーン。今夜の月は、まんまるムーンだ。

　茜は靴をはいて海岸へ歩いた。

　月の真下の海には、月の光の細い帯ができていた。まるで一本の道みたいに。

　想像の中で茜は、その光の道を歩いた。靴を脱ぐ必要はない。海の上を歩ける道なのだ。光の道はあったかくて、ふわふわやわらかかった。

　そうだ。明日はまた新しい道を歩いてみよう。もっと遠くへ行ってみよう。いまはそう思えた。ほんとうのことを言えば、今朝、家を出たときには、夕方には怖《こわ》くなって帰るだろうって自分でもわかっていた。

　でも帰らずに、ここにいる。

　そのことに茜は興奮していた。

　誰《だれ》もいない夜の海岸にひとりでいることを忘れるほど興奮していた。ぜんぜん怖くなかった。初めてひとりで見る海は、茜を包んで、茜を抱《だ》きしめて、茜の体に新しい何かを注ぎこんでくれる気がした。月の光みたいな何かだ。

　④ありがとう、海。お前もがんばれよ。

（荻原浩『海の見える理髪店』所収「空は今日もスカイ」より）

問一　――①「たんぼを荒らすカラスを見る目つき」とありますが、ここで茜は泰子おばさんのどのような気持ちを読み取っていますか。説明しなさい。

問二　――②「生活なんか嫌いだ。茜はライフがしたい」とありますが、ここには茜のどのような気持ちが表れていますか。説明しなさい。

問三　――③「現実の光をまともにあてられたら、それはどれもこれも、役立たずのがらくたのおもちゃだった」とありますが、「夢と冒険」が「がらくたのおもちゃ」であるとはどういうことですか。説明しなさい。

問四　――④「ありがとう、海」とありますが、なぜ茜は海に感謝しているのですか。説明しなさい。

二　次の文章を読み、後の問いに答えなさい。ただし、〔＝　〕は出題者による注です。

エチオピアでの経験から話を始めよう。最初にエチオピアを訪《おとず》れたのは、もう二十年近く前のことだ。ほとんど海外に出たこともなかった二十歳《はたち》そこそこのころ。十カ月あまりの滞在《たいざい》期間の大半をエチオピア人に囲まれて過ごした。

それまで、自分はあまり感情的にならない人間だと思っていた。人とぶつかることもそれほどなく、どちらかといえば冷めた少年だった。①それが、エチオピアにいるときは、まるで違《ちが》っていた。

なにをやるにしても、物事がすんなり運ばない。タクシーに乗るにも、物を買うにも、値段の交渉《こうしょう》から始まる。町を歩けば、子どもたちにおちょくられ、大人からは質問攻《ぜ》めにあう。調査のために役所を訪れると、「今日は人がいないから明日来い」と何日も引き延ばされる。「ここじゃない、あっちの窓口だ」と、たらいまわしにされる。話がうまくいったと思ったら最後に賄賂《わいろ》を1ヨウキュウされる……。

言葉の通じにくさもあって、懸命《けんめい》に身振《みぶ》り手振りを交えて話したり、大声を出して激高してしまったりする自分がいた。

村で過ごしているあいだも、生活のすべてがつねに他人との関わりのなかにあって、ひとりのプライベートな時間など、ほとんどない。いい意味でも、悪い意味でも、つねにある種の刺激《しげき》にさらされ続けていた。食事のときは、いつもみんなでひとつの大きな皿を囲み、「もっと食べろ」と声をかけあい、互《たが》いに気遣《きづか》いながら食べていた。

村にはまだ電気がなかった。食後はランプの灯《あか》りのもとで、おじいさんの話に耳を傾《かたむ》け、息子《むすこ》たちと腹を抱《かか》えて笑い転げたり、真顔で驚《おどろ》いたりと、にぎやかで心温まる時間があった。

村のなかにひとり「外国人」がいることで、いろんないざこざが起きて、なぜこんなにうまくいかないんだと、涙《なみだ》が止まらない日もあった。

毎朝、木陰《こかげ》にテーブルを出して、前日の日記をつけるのが日課だった。ふと見上げると、抜《ぬ》けるような青空から木漏《こも》れ日《び》がさし、小鳥のさえずりだけが聞こえる。さわやかな風に梢《こずえ》が揺《ゆ》れる。おばあさんが炒《い》るコーヒーのいい香《かお》りが漂《ただよ》ってくる。自分はなんて幸せなんだろうと、心からうっとりした。

腹の底から笑ったり、激しく憤慨《ふんがい》したり、幸福感に浸《ひた》ったり、毎日が喜怒哀楽《きどあいらく》に満ちた時間だった。顔の筋肉も休まることなく、つねにいろんな表情を浮《う》かべていた気がする。

そんな生活を終えて、日本に戻《もど》ったとき、不思議な感覚に陥《おちい》った。関西国際空港に着くと、すべてがすんなり進んでいく。なんの不自由も、憤《いきどお》りや戸惑《とまど》いも感じる必要がない。バスのチケットは自動券売機ですぐに買えて、数秒も違《たが》わず**2**テイコクぴったりに出発する。動き出したバスに向かって深々とお辞儀《じぎ》する女性従業員の姿に、びっくりして振《ふ》り返ってしまった。

人との関わりのなかで生じる厄介《やっかい》で面倒《めんどう》なことが注意深く取り除かれ、できるだけストレスを感じないで**3**スむシステムがつくられていた。

おそらく、お辞儀する女性は感情を交えて関わり合う「人」ではなく、券売機の「ご利用ありがとうございます」という機械音と同じ「記号」だった。

つねに心に波風が立たず、一定の振幅《ふりはば》におさまるように保たれている。その洗練された仕組みの数々に、②逆カルチャーショックを受けた。

そのうち、自分がもとの感情の起伏《きふく》に乏《とぼ》しい「自分」に戻っていることに気づいた。顔の表情筋の動きも、すっかり緩慢《かんまん》になった。顔つきまで変わっていたかもしれない。いったい、エチオピアにいたときの「自分」は「だれ」だったのだろうか？　そんなことも考えた。

でも日本の生活で、まったく感情が生じないわけではなかった。テレビでは、新商品を**4**センデンするために過剰《かじょう》なくらい趣向《しゅこう》を凝《こ》らした（＝工夫《くふう》した）ＣＭが繰《く》り返し流され、物欲をかき立てていた。それまで疑問もなく観《み》ていたお笑い番組も、無理に笑うという「反応」を強《し》いられているように思えた。そんなとき、③ひとりテレビを観ながら浮かぶ「笑い」は、「感情」と呼ぶにはほど遠い、薄《うす》っぺらで、すぐに跡形《あとかた》もなく消えてしまう軽いものだった。

多くの感情のなかで、特定の感情／欲求のみが喚起《かんき》され（＝呼び起こされ）、多くは抑制《よくせい》されて（＝おさえ込《こ》まれて）いるような感覚。エチオピアにいるときにくらべ、自分のなかに生じる感情の動きに、ある種の「いびつさ（＝ゆがみ）」を感じた。どこか意図的に操作されているようにも思えた。

（松村圭一郎『うしろめたさの人類学』より）

問一　══1〜4のカタカナを漢字に直しなさい。一画ずつ、ていねいに書くこと。

問二　――①「それが、エチオピアにいるときは、まるで違っていた」とありますが、筆者がそのように言うのはエチオピアでの生活がどのようなものだったからですか。説明しなさい。

問三　――②「逆カルチャーショックを受けた」とはどういうことですか。説明しなさい。ただし、カルチャーショックとは、自分とは異なる文化に接したときに受ける精神的な衝撃《しょうげき》のことを言います。

問四　――③で筆者が「ひとりテレビを観ながら浮かぶ『笑い』を『感情』と呼ぶにはほど遠い」と表現しているのはなぜだと考えられますか。説明しなさい。

このページより後ろは白紙です。

2019(H31) 開成中
K 教英出版

BC 算数（60分）

答えはすべて 解答用紙 にかき入れること。

【この冊子について】

1. 試験開始の合図があるまで、この冊子に手をふれてはいけません。
2. この冊子は、初めに2ページ白紙があります。問題は2～9ページです。
3. 解答用紙は2枚(B,C)あり、冊子の中央にはさまっています。試験開始の合図後、取り出して解答してください。解答用紙Cの右上すみの三角形はよごれではありません。
4. 試験中に印刷のかすれ、よごれ等に気づいた場合は、静かに手を挙げて先生に知らせてください。
5. 試験中、冊子がバラバラにならないように気をつけてください。

【解答上の注意】

1. 問題文中に特に断りのないかぎり、答えが分数になるときは、できるだけ約分して答えなさい。円周率が必要なときは3.14を用いなさい。
2. 必要ならば、「角柱、円柱の体積＝底面積×高さ」、「角すい、円すいの体積＝底面積×高さ÷3」を用いなさい。
3. 式や図や計算などは、他の場所や裏面などにかかないで、すべて解答用紙のその問題の場所にかきなさい。
4. 問題用紙を切り取ってはいけません。

【試験中の注意】 以下の内容は、各時間共通です。

1. 試験中は先生の指示に従ってください。
2. 試験中、机の中には何も入れないこと。荷物はイスの下に置いてください。
3. 先生に申し出ればコート・ジャンパー等の着用を許可します。
4. かぜ等の理由でハンカチやティッシュペーパーの使用を希望するときは、先生の許可を得てから使用してください。
5. 試験中に気持ちが悪くなったり、どうしてもトイレに行きたくなったりした場合は、静かに手を挙げて先生に知らせてください。
6. 試験中、机の上に置けるのは、次のものだけです。これ以外の物品を置いてはいけません。
   - 黒しんのえん筆またはシャープペンシル
   - 消しゴム　・コンパス
   - 直定規　・三角定規一組（10cm程度の目盛り付き）
   - 時計　・メガネ

   筆箱も机の上には置けませんので、カバンの中にしまってください。
7. **終了のチャイムが鳴り始めたら、ただちに筆記用具を置いてください。**
8. 答案を回収し終えるまで、手はひざの上に置いてください。

このページは白紙です。

このページは白紙です。

1　K君は，自宅からおばさんの家まで，スイカ２つを一人で運ぶつもりでした。ところが，弟のＳ君が「ぼくも手伝う！」と言ったので，次のようにしました。

1)　K君とＳ君がそれぞれスイカを１つずつ持って，同時に自宅を出発する。
2)　K君の方がＳ君より進む速さが速いので，おばさんの家に先に着く。そこで，すぐにスイカを置いて，Ｓ君に出会うまで引き返す。
3)　K君は，Ｓ君に出会ったらすぐにＳ君からスイカを受け取り，すぐにおばさんの家に向かう。

ここで，K君の進む速さは

スイカを２つ持っているときは	毎分	60m,
スイカを１つ持っているときは	毎分	80m,
スイカを持っていないときは	毎分	100m

です。

スイカ２つを運び終えたK君がおばさんの家で休んでいると，後から追いかけてきたＳ君が到《とう》着しました。

Ｓ君「おにいちゃん，ぼく，役に立った？」
K君「もちろんだよ！ ぼくが一人で運ぶつもりだったけど，そうするのに比べて，$\frac{15}{16}$倍の時間で運び終えられたからね。ありがとう！」
Ｓ君「ほんと!? よかった！」

次の問いに答えなさい。

(1)　K君が一度目におばさんの家に着いてから，二度目におばさんの家に着くまでの時間は，K君がはじめに一人でスイカ２つを運ぶのにかかると考えていた時間の何倍ですか。

(2)　引き返したK君がＳ君に出会った地点から，おばさんの家までの距離《きょり》は，自宅からおばさんの家までの距離の何倍ですか。

(3)　Ｓ君がスイカを１つ持って進む速さは毎分何ｍですか。

このページは白紙です。問題はまだ続きます。

2

次の図のような直方体 ABCD-EFGH があります。また，辺 CD, EF, GC 上にそれぞれ点 P, Q, R があり，DP = 8cm, PC = 12cm, EQ = 4cm, CR = 9cm が成り立っています。

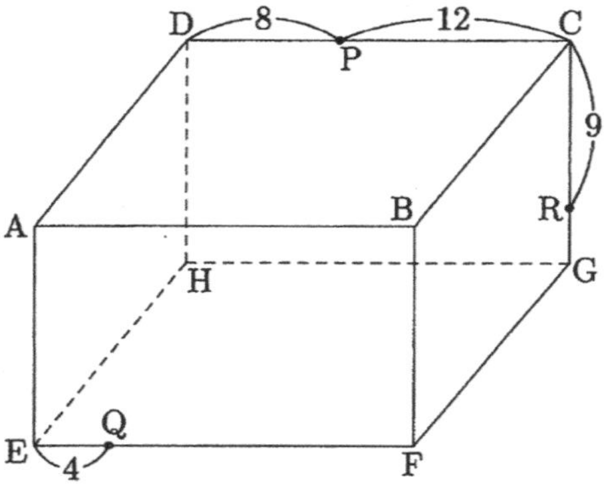

（単位は cm ）

3 点 P, Q, R を通る平面でこの直方体を切断し，切断したときにできる切り口の図形を X とします。

図形 X を前から見ると（面 ABFE に垂直な方向から見ると），面積が 228 cm^2 の図形に見えます。
図形 X を上から見ると（面 ABCD に垂直な方向から見ると），面積が 266 cm^2 の図形に見えます。

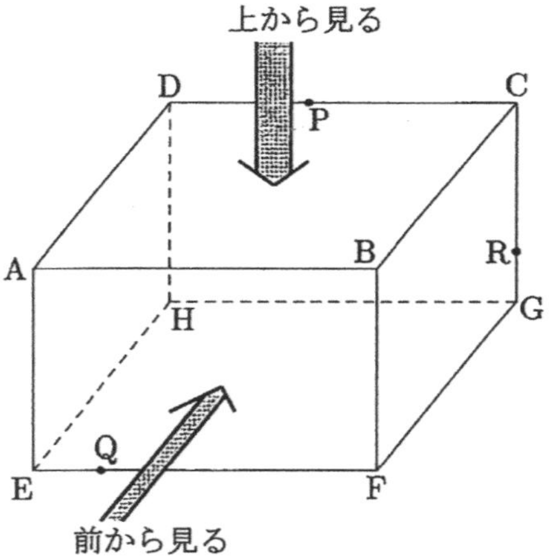

このとき，次の問いに答えなさい。

(1) 図形 X は何角形ですか。

(2) 直方体の高さ（辺 AE の長さ）は何 cm ですか。

(3) 直方体の奥行《おくゆ》き（辺 AD の長さ）は何 cm ですか。

このページは白紙です。問題はまだ続きます。

3

空間内または平面上にひかれた道を進んで，点 A から点 B まで移動するとき，その移動経路が何通りあるかを考えます。

(1) 《図 1》は一辺の長さが 1 の立方体を 4 個組み合わせて，横幅《はば》 2, 高さ 2, 奥行《おくゆ》き 1 の直方体をつくり，その直方体と点 A, B を結ぶ道をつけたものです。図の中で点 A と点 B を結ぶ太線が，通ることのできる道です。

《図 2》は一辺の長さが 1 の立方体を 4 個組み合わせて，横幅 4, 高さ 1, 奥行き 1 の直方体をつくり，その直方体と点 A, B を結ぶ道をつけたものです。《図 1》と同じく太線で表された道を通ることができます。

これらの道を，右，上または奥のいずれかの方向に進むことで，点 A から点 B まで移動するとき，考えられる移動経路は,《図 1》,《図 2》のそれぞれについて何通りありますか。

《図 1》

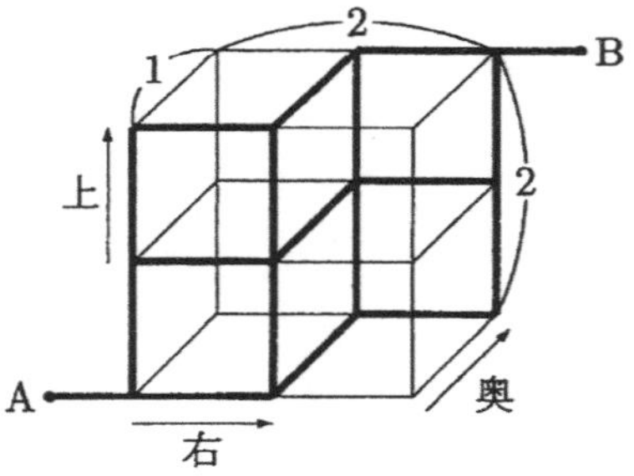

《図 2》

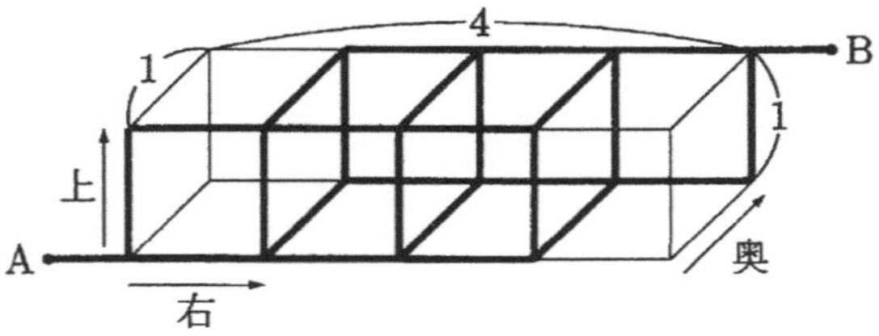

(2) 《図3》は一辺の長さが1の正方形を2個並べて，横1, 縦2の長方形をつくり，その長方形と点A, Bを結ぶ道をつけたものです。図の中で点Aと点Bを結ぶすべての線が，通ることのできる道です。
《図4》は一辺の長さが1の正方形を3個並べて，横3, 縦1の長方形をつくり，その長方形と点A, Bを結ぶ道をつけたもので,《図5》は一辺の長さが1の正方形を6個並べて，横3, 縦2の長方形をつくり，その長方形と点A, Bを結ぶ道をつけたものです。それぞれ《図3》と同じく，点A, Bを結ぶすべての線を道として通ることができます。

次のような規則に従ってこれらの道を通り，点Aから点Bまで移動することを考えます。

規則「一回だけ左に1進み，それ以外は右または上に進む。」

ただし，進む方向を変更できるのは正方形の頂点の場所だけです。点Aにもどったり，点Bからもどったりはできません。また，規則に従うかぎり，同じ道を2回以上通ることも可能です。

このとき,《図3》の点Aから点Bまでの移動経路は10通りあります。では,《図4》,《図5》のそれぞれについて，考えられる移動経路は何通りありますか。

《図3》

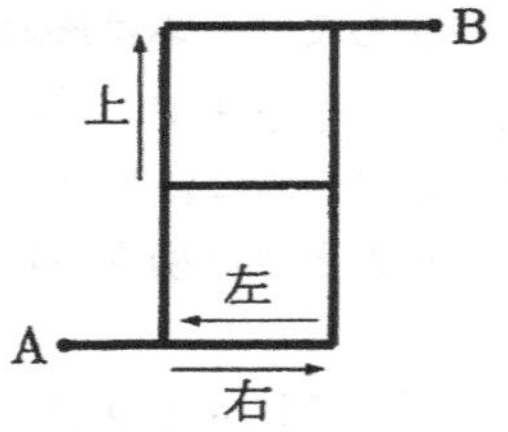

《図4》

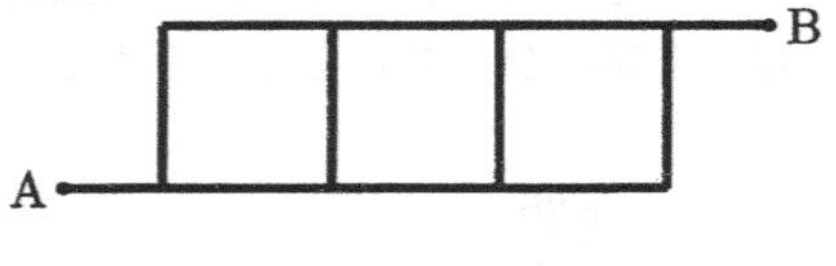

《図5》

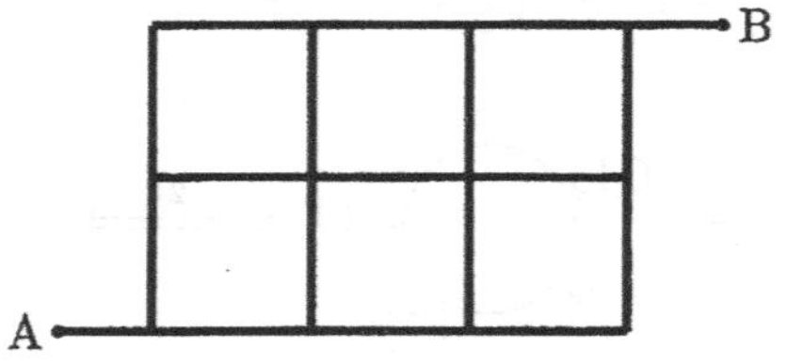

4

A, B, C, D, E の 5 人が，次の 10 枚のカードを使って，ゲームをします。

1	2	3	4	5	6	7	8	9	10
♡	♠	♡	♠	♡	♠	♡	♠	♡	♠

（これらのカードはこれ以降，左から順に 1, 2, 3, 4, 5, 6, 7, 8, 9, T と書き表すことにします。）

まず，5 人が右の《図 1》のようにまるく座《すわ》ります。
次に，5 人に 1 枚ずつ，♡ のカードを配ります。
さらに，5 人に 1 枚ずつ，♠ のカードを配ります。
そして，次の **手順 [1]**，**手順 [2]** を行います。

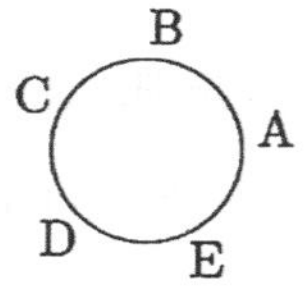

《図 1》

手順 [1] 座っている全員が，持っている 2 枚のカードのうち，数が大きい方を，右どなりの人にわたす。（これ以降，この手順を 記号 ⟶ で表します。）

手順 [2] 持っているカードが 2 枚とも ♡，または，2 枚とも ♠ になった人は，ゲームに負けとなり，席を立つ（このとき，この人が持っているカードもゲームから除かれる）。また，持っているカードが ♡，♠ 1 枚ずつになった人は，そのカードを持ったまま座りつづけ，ゲームに残る。（これ以降，この手順を 記号 ⟹ で表します。）

ここで，座っている人が 1 人だけになったら，その人の勝ちでゲームは終わります。
座っている人が複数いる場合は，座っている人が 1 人だけになるまで，⟶ と ⟹ を交互《ご》に繰り返します。座っている人が 1 人になったら，その人の勝ちでゲームは終わりです。（いつまで繰り返しても座っている人が 1 人にならないこともありますが，そのときは引き分けとします。）

下に，例として，「はじめに，A に 1 と 2 が，B に 6 と 7 が，C に 4 と 9 が，D に 3 と T が，E に 5 と 8 が配られた場合」のゲームの進み方を示しました。ここで，<u>26</u> のように下線が引かれた部分は，そのカードが次の ⟹ でゲームから除かれることを表し，× が書かれた部分は，そこに座っていた人がすでに負けて席を立っていて，その席が空席になっていることを表します。

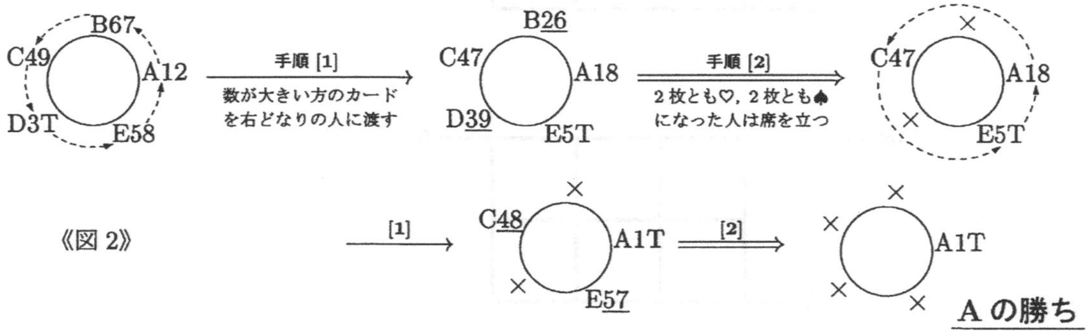

《図 2》

次ページの問いに答えなさい。なお，たとえば「A が 1 と 2 を持っている」ことを，「A12」と表しても「A21」と表しても，どちらでもかまいません。

(1) はじめに配られたカードが《図 3》である場合のゲームの進み方を,《図 2》にならって，解答らんの空らんに数字（ 1, 2, 3, …, 9, T ），文字（ A, B, C, D, E ），下線，×を適切に入れ，完成させなさい。

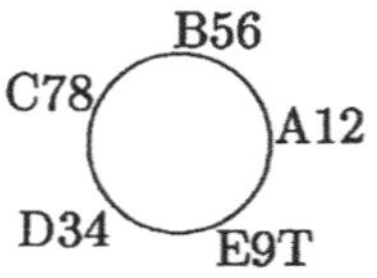

《図 3》

(2) 次の《図 4》のように進んだゲームを考えます。

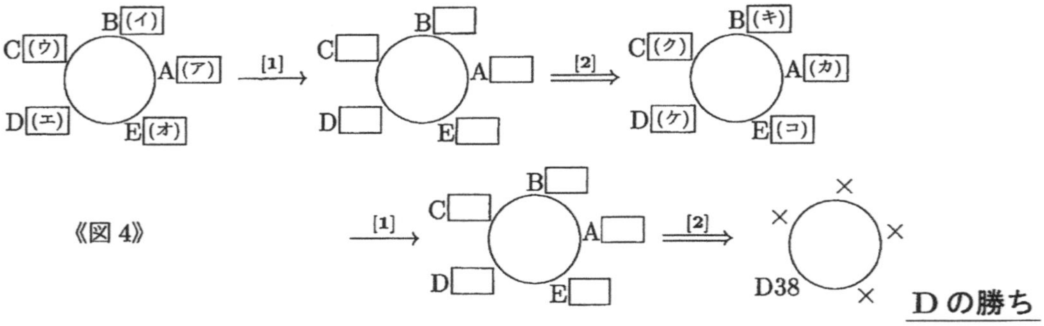

《図 4》

まず以下のようにして,（ケ）に 3 があることを説明しました。

> （ケ）に 3 がないと仮定する。
> このとき，最後にDが 3 と 8 を持っていることと，2 回目の ⟶ で移動したカードのことを考え合わせると,（ク）は [(x)],（ケ）は [(y)] しかありえない。この（ク）と（ケ）の内容から考えると,（ウ）は 29 または [(z)] だとわかる。
> 一方，1 回目の ⟹ でだれも負けなかったことから
> （ア），（イ），（ウ），（エ），（オ） はいずれも [(★)]
> ということが分かるが，これはさきほどの（ウ）の内容と話が合わない。だから,（ケ）に 3 がないと仮定したのは誤りで，実際は,（ケ）には 3 がある。

(a) 上の説明の中の空らん (x), (y), (z) に，数字（ 1, 2, 3, …, 9, T ）を適切に補いなさい。

(b) 上の説明の中の空らん（★）に適切な文章を補いなさい。ただし，次にあげる 2 つの言葉を使うものとし，言葉を使った部分を [　　] で囲みなさい。

使う言葉　　♡ のカードの数字,　　♠ のカードの数字

また，次の例のように

[♡ のカードの数字] を [ハート] に,　[♠ のカードの数字] を [スペード] に

省略してもかまいません。

例　　[ハート] と [スペード] の和が 3 になる

(c) （ア）～（コ）に入る数字の組として，可能性のあるものをすべて答えなさい。解答らんはすべて使うとは限りません。使わない解答らんには，全体に大きく斜《しゃ》線 ／ を引きなさい。

E 理 科 （４０分）

答えはすべて 解答用紙 に書き入れること。

【この冊子について】

1. 試験開始の合図があるまで、この冊子に手をふれてはいけません。
2. この冊子は、初めに2ページ白紙があります。問題は1〜14ページです。
3. 解答用紙は、冊子の中央にはさまっています。試験開始の合図後、取り出して解答してください。
4. 試験中に印刷のかすれやよごれ、ページのぬけや乱れ等に気づいた場合は、静かに手を挙げて先生に知らせてください。
5. 試験中、冊子がバラバラにならないように気をつけてください。

【試験中の注意】 以下の内容は、各時間共通です。

1. 試験中は先生の指示に従ってください。
2. 試験中、机の中には何も入れないこと。荷物はイスの下に置いてください。
3. 先生に申し出ればコート・ジャンパー等の着用を許可します。
4. かぜ等の理由でハンカチやティッシュペーパーの使用を希望するときは、先生の許可を得てから使用してください。
5. 試験中に気持ちが悪くなったり、どうしてもトイレに行きたくなったりした場合は、静かに手を挙げて先生に知らせてください。
6. 試験中、机の上に置けるのは、次のものだけです。これ以外の物品を置いてはいけません。
   ・黒しんのえん筆またはシャープペンシル
   ・消しゴム　・コンパス
   ・直定規　・三角定規一組（10cm 程度の目盛り付き）
   ・時計　・メガネ
   筆箱も机の上には置けませんので、カバンの中にしまってください。
7. **終了のチャイムが鳴り始めたら、ただちに筆記用具を置いてください。**
8. 答案を回収し終えるまで、手はひざの上に置いてください。

♯教英出版 編集部　注
編集の都合上、一部白紙ページは省略しています。

1 次の文章を読み，以下の問いに答えなさい。

コップの中で水に浮《う》かぶ氷を見てみましょう。氷は透明《とうめい》であるはずなのに，部分的に白くにごって見えることがあります。

水には水以外の物質を追い出しながら水だけが固体となる性質があります。ところが，水道水や雨水などには水以外の物質が含《ふく》まれています。そして，水が氷になるときに，それらの物質が氷の中に最後に閉じ込《こ》められると，白くにごって見える氷になってしまいます。家庭用の冷凍庫《れいとうこ》では，このような氷になることが多くあります。

しかし，工夫をすれば透明な氷を作ることができます。水以外の物質を追い出しながら水だけが固体となる性質を上手に利用すればいいのです。

下の文①～④は，身近に聞いたり体験したりできるものです。なお，①～④は水の性質ごとに，２つずつまとめています。

①
- 魚は水中で，呼吸によって酸素を取り入れています。
- 水を入れたコップを暖かいところにしばらくおいておくと，コップの内側の水の部分に小さな泡《あわ》ができました。

②
- 生卵は，水の中に入れると沈《しず》みましたが，濃《こ》い塩水に入れると浮かびました。これは，水よりも塩水のほうが同じ体積でも重さが重いからだと教わりました。
- ペットボトルや缶《かん》には「凍《こお》らせないでください。容器が破損することがあります。」と書いてあります。

③
- ジュースを凍らせると，味の濃いところと薄《うす》いところができました。
- 海水を冷やし，半分ぐらい凍ったところで氷だけを取り出しました。その氷をとかしてなめてみると，もとの海水ほど塩からくはありませんでした。

④
- 雨の日に水たまりから茶色ににごった水をくんできました。このくんできた水をそのままにしておいたら，水がなくなり，土だけになっていました。
- 海水でぬれた浮き輪をそのままにしておいたら，水が蒸発して白い粉が残りました。

問１　①～④のうち，氷が水に浮かぶことと関係が深いものはどれですか。①～④の中から１つ選び，記号で答えなさい。

問２　家庭の冷凍庫でつくった氷を観察すると，**図１**のように，氷の縁《ふち》のあたりは透明でしたが，氷の真ん中あたりは白くにごっており，全体が透明な氷ではありませんでした。この氷はどのようにしてできたと考えられますか。あてはまるものを，次の**ア～エ**の中から１つ選び，記号で答えなさい。

ア　**図１**の上の方から下の方に向かって順に氷になった。
イ　**図１**の下の方から上の方に向かって順に氷になった。
ウ　**図１**の周りから中心に向かって順に氷になった。
エ　**図１**の中心から周りに向かって順に氷になった。

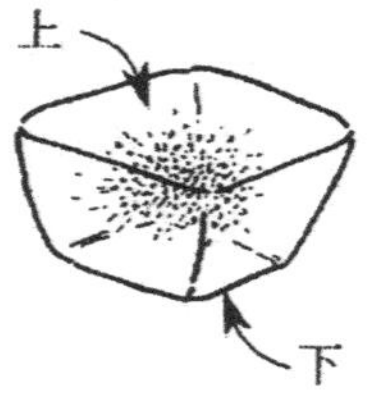

図　１

問３　全体が透明な氷を作るために，下のような手順を考えました。文中の下線部**Ａ**，**Ｂ**の操作は，①～④のどれを手がかりにしていますか。下線部**Ａ**，**Ｂ**のそれぞれについて，①～④の中から１つ選び，記号で答えなさい。

手順１　**水に溶《と》けている水以外の物質をできるだけ追い出す**

Ａ蛇口《じゃぐち》からくんだ水道水には水以外の物質が含まれているので，一度やかんで沸《ふっ》とうさせます。やかんに残った水を部屋と同じ温度まで冷まします。

手順２　**まだ残っている水以外の物質を水だけが固体となる性質を利用して追い出す**

手順１のやかんの水を発泡《はっぽう》スチロールのカップに入れ，冷凍庫で冷やします。水の全部が氷になる前にカップを取り出し，Ｂまだ凍っていない部分の水を捨て，その分だけ**手順１**のやかんから新しい水を入れます。そのカップをまた冷凍庫で冷やします。この操作を，完全に水が凍るまでくり返します。

問４　海水は，海の底の方から上昇《じょうしょう》したり，水平に移動したり，とどまったり，海の底の方に沈み込んだりしながら，ゆっくりと循環《じゅんかん》しています。そして海水が循環することは，さまざまな地域の暑さや寒さをやわらげていると考えられています。このとき海では，透明な氷をつくるときと同じ理由で説明できることが起こっています。循環の中で，海の表面付近で氷ができているとき，凍らなかった海水はどのようになっていると考えられますか。①～④を参考にして，最もあてはまるものを，下の**ア～ウ**の中から１つ選び，記号で答えなさい。

ア　広がらずに海の表面付近にとどまっている。
イ　海の表面付近を水平に移動している。
ウ　海の底の方に向かって沈んでいる。

問５　水が循環しているのは海の中だけではありません。地球上の水は，氷になったり水蒸気になったりしながら，地上と空との間を循環しています。

地上の水には，インクやジュース，どろ水や海水など，いろいろな物質が溶けたり混じったりしています。それらの一部は地上から空に移動して雲となり，いずれは雨となって再び地上に降ってきています。それなのに，インクと同じ色の雲ができたり，オレンジジュース味の雨が降ったりはしません。この理由は，地上にある水が空に移動するときに起こることに関係しています。この理由を考える手がかりとなるものを，①～④の中から１つ選び，記号で答えなさい。

2 下校途《と》中《ちゅう》で雨に降られたとき，ノートに書いてあった文字のインクがにじみ，いくつかの色に分かれてしまったことに興味をもちました。調べてみると，このような現象を使ってインクの成分を分ける方法をクロマトグラフィーということがわかりました。

そこで，どんな黒色インクでも水に溶《と》けて広がるのかと疑問に思い，予想をたてて調べました。

［予想１］ 紙にいくつかの黒ペンで点を書き，その紙に下から水をしみこませると，どの点も水に溶け，水の移動と共に上に広がるだろう。

［予想１］ をもとに３種類の黒色ペンＡ，Ｂ，Ｃを使って実験をしました。長方形に切ったろ紙に**図１**のようにそれぞれのペンで点を書いてスタンドにぶら下げ，ペンで書いた点が水につからないように注意しながら，皿に入れた水にろ紙をつけました。そしてある程度水がしみこんで上に移動したところで，ろ紙を水からあげました。結果は**図２**のようになりました。

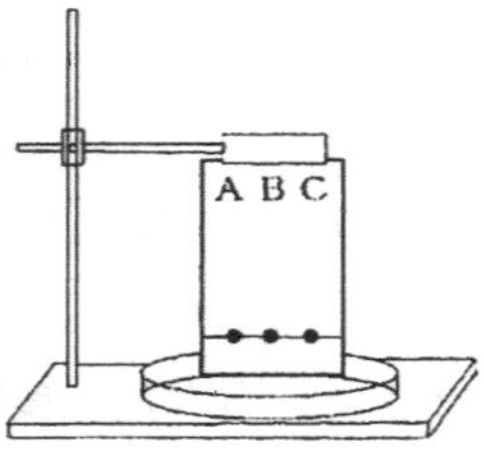

図 1

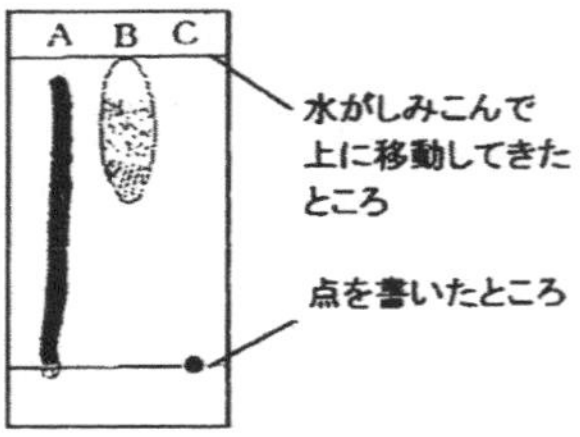

図 2

問１　**図２**から **［予想１］** は正しかったですか。次の**ア**～**ウ**の中から１つ選び，記号で答えなさい。

ア　正しかった。

イ　間違っていた。

ウ　この結果だけからは判断できない。

問２　**図２**をもとにすると，ろ紙にペンで書いたすべての点が，はじめから水につかる状態でしばらくぶら下げておくと，どのような結果になると考えられますか。次の**ア**～**エ**の中から１つ選び，記号で答えなさい。

ア　**図２**と同じ状態になる。

イ　ペンで書いたすべての点が，水に溶けて水の移動と共に上に広がる。

ウ　ペンＡ，Ｂで書いた点はほぼ消え，Ｃは書いたままの位置に残る。

エ　ペンで書いた点は，すべてはじめの位置に残る。

問３　長方形のろ紙に新しい黒色ペンＤで点を書き，**図１**と同じように水につけてくわしく観察すると，**図３**のようになっていました。この結果からわかることを，下の**ア**～**オ**の中から**２つ選び**，記号で答えなさい。

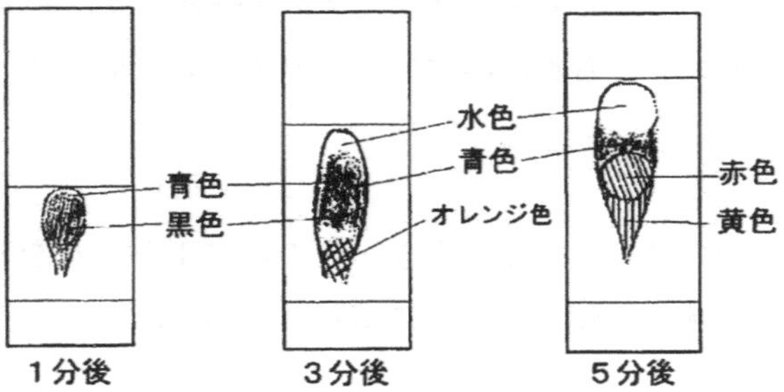

図　３

ア　黒色ペンＤのインクには成分が何種類かまざっている。

イ　黒色ペンＤのインクは，水に溶けず，広がらない。

ウ　黒色ペンＤの黄色のインクの成分は，水色のインクの成分より水に溶けて，上に広がりやすい。

エ　黒色ペンＤの水色のインクの成分は，黄色のインクの成分より水に溶けて，紙にくっつきにくい。

オ　時間の経過とともに，黒色ペンＤのインクの成分の量は増加した。

さらに，ろ紙を折り曲げたり斜《なな》めにしたりして水につけるとどうなるか疑問に思い，次のように予想をたてて調べました。

［予想２］　５分程度水につけておくと，ろ紙を折り曲げたところの水が，より高いところに移動する。また，ろ紙を斜めにしておくと，垂直にしておくよりも水の移動する距離《きょり》が長くなる。

［予想２］をもとにして，**図４**のように，ろ紙を①垂直に立てたもの，②折り曲げて垂直に立てたもの，③斜めにしたものを，５分程度水につけておきました。結果は**図５**のようになりました。

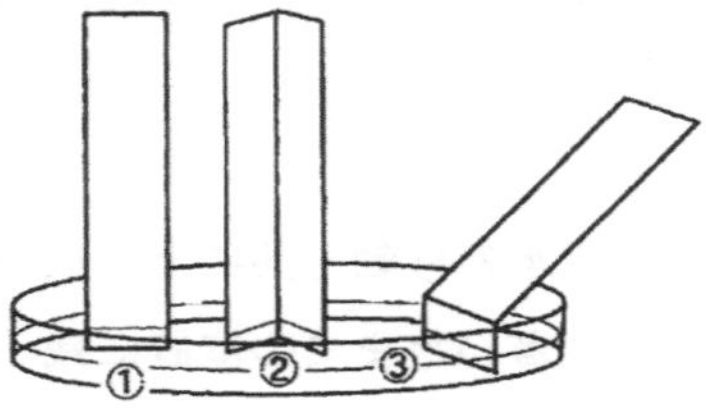

図　４

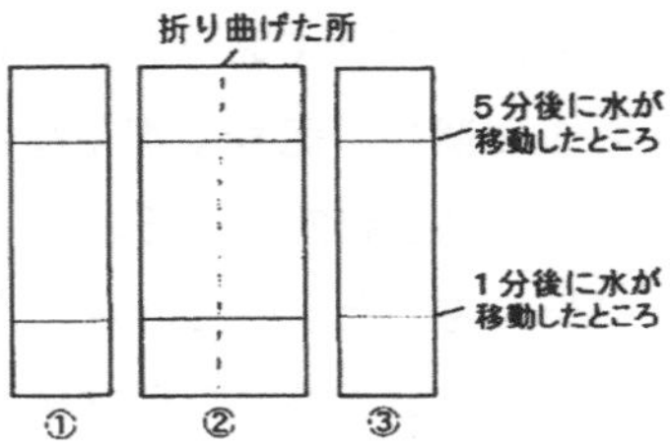

図　５

問4　**図5**から［**予想2**］は正しかったですか。次の**ア**～**ウ**の中から１つ選び，記号で答えなさい。

ア　正しかった。

イ　間違っていた。

ウ　この結果だけからは判断できない。

問5　丸型ろ紙の中心を水につけるために，**図6**のようにして折り曲げ，中心のとがった部分を水につけて数分待ちました。ろ紙を開いて観察すると，水はどのように移動していると考えられますか。**図5**の結果をもとにして考え，下の**ア**～**エ**の中から最も近いものを１つ選び，記号で答えなさい。ただし，山折りと谷折りで水につかるろ紙の長さにほとんど差はないものとします。

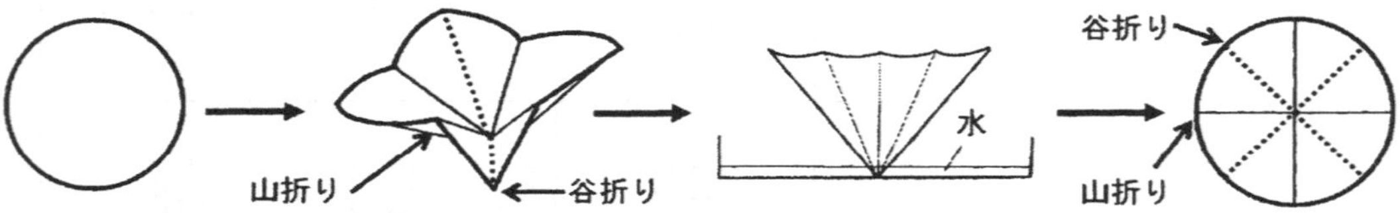

図 6

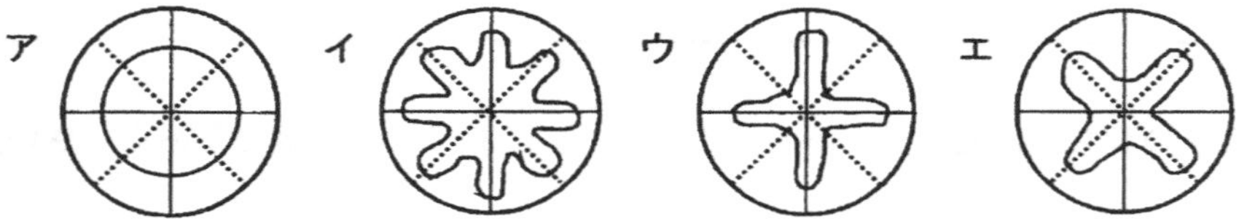

問6　**図7**のように黒色ペンDで輪を書き，**図6**のようにろ紙を折り曲げてろ紙の中心を５分程度水につけました。このときに最も外側にくる色は何色だと考えられますか。次の**ア**～**エ**の中から１つ選び，記号で答えなさい。ただし，はじめに書いた輪は水面よりも上にあるようにしました。

図 7

ア　黄色　　**イ**　水色　　**ウ**　赤色　　**エ**　黒色

3 太郎君は，アリが行列をつくっているのを見つけました。行列をたどっていったところ，落ちていたエサからアリの巣まで行列ができていました。

問１　アリは，育ち方で分けると，どの昆虫《こんちゅう》と同じ仲間ですか。下の幼虫と成虫の図を参考に，次の①～④の中から１つ選び，記号で答えなさい。なお，図の縮尺は均等ではありません。

	アリ	①　シロアリ	②　ゴキブリ	③　ハチ	④　トンボ
幼虫		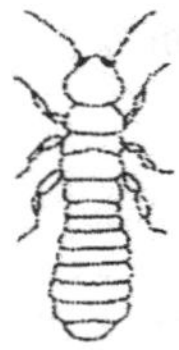	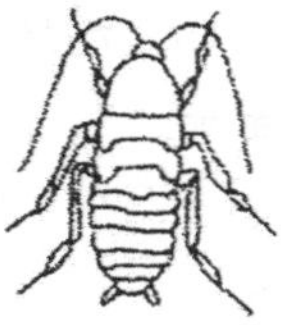		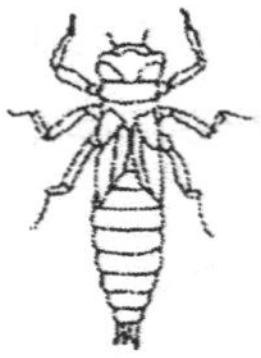
成虫		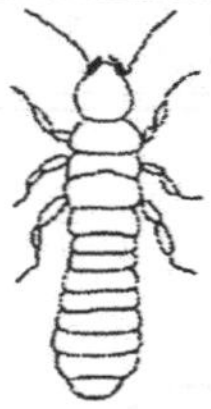	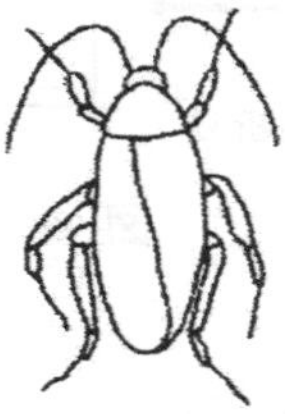		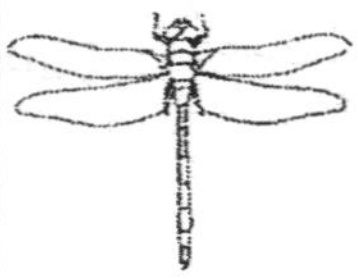

問２　アリの育ち方に関して，下の文の（　　）にあてはまる語句を答えなさい。

アリは，［幼虫→（　　　）→成虫］の順に育つ。

太郎君は，巣とエサの間に複雑な迷路を設置してみました。最初，アリは迷った様子を見せたものの，しばらくたつと，行列をつくって一定の通路を往復するようになりました。太郎君は，アリは左右に分かれた道にぶつかったとき，必ず右に曲がると予想しました。この予想が正しいかどうかを確かめるために，**［実験１］**をおこないました。

［実験１］

巣とエサの間に，図１のような左右に分かれ道のある通路を設置しました。そして，巣とエサの間をアリがどのように移動するか観察しました。

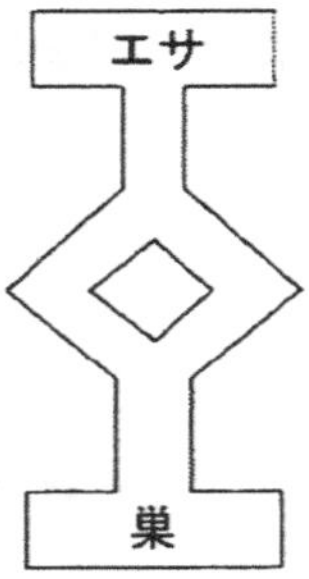

図 1

問３　もし太郎君の予想が正しかった場合，［実験１］でどのような結果が得られるでしょうか。あてはまるものを，次のア～エの中から１つ選び，記号で答えなさい。

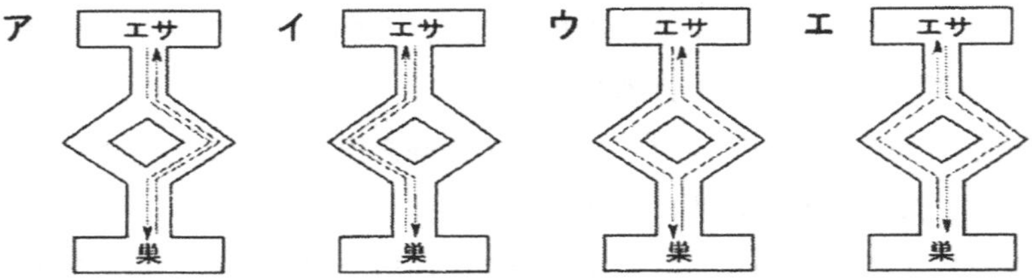

実際に［実験１］を何回かおこなってみると，アリが分かれ道を左右どちらに曲がるかは，規則性が無いようでした。しかし，いずれの回も 30 分ほどすると，アリは図２のＡもしくはＢのような行列を作るようになりました。

太郎君は，エサを見つけたアリが巣にエサを持ち帰る途中，腹からにおいを出して道しるべにしているという仕組みがあり，その結果，エサを持って巣に帰ったアリがたまたま多かった道筋に従って，行列ができるのではないかと予想しました。この予想が正しいかどうかを確かめるために，［実験２］をおこないました。

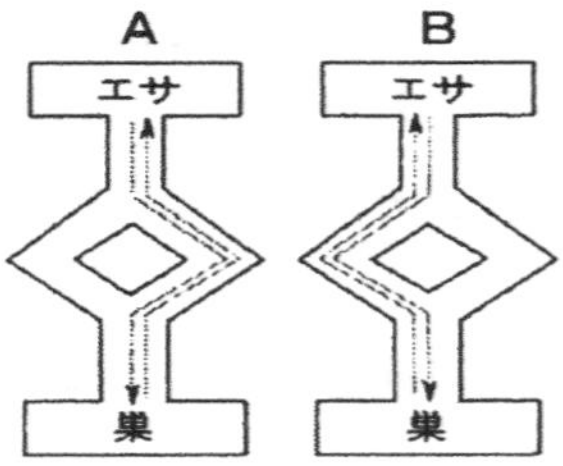

図２

［実験２］

凍《こお》らせたアリを少量のアルコールに加え，すりつぶしました。
このアルコール溶液《ようえき》をつけたガラス棒で，エサから巣まで直線を引きました。

［結果］

アリは引かれた直線に沿ってまっすぐエサまでたどりついた。

問４　**［実験２］**では，太郎君が考えた仕組み以外の仕組みで，アリがエサまでたどり着いている可能性があります。下の**［可能性１］を否定するには**どのような実験をおこない，どのような結果が得られれば良いでしょうか。最もあてはまるものを，下の**ア**〜**エ**の中から１つ選び，記号で答えなさい。

［可能性１］アリは，アリの出すにおいには関係なく，エサまでの最短距離《きょり》を感じ取って，エサまでたどり着いた。

ア　アリを加えていないアルコールだけで直線を引いたところ，アリはその直線にそって最短距離でエサまで行列をつくった。

イ　アリを加えていないアルコールだけで曲線を引いたところ，アリはその曲線には従わず，最短距離でエサまで行列をつくった。

ウ　アリを加えてすりつぶしたアルコールで曲線を引いたところ，アリはその曲線にそってエサまで行列をつくった。

エ　アリを加えてすりつぶしたアルコールで曲線を引いたところ，アリはその曲線には従わず，最短距離でエサまで行列をつくった。

問５　下の**［可能性２］を否定するには**どのような実験をおこない，どのような結果が得られれば良いでしょうか。最もあてはまるものを，**問４のア**〜**エ**の中から１つ選び，記号で答えなさい。

［可能性２］アリはアルコールのにおいをたどって，エサまでたどり着いた。

太郎君は，エサと巣を行き来するのに，におい以外の手がかりも使っているか調べてみることにしました。

エサと巣を 10 m 離して設置し，その間を直線のせまい通路でつなげました。アリが，エサと巣を数回行き来した後で，直線の通路をにおいのついていない新しいものに変えました。この新しい通路は巣穴にはつながっていません。そうすると**図３**のように，エサから出発したアリが，巣があった位置のそばで通路を行ったり来たりして，巣を探すような行動が観察されました。

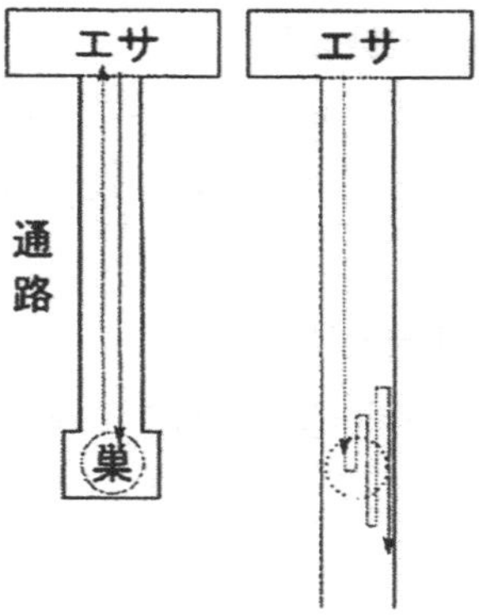

図　３

太郎君はアリがエサから巣までの距離を覚えているのかどうか疑問に思い，**［実験３－１］**，**［実験３－２］**をおこないました。

［実験３－１］

多数のアリを用意し，巣とエサを数回往復させました。その後，３つのグループに分け，それぞれのグループのアリの足の長さを①～③のようにしました。

① そのままの長さ　　② 一部切って短くした　　③ 人工的に長くした

エサからの通路を新しいものに変えた後で，エサの位置でそれぞれのアリを放しました。アリが通路を進み，巣を探し始めたときのエサからの距離を測定し，グラフにまとめたところ，**図４**のようになりました。

［実験３－２］

多数のアリを用意し，巣とエサを往復させる前に３つのグループに分け，それぞれのグループのアリの足の長さを①～③のようにしました。

① そのままの長さ　　② 一部切って短くした　　③ 人工的に長くした

アリが巣とエサを数回往復した後で，エサからの通路を新しいものに変え，エサの位置でそれぞれのアリを放しました。アリが通路を進み，巣を探し始めたときのエサからの距離を測定し，グラフにまとめたところ，**図５**のようになりました。

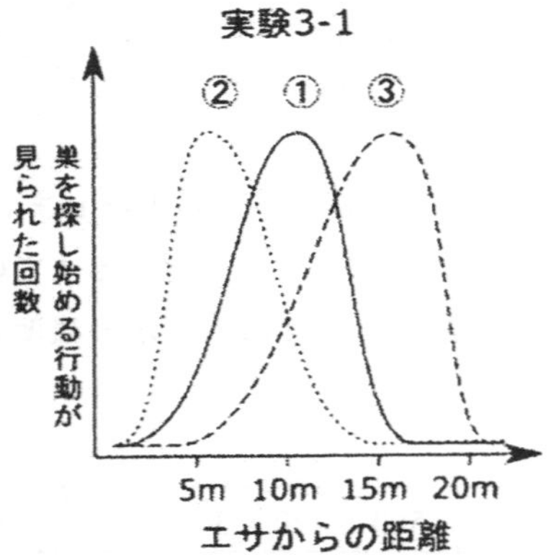

図 4

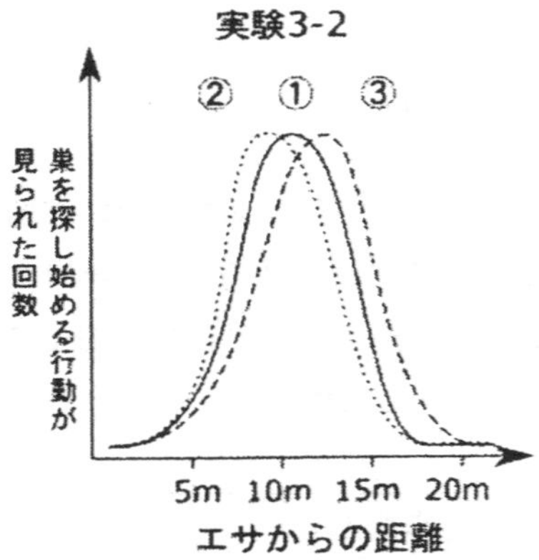

図 5

問６　［実験３－１］，［実験３－２］の結果からわかることとして，最もあてはまるものを，次の**ア**～**エ**の中から１つ選び，記号で答えなさい。

ア　アリは，エサと巣の間の距離を記憶することができない。

イ　アリは，エサと巣の間の距離を目で測って記憶することができる。

ウ　アリは，エサと巣の間の歩いた歩数を記憶することができる。

エ　アリは，エサと巣の間の距離を，歩数と歩幅から計算し記憶することができる。

4 熱の伝わり方の実験について，以下の問いに答えなさい。

ロウをぬったうすい正方形の金属板を用意し，1つの角に細い金属棒を取り付け，金属板を床《ゆか》と平行にして棒をゆっくり加熱しました。

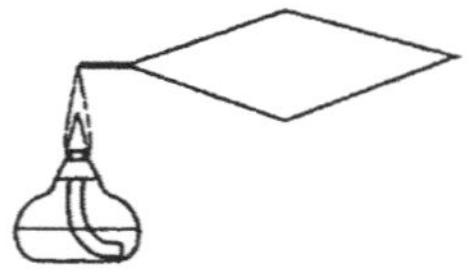

図 1

問1　金属板にぬられているロウは加熱されて透明《とうめい》になります。**図1**の場合，ロウの変化の様子として最も近いものを，次の**ア**～**オ**の中から1つ選び，記号で答えなさい。図は金属板を上から見たもので，金属板の中の線はロウが透明な場所とそうでない場所の境目を表しています。

ア　イ　ウ　エ　オ

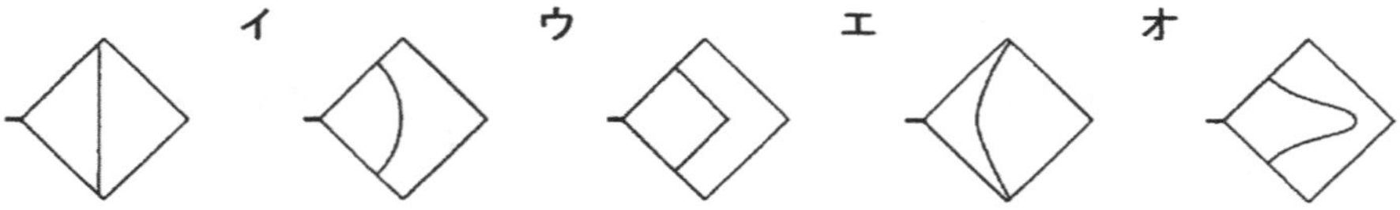

次に，金属でできたふたのない容器の中に氷を入れて，容器を外から加熱しました。同じ量の0℃の氷を用意し，容器の外側の温度を変えて，氷がすべてとけるまでの時間を計りました。**表1**はその結果を表しています。容器の内側の温度は氷や水の温度と常に同じであったとします。

表 1

容器の外側の温度(℃)	630	560	420	300	210	105
氷がすべてとけるまでの時間(秒)	40	45	60	84	120	240

問2　容器の外側の温度と氷がすべてとけるまでの時間の関係として，正しいものはどれですか。次の**ア**～**ウ**の中から1つ選び，記号で答えなさい。

ア 比例　　**イ** 反比例　　**ウ** 比例でも反比例でもない

問3　容器の外側の温度が 350 ℃のとき，氷がすべてとけるまでに何秒かかりますか。割り切れない場合は，小数第1位を四捨五入して整数で答えなさい。

長さが 1 m の種類が異なる金属棒を 3 本用意し，**図 2** のような装置を用いて各金属棒の熱の伝わり方のちがいを調べました。各金属棒の上には左端《ひだりはし》から 10 cm のところから 20 cm の間隔《かんかく》でロウソクをとかしてつけました。はじめ，各金属棒の右端《みぎはし》は 0 ℃ の物質に接触《せっしょく》したままにして，棒全体の温度を 0 ℃ にしておきました。この状態で左端に 600 ℃ の物質を接触させました。物質の温度はそれぞれ 600 ℃ と 0 ℃ で一定に保ったまましばらく時間がたつと，温度が変化しなくなりました。このとき，各金属棒の左端からの距離《きょり》と温度の関係は**図 3** のグラフのようになりました。

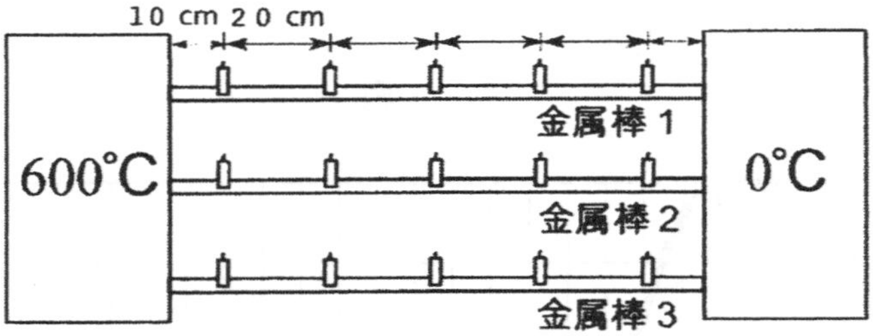

図 2

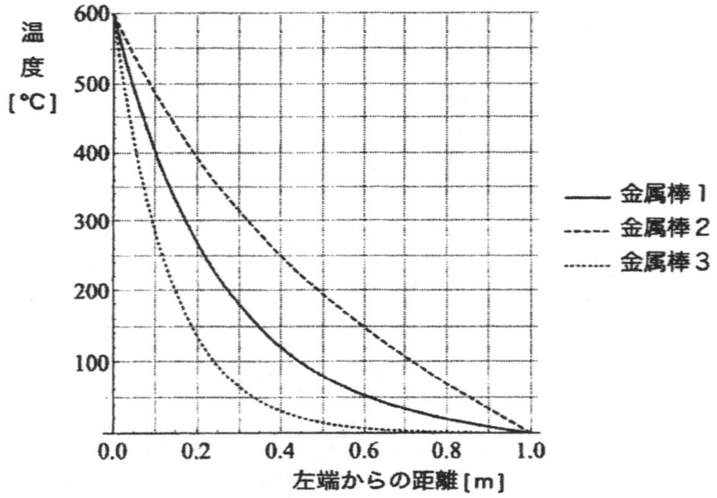

図 3

問 4　3 本の金属棒の上に**残っているロウソク**の合計の本数を答えなさい。ただし，ロウソクは 50 ℃ でとけ，とけたら直ちに落下するものとします。

とても長い金属棒を２本（金属棒４と金属棒５）用意して，それぞれ左端を**図４**のように加熱し，左端の温度が同時に 600 ℃ になったところで加熱をやめました。このときの左端からの距離と温度の関係を調べ，**図５**，**図６**に太い線でグラフにしました。加熱をやめてから，1 秒後，2 秒後，…，5 秒後についても同じように調べ，細い線でそれぞれグラフにしました。

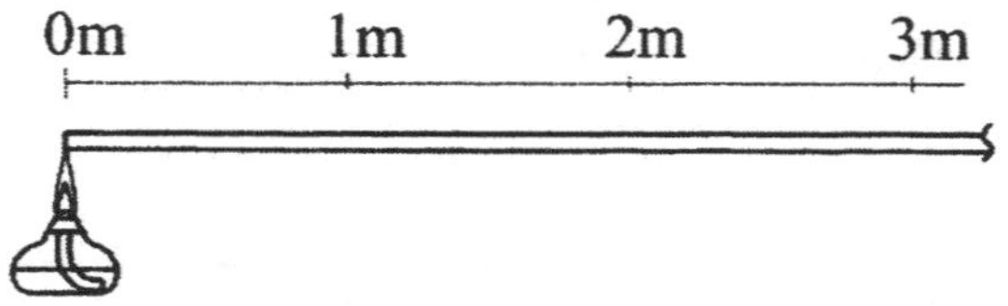

図 4

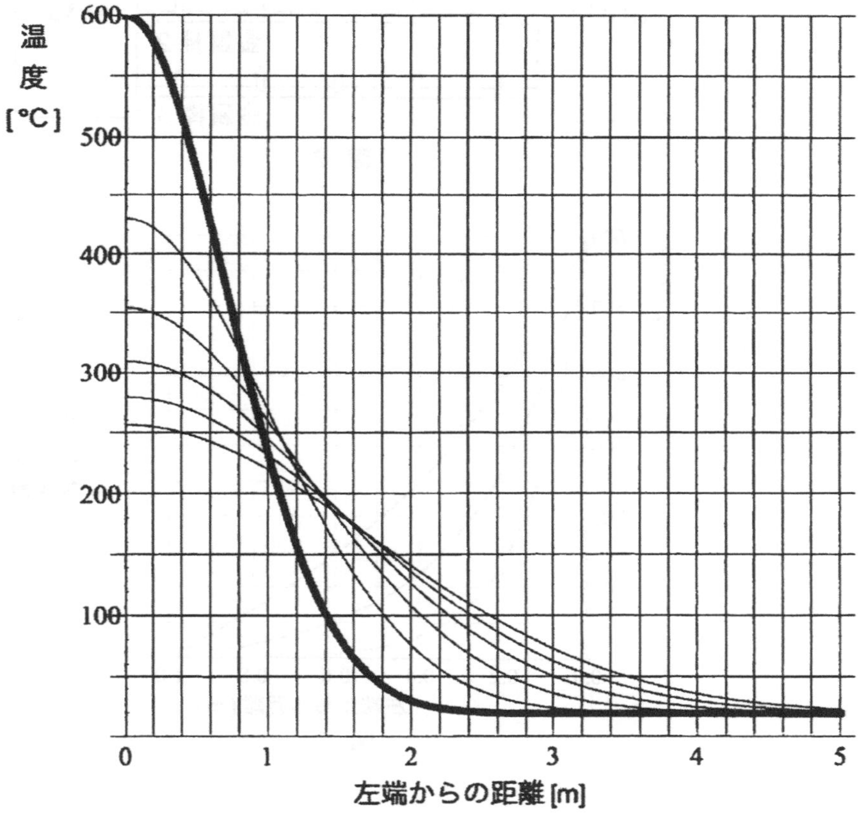

図５　金属棒４

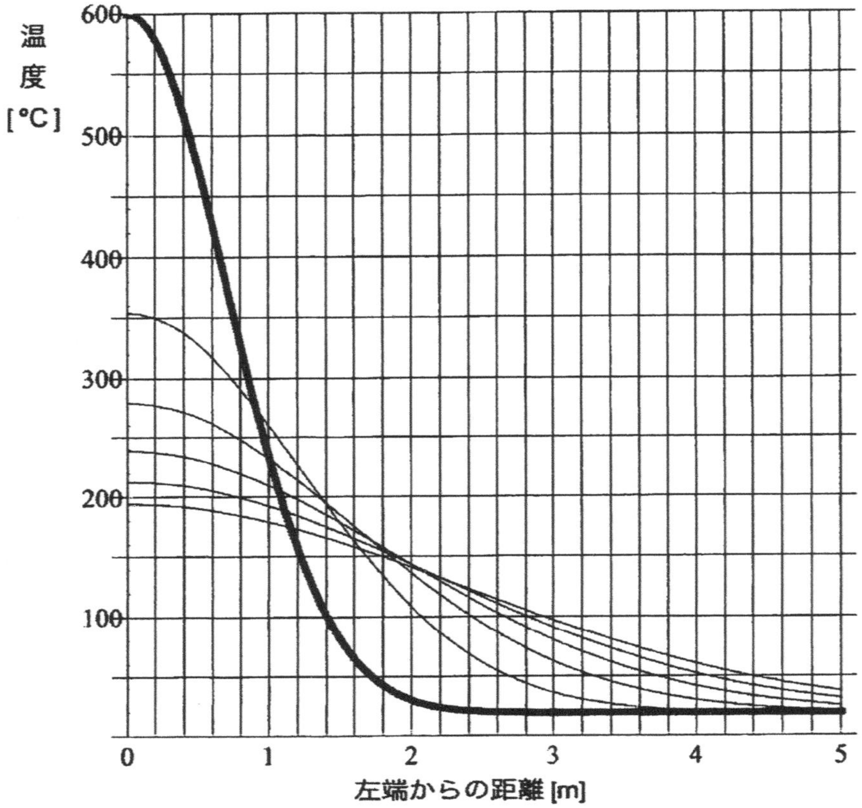

図６　金属棒５

問５　**金属棒４**で，左端から０ｍと２ｍの位置の１秒後の温度として，最も近い組み合わせはどれですか。次の**ア～カ**の中から１つ選び，記号で答えなさい。数値の単位は℃とします。

	ア	イ	ウ	エ	オ	カ
０ｍの位置	250	275	310	350	430	600
２ｍの位置	140	135	125	110	75	30

問６　加熱をやめてから３秒後に，金属棒４と金属棒５の上にあるロウソクを同時に落下させるためには，金属棒４と金属棒５の左端からそれぞれ何ｍの位置にロウソクをつければよいですか。ただし，ロウソクは50℃でとけ，とけたら直ちに落下するものとします。

F 社 会 (40分)

答えはすべて 解答用紙 に書き入れること。

【この冊子について】
1. 試験開始の合図があるまで、この冊子に手をふれてはいけません。
2. この冊子は、初めに3ページ白紙があります。問題は1～21ページです。
3. 解答用紙は、冊子の中央にはさまっています。試験開始の合図後、取り出して解答してください。
4. 試験中に印刷のかすれやよごれ、ページのぬけや乱れ等に気づいた場合は、静かに手を挙げて先生に知らせてください。
5. 試験中、冊子がバラバラにならないように気をつけてください。

【試験中の注意】 以下の内容は、各時間共通です。
1. 試験中は先生の指示に従ってください。
2. 試験中、机の中には何も入れないこと。荷物はイスの下に置いてください。
3. 先生に申し出ればコート・ジャンパー等の着用を許可します。
4. かぜ等の理由でハンカチやティッシュペーパーの使用を希望するときは、先生の許可を得てから使用してください。
5. 試験中に気持ちが悪くなったり、どうしてもトイレに行きたくなったりした場合は、静かに手を挙げて先生に知らせてください。
6. 試験中、机の上に置けるのは、次のものだけです。これ以外の物品を置いてはいけません。
   ・黒しんのえん筆またはシャープペンシル
   ・消しゴム　・コンパス
   ・直定規　・三角定規一組 (10cm 程度の目盛り付き)
   ・時計　・メガネ

   筆箱も机の上には置けませんので、カバンの中にしまってください。
7. **終了のチャイムが鳴り始めたら、ただちに筆記用具を置いてください。**
8. 答案を回収し終えるまで、手はひざの上に置いてください。

#教英出版 編集部　注
編集の都合上、一部白紙ページは省略しています。

このページは白紙です。

1 次の文章を読み、あとの問いに答えなさい。

上野公園を散歩しました。京成上野駅から上野公園に入ると、西郷隆盛の銅像があります。西郷隆盛は平成30年のＮＨＫ大河ドラマ、『西郷《せご》どん』の主人公ですから、よく知っているという人も多いでしょう。西郷隆盛は（　１　）藩の出身です。下級の武士でしたが、①幕末の尊王攘夷《そんのうじょうい》運動に活躍《かつやく》し、②長州藩と（　１　）藩の同盟後は倒幕の中心的な役割を果たしました。③明治政府が成立すると参議となりましたが、（　２　）論が受け入れられず、政府から去りました。最後は西南戦争で敗れ、自刃《じじん》しました。ところが西郷隆盛の死後に、その銅像を建てようという運動がおこります。寄付が集められ、④明治天皇や初代内閣総理大臣（　３　）もお金を出しました。銅像は⑤日清戦争後の明治31年に完成し、除幕式が行われました。このとき、西郷隆盛の夫人も出席したのですが、「うちの人はこんな人ではなかった」とつぶやいたといわれています。

西郷隆盛の銅像の背後には彰義《しょうぎ》隊士の墓があります。幕末に15代将軍（　４　）が鳥羽《とば》・伏見《ふしみ》の戦いに敗れて江戸に逃《に》げ帰り、上野の寛永寺《かんえいじ》に謹慎《きんしん》したため、旧幕府を支持する者たちが、彰義隊を名乗って上野に集まりました。⑥江戸無血開城が決まり、（　４　）が⑦水戸に移っても彰義隊は解散せず、新政府軍に抵抗《ていこう》しましたが、壊滅《かいめつ》しました。彰義隊士たちの遺体はしばらく放置されましたが、やがて見かねた人が火葬《かそう》し、墓をつくったそうです。

そもそも上野公園は、江戸時代は寛永寺の敷地《しきち》でした。寛永寺の山号は「東叡山《とうえいざん》」といいますが、これは東の⑧比叡山という意味です。⑨徳川家康の信頼をうけた天海という僧《そう》が、２代将軍徳川秀忠、⑩３代将軍徳川家光にすすめて、寛永寺をつくりました。寛永寺には⑪８代将軍徳川吉宗など多くの将軍が埋葬《まいそう》され、増上寺とならんで徳川将軍家の菩提寺《ぼだいじ》になりました。幕末の新政府軍の攻撃《こうげき》で、多くの建物は焼けてしまいましたが、明治６年に上野の山は日本最初の公園として再生したのです。

西郷隆盛の像から少し歩くと、上野大仏があります。ただし大仏といっても、今は顔しかありません。この大仏はもともと京都にある⑫豊臣家ゆかりの方広寺の大仏を模してつくられたもので、はじめは体もありました。江戸時代に何度も大地震《じしん》で倒《たお》れ、⑬大正時代の関東大震災では頭部が落ちてしまいました。⑭第二次世界大戦中には政府の命令により、大仏を供出することになりました。ただし、顔だけは寛永寺が保管していたため、残されたのです。やがて顔はもとの場所にもどされ、壁面《へきめん》に固定されました。今では「もう二度と落ちない」大仏として、受験生の合格祈願《きがん》の対象になっています。

大仏の近くには、「時の鐘《かね》」があります。これは、江戸の町に時を知らせた鐘です。

⑮松尾芭蕉の俳句に「花の雲　鐘は上野か　浅草か」という作品があります。松尾芭蕉も、上野の鐘をきいていたようですね。

上野公園には、⑯古墳もあります。⑰正岡子規記念球場の近くです。摺鉢山《すりばちやま》古墳といい、山がすり鉢のようになっており、今でも上にのぼることができます。

不忍池《しのばずのいけ》に面したところには清水観音堂《きよみずかんのんどう》があります。京都の清水寺の観音堂を模してつくられたものです。寛永寺をひらいた天海は、京都の名所を上野につくって、江戸の人々に楽しんでもらおうとしたのです。もともとは摺鉢山につくられましたが、焼失《しょうしつ》後、今の地に再建されました。ここには浮世絵師の⑱歌川広重が「名所江戸百景」で描《えが》いた「月の松」が復元されています。枝がくるりと一周し、満月のように円を描いている松です。ここから見える不忍池は、比叡山から眺《なが》める（　５　）湖に見立てられています。

不忍池の周りを散策し、上野公園から少し足をのばして、湯島天神（湯島天満宮《てんまんぐう》）に行きました。現在の湯島天神は、５世紀に⑲雄略天皇の命により⑳アメノタヂカラオノミコト（天之手力雄命）をまつったのが始まりと伝えられています。14世紀に湯島の人々が天神を迎えいれ、15世紀には太田道灌《どうかん》が再建したとされています。太田道灌は㉑室町時代の武将で、江戸城を築いたことで有名ですね。天神とは本来は天の神ですが、㉒平安時代の（　６　）を天神とするようになったものです。（　６　）が㉓九州の大宰府で亡《な》くなると、京都では雷火《らいか》による火災がしばしばおきたため、人々はこれをたたりと考えました。こうして（　６　）は天神として京都や大宰府でまつられましたが、同時に学者であったため学問の神として信仰《しんこう》されるようになったのです。湯島天神は江戸時代には亀戸《かめいど》天神・谷保《やぼ》天神とならぶ「江戸三天神」として知られました。やがて富くじが興行されるようになると、湯島天神の周辺は盛り場となり、㉔江戸の人々の楽しみの場となりました。

このように、上野公園やその周辺は、歴史の宝庫のようなところです。歴史を学び、昔を想像しながら歩くと、散歩するのがとても楽しくなりますね。

問１　文章中の空らん（　１　）～（　６　）に入る語句を答えなさい。

問２　下線部①について、尊王攘夷運動の中心となった長州藩の萩《はぎ》には、松下村塾という私塾がありました。松下村塾で高杉晋作など多くの人材を育て、安政の大獄で刑死《けいし》した人物の名を答えなさい。

問３　下線部②について、長崎に海運や貿易のための結社として海援隊《かいえんたい》を組織し、この同盟をあっせんしたとされる人物の名を答えなさい。

問4　下線部③について、明治政府の政策について述べた文として正しいものを、次の**ア**～**エ**から１つ選び、記号で答えなさい。

ア　20歳《さい》以上の男女に兵役《へいえき》の義務を負わせた。

イ　群馬県の富岡に官営の製糸場をつくった。

ウ　土地の所有者に地価の10％にあたる税を納めさせた。

エ　藩を廃止《はいし》して府・県を置き、府知事・県令は自治体の選挙で選ばせた。

問5　下線部④について、1868年に明治天皇の名のもとで五か条の誓文が出されました。五か条の誓文の内容としてあきらかに**誤っているもの**を、次の**ア**～**エ**から１つ選び、記号で答えなさい。

ア　政治は会議を開いて、みんなの意見を聞いて決めよう。

イ　国民が心を合わせ、国の勢いをさかんにしよう。

ウ　憲法をつくって、これまでのよくないしきたりを改めよう。

エ　知識を世界から学んで、天皇中心の国家をさかんにしよう。

問6　下線部⑤について、日清戦争後の下関条約で、いくつかの地域の日本への割譲《かつじょう》が決まりました。次の地図中の都市のうち、日本へ割譲された地域に含《ふく》まれるものを、**ア**～**エ**から１つ選び、記号で答えなさい。

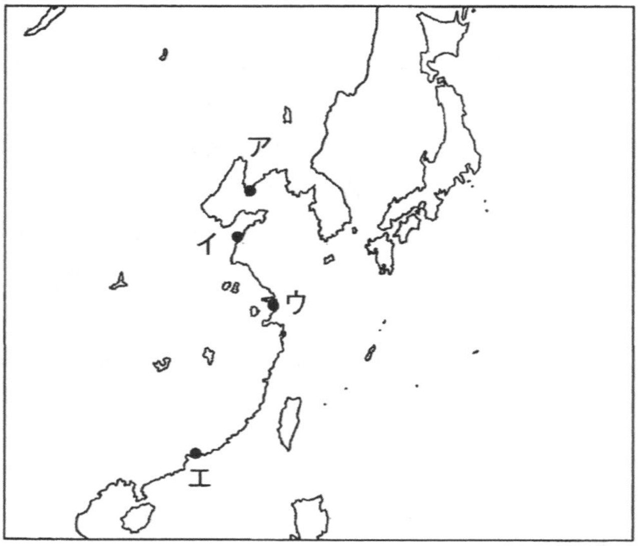

問7　下線部⑥について、江戸の高輪《たかなわ》で西郷隆盛と会見し、江戸無血開城に努力した旧幕府側の人物の名を答えなさい。

問８　下線部⑦について、江戸時代には多くの藩校が設立されましたが、江戸時代末期に水戸に設立された藩校の名を答えなさい。

問９　下線部⑧について、唐から日本に天台宗を伝えた最澄が、比叡山に建てた寺の名を答えなさい。

問10　下線部⑨について、徳川家康は三河国の出身ですが、三河国は現在の何県の一部ですか。県名を**漢字**で答えなさい。

問11　下線部⑩について、徳川家光が将軍の時、ある地域でキリスト教徒の農民を中心とする一揆《いっき》がおこり、彼《かれ》らは廃城跡《あと》にこもって幕府軍と戦いました。この一揆を指導した人物の名を答えなさい。

問12　下線部⑪について、徳川吉宗が行った政策について述べた文として正しいものを、次の**ア**～**エ**から１つ選び、記号で答えなさい。

ア　大名たちに米を納めさせ、かわりに参勤交代を廃止した。

イ　目安箱をつくって、民衆の意見をきいた。

ウ　生類あわれみの令を出して、犬などの動物を極端《きょくたん》に保護した。

エ　日米和親条約を結んで、漢訳洋書の輸入を緩和《かんわ》した。

問13　下線部⑫について、豊臣秀吉が行ったことについて述べた文として正しいものを、次の**ア**～**エ**から１つ選び、記号で答えなさい。

ア　刀狩令を出して、刀や鉄砲などの武器を農民から取り上げた。

イ　小田原の上杉氏を倒し、天下統一を完成させた。

ウ　朝鮮に出兵したが、李舜臣《りしゅんしん》（イ・スンシン）ひきいる水軍や、清の援軍《えんぐん》に苦戦した。

エ　本能寺の変の後、明智光秀を桶狭間の戦いでやぶった。

問14　下線部⑬について、大正時代の出来事を、次の**ア**～**エ**から１つ選び、記号で答えなさい。

ア　日露戦争で日本が勝利した。

イ　日本が朝鮮を併合《へいごう》する条約を結んだ。

ウ　日本は満州国を建設した。

エ　第一次世界大戦に日本も参戦した。

問15　下線部⑭について、第二次世界大戦について述べた文として正しいものを、次の**ア～エ**から１つ選び、記号で答えなさい。

ア　ドイツがポーランドを攻撃したことから、大戦がはじまった。

イ　日本はドイツ・イギリスと同盟を結んだ。

ウ　日本はグアムの真珠湾を攻撃し、太平洋戦争がはじまった。

エ　日本は東南アジアやオーストラリア大陸を占領《せんりょう》した。

問16　下線部⑮について、松尾芭蕉の代表作に

「五月雨《さみだれ》を　あつめて早し　（　　）」

という句があります。（　　）に入る語句は、山形県を流れ、酒田で日本海にそそぐ川の名が入ります。その川の名を**漢字**で答えなさい。

問17　下線部⑯について、日本で最大の前方後円墳は大仙（大山）古墳ですが、これは現在では何という市にありますか。市の名を答えなさい。

問18　下線部⑰について、正岡子規は明治時代に活躍した俳人・歌人です。正岡子規の作品に

「行く我に　とどまる汝《なれ》に　秋二つ」

という句があります。故郷松山に滞在《たいざい》していた正岡子規が、再び東京にもどることになり、松山中学校に勤務していた「汝（おまえ）」に贈《おく》った句です。「汝」はのちに有名な小説家になり、四国の中学教師を主人公にした作品を書きます。「汝」にあたる人物の名を答えなさい。

問19　下線部⑱について、歌川広重は「東海道五十三次」の作者としても有名です。「東海道五十三次」に描かれている宿場として**誤っているもの**を、次の**ア～エ**から１つ選び、記号で答えなさい。

ア　庄野《しょうの**》**　　**イ**　藤沢《ふじさわ》　　**ウ**　板橋《いたばし》　　**エ**　桑名《くわな》

問20　下線部⑲について、埼玉県の古墳から出土した鉄剣には

「ワカタケル大王の朝廷がシキの宮にある時、私は大王が天下を治めるのを補佐《ほさ》した」

ということが記されています。この「ワカタケル」は雄略天皇のことだと考えられています。この鉄剣が出土した古墳の名を答えなさい。

問21　下線部⑳について、アメノタヂカラオノミコトは、神話ではアマテラスオオミカミが天岩戸《あまのいわと》にこもった時、外に引っぱり出した神です。このような神話が記されている歴史書を**漢字**で２つ答えなさい。

問22　下線部㉑について、室町時代の出来事について述べた文として正しいものを、次の**ア**～**エ**から１つ選び、記号で答えなさい。

ア　奥州藤原氏が平泉に中尊寺金色堂を建てた。

イ　３代将軍の足利義満は、北山に銀閣を建てた。

ウ　法隆寺が創建され、枯山水の庭もつくられた。

エ　観阿弥・世阿弥の父子が、能を大成した。

問23　下線部㉒について、平安時代に

「この世をば　わが世とぞ思う　もち月の　欠けたることも　なしと思えば」

という歌をよんだ人がいます。だれがどのような時によんだ歌ですか。正しいものを、次の**ア**～**エ**から１つ選び、記号で答えなさい。

ア　平清盛が太政大臣になった時によんだ。

イ　藤原道長が自分の娘《むすめ》を天皇のきさきにした時によんだ。

ウ　源義経が壇ノ浦の戦いに勝った時によんだ。

エ　清少納言が月を見て、夏は夜がよいと思った時によんだ。

問24　下線部㉓について、７世紀には大宰府の役所北方に水城《みずき》とよばれる防衛のための堤《つつみ》がつくられました。水城はなぜつくられたのですか。その理由として正しいものを、次の**ア**～**エ**から１つ選び、記号で答えなさい。

ア　卑弥呼ひきいる邪馬台国の反乱にそなえるため。

イ　藤原純友の反乱にそなえるため。

ウ　唐や新羅の侵攻《しんこう》にそなえるため。

エ　元の再度の侵攻にそなえるため。

問25　下線部㉔について、江戸時代における江戸の人々の楽しみについて述べた文として**誤っているもの**を、次の**ア**～**エ**から１つ選び、記号で答えなさい。

ア　寺や神社の修理費用を集めるため、勧進相撲《かんじんずもう》がもよおされた。

イ　江戸の隅田川では打ち上げ花火がもよおされ、見物人でにぎわった。

ウ　そば、にぎりずし、天ぷらなどの屋台が多く出店された。

エ　市川団十郎や近松門左衛門などの歌舞伎役者が人気となった。

2 日本には海岸線の長さが100メートル以上の島が、6,800以上もあります。そのうち人が住む島は300～400程度あるといわれます。面積が上位100位までに入る、A～Hの８つの有人島（北方領土も含む）に関する文章を読み、それに続く問いに答えなさい。

A

九州北部からは（　あ　）灘《なだ》と東水道をはさんで約130キロメートル、朝鮮半島南部からは西水道をはさんで約50キロメートルの距離《きょり》にあり、古くから①日本と中国や朝鮮半島との経済交流や文化交流の窓口としての役割をもっていた。現在も韓国のプサンと定期航路で結ばれ、韓国からの観光客も多く訪《おとず》れる。島の中央にある浅茅《あそう》湾は、入り江が複雑に入り組むリアス海岸で、魚や真珠の養殖《ようしょく》が行われている。

問１　文章中の空らん（　あ　）にあてはまる語句を答えなさい。

問２　下線部①について、現代でも中国や韓国は、日本の重要な貿易相手国です。次の表中の**ア～オ**は、中国・韓国・アメリカ合衆国・オーストラリア・ベトナムのいずれかの、対日貿易収支と、日本への主な輸出品目およびその割合（2017年）を示しています。なお対日貿易収支は、日本への輸出総額から、日本からの輸入総額を引いたもので、△は赤字を示しています。**中国**と**韓国**にあたるものを、それぞれ**ア～オ**から１つ選び、記号で答えなさい。

	ア	イ	ウ	エ	オ
対日貿易収支（億円）	△ 28,225	△ 70,232	25,694	35,696	3,911
１位	機械類　30.0	機械類　29.2	石炭　36.7	機械類　46.6	機械類　30.4
２位	石油製品　10.7	科学光学機器　5.3	液化天然ガス　27.9	衣類　10.5	衣類　18.3
３位	鉄鋼　10.4	医薬品　5.1	鉄鉱石　12.8	金属製品　3.3	魚介類　5.6

（『日本国勢図会《ずえ》2018/19年版』より作成）

B

第二次世界大戦後、②ロシア（ソ連）が実効支配してきた北方領土の島のひとつで、天気が良ければ知床《しれとこ》半島や野付《のつけ》半島、根室半島などから望むことができる。沖縄島よりも面積が大きい島で、戦前は昆布《こんぶ》・サケ・カニ漁や缶詰《かんづめ》加工などの産業が栄えていた。島内に暮らしていた日本人は1948年までに強制移住させられ、現在も、元島民や関係者の特例的な訪問や交流事業以外では、基本的に入域が制限されている。

問３　Ｂ島の名を**漢字**で答えなさい。

問４　下線部②について、日本とロシアの関係について述べた、次の**ア～オ**の文のうち、下線部が**誤っているもの**を１つ選び、記号で答えなさい。

ア　ウラジオストクと同程度の緯度にある札幌との間に、飛行機の定期便が就航している。

イ　ウラジオストクと同程度の経度にある境港との間に、船の定期便が就航している。

ウ　ロシアでは、全土で首都モスクワの時間を標準時としているため、日本に近いウラジオストクも日本との間に時差がある。

エ　日本政府は、サハリン（樺太）南部を帰属未定地としているが、便宜《べんぎ》上ユジノサハリンスクに総領事館を置いている。

オ　サハリンでは、日本企業《きぎょう》も出資した天然ガス田の開発が進められ、日本へもＬＮＧ（液化天然ガス）が輸出されている。

C

瀬戸内海で２番目に大きい島で、船でしか渡《わた》れない島のなかでは、日本で最も人口が多い。③通勤・通学などの移動のために日常的に船を利用する人も多く、島内には旅客船の港が６つあるが、そのうち４つが南側と西側に位置するのは、風や地形も関係している。④しょう油やそうめん、つくだ煮《に》などが名産で、この島のそうめんは、日本三大そうめんのひとつに数えられる。1970年代には集中豪雨《ごうう》によって、大規模な山地の崩壊《ほうかい》がおこった。扇状地に位置する集落が土石流による被害《ひがい》を受けたほか、田畑が⑤真砂土《まさど》に覆《おお》われ農作物も大きな被害を受けた。

問５　下線部③について、次の表は関東地方の７都県の、鉄道による旅客輸送、乗用車の100世帯あたり保有台数、通勤・通学にかかる平均時間を示しています。**茨城県**と**埼玉県**にあたるものを、それぞれ**ア〜オ**から１つ選び、記号で答えなさい。

	鉄道旅客輸送（百万人） 2015年	乗用車保有台数（100世帯あたり） 2016年	通勤・通学時間 2016年
ア	2863	72.4	1時間45分
千葉県	1350	99.2	1時間42分
イ	1264	99.2	1時間36分
ウ	9989	45.2	1時間34分
エ	127	160.8	1時間19分
オ	65	162.5	1時間09分
群馬県	51	164.8	1時間09分

※　鉄道による旅客輸送は、ＪＲグループおよび民間鉄道の合計で、各都道府県に所在する駅から乗車する人員数。

※　通勤・通学時間は、10歳以上の通勤・通学をしている人、平日１日あたり。

（『データでみる県勢2018年版』および総務省「平成28年社会生活基本調査」より作成）

問６　下線部④について、しょう油やそうめんの原料として、大豆・小麦・塩・食用油などが使われます。これらの日本における現状を述べた文として正しいものを、次の**ア〜オ**から１つ選び、記号で答えなさい。

ア　しょう油や食用油などすべての加工品について、遺伝子組み換《か》え大豆を使用する場合、商品に表示する義務がある。

イ　大豆の絞《しぼ》り粕《かす》はミールとよばれ、加工食品の原料や飼料などに利用される。

ウ　小麦は80％以上を輸入に頼《たよ》っており、世界最大の生産国である中国からの輸入が最も多い。

エ　塩の販売《はんばい》は、1997年まで日本専売公社、それ以降は塩事業センターによる専売制としている。

オ　食用油のうち、植物油の原料の自給率は90％を超《こ》え、ほぼ自給できている。

問７　下線部⑤について、真砂土とは、どの岩石が風化してできた土壌《どじょう》ですか。次の**ア〜オ**から１つ選び、記号で答えなさい。

ア　石灰《せっかい》岩　　**イ**　花こう岩　　**ウ**　玄武《げんぶ》岩　　**エ**　凝灰《ぎょうかい》岩　　**オ**　斑《はん》れい岩

D

八重山列島のなかで、人口が最も多く、面積は西表島に次いで２番目に大きい島である。海や山の動植物には、八重山地方の固有種が数多く、独特な生態系を維持《いじ》している。⑥ラムサール条約に登録されている干潟《ひがた》エリアでは、甲殻類《こうかくるい》や貝類、は虫類、両生類、鳥類など、絶滅危惧種《ぜつめつきぐしゅ》を含む多くの生物が確認《かくにん》されている。

問８　下線部⑥について、ラムサール条約は、絶滅するおそれのある動植物の生息地を保全する目的もありますが、特に何の生息地としての湿地《しっち》を保全する目的で作られた条約ですか。次の**ア**～**オ**から１つ選び、記号で答えなさい。

ア　甲殻類　　**イ**　貝類　　**ウ**　は虫類　　**エ**　両生類　　**オ**　鳥類

問９　次のページの図は、この島の一部を示した地形図（一部改変、縮尺はそのまま）です。この図を見て、次の問い（**１**）・（**２**）に答えなさい。

（**１**）図中の赤崎から観音崎までを結んだ直線は、地図上で約14.3センチメートルの距離です。この距離は、およそ何海里に相当しますか。小数第一位を四捨五入し、**整数**で答えなさい。

（**２**）次の写真は、地図中の**ア**～**エ**のいずれかの場所で撮影《さつえい》されたものです。撮影された場所を、**ア**～**エ**から１つ選び、記号で答えなさい。

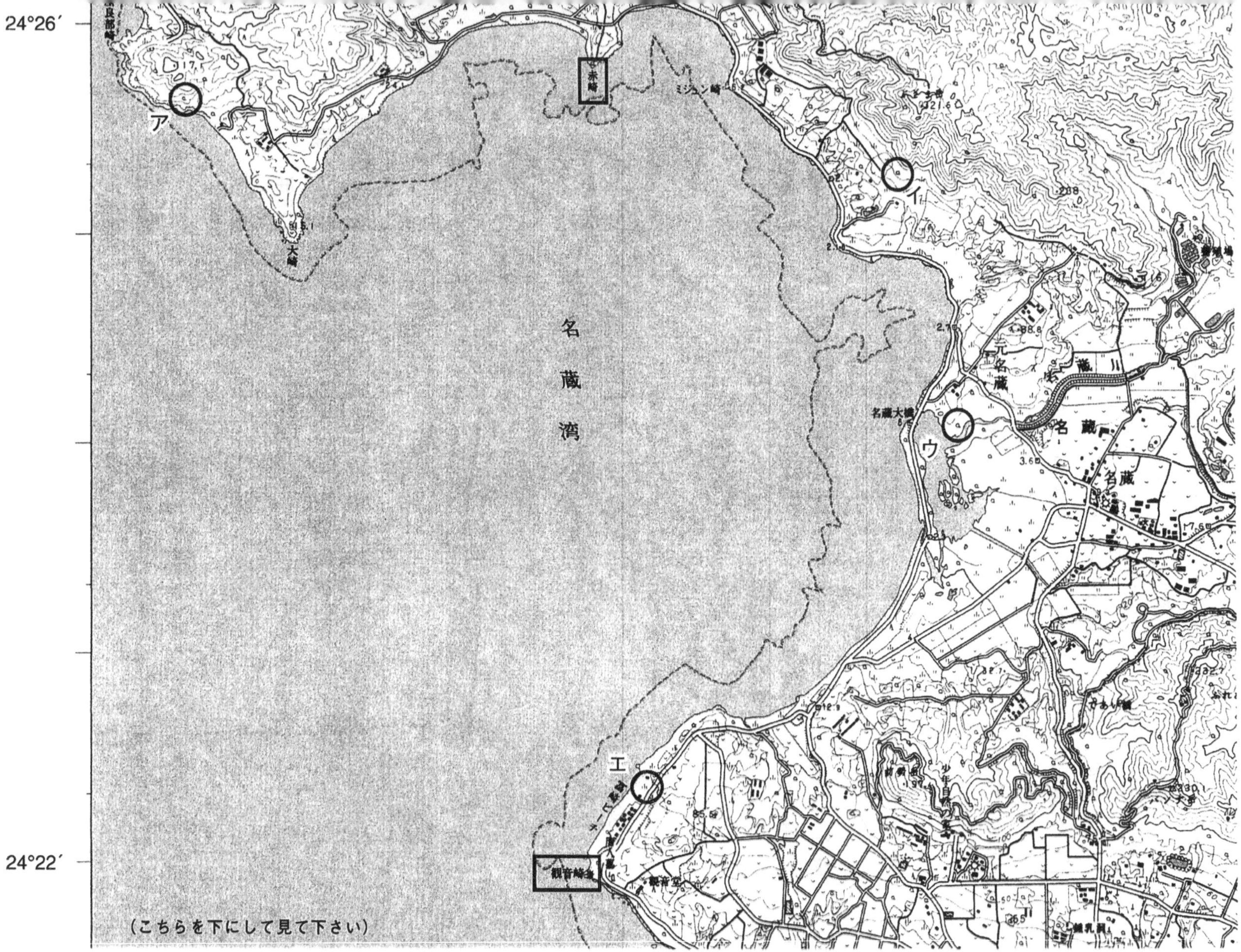
24°26′
24°22′
ア
イ
ウ
エ
赤崎
ミジュン崎
大崎
名蔵湾
名蔵大橋
名蔵川
元名蔵
名蔵
観音崎
観音堂
（こちらを下にして見て下さい）

E

この島を含む（　い　）諸島と宇土半島は、パールラインの愛称《あいしょう》をもつ連絡《れんらく》道路や橋で結ばれ、自動車での往来が可能である。一方で、従来のフェリーなど船舶《せんぱく》航路の多くは、利用者の減少や経営難を理由に廃止された。2018年にこの島にある﨑津集落が世界文化遺産の構成資産のひとつとして登録されたことで、今後⑦観光客数の増加が見込まれるものの、交通機関や駐車場《ちゅうしゃじょう》の整備、観光客の受け入れ態勢の充実《じゅうじつ》、観光客の増加と住民プライバシーの問題への対策など課題もある。

問10　文章中の空らん（　い　）にあてはまる語句を**漢字**で答えなさい。

問11　下線部⑦について、次のグラフ中の**ア**～**エ**は、**E**島が属する都道府県・愛媛県・東京都・北海道のいずれかの、宿泊《しゅくはく》を伴《ともな》う観光客数（都道府県外からの日本人、観光目的）の推移を示したものです。**E**島が属する都道府県にあたるものを、**ア**～**エ**から１つ選び、記号で答えなさい。

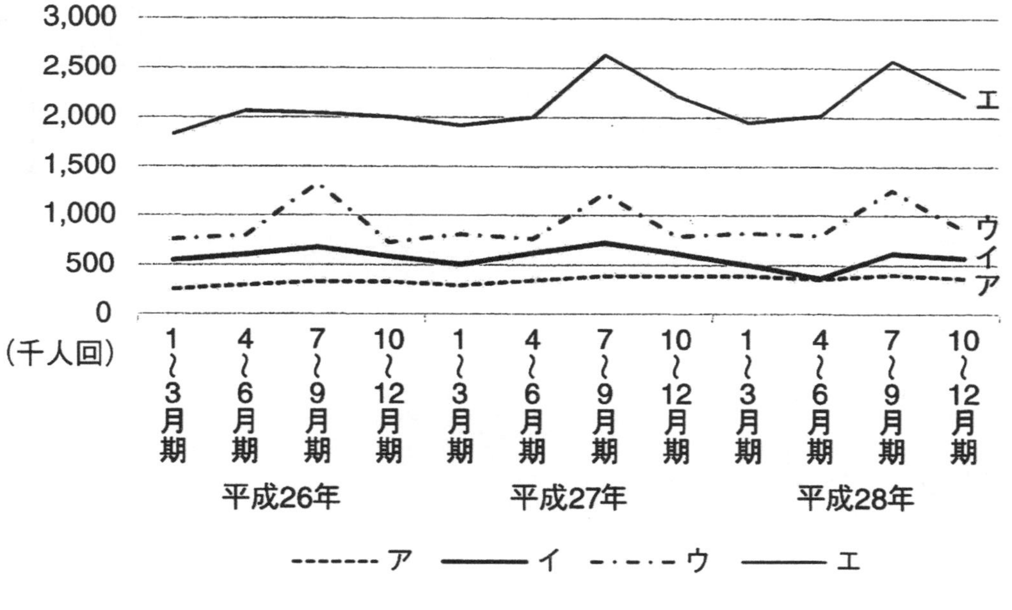

※　観光客一人の１回の来訪を、１人回と数える。

※　同じ都道府県内の複数の観光地を訪れた場合も、１人回と数える。

（観光庁ウェブサイト「統計情報」より作成）

F

伊豆諸島で最も大きな島である。この島は、過去に何度も噴火《ふんか》を繰《く》り返してきた火山島で、特に1986年の噴火の際には全島民が島外避難《ひなん》をした。この島は富士箱根伊豆国立公園の一部で、2010年には日本ジオパークにも認定《にんてい》され、⑧この火山のカルデラや中央火口周辺を巡《めぐ》るトレッキングコースを訪れる観光客も多い。本州に比べて温暖なこの島では、椿《つばき》や桜の一足早い開花を楽しむことができる。

問12　この島は、どの都道府県に属しますか。**漢字**で答えなさい。

問13　下線部⑧について、この山の名を**漢字**で答えなさい。

G

北海道本島と北方領土を除くと、日本最北に位置する有人島で、⑨北端《ほくたん》のスコトン岬《みさき》は宗谷岬とほぼ同程度の緯度である。島内にはダケカンバなどの落葉広葉樹、エゾマツ・トドマツ・ハイマツなどの針葉樹、チシマザサなどが広がるほか、冷涼《れいりょう》な気候のため高山植物の花が低標高の土地にも見られ、夏にはフラワートレッキングに訪れる観光客も多い。

問14　下線部⑨について、スコトン岬の緯度に最も近いものを、次の**ア**～**オ**から１つ選び、記号で答えなさい。

ア　北緯36度　　**イ**　北緯39度　　**ウ**　北緯42度
エ　北緯45度　　**オ**　北緯48度

H

この島にある、三島神社の総本社である大山祇《おおやまづみ》神社のことを「大三島」と呼んでいたことから、島自体の名前となった。⑩この島を通る自動車道の橋梁《きょうりょう》部には、徒歩や自転車でも通れる道路が併設《へいせつ》され、⑪サイクリングを目的にこの地域を訪れる観光客が年々増加している。また最近では、村上水軍を扱《あつか》った小説が話題となり、関連する遺跡や施設、大山祇神社へ訪れる観光客も多い。

問15　下線部⑩について、この自動車道の名称《めいしょう》を答えなさい。

問16　下線部⑪について、公道での自転車の運転について述べた次の**ア**〜**エ**の文のうち、**誤っているもの**を１つ選び、記号で答えなさい。

ア　ブレーキ装置が備えられていない自転車の走行は、禁止されている。

イ　歩道と車道の区別のある道路では、基本的に車道の左側を走行しなければならない。

ウ　下図**a**の標識がある道路では、自転車も時速20キロメートルを超えて走行してはいけない。

エ　下図**b**の標識は、自転車歩行者専用道や、自転車が走行してもよい歩道を示している。

図**a**

図**b**

問17　次の図**c**・**d**は、**A**〜**H**のいずれかの島の形を表しています。（どちらの図も上が北です。ただし縮尺は異なります。）図**c**・**d**の島は、それぞれ**A**〜**H**のどれにあたりますか。記号で答えなさい。

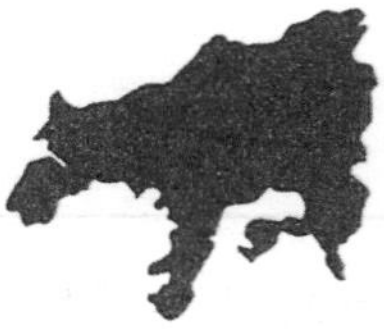

図**c**

図**d**

問18　次の図は、A～Hのいずれかの島の一部を示した地形図です。図中の記号「－－－」は、徒歩道を示しており、一般《いっぱん》のハイキング客も訪れることができるコースの一部です。この図を見て、あとの問い（1）・（2）に答えなさい。

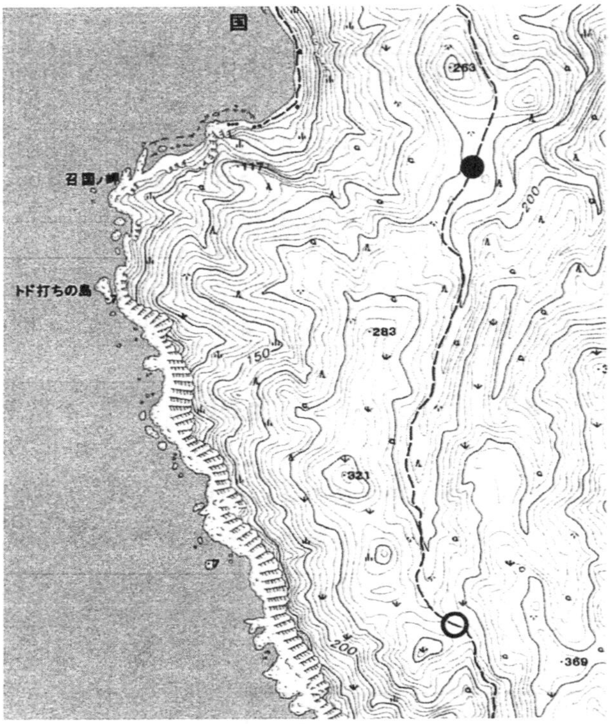

（1）この島は、A～Hのどれにあたりますか。記号で答えなさい。

（2）図中の地点○から●へ向かって歩くとします。これについて述べた文として正しいものを、次のア～エから1つ選び、記号で答えなさい。

ア　地点○と●の標高差はおよそ80メートルである。
イ　ほぼ尾根《おね》伝いに歩くコースである。
ウ　左側には、常に海が見えている。
エ　地点●付近が最も傾斜《けいしゃ》が大きい。

問19　次の表中の**ア**～**エ**は、**A**・**D**・**F**・**H**の４つの島のいずれかの、ある地点における気象データ（1981年～2010年の平年値）です。上段は月別の平均気温（℃）、下段は月別の平均風速（メートル/秒）を示しています。**H**にあたるものを、**ア**～**エ**から１つ選び、記号で答えなさい。

		1月	2月	3月	4月	5月	6月	7月	8月	9月	10月	11月	12月	年平均
ア	気温	5.7	7.0	9.7	13.9	17.6	20.7	24.2	25.9	22.9	18.9	13.3	8.2	15.7
	風速	6.0	5.5	5.4	4.8	4.3	4.1	4.1	4.3	5.1	4.7	4.8	5.7	4.9
イ	気温	18.6	19.1	20.8	23.3	25.7	28.0	29.5	29.2	27.9	25.9	23.2	20.1	24.3
	風速	5.3	5.5	5.4	5.0	4.6	5.3	6.2	6.0	5.4	6.1	5.6	5.6	5.5
ウ	気温	5.6	5.7	8.3	13.2	17.5	21.3	25.3	26.8	23.5	17.9	12.7	8.1	15.5
	風速	3.2	2.7	2.3	2.0	1.7	1.6	1.7	1.8	1.9	2.0	2.4	3.0	2.2
エ	気温	7.3	7.4	9.9	14.2	17.9	20.8	24.1	25.7	23.0	18.5	14.2	9.9	16.1
	風速	5.4	5.0	5.2	5.1	4.7	4.2	4.4	4.2	4.5	4.9	5.1	5.4	4.9

（気象庁ウェブサイト「過去の気象データ検索《けんさく》」より作成）

問20　次の表中の**ア**～**エ**は、**A**・**D**・**F**・**G**の４つの島のいずれかの、夏至および冬至における、およその日の入り時刻（役場のある地点の経緯度から計算、地形は考慮《こうりょ》していない）を示したものです。**A**と**D**にあたるものを、それぞれ**ア**～**エ**から１つ選び、記号で答えなさい。

	夏至	冬至
ア	19:38	17:17
イ	19:35	18:01
ウ	19:28	15:56
エ	18:59	16:36

（国立天文台ウェブサイト「暦《こよみ》計算室」より作成）

3 次の文章を読み、あとの問いに答えなさい。

私たちにはさまざまな権利があり、それは①日本国憲法や②法律によって保障されています。しかし、日常生活のなかで権利の侵害《しんがい》がないとは言えません。そのような場合を考えて、日本国憲法には「何人も、③裁判所において④裁判を受ける権利を奪《うば》われない。」（第32条）という条文もあります。裁判によって権利を回復させたり、他者の権利を侵害した者を裁いたりする権力のことを司法権といい、⑤三権分立制のもと、その役割は裁判所だけが担《にな》っています。

21世紀に入ってからは、司法制度をもっと身近に利用することができ、社会の変化にも対応したものにしようとさまざまな改革が進められてきました。そのひとつである⑥裁判員制度はまもなく10年を迎《むか》えます。

裁判所は科学技術の進歩にも対応していかなくてはなりません。2017年、最高裁判所は、令状がないまま捜査《そうさ》対象者の車にＧＰＳ（全地球測位システム）の発信器を取り付けた捜査方法は違法《いほう》という判断を下しました。個人の行動を継続的《けいぞくてき》に把握《はあく》するこの捜査方法は、個人の（　Ａ　）の権利を侵害する可能性があるというのがその理由です。

他方、インターネットの検索サイトから、自分にとって不都合な過去を記した記事などの削除《さくじょ》を求める裁判が増えています。⑦ＥＵ（ヨーロッパ連合）ではこれを「（　Ｂ　）権利」として法的に認めていますが、日本では最高裁判所が検索結果の削除に高いハードルを設けました。

ＩＣＴ（情報通信技術）は私たちの生活を格段に便利にします。しかし同時に、新たな技術によって私たちの権利はどうなるのか、気にとめておく必要がありそうです。

問１　文章中の空らん（　Ａ　）・（　Ｂ　）にあてはまる語句を答えなさい。

問２　下線部①について、次の条文は、日本国憲法第97条です。条文中の空らん（　１　）・（　２　）にあてはまる語句を答えなさい。

> **第97条**
>
> この憲法が日本国民に保障する基本的人権は、人類の多年にわたる（　１　）獲得《かくとく》の努力の成果であつて、これらの権利は、過去幾多《いくた》の試錬《しれん》に堪《た》へ、現在及《およ》び将来の国民に対し、侵《おか》すことのできない（　２　）の権利として信託《しんたく》されたものである。

問３　下線部②について、法律の制定過程について述べた文として**誤っているもの**を、次の**ア～エ**から１つ選び、記号で答えなさい。

ア　法律案は、国会議員だけでなく内閣からも提出できる。

イ　法律案は、衆議院が参議院より先に審議《しんぎ》するとは限らない。

ウ　委員会での審査の際、必要に応じて参考人の意見を聞くことができる。

エ　両議院が異なる議決をした場合、緊急集会での可決によって成立する。

問４　下線部③について、次の図は裁判所の種類を簡単に示したものです。あとの問い（**１**）～（**３**）に答えなさい。

（A）最高裁判所

（B）高等裁判所

（C）地方裁判所　（D）家庭裁判所

（E）簡易裁判所

（**１**）上の（A）～（E）の裁判所のうち、違憲審査権をもつ裁判所はどれですか。その組み合わせとして正しいものを、次の**ア～カ**から１つ選び、記号で答えなさい。

ア　Aのみ　**イ**　Bのみ　**ウ**　Cのみ　**エ**　AとB

オ　AとBとC　**カ**　A～Eすべて

（**２**）上の（A）～（E）の裁判所のうち、裁判員裁判が行われる裁判所はどれですか。その組み合わせとして正しいものを、次の**ア～カ**から１つ選び、記号で答えなさい。

ア　Aのみ　**イ**　Bのみ　**ウ**　Cのみ　**エ**　AとB

オ　AとBとC　**カ**　A～Eすべて

（**３**）刑事裁判において、第一審が簡易裁判所だった場合、控訴《こうそ》審はどの裁判所ですか。図中の（A）～（E）から１つ選び、記号で答えなさい。

問５　下線部④について、ひとびとの権利が保障されるためには、公正で誤りのない裁判が行われなければいけません。公正で誤りのない裁判を行うためのしくみについて述べた文を、次の**ア**～**エ**から１つ選び、記号で答えなさい。

ア　地方裁判所は各都府県に１か所、北海道に４か所設置されている。

イ　同じ争いや事件について、３回まで裁判を受けることができる。

ウ　最高裁判所裁判官は、任命後、その後は10年ごとに国民審査を受ける。

エ　刑事裁判では、被害者《ひがいしゃ》ではなく検察官が裁判所に訴える。

問６　下線部⑤について、次の問い（**１**）・（**２**）に答えなさい。

（**１**）著書『法の精神』でこの考えを示したフランスの思想家の名を答えなさい。

（**２**）次の図は、日本国憲法で定められている三権分立のしくみを表したものです。次の**Ａ**～**Ｃ**の内容は、どの機関がどの機関に対して行うものですか。最も適切なものを、それぞれ図中の矢印（**あ**）～（**か**）から１つ選び、記号で答えなさい。

Ａ　弾劾《だんがい》裁判を実施《じっし》する。

Ｂ　衆議院を解散する。

Ｃ　国政調査権を行使する。

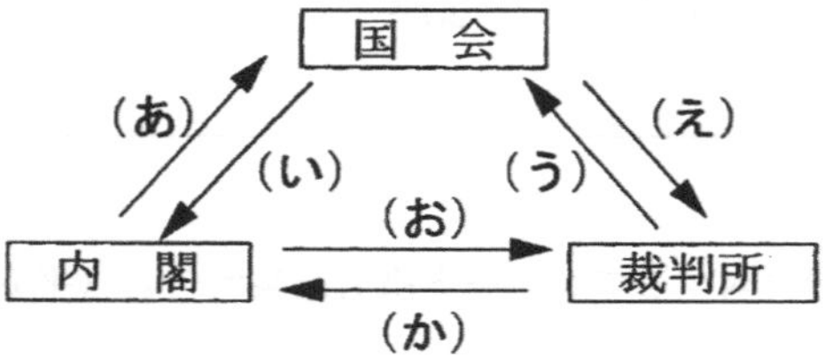

問７　下線部⑥について、以下の２つの資料は、裁判員経験者を対象にしたアンケート結果の一部です。２つの資料から読み取れることとして正しいものを、あとの**ア**～**エ**から１つ選び、記号で答えなさい。

「裁判員に選ばれる前、裁判員に選ばれることについてどう思っていましたか。」

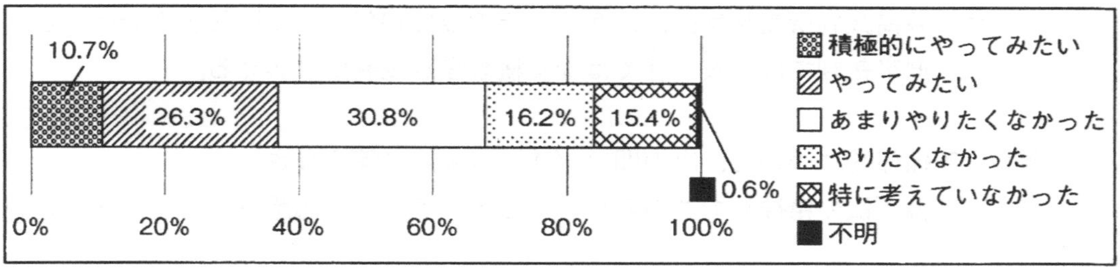

「裁判員として裁判に参加したことは、あなたにとってどのような経験であったと感じましたか。」

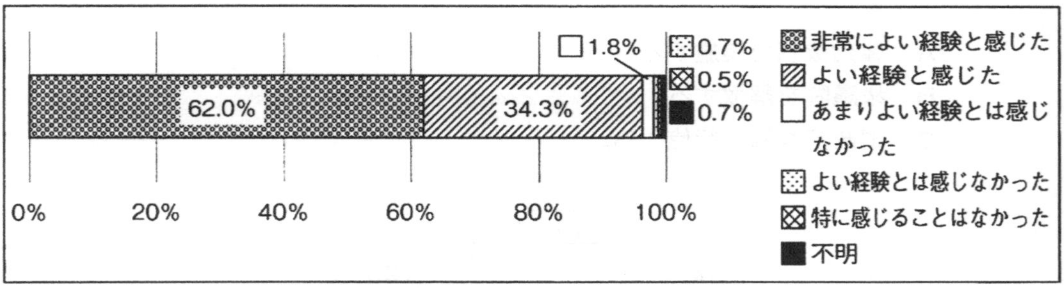

（最高裁判所「裁判員等経験者に対するアンケート調査結果報告書（平成29年度）」をもとに作成）

ア　裁判員に選ばれる前に「積極的にやってみたい」と思っていた人は、その全員が裁判員として裁判に参加したことを「非常によい経験」と感じている。

イ　裁判員に選ばれる前に「特に考えていなかった」人というのは、裁判員制度がどのようなしくみなのかを知らなかった人という意味である。

ウ　裁判員に選ばれる前は「あまりやりたくなかった」と思っていた人の多くが、裁判員として裁判に参加したことで「非常によい経験」または「よい経験」と感じた。

エ　裁判員として裁判に参加したことを「よい経験」と感じた人の多くは、裁判員に選ばれる前には、「やりたくなかった」か「特に考えていなかった」人である。

問８　下線部⑦について、ＥＵ（ヨーロッパ連合）の前身であるＥＣ（ヨーロッパ共同体）結成当初からの加盟国として**誤っているもの**を、次の**ア**～**エ**から１つ選び、記号で答えなさい。

ア　フランス　　**イ**　ルクセンブルク　　**ウ**　スペイン　　**エ**　イタリア

2019(H31) 開成中
K 教英出版

二

問一

1

2

3

む

4

問二

問三

問四

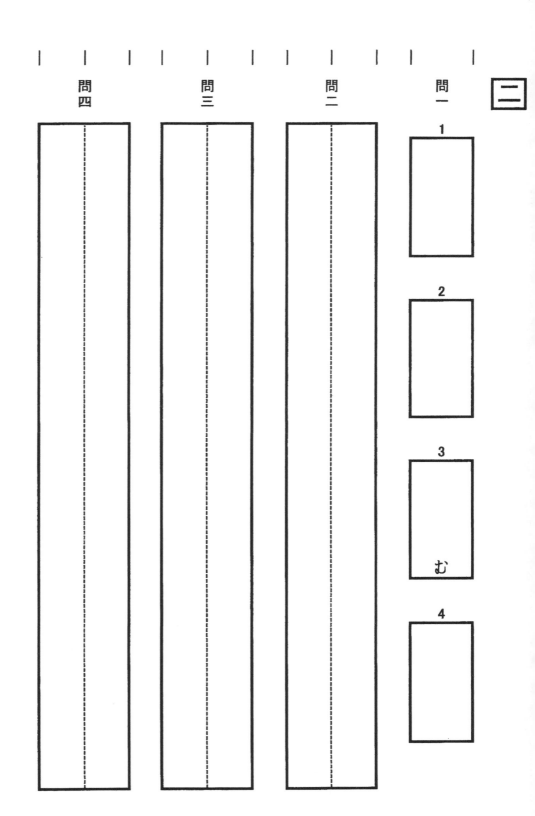

B 算 数 19 解答用紙

受験番号	氏　　　名

※85点満点
(配点非公表)

(注意)　式や図や計算などは，他の場所や裏面などにかかないで，すべて解答用紙のその問題の場所にかきなさい。

1

(1)	倍
(2)	倍
(3)	毎分　　m

【解答

C 算　数

19

解 答 用 紙

受験番号	氏　　　名

（注意） 式や図や計算などは，他の場所や裏面などにかかないで，すべて解答用紙のその問題の場所にかきなさい。

3

《図 1》

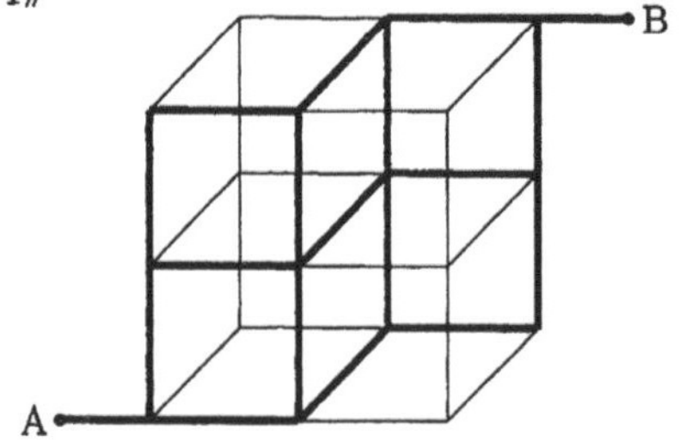

《図 2》

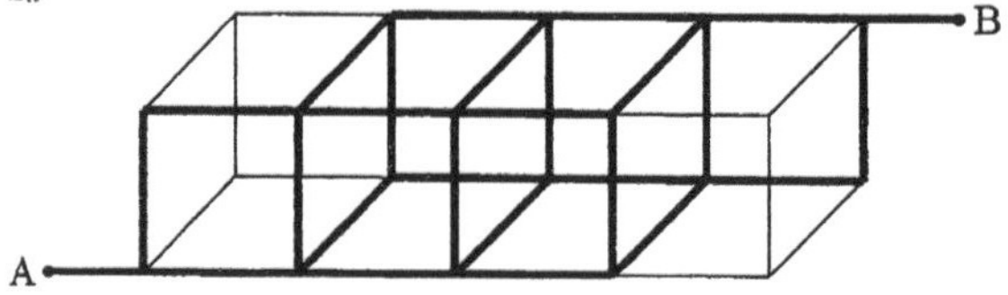

(1)		
	《図 1》	通り
	《図 2》	通り

《図 4》

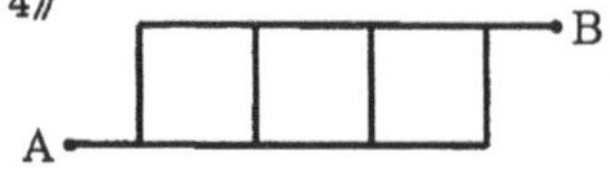

《図 5》

	《図 4》	通り

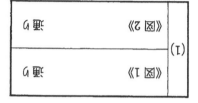

E 理 科 19

解 答 用 紙

受験番号	氏　　　　　名

※70点満点
(配点非公表)

1

問 1	問 2	問 3		問 4	問 5
		A	B		

2

問 1	問 2	問 3		問 4	問 5	問 6

【解答

F 社 会 19

解 答 用 紙

受験番号	氏 名

※70点満点
（配点非公表）

1

問1　1　　2　　3
　　4　　5　　6

問2　　問3　　問4　　問5

問6　　問7　　問8　　問9

問10　　県　　問11　　問12　　問13

問14　　問15　　問16　　問17　　市

問18　　問19　　問20　　古墳

問21　　と　　問22　　問23

問24　　問25

【解答

2

問1 　　灘　　問2 中国 　　韓国 　　問3 　　島

問4 　　問5 茨城 　　埼玉 　　問6 　　問7

問8 　　問9 (1) 　　海里　(2) 　　問10 　　諸島

問11 　　問12 　　問13 　　問14

問15 　　問16 　　問17 c 　　d

問18 (1) 　　(2) 　　問19 　　問20 A 　　D

3

問1 A 　　B 　　問2 1 　　2

問3 　　問4 (1) 　　(2) 　　(3) 　　問5

問6 (1) 　　(2) A 　　B 　　C

問7 　　問8

3

問 1	問 2	問 3	問 4	問 5	問 6

4

問 1	問 2	問 3	問 4	問 5
		秒	本	

問6	
金属棒4　　　m	金属棒5　　　m

4

(1)

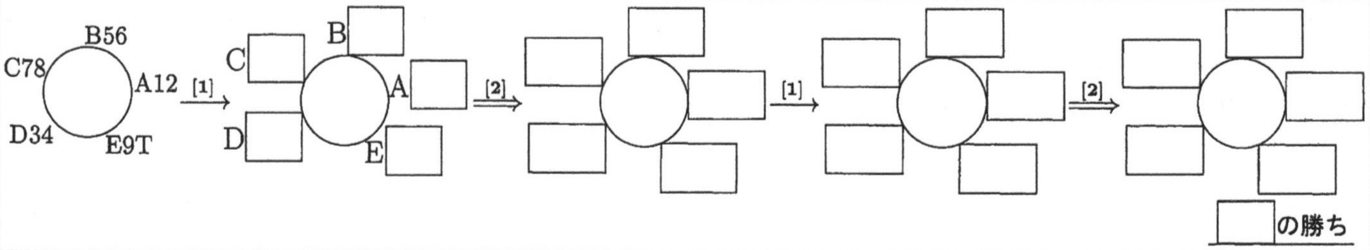

(2)	(a)	(x) …	(y) …	(z) …
	(b)			
	(c)	(ア) … (イ) … (ウ) … (エ) … (オ) … (カ) … (キ) … (ク) … (ケ) … (コ) …	(ア) … (イ) … (ウ) … (エ) … (オ) … (カ) … (キ) … (ク) … (ケ) … (コ) …	(ア) … (イ) … (ウ) … (エ) … (オ) … (カ) … (キ) … (ク) … (ケ) … (コ) …

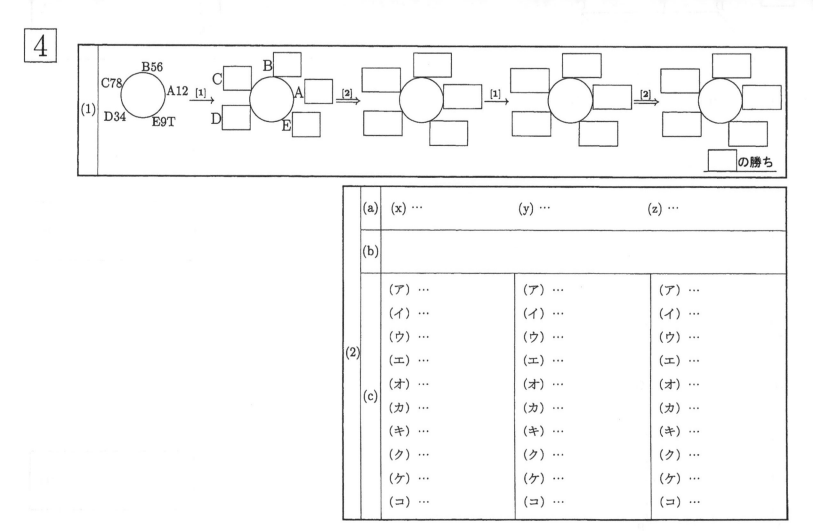

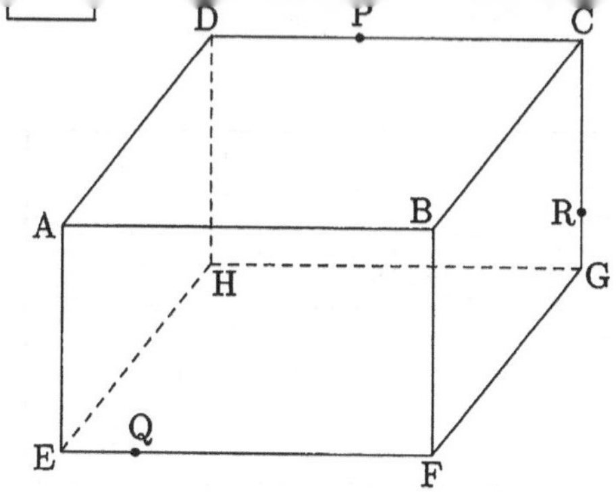

(1)

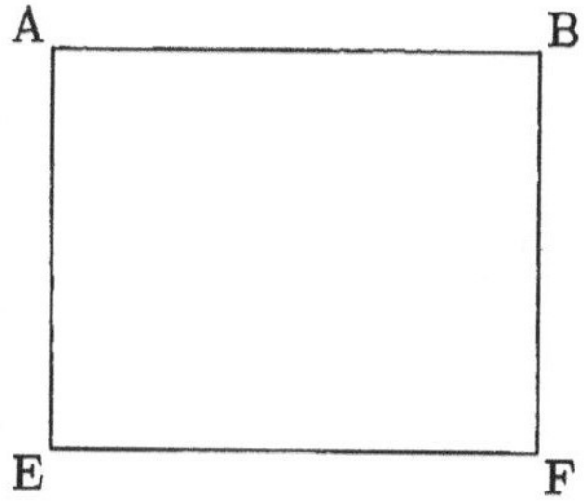

(2) cm

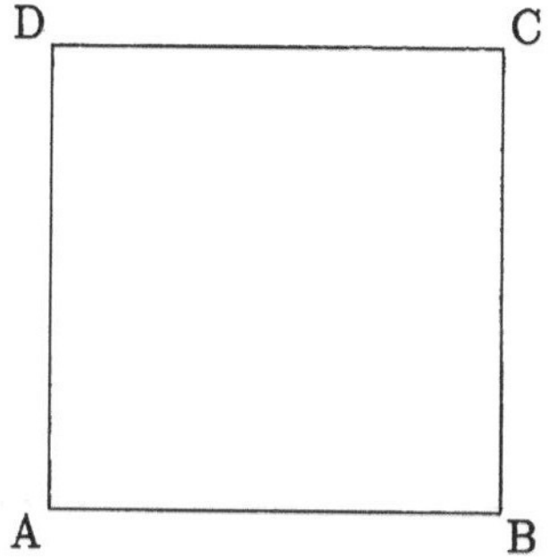

(3) cm

A 国語

19

解答用紙

受験番号

氏名

※85点満点
（配点非公表）

一

問一

問二

問三

問四

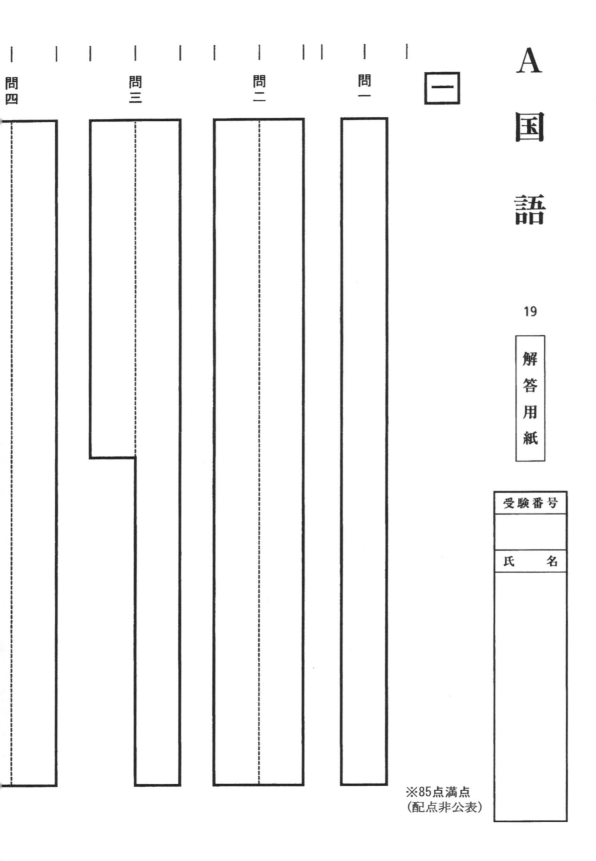